Sammlung Metzler
Band 329

Thomas Anz

Literatur des Expressionismus

2., aktualisierte und erweiterte Auflage

Verlag J.B. Metzler Stuttgart · Weimar

Der Autor

Thomas Anz, geb. 1948, ist Professor für Neuere deutsche Literatur an der Universität Marburg. Bei J.B. Metzler sind erschienen: »Die Modernität des Expressionismus«, 1994 (Mitherausgeber); »Gesund oder krank?«, 1989; »Expressionismus. Manifeste und Dokumente zur deutschen Literatur 1910-1920«, 1982 (Mitherausgeber), vergriffen; Handbuch Literaturwissenschaft, 3 Bde, 2008 (Herausgeber).

Bibliografische Information Der Deutschen Nationalbibliothek
Die Deutsche Nationalbibliothek verzeichnet diese Publikation in der Deutschen Nationalbibliografie; detaillierte bibliografische Daten sind im Internet über <http://dnb.d-nb.de> abrufbar.

ISBN 978-3-476-12329-9
ISBN 978-3-476-01416-0 (eBook)
DOI 10.1007/978-3-476-01416-0

Dieses Werk einschließlich aller seiner Teile ist urheberrechtlich geschützt. Jede Verwertung außerhalb der engen Grenzen des Urheberrechtsgesetzes ist ohne Zustimmung des Verlages unzulässig und strafbar. Das gilt insbesondere für Vervielfältigungen, Übersetzungen, Mikroverfilmungen und die Einspeicherung und Verarbeitung in elektronischen Systemen.

© 2010 Springer-Verlag GmbH Deutschland
Ursprünglich erschienen bei J. B. Metzler'sche Verlagsbuchhandlung
und Carl Ernst Poeschel Verlag GmbH in Stuttgart 2010
www.metzlerverlag.de
info@metzlerverlag.de

Vorwort zur zweiten Auflage

Als 2002 die erste Auflage dieser Einführung in die Literatur des Expressionismus erschien, war das Interesse der literaturwissenschaftlichen Forschung am Expressionismus nicht mehr sonderlich ausgeprägt. Die Phase enthusiastischer und intensiver Auseinandersetzungen mit der expressionistischen Moderne, die um 1960 begann, in den 1970er Jahren ein kaum noch überschaubares Ausmaß erreichte und bis in die 1980er Jahre hinein anhielt, war längst zu Ende. Symptomatisch dafür war, dass die zuerst 1975 erschienene und zuletzt 1997 in 6. Auflage mit bibliographischen Aktualisierungen nachgedruckte Expressionismus-Darstellung von Silvio Vietta und Hans-Georg Kemper über ein viertel Jahrhundert lang ein konkurrenzloses Standardwerk zur Einführung blieb. Inzwischen wurden neben der vorliegenden Einführung zwei weitere veröffentlicht. In der Forschung wie in der Lehre und auch außerhalb der akademischen Öffentlichkeit ist eine deutliche Wiederbelebung des Interesses am Expressionismus zu beobachten. Sie ist an einer Vielzahl von Publikationen ablesbar, die nach dem Erscheinen dieses Buches die Expressionismus-Forschung bereichert haben und ein Anlass dazu waren, das Buch nach etlichen unveränderten Nachdrucken für eine aktualisierte Auflage zu bearbeiten.

Bei der Sichtung der jüngeren Forschung sind mir vor allem Innovationen und Interessenschwerpunkte in drei Bereichen aufgefallen. Der erste betrifft Zusammenhänge zwischen Kunst und Politik in der Zeit des Ersten Weltkriegs. Dem Avantgarde-Forscher Hubert van den Berg habe ich einen ersten Hinweis auf eine kleine Sensation zu verdanken. Sie betrifft Herwarth Walden, den Herausgeber der Zeitschrift *Der Sturm*. Gesicherte Informationen dazu sind schon seit zehn Jahren der Öffentlichkeit zugänglich, wurden indes von der Forschung, auch meiner eigenen, lange übersehen oder erst relativ spät aufgegriffen. 1995 erschien eine quellenfundierte Untersuchung der Kunsthistorikerin Kate Winskell, die zeigt, dass Walden während des Krieges für die deutsche Regierung arbeitete, dass er selbst und etliche Mitarbeiter des *Sturm*-Kreises Materialien für deutsche Auslandspropaganda in Zeitungen und Zeitschriften Skandinaviens und den Niederlanden lieferte und dass er im Rahmen seiner Auslandsaufenthalte für das Auswärtigen Amt tätig war (siehe S. 140f. in diesem Band). Die 2010 erschienenen Zeitungsartikel zur Gründung der Zeitschrift vor hundert Jahren gehen noch nicht darauf ein.

Ein weiterer Interessenschwerpunkt der jüngeren Forschung betrifft ebenfalls, aber nicht nur den *Sturm* und verdankt sich der mediengeschichtlichen Orientierung der Literaturwissenschaft. Aspekte, Begriffe und Theorien neuerer Intermedialitätsforschung sind in weiterführende Weise auf die vielfältigen Interdependenzen zwischen unterschiedlichen Kunstarten und auf Konzepte des Gesamtkunstwerks im Expressionismus bezogen worden.

Schon die erste Auflage dieses Bandes hat die Auseinandersetzung mit dem Expressionismus ausführlich mit den kultur- und sozialwissenschaftlichen Debatten über die »Moderne« und »Postmoderne« konfrontiert. Eine seit 2008 in der Zeitschrift *Internationales Archiv für Sozialgeschichte der Literatur* in mehreren Heften geführte Diskussion, die sich ausdrücklich auf diesen Band bezieht, zeigt das anhaltende Interesse daran.

Die Literaturhinweise im Text-Teil und im Literaturverzeichnis wurden um viele Titel ergänzt, die in den letzten zehn Jahren neu erschienen sind, und um manche ältere, die ich erst später wahrgenommen oder deren Bedeutung ich 2002 noch nicht erkannt hatte. Den Text-Teil selbst habe ich nur an wenigen Stellen geringfügig geändert, an etlichen aber ergänzt. Für nachhaltige und umsichtige Hilfe bei der Literaturrecherche, der Bearbeitung der Dateien für die Satzvorlage und den Korrekturen des Umbruchs danke ich Stefan Jäger, für die kritische Lektüre der Erstauflage und wertvolle Korrekturvorschläge Jörg Schuster, der Verlagslektorin Ute Hechtfischer erneut für die gute Zusammenarbeit. Zu danken habe ich weiterhin vielen Expressionismus-Forscherinnen und -Forschern, die mir durch Zusendung ihrer Veröffentlichungen oder durch anderweitige Hinweise geholfen haben. Inzwischen können solche Hinweise auch auf der Internet-Seite http://www.expressionismus.literaturwissenschaft.de berücksichtigt und weitergegeben werden.

Seefeld und Marburg, im August 2010

Vorwort zur ersten Auflage

Das Datum sollte vielleicht besser verschwiegen werden. Doch hat es eine nicht nur private und lebensgeschichtliche Bedeutung, sondern auch eine wissenschaftsgeschichtliche: Der Verlagsvertrag, mit dem dieser Band in der Reihe »Sammlung Metzler« vereinbart wurde, stammt vom Februar 1977. Entlastend war im Laufe der Zeit, dass in dem Paragraphen über die »Ablieferung« des Manuskripts kein Termin eingetragen war.

Bei der Unterzeichnung des Vertrags lagen gerade die Druckfahnen meiner Dissertation vor: *Literatur der Existenz. Literarische Psychopathographie im Frühexpressionismus.* Ihr sollte möglichst bald das in den Expressionismus einführende Metzler-Bändchen folgen. Den Plan dazu habe ich in späteren Jahren nie aufgegeben, die Realisierung jedoch immer wieder zugunsten anderer Projekte verschoben. 1982 erschien zunächst der zusammen mit Michael Stark herausgegebene Expressionismus-Band in der Reihe »Manifeste und Dokumente zur deutschen Literatur«. Auch wenn mich danach der Expressionismus nie ganz losgelassen hat, traten andere Forschungsschwerpunkte in den Vordergrund. Erst zehn Jahre später motivierten die zuvor exzessiv geführten Debatten zur Postmoderne, noch einmal intensiver nach der »Modernität des Expressionismus« zu fragen und an der Universität Bamberg, wieder zusammen mit Michael Stark, ein Symposium dazu zu organisieren. Der Band mit den dort gehaltenen Vorträgen erschien 1994.

Vielleicht gaben neben anderen Umständen die Bilanzen zum 20. Jahrhundert den letzten Anstoß, das alte Vorhaben endlich zu verwirklichen. Der Rückblick auf die expressionistische Generation darf in solchen Bilanzierungen nicht fehlen. Jene Bewegung mit kulturrevolutionärem Anspruch, die in Deutschland zwischen 1910 und 1920 alle Künste zugleich erfasste, blieb für das ganze 20. Jahrhundert von herausragender Bedeutung. Als im Sommer 1978 im Centre Pompidou die Ausstellung »Paris-Berlin« eröffnet wurde, in der die Malerei und auch die Literatur des Expressionismus ein erhebliches Gewicht hatten, bekundete Michel Foucault ein »gewaltiges Erstaunen«. In einem Interview erklärte er: »Als ich mir ›Paris-Berlin‹ ansah und die deutschen Autoren der Jahre 1910 bis 1930 las, wurde mir bewußt, daß das 20. Jahrhundert mit seinen Ideen, Problemen, spezifischen kulturellen Formen tatsächlich existiert. In meinen Augen ist diese Ausstellung der Beweis des 20. Jahrhunderts« (Der Spiegel, 30.10.1978).

Die Perspektiven der Forschung zum Expressionismus haben sich seither nicht unerheblich gewandelt, auch die eigenen. Die Dissertation war in ihren Interessen noch deutlich geprägt von der ›Neuen Subjektivität‹ der siebziger Jahre, der Dokumentenband von den sozialgeschichtlichen Ansätzen der damaligen Literaturgeschichtsschreibung. Neue Akzentsetzungen ergaben sich später aus den Postmoderne-Diskussionen der achtziger Jahre, die den produktiven Effekt hatten, die Auseinandersetzungen mit der Moderne zu intensivieren und zur Präzisierung des Begriffs ›Literarische Moderne‹ herauszufordern. Die Debatten der neunziger Jahre über das Verhältnis von ästhetischer Moderne und totalitären Systemen legten Revisionen in der Einschätzung insbesondere des politischen Expressionismus und der Rolle des Intellektuellen nahe, an deren Profilierung in Deutschland der Expressionismus maßgeblich beteiligt war. Die kulturwissenschaftliche Orientierung der Literaturwissenschaft schließlich lenkte die Aufmerksamkeit auf Fragestellungen, die ebenfalls in diesen Band eingegangen sind.

Aufgelöst wird durch die kulturwissenschaftliche Perspektive gegenwärtig nicht zuletzt die hartnäckige Dominanz der Gattungspoetik in der Literaturgeschichtsschreibung. Diese verstellte allzu lange die systematische Auseinandersetzung mit gattungsübergreifenden Problemstellungen. Auf sie legt dieser Band besonderes Gewicht, ohne die Gattungspoetik zu vernachlässigen. Bei allen Veränderungen zeigen meine Forschungen zum Expressionismus in dieser Hinsicht deutliche Kontinuitäten. Vieles in diesem Band konnte daher aus früheren Veröffentlichungen übernommen werden, manches habe ich jedoch auch weitergeführt.

Nach all den Jahren ist es mir immer noch nicht leicht gefallen, diese Einführung zu schreiben. Die Lücken, die sie lassen muss, sind mir heute noch deutlicher als damals bewusst. Für sie bitte ich alle Leserinnen und Leser um Nachsicht. Dem Verlag, namentlich Uwe Schweikert, Bernd Lutz und Ute Hechtfischer, danke ich für die fast ein Vierteljahrhundert andauernde Geduld. Zu danken habe ich weiterhin denen, die beim Bibliographieren, Redigieren und bei der Fertigstellung des Manuskripts geholfen haben. Ausdrücklich genannt seien Kathrin Fehlberg, Christine Kanz, Alexandra Pontzen, Petra Porto, Bianca Schimansky und Mirja Stöcker.

Widmen möchte ich diesen Band Walter Müller-Seidel, dem ich in den siebziger Jahren an der Universität München erste und später immer neue Anregungen zur Expressionismusforschung zu verdanken habe.

Seefeld und Marburg, im Juli 2002

Inhaltsverzeichnis

Vorwort zur zweiten Auflage V
Vorwort zur ersten Auflage VII

I. Expressionismus und Moderne 1
1. Vorbemerkungen: »Entartete Kunst«.................. 1
2. Begriffsklärungen und erste Einblicke................. 2
   2.1 Expressionismus............................ 2
   2.2 Moderne und Avantgarde 11
   2.3 Zivilisatorische und ästhetische Moderne.......... 18
3. Soziologie einer Subkultur 24
   3.1 Gruppierungen und Milieus 24
   3.2 Alter, Bildung, Ethnizität und Geschlecht 31
   3.3 Medien und Öffentlichkeit 36

II. Themen und Ordnungen der Diskurse 45
1. Schlüsselbegriffe und Leitdifferenzen 45
   1.1 Der neue Mensch: Weltende, Wandlung
       und Utopie 45
   1.2 Leben 50
   1.3 Geist 61
   1.4 Masse und Mensch, Entfremdung
       und Gemeinschaft........................... 67
2. Schlüsselfiguren 76
   2.1 Bürger und Künstler 76
   2.2 Väter und Söhne 80
   2.3 Irre...................................... 84
   2.4 Kranke................................... 90
   2.5 Tiere 94
   2.6 Gefangene 98
3. Unbehagen in der Moderne 101
   3.1 Großstadt und Massenmedien................. 101
   3.2 Exkurs: Modernität des Expressionismus
       und philosophische Postmoderne............... 109
   3.3 Wissenschaft, Rationalität und Sprache.......... 112

    3.4   Technik 118
    3.5   Apparate der Bürokratie. 125
4.   Literatur und Politik. 129
    4.1   Aktivismus. 129
    4.2   Krieg 134
    4.3   Revolution. 144

III. Ästhetik und Poetik 150

1. Synästhetik: Gesamtkunstwerk, Intermedialität, Theatralisierung 150
2. Wortkunst und Abstraktion 157
3. Pathos, Erlebnis und emotionale Kommunikation 162
4. Negative Ästhetik des »Abjekten«: 166
   das Hässliche und Groteske 166
5. Simultanität und Parataxe. 175
6. Gattungspoetik: Lyrik, Prosa, Drama 180

IV. Ausblicke: Expressionismusrezeption und Bilanz. 195

Literaturverzeichnis 209

Personenregister 265

I. Expressionismus und Moderne

1. Vorbemerkungen: »Entartete Kunst«

1925 erschien der erste Band einer später in zahllosen Auflagen nachgedruckten Kampfschrift. Ihr Autor war 1889 geboren und gehörte somit zumindest dem Alter nach der ›expressionistischen Generation‹ an. Ein erfolgloser Künstler machte in dieser Schrift der erfolgreicheren Kunst der Moderne den Prozess, sprach von den »krankhaften Auswüchsen irrsinniger und verkommener Menschen, die wir unter dem Sammelbegriff des Kubismus und Dadaismus seit der Jahrhundertwende kennenlernten«. Er schrieb von den »Wucherungen«, »geistigen Degeneraten«, »Halluzinationen von Geisteskranken oder Verbrechern« und von der Aufgabe »der Staatsleitung, zu verhindern, daß ein Volk dem geistigen Wahnsinn in die Arme getrieben wird.« Die »Krankheit« der modernen Kunst galt dem Kulturkritiker freilich nur als Zeichen einer weit umfassenderen Zeitkrankheit, »einer Erkrankung der sittlichen, sozialen und rassischen Instinkte«. Und wer sich solchen Erkrankungen überlasse, der habe sein Lebensrecht verwirkt. In dem Buch steht der durch Sperrdruck hervorgehobene Satz: »Wenn die Kraft zum Kampfe um die eigene Gesundheit nicht mehr vorhanden ist, endet das Recht zum Leben in dieser Welt des Kampfes.«

Diese Sätze stehen in Adolf Hitlers *Mein Kampf* (Hitler 1925, S. 282–288). Und wir wissen, dass Hitler später seine Drohungen aus dem Jahr 1925 auf furchtbare Weise in die Tat umsetzte. Die Künstler und die Kunst der Moderne hatten nach seiner Machtergreifung am 30. Januar 1933 ihr Lebensrecht in Deutschland verloren. 1937 arrangierten die Nationalsozialisten in München die Ausstellung »Entartete Kunst«. Ausgestellt wurden hier viele Kunstwerke auch des Expressionismus. Der deutschen Bevölkerung sollte vor Augen geführt werden, dass diese Kunstwerke Produkte von Geisteskranken, Bolschewisten und Juden waren und daher in Deutschland kein Existenzrecht hätten. Der modernen Literatur hatte man schon vier Jahre vorher den Prozess gemacht. Am 10. Mai 1933 wurden in vielen deutschen Städten als Höhepunkt einer »Aktion wider den undeutschen Geist« Zehntausende von Büchern verbrannt. Wieder waren es bevorzugt literarische Werke aus dem Umkreis des Expressionismus, die hier vernichtet wurden.

Keine Schriftstellergeneration in diesem Jahrhundert hat unter der Geschichte so sehr gelitten wie die expressionistische. Von den Nationalsozialisten als »entartet« diffamiert und verfolgt, gehen die meisten nach 1933 einen Weg, der in Todeslagern, mit dem Freitod oder im lange währenden Exil endet. Die Todesdaten und Todesarten sprechen für sich (Raabe 1985, S. 602ff.).

In Konzentrations- und anderen Vernichtungslagern kamen um: Erich Mühsam (1934), Hermann von Boetticher (1941), Paul Kornfeld (1942), Jakob van Hoddis (1942), Otto Freundlich (1943), Ite Liebenthal, Walter Serner, Arthur Ernst Rutra, Alfred Grünewald (alle 1943 oder 1944), Kurt Finkenstein (1944), Emil Alphons Rheinhardt (1945).

Hingerichtet wurden: Felix Grafe (1942), Alexander Bessmertny (1943), Theodor Haubach (1945).

Das Leben nahmen sich: Reinhard Goering (1936 bei Jena), Ernst Toller (1939 in New York), Richard Oehring (1940 in Holland), Ernst Weiß (1940 in Paris), Walter Hasenclever (1940 in Les Milles), Carl Einstein (1940 bei Pau), Arthur Kronfeld (1941 in Moskau), Alfred Wolfenstein (1945 in Paris).

Zwischen 1933 und 1945 sind etwa zwanzig weitere Autorinnen und Autoren in der Emigration beziehungsweise im Ausland gestorben, nach 1945 weit mehr. Viele von ihnen waren nach Kriegsende aus dem Exil nicht mehr zurückgekehrt. Mit der Vernichtung und Vertreibung der Juden ging in Deutschland auch die Vernichtung und Vertreibung des Expressionismus einher.

Der »Führer durch die Ausstellung Entartete Kunst« von 1937 ist faksimiliert in Roh 1962; vgl. dazu auch Barron 1992 und Zuschlag 1995. Eine Dokumentation zur Bücherverbrennung von 1933 enthält Sauder 1983. Zu den Diskursen der Antimoderne siehe Bollenbeck 1999; zur Diskussion über das Verhältnis zwischen Expressionismus und deutschem Faschismus siehe S. 198-201 in diesem Band.

2. Begriffsklärungen und erste Einblicke

2.1 Expressionismus

Der **Begriff** ›**Expressionismus**‹ ist keine nachträgliche Erfindung zur Bezeichnung einer kunst- und kulturrevolutionären Bewegung, sondern ziemlich exakt so alt wie diese selbst. Die aufschlussreiche Geschichte des Begriffs hat in ihren Anfängen gewichtigen Anteil an der Konstituierung, am Erfolg und an den permanenten Selbstbeschreibungen dieser Bewegung. Ihren innovativen Ansprüchen kam die Neuheit des Begriffs entgegen. Die Wortbildung mit dem Suffix »-ismus« wiederum erlaubte in optimaler Weise, an jene »Ismen«, die vor und um 1900 zirkulierten, anzuknüpfen und sich zugleich ihnen gegenüber zu profilieren: Realismus, Naturalismus oder vor allem Impressionismus. Die Durchsetzungskraft des Begriffs war langfristig so stark, dass Literaturhistoriker ihn noch heute relativ unumstritten verwenden. Der im Jahr 2000 erschienene Band 7 von *Hansers Sozialgeschichte der deutschen Literatur* ist dafür eines der jüngsten Beispiele. Der dritte Teil trägt den Titel »Das expressionistische Jahrzehnt«.

Vereinzelte Verwendungen der Bezeichnung ›Expressionist‹ vor diesem Jahrzehnt im angelsächsischen Sprachraum, in Frankreich und auch in Deutschland (vgl. Arnold 1966, S. 9-15) blieben unkonturiert und historisch folgenlos. Als Schlagwort für neueste Tendenzen in der Malerei der jüngsten Künstlergeneration, die sich gegen den Impressionismus und auch gegen den Naturalismus richteten, ist die Bezeichnung ›Expressionismus‹ in Vorworten von Ausstellungskatalogen und kunstkritischen Essays seit 1911 nachgewiesen. Den bislang frühesten schriftlichen Beleg für diese Begriffsverwendung hat man im Vorwort zum *Katalog der XXII. Ausstellung der Berliner Secession* gefunden, die im April 1911 eröffnet wurde. »Ferner haben wir«, so heißt es da, »noch eine Anzahl jüngerer französischer Maler, der Expressionisten, untergebracht, die wir glaubten, nicht dem Publikum und namentlich nicht den Künstlern vorenthalten zu dürfen« (S. 11). Die Besprechungen zu dieser Ausstellung griffen den im Katalog gefundenen Begriff wiederholt auf und sorgten damit für seine bemerkenswert rasche Verbreitung. So auch die des Lyrikers und Kunstschriftstellers Walther Heymann, die im Juli 1911 in Herwarth Waldens Berliner Zeitschrift *Der Sturm* erschien. Der Artikel erwähnt in dieser Zeitschrift, die später eine Art Alleinvertretungsanspruch des Expressionismus für sich reklamierte, das Wort zum ersten Mal:

Um Verklärung, Steigerung, Ausdruckskraft, Expression geht dies allgemeine Ringen. [...] Das Zimmer der Expressionisten ist während dieser Ausstellung ein Schauplatz des Elements unserer künstlerisch-kulturellen Zustände geworden. Alles Talente von gut durchschnittlicher Begabung, alle etwas durch Fanatismus der Theorien verwildert; Kenner versicherten mir, es gäbe bedeutendere Kräfte dieser Bewegung im Ausland. Und warum lud man nicht lieber die besten Einheimischen ein, einen Pechstein, einen Melzer. Da hatte die Jury wohl Hintergedanken (Heymann 1911, S. 543).

Zu den durchschnittlichen Begabungen, von denen hier die Rede ist und die in dem gesonderten Expressionisten-Zimmer der ansonsten durch führende Impressionisten geprägten Ausstellung präsentiert wurden, gehörten keine Geringeren als Georges Braque, André Dérain, Raoul Dufy, Albert Marquet, Pablo Picasso und Maurice de Vlaminck. Die »Einheimischen«, die die neueste Kunstrichtung auch hätten dokumentieren können und die Heymann vermisste, waren in der Ausstellung deshalb nicht vertreten, weil sie sich 1910 von der Berliner Sezession getrennt und die »Neue Sezession« gebildet hatten, nachdem ihre Bilder von der alten, schon nicht mehr innovationswilligen Sezessions-Jury abgewiesen worden waren. Um 1910 waren nicht mehr, wie noch um die Jahrhundertwende, die aus den konventionellen Standesorganisationen ausgebrochenen »Sezessionen« treibende Kräfte innovatorischer Bewegung, sondern die »Neuen Sezessionen«, die an ihnen maßgeblich beteiligten Künstlergemeinschaften »Brücke« (1905 in Dresden gegründet) und »Neue Künstlervereinigung München«, die sich von dieser Ende 1911 abspaltende Gruppe »Der Blaue Reiter« sowie der 1910 mit seiner ersten Ausstellung hervortretende »Sonderbund westdeutscher Künstler und Kunstfreunde«.

Eine Berliner Kunstausstellung war es also, die den Expressionismus-Begriff in Umlauf brachte. Er etikettierte zunächst vornehmlich die französischen Fauves und Kubisten, wurde indes auch für jene deutschen Künstler als treffend empfunden, die sich 1910 in der »Neuen Sezession« organisiert hatten. Ein Artikel über diese war es denn auch, der in Franz Pfemferts Berliner Zeitschrift *Die Aktion* den ersten erläuternden Verweis auf den »Expressionismus« brachte. Walter Serner, der spätere Dadaist, hat ihn geschrieben. Er konstatierte in der jüngsten Kunstszene der europäischen Großstädte einen »gemeinsamen Trieb, der überall zugleich hervorbricht. Das neue Kunstbedürfnis, das er entfacht, hat in den Ausstellern der Neuen Sezession seine Berliner Exponenten und bekam von der leidigen Etikettierungssucht, die mit Richtungen arbeitet und mit einer Registratur, bereits ein Mäntelchen: Expressionismus« (Serner 1912, Sp. 174).

Der **Expressionismus in der Kunst** wurde rasch als internationales Phänomen eingeschätzt. Schon im Mai 1912 setzte sich die Sonderbund-Ausstellung in Köln das Ziel,

einen Überblick über den Stand der jüngsten Bewegung in der Malerei [zu] geben, die nach dem atmosphärischen Naturalismus und dem Impressionismus der Bewegung aufgetreten ist und nach einer Vereinfachung und Steigerung der Ausdrucksformen, einer neuen Rhythmik und Farbigkeit, nach dekorativer oder monumentaler Gestaltung strebt, einen Überblick über jene Bewegung, die man als Expressionismus bezeichnet hat. Die jüngeren Künstler fast aller europäischen Kulturländer haben sich dieser Bewegung angeschlossen (zit. nach Anz/Stark 1982, S. 15f.).

Zu diesem Zeitpunkt war ›Expressionismus‹ innerhalb der deutschen Kunstprogrammatik und -kritik bereits ein weit verbreiteter Begriff, der offensichtlich auch als werbewirksam galt: Der Piper Verlag, der die neueste Kunst maßgeblich förderte, empfahl in einer Anzeige auf der letzten Seite seines Almanachs *Der blaue Reiter* (Mai 1912) Kandinskys im Januar erschienene Schrift *Über das Geistige in der Kunst* mit einem Rezensionsauszug aus dem *Mannheimer Tageblatt*: »*Das Programm des Expressionismus* wird in ihr entwickelt, derjenigen Kunstrichtung, die die Verinnerlichung, Vergeistigung der Kunst (und besonders der Malerei) verlangt und als oberstes Gesetz die Notwendigkeit des Gemalten hinstellt.« Der Almanach selbst verwendet den Begriff noch nicht, doch in einer Fußnote der 2. Auflage spielt Kandinsky offen auf ihn an, wenn er von der »Neigung« schreibt, »Natur nicht als äußerliche Erscheinung darzustellen, sondern überwiegend das Element der inneren Impression, die kürzlich Expression genannt wurde, kundzugeben« (Kandinsky 1970, S. 96). Im Piper Verlag erschien 1914 die erste Monographie (von Paul Fechter), die den Begriff im Titel verwendete. Spätestens zu diesem Zeitpunkt war er in den Diskursen über die jüngste Kunst fest etabliert. In denen über die damals jüngste Literatur hat es nur wenig länger gedauert.

Was die **Literatur** angeht, so wurde der Begriff ›Expressionismus‹ nicht nur, wie in der Kunst, von Berlin aus verbreitet, sondern er bezog sich zunächst auch auf Berliner Autoren: auf die »Jüngst-Berliner«, wie Kurt Hiller, einer der damals rührigsten Verfasser programmatischer Schriften, sie im Juli 1911 in einem Zeitungsartikel nannte. Schon drei Monate nach der ersten nachweislichen Begriffsverwendung im Bereich der Malerei übertrug Hiller in diesem Artikel das Wort auf die Literatur. »Expressionisten« nannte er hier eine literarische »Clique [...], die sich, in Berlin, gegenwärtig für die neue Generation hält« (Hiller 1911, S. 33). Gemeint waren die Mitglieder des im März 1909 gegründeten und von Hiller präsidierten »Neuen Clubs« und des aus ihm 1911 hervorgegangenen »Neopathetischen Cabaretts«. Hier lasen unter anderen Ernst Blass, Jakob van Hoddis und Georg Heym ihre Gedichte. Dieser literarische Klub und dieses Kabarett, über die Richard Sheppard (1980 und 1983) mit zwei Dokumentenbänden umfassend informiert, gelten als Keimzellen der expressionistischen Literatur in Deutschland.

Durchsetzen konnte sich der Begriff im Hinblick auf Literatur jedoch erst während des Krieges. Davor war man terminologisch noch wenig festgelegt. Man sprach gleichermaßen von »futuristischer«, »fortgeschrittener«, »neopathetischer«, »aktivistischer«, »expressionistischer« oder »jüngster« Literatur. Anders als für den *Sturm* hatte der Begriff, mit dem sich kein bedeutender Autor ganz identifizieren mochte, für damals maßgebliche Zeitschriften wie *Die Aktion, Die weißen Blätter* (hg. von René Schickele) oder *Das Forum* (hg. von Wilhelm Herzog) kein programmatisches Prestige. Separatistische Neigungen einer anarchisch gesinnten Autorengeneration, das Insistieren auf der »Freiheit eines Dichtermenschen« (Döblin 1918, S. 69) sowie auf dem »Ziel, eigener, originaler, einmaliger Natur zu leben« (Sternheim 1918, S. 68), standen der Übernahme eines kollektivierenden Etiketts grundsätzlich entgegen. Schon 1912 hatte Döblin an Marinetti den dafür bezeichnenden Satz gerichtet: »Pflegen Sie Ihren Futurismus. Ich pflege meinen Döblinismus« (Döblin 1989, S. 119).

Zu Vorbehalten gegenüber dem Begriff und seinen Inhalten hat wohl auch beigetragen, dass ausgerechnet Hermann Bahr, der sich seit über zwei Jahrzehnten gegenüber jedem neuen Trend allzu rasch und lautstark aufgeschlossen zeigte, 1916 die erste Monographie mit dem Titel *Expressionismus* vorlegte, die sich vor allem auf Literatur bezog. Sie wurde gerade von jüngeren Autoren zum Teil heftig kritisiert (Dokumente dazu in Pörtner 1960/61, Bd. 2, S. 195-204). Dass sich ›Expressionismus‹ dennoch als Sammelbegriff für konkurrierende Autoren und Gruppierungen innerhalb der jüngsten Literatur durchsetzte, dazu trug maßgeblich Kasimir Edschmids programmatische Rede »Expressionismus in der Dichtung« vom 13. Dezember 1917 bei. Der viel beachtete Abdruck im März-Heft 1918 der *Neuen Rundschau* leitete eine Expressionismus-Diskussion ein, an der sich unter anderen Hermann Hesse und Alfred Döblin mit wichtigen Beiträgen beteiligten (Nachdrucke in Anz/Stark 1982, S. 42-55, 69-74, 86-90).

Die zeitgenössischen Versuche, konstitutive **Bedeutungsmerkmale des Begriffs** zu fixieren, unterschieden sich zum Teil erheblich, doch kristallisierten sich relativ rasch ständig wiederkehrende Stichwörter und sprachliche Wendungen heraus, mit denen der Expressionismus stereotyp charakterisiert wurde. Man nannte ihn mit Vorliebe eine »Bewegung« und grenzte diese vom Impressionismus wie vom Naturalismus vor allem durch diverse Umschreibungen der Merkmalsopposition ›aktiv‹ und ›passiv‹ ab. »Den Impressionismus schreibt längst niemand mehr auf ein Panier«, schrieb 1913 Kurt Hiller, der später den Begriff »Aktivismus« bevorzugte, in seiner »Zeit- und Streitschrift« *Die Weisheit der Langeweile*. »Man stellt sich unter ihm heut weniger einen Stil vor als eine unaktive, reaktive, nichts-als-ästhetische Gefühlsart, der man als allein bejahbar eine wieder moralhafte entgegensetzt (Gesinnung; Wille; Intensität; Revolution); und man neigt dazu, den Stil, den diese neue Gefühlsart erzeugt, wegen seiner konzentrierten Hervortreibung des voluntarisch Wesentlichen Expressionismus zu nennen« (Hiller 1913a, S. 37). Mit Recht hob später einer der besten Kenner des Expressionismus, Wolfgang Rothe (1979, S. 119ff.), die »voluntaristischen, decisionistischen und aktivistischen Züge« des Expressionismus hervor, die mit der Hochschätzung des Begriffs der ›Tat‹ und der Figur des ›Täters‹ einherging und für die schon der Zeitschriftentitel *Die Aktion* symptomatisch ist. Kasimir Edschmid machte seinerzeit in der genannten Rede die aktivistischen Komponenten des Expressionismus zur Abgrenzung vom Naturalismus und seinem »Photographieren der Wirklichkeit« geltend:

Niemand zweifelt daran, daß das Echte nicht sein kann, was als äußere Realität erscheint. Die Realität muß von uns geschaffen werden. Der Sinn des Gegenstands muß erwühlt sein. Begnügt darf sich nicht werden mit der geglaubten, gewähnten, notierten Tatsache, es muß das Bild der Welt rein und unverfälscht gespiegelt werden. Das aber ist nur in uns selbst.
So wird der ganze Raum des expressionistischen Künstlers Vision. Er sieht nicht, er schaut. Er schildert nicht, er erlebt. Er gibt nicht wieder, er gestaltet. Er nimmt nicht, er sucht. Nun gibt es nicht mehr die Kette der Tatsachen: Fabriken, Häuser, Krankheit, Huren, Geschrei und Hunger. Nun gibt es die Vision davon. Die Tatsachen haben Bedeutung nur soweit, als durch sie hindurchgreifend die Hand des Künstlers nach dem greift, was hinter ihnen steht (Edschmid 1918, S. 46).

Künstlerisch **aktive Konstruktion der Wirklichkeit** steht hier erneut gegen eine reaktive Unterordnung unter ihre nur scheinbare Subjektunabhängigkeit und Dominanz. Zeitgleich mit der Phänomenologie Edmund Husserls, auf die sich damals unter anderen Max Picard in einem Vortrag über »Expressionismus« berief (Picard 1919) und die 1925 Albert Soergels erste umfassende Darstellung des Expressionismus zu dessen philosophischen Grundlagen rechnete (Soergel 1925, S. 394f.; vgl. dazu auch Fellmann 1982), charakterisierten etliche Programme und Beschreibungen des ›Expressionismus‹ diesen als einen künstlerischen Konstruktivismus. Picard schrieb ihm eine die Komplexität der Wirklichkeit reduzierende Leistung zu, eine »Tendenz zur Orientierung im Chaos«, und grenzte ihn damit auch von der positivistischen Wissenschaft ab, an deren Prestige der Naturalismus noch teilzuhaben versuchte. Die damit einhergehende **Kritik des Kausalitätsdenkens und der Psychologie** artikulierte sich in aufschlussreichen Argumentationen wie der folgenden:

Der Expressionist ist also nicht psychologisch, aber er ist psycho-analytisch. Das ist kein Widerspruch. Im Gegenteil: Die Psychologie läßt von *einem* Ding auf tausend Dinge gleiten, die Psycho-Analyse geleitet von tausend Dingen zu einem. Sie sammelt tausend zerstreute Erlebnisse, bis sie sich in *eine* Reihe ordnen und schließlich zu einem *einzigen* Erlebnis hinführen. Dieses einzige Erlebnis erstrebt man, nach ihm orientieren sich alle andern; das Chaos aber ist kleiner geworden, weil tausend Erlebnisse aus ihm gesichtet und aus der Zerstreutheit um ein einziges Erlebnis gruppiert wurden (Picard 1919, S. 570).

Eine wissenschaftskritische Stoßrichtung (s. S. 112 f.) hatte die konstruktivistische Perspektive auch in einem der substantiellsten Beiträge, die bis 1920 zum Expressionismus geschrieben wurden. Er stammt von dem Dresdener Schriftsteller und Kunstkritiker Friedrich Markus Huebner, der viel in expressionistischen Zeitschriften publizierte und während des Kriegs, als Diplomat in Brüssel tätig, zu einer zentralen Figur des Expressionismus in Belgien wurde (Roland 1999 u. 2009). Huebner stellte die konstruktivistischen Tendenzen des Expressionismus in die philosophischen Kontexte von Schopenhauers »Einsicht: ›die Welt ist unsere Vorstellung‹« (Huebner 1920, S. 5) und von Hans Vaihingers Schrift *Die Philosophie des Als Ob* (Berlin 1911). Und auch er verband die Distanz zum Naturalismus mit der Skepsis gegenüber der positivistischen Wissenschaft des 19. Jahrhunderts:

Der Expressionismus verhält sich gegenüber der Natur feindselig. Er aberkennt ihre Übermacht; er zweifelt an ihrer »Wahrheit«. Er stellt fest, daß auch die Wissenschaft nur ein Versuch der Ausdeutung ist, daß sie nicht unumstößliche Erkenntnisse, sondern äußerst einwandzugängliche Hypothesen liefert. Die Instrumente, die sich der Mensch erfindet, und mit denen er das Leben zu greifen, die Wahrheit zu sieben hofft, sind ebenso viele Werkzeuge, mit denen er sich hinter das Licht führt. Die Natur ist nicht ein objektiv Unveränderliches und nichts Größeres als der Mensch. Sie bietet sich dar für jede Art von Vorstellung; sie ist das Nichts und wird erst zu Form und Gestalt durch den Menschen, der sie mit Sinn beseelt. Sie ist der unendlich biegsame und knetbare Urstoff, in welchem alle Möglichkeiten schlummern.
 Der Expressionismus glaubt an das Allmögliche. Er ist die Weltanschauung der Utopie. Er setzt den Menschen wieder in die Mitte der Schöpfung, damit er nach seinem Wunsch und Willen die Leere mit Linie, Farbe, Geräusch, mit Pflanze, Tier, Gott, mit dem Raume, mit der Zeit und mit dem eigenen Ich bevölkere (Huebner 1920, S. 5).

Aktive Transzendierung der Wirklichkeit durch den *Geist der Utopie* (Bloch 1918), »Wesensschau« (Husserl), Typisierung der dargestellten Personen (s. S. 160), Ablehnung von Psychologie und Kausalitätsdenken, Aufwertung elementarer Gefühle, Pathos (s. S. 162 f.), Aktion sind ständig wiederkehrende Stichworte in den zeitgenössischen Selbst- und Fremdbeschreibungen des Expressionismus. Ihre literarhistorische Kanonisierung erfuhren sie 1925 zusammen mit dem Begriff selbst in der monumentalen, 900 Seiten umfassenden Bestandsaufnahme von Albert Soergel. Sie blieb mit ihrem Anspruch, »eine Einführung in die Entwicklung der deutschen Literatur zwischen 1900 und 1920« zu geben und »zugleich eine Begriffsbestimmung und -entwicklung dessen, was man sich gewöhnt hat, mit dem vieldeutigen Worte Expressionismus zu bezeichnen« (Soergel 1925, S. VII), in ihrem Kenntnis- und Materialreichtum bis heute unübertroffen.

In der literaturwissenschaftlichen Forschung zur deutschen Literatur zwischen 1910 und 1920, die seit der berühmten Ausstellung in Marbach von 1960 kaum mehr überschaubare Dimensionen angenommen hat, konnte sich der Begriff ›Expressionismus‹ bis heute behaupten. Nach wie vor umstritten bleibt jedoch, was mit ihm bezeichnet werden soll. Die zeitgenössischen Merkmalsbestimmungen haben sich längst als viel zu begrenzt erwiesen. Weitgehend gescheitert sind die Festlegungen auf einheitliche Stilformen. Wenig überzeugend blieben auch die Versuche, den Expressionismus zu einem internationalen oder gar überzeitlichen Phänomen zu erklären. Und auch als eine ›Epoche‹ der deutschen Literaturgeschichte kann der Expressionismus nur in eingeschränktem Sinn gelten. **Das ›expressionistische Jahrzehnt‹** war gekennzeichnet durch die **Gleichzeitigkeit des Ungleichen**, war auch die Zeit eines noch keineswegs abgeschlossenen Naturalismus, eines weiter wirksamen Ästhetizismus, eines epigonalen Klassizismus oder der antimodernen Heimatkunst. Zwischen 1910 und 1920 gehörten Hauptmann, Heinrich und Thomas Mann, Hofmannsthal, Rilke, Hesse oder George weiterhin zu den dominierenden Schriftstellerpersönlichkeiten – von Publikumslieblingen wie Ganghofer, Rosegger, Frenssen oder Courths-Mahler ganz abgesehen. Eine umfassende Literaturgeschichte dieser Zeit hätte zu berücksichtigen, dass Carl Einsteins Roman *Bebuquin oder Die Dilettanten des Wunders* oder Franz Jungs Erzählungen *Das Trottelbuch* (die als expressionistisch gelten) im selben Jahr erschienen wie *Der Tod in Venedig* (1912), Carl Sternheims Lustspiel *Die Hose* im selben Jahr wie Hauptmanns *Die Ratten* oder Hofmannsthals *Jedermann* (1911). Sie hätte neben dem Expressionisten-Verlag Kurt Wolff ebenso den kulturkonservativen Eugen Diederichs Verlag mit einzubeziehen, neben dem expressionistischen Aktions- oder dem Sturm-Kreis auch den George-Kreis oder den Einzelgänger Kraus und *Die Fackel*.

Der Expressionismus ist eine **Konstruktion der Literaturgeschichtsschreibung**. Sie hat durch die Übernahme des historischen Begriffs den Vorzug, an das Selbstverständnis und die Konstruktionen jener vergangenen Kulturszenerie anknüpfen zu können, die sie zu beschreiben versucht, ohne sich in der Gegenwart fest an sie binden zu müssen. Zu den negativen Folgen der literarhistorischen Kanonisierung des Expressionismus-Begriffs gehörte es allerdings, den Blick auf das zu verstellen, was von dem Begriff ausgeschlossen, aber zur gleichen Zeit geschrieben und gelesen wurde. Die mittlerweile etablierte Rede von der ›Gleichzeitigkeit des Ungleichen‹ versucht diesem Umstand Rechnung zu tragen, übersieht jedoch ihrerseits, dass das vom Begriff Ausgeschlossene in vielen Aspekten dem Expressionismus auch gleicht. Sogar ein Autor wie Thomas Mann, den niemand als expressionistisch bezeichnen würde, auch deshalb nicht, weil er sich in den *Betrachtungen eines Unpolitischen* (1918) ausdrücklich vom Expressionismus distanzierte (vgl. den Auszug in Anz/Stark 1982, S. 90-92), stand diesem in den zehner Jahren weniger fern, als es scheint. Das gilt auch für Karl Kraus oder für Stefan George und seinen Kreis. Dass es trotz solcher Entstellungen, die der Begriff ›Expressionismus‹ und auch noch die inzwischen beliebtere, weil vorsichtigere Rede von der ›Zeit des Expressionismus‹ oder vom ›expressionistischen Jahrzehnt‹ zur Folge hatten, weiterhin sinnvoll und auch pragmatisch gerechtfertigt ist, ihn zu verwenden, versucht dieser Band erneut zu begründen. Er bevorzugt die Wendung ›expressionistische Moderne‹ und konzipiert damit den Expressionismus als deutschsprachige Erscheinung der europäischen Moderne im zweiten Jahrzehnt des 20. Jahrhunderts. Zusammen mit Klärungen zum Begriff der ›Moderne‹ soll das im Folgenden erläutert werden.

Geschichte und Problematik des Begriffs ›Expressionismus‹: Pörtner 1960, S. 6-30; Arnold 1966, S. 9-15; Perkins 1974, S. 11-18; Vietta/Kemper 1975, S. 11-20; Rötzer 1976 (Dokumente und Aufsätze); Anz/Stark 1982, S. XV-XVIII, S. 14-112 (Überblicke, Kommentare und Dokumente); Stark 1982, S. 23-27; Gehrke 1990; Fähnders 2010, S. 134-139.
Umfassende Monographien und Aufsatzsammlungen zum literarischen Expressionismus: Soergel 1925; Sokel 1960; Steffen 1965; Arnold 1966; Paulsen 1968; Rothe 1969a; Eykman 1974; Rötzer 1976; Vietta/Kemper 1975 (grundlegende Einführung); Rothe 1977; Anz 1977; Hamann/Hermand 1976; Knapp 1979; Stark 1982; Anz/Stark 1994; Sprengel 2004 (im Rahmen einer Epochendarstellung 1900-1918); Donahue 2005; Bogner 2005 (Einführung); Krause 2008a.
Regional differenzierende Darstellungen und Textsammlungen: Stern 1981 (Schweiz); Fischer/Haefs 1988 (Wien); Amann/Wallas 1992 und 1994, Wallas 1995 (Österreich); Nowak u.a. 1999 (Thüringen).
Umfassende Dokumenten- und Textsammlungen: Pörtner 1960; Raabe/Greve 1960; Raabe 1965b; Best 1976; Anz/Stark 1982; Raabe 2009 (Digitalisierte Zeitschriften, Jahrbücher, Sammelwerke, Anthologien).
Lexikalische und bibliographische Hilfsmittel: Perkins 1971 (Bibliographie zeitgenössischer Dokumente); Raabe 1964 (bibliographische Erfassung und Portraits expressionistischer Zeitschriften); Raabe 1972 (die 18 Bände

erfassen mit dem Anspruch auf Vollständigkeit die Beiträge in den Zeitschriften und Jahrbüchern des literarischen Expressionismus zwischen 1910 und 1923); Raabe 1985 (grundlegendes und umfassendes Handbuch über Autoren und Bücher des Expressionismus).
Forschungsberichte: Brinkmann 1961; Paulsen 1962; Brinkmann 1980 (der bislang umfassendste Bericht); Knopf 1983; Anz 1987; Korte 1994 (über die Forschung 1980-1990); Fähnders 2010, 275–296 (Bericht zur Moderne- und Avantgarde-Forschung 1999-2010).

2.2 Moderne und Avantgarde

In der Literaturgeschichte wurde das **Adjektiv ›modern‹** zur Kennzeichnung innovativer Ansprüche schon im frühen Mittelalter, in der Neuzeit mit zunehmender Häufigkeit und seit dem 18. Jahrhundert, in dem sich die Forderungen nach künstlerischer Originalität durchzusetzen beginnen, mit wachsender Emphase gebraucht. Dagegen ist das **Substantiv ›Moderne‹** ein neu gebildetes Wort in den literarischen Debatten und Programmen an der Wende vom 19. zum 20. Jahrhundert. Im September 1886, in einer Zeit, in der alle, die in irgendeiner Weise als fortschrittlich oder sogar revolutionär gelten wollten, die Auszeichnung ›modern‹ für sich reklamierten, sprach der Literaturhistoriker Eugen Wolff bei einem Vortrag im naturalistischen Verein »Durch!« vermutlich zum ersten Mal, in einer sprachlichen Analogiebildung zu der ›Antike‹, von der ›Moderne‹. Seine Thesen wurden noch im gleichen Jahr (siehe den Nachdruck in Brauneck/Müller 1987, S. 58-60) und kurz darauf ein weiteres Mal (am 1.1.1887 in der *Deutschen Universitätszeitung*) veröffentlicht. Das Substantiv, das nicht nur eine neue Richtung, sondern ein neues Zeitalter in der Entwicklung von Literatur und Kunst bezeichnen wollte, wurde rasch zu einem Modewort; es ging bald in die Titel zahlreicher Artikel und Bücher ein. 1891 erschien eine kurzlebige naturalistische Zeitschrift mit dem Titel *Die Moderne*. Schon 1894 nahm der *Große Brockhaus* das Substantiv in seine 14. Auflage auf – als »Bezeichnung für den Inbegriff der jüngsten sozialen, literarischen und künstlerischen Richtungen« (Bd. 11, S. 975). Lange nachdem der Literaturkritiker Samuel Lublinski 1904 eine *Bilanz der Moderne* gezogen und im Titel eines weiteren Buches vom *Ausgang der Moderne* (1909) gesprochen hatte, wurde der Begriff von der akademischen Literaturgeschichtsschreibung übernommen: zur Kennzeichnung einer epochalen Aufbruchsbewegung, die in der Literatur und Kunst des gesamten 20. Jahrhunderts ihre Spuren hinterließ.

Die literarische Moderne ist ein **Phänomen der modernen Großstädte**. Nicht zufällig nahm die Karriere des Begriffs ›Moderne‹

von Berlin ihren Ausgang. In dieser seit der Reichsgründung rasant wachsenden Weltstadt verdichteten sich die Probleme und Erfahrungen gesellschaftlicher Modernisierungsprozesse. Die Modernität und Leistung der ersten, der naturalistischen Generation der Moderne bestand darin, dass sie in einer betont zeitgemäßen Kunst die Prozesse der Technisierung, Verwissenschaftlichung, Industrialisierung und Verstädterung thematisch und auch formal in sich aufzunehmen versuchte.

»Die Basis unseres gesammten modernen Denkens bilden die Naturwissenschaften«, erklärte Wilhelm Bölsche in seiner epochemachenden Schrift *Die naturwissenschaftlichen Grundlagen der Poesie* von 1887 (in Brauneck/Müller 1987, S. 99). Die mechanistische Physik und die biologische Evolutionslehre Darwins wurden zur Basis der **naturalistischen Ästhetik**. Die experimentellen Methoden der Naturwissenschaften simuliert, vermittelt durch das große, wenn auch nicht unumstrittene Vorbild Emile Zola und sein Programm des »experimentellen Romans«, ein literarisches Verfahren, das die ›Maschine‹ Mensch unter systematisch aufgebauten Determinanten (vor allem Vererbung und Milieu) funktionieren ließ. Schon die berühmte Gleichung, mit der Arno Holz das naturalistische Programm auf eine Formel zu bringen versuchte, orientierte sich am Leitbild mathematisch-wissenschaftlicher Exaktheit: »Kunst = Natur − x«, wobei die Variable x die Kunstmittel und ihre subjektive Handhabung umfasst, die der gewünschten Tendenz der Kunst, »wieder die Natur zu sein«, mehr oder weniger stark entgegenstehen (in Brauneck/Müller 1987, S. 149). Mit dem **wissenschaftsnahen Anspruch auf Wahrheit** statt auf Schönheit erschloss der Naturalismus der Literatur Bereiche, die für die Moderne des 20. Jahrhunderts in ihrer Opposition zur klassisch-idealistischen Ästhetik charakteristisch blieben: das Hässliche (s. S. 165 ff.), das Pathologische (s. S. 84 ff.) und jenes soziale Elend einer neuen, von der Industrialisierung hervorgebrachten Klasse, mit dessen Darstellung 1892 das herausragende Drama der Bewegung, Gerhart Hauptmanns *Die Weber*, die Wilhelminischen Zensurbehörden zu Verboten und den deutschen Kaiser dazu provozierte, seine Theaterloge zu kündigen.

Zeitgleich mit den naturalistischen Anfängen der literarischen Moderne formierte sich bereits eine ästhetisch und oft auch **politisch konservative Front gegen die Moderne**, an deren Vokabeln und Ressentiments die nationalsozialistische Kulturkritik später bruchlos anknüpfen konnte. Um 1900 vermischten und ergänzten sich im Kampf gegen die »kranke«, »entartete« Moderne Argumente sozialistischer, sozialdarwinistischer, rassistischer, heimatkunstbewegter, neoklassizistischer und völkisch-nationaler Provenienz. Die Kritik am Naturalismus kam indes auch aus dem Umkreis der literarischen Moderne selbst. Die Literatur der Jahrhundertwende bietet ein unübersichtliches Bild heftig miteinander konkurrierender, sich gegenseitig in ihrem Anspruch auf Modernität permanent überbietender, sich zum Teil aber auch überschneidender Stile, Programme und Gruppierungen. Die Simultanität und Pluralität unterschiedlicher literarischer Richtungen sind um und nach 1900 das übergreifende Kennzeichen einer sich zunehmend ausdifferenzierenden Kultur in einer hochkomplexen Gesellschaft. Sie sind damit ein charakteristisches Phänomen jenes Prozesses, den Historiker und Sozialwissenschaftler als ›Modernisierung‹ bezeichnet haben (Wehler 1975a; vgl. u.a. Schönert 1989). Im selben Jahr wie *Die Weber* erschien bereits eine Aufsatzsammlung des einflussreichen Wiener Kritikers Hermann Bahr mit dem bezeichnenden Titel *Die Überwindung des Naturalismus*. Die dort geforderte Wendung vom »Außen zum Innen« (in Ruprecht/Bänsch 1981, S. 168), von der exakten Abbildung der äußeren Wirklichkeit zur detaillierten Erfassung psychischer Empfindungen und Gestimmtheiten, hielt den Anspruch auf Wissenschaftlichkeit aufrecht, doch die bisherige Leitwissenschaft Biologie wurde ersetzt durch **Psychologie und Psychiatrie**: durch die Neurosen- und Hysterielehre, durch *Die Analyse der Empfindungen* (1886) Ernst Machs (über den Robert Musil 1908 promovierte) und seit Sigmund Freuds *Traumdeutung* (1900) auch durch die Psychoanalyse. Von einer »Chemie der Begriffe und Empfindungen« sprach Friedrich Nietzsche (1988, Bd. 2, S. 23), von einer »Bakteriologie der Seele« Hugo von Hofmannsthal (1935, S. 18). Die den Postulaten Bahrs entsprechende »Kunst der Nerven«, die sich als eine Kunst vornehmlich kranker, »nervöser« und daher besonders empfindlicher Nerven verstand (vgl. Worbs 1983), setzte eine Vielzahl literarischer Programme und Stiltendenzen frei, zu deren Etikettierung noch heute Begriffe wie Impressionismus und Symbolismus, Décadence und Fin de siècle, Neuromantik oder Ästhetizismus zirkulieren. Was zwischen 1890 und 1910 im Umkreis dieser Begriffe, nun dominant in Wien und auch in München, als ›modern‹ galt, beschrieb Hofmannsthal so:

Man treibt Anatomie des eigenen Seelenlebens, oder man träumt. Reflexion oder Phantasie, Spiegelbild oder Traumbild. [...] Modern ist das psychologische Graswachsenhören und das Plätschern in der reinphantastischen Wunderwelt. [...] modern ist die Zergliederung einer Laune, eines Seufzers, eines Skrupels; und modern ist die instinktmäßige, fast somnambule Hingabe an jede Offenbarung des Schönen, an einen Farbenakkord, eine funkelnde Metapher, eine wundervolle Allegorie (Hofmannsthal 1986, Bd. 8, S. 176).

An die forcierten Innovations- und Modernitätsansprüche der naturalistischen und der ästhetizistischen Moderne knüpfte der Expressionismus an. Die Rhetorik der Überbietung setzte er fort. »Die ›Hochmoderne‹ aber ist ein Saal der ›Expressionisten‹«, befand ein Kommentar zu jener Ausstellung, die am Anfang der Karriere des Expressionismus-Begriffs stand (Scheffler 1911, S. 486). Wilhelm Worringer schrieb im Titel eines wichtigen Essays mit Blick auf den Expressionismus von der »modernsten Kunst« (Worringer 1911). In wahrhaft inflationärer Häufung findet sich **die Vokabel** ›neu‹ in den Titeln und Texten expressionistischer Programmschriften (s. S. 45ff.).

Die dem Bereich des Militärischen entlehnte **Metapher der ›Avantgarde‹** (zur Begriffsgeschichte vgl. Böhringer 1978), der ›Vorhut‹ im Kampf, der die anderen nachfolgen sollen, trifft das Selbstverständnis der Moderne im Bereich der Kunst und Literatur sehr gut. Der Begriff wurde zunächst von den frühsozialistischen Bewegungen in Frankreich übernommen und bald (der früheste Beleg dafür findet sich 1825) auch auf Künstler bezogen, die sich an die Spitze einer sozialen Bewegung setzten. 1902 versuchte Lenin in seiner Schrift *Was tun?*, den Begriff für die bolschewistische Partei zu reklamieren. Dass der italienische Futurismus wenige Jahre später die militärische Metaphorik übernahm, ist angesichts seiner Verherrlichungen des Krieges und des Kampfes nicht weiter verwunderlich. »Wir stehen«, schrieb Marinetti 1909 im ersten Manifest des Futurismus, wie »vorgeschobene Wachtposten vor dem Heer der feindlichen Sterne, die aus ihren himmlischen Feldlagern herunterblicken« (in Asholt/Fähnders 1995, S. 3).

In der Kunst- und Literaturwissenschaft hat sich denn auch im Anschluss an Peter Bürgers einflussreiche *Theorie der Avantgarde* (1974) eine die populäre Ausweitung begrenzende Verwendung des Begriffs gleichsam eingebürgert, die den Futurismus als erste historische Avantgardebewegung konzipiert, der die späteren Bewegungen des aus dem deutschen Sprachbereich hervorgegangenen **Dadaismus** und des französischen Surrealismus nachfolgten. Ein Grund dafür, dass der Expressionismus von Bürgers Avantgarde-Begriff ausgeschlossen und deshalb von der Avantgarde-Forschung wenig beachtet wurde, mag darin liegen, dass der sich 1916 in Zürich konstituierende und nach Kriegsende in Berlin konzentrierende Dadaismus den Expressionismus noch vehementer attackiert hatte als dieser wenige Jahre zuvor den Impressionismus. Ein anderer Grund ist, dass Peter Bürger und mancher Avantgarde-Forscher nach ihm den Expressionismus offensichtlich kaum kannten.

Richard Huelsenbecks »Dadaistisches Manifest« stellte 1918 die rhetorischen Fragen: »Hatte der Expressionismus unsere Erwartungen auf eine solche Kunst erfüllt, die eine Ballotage unserer vitalsten Angelegenheiten ist?« Und: »Haben die Expressionisten unsere Erwartungen auf eine Kunst erfüllt, die uns die Essenz des Lebens ins Fleisch brennt?« Die Antwort besteht beide Male in einem dreifachen, auf dem Papier groß und fett hervorgehobenen »Nein!« (in Anz/Stark 1982, S. 75). Die emphatische **Berufung auf das »Leben«** setzt hier gleichwohl den expressionistischen Vitalismus (s. S. 51-63) fort. Das Beispiel zeigt: Die angestrengten Versuche, sich gegenüber vorangegangenen Bewegungen zu profilieren, neigten regelmäßig dazu, das Übernommene zu ignorieren, zu verbergen oder zu verkennen und damit den Neuheitswert der eigenen Positionen zu übertreiben. Noch die rückblickende Literaturwissenschaft bleibt solchen Täuschungen vielfach erlegen.

Bürger hatte vorgeschlagen, den Avantgarde-Begriff »ausschließlich für jene Künstlergruppierungen zu verwenden, die im Umkreis des Ersten Weltkriegs auftreten, nicht etwa um einen obsolet gewordenen Stil durch einen neuen, zeitgemäßen zu ersetzen, sondern mit dem Ziel, die autonome Kunst im Hegelschen Wortsinne aufzuheben, d.h. die in ihr enthaltenen Potentiale an Kreativität zum Zentrum einer revolutionären Erneuerung der Lebenspraxis zu machen« (Bürger 1996, S. 1289). Solche Ziele prägten auch den Expressionismus. Darüber hinaus waren es Wörter und Bilder des Kampfes, mit denen seine Repräsentanten ihre Versuche zur Durchsetzung der eigenen Programme und Werke unaufhörlich beschrieben. »Wir sind sehr kampflustig« – so charakterisiert Kurt Hiller 1911 die Mitglieder des »Neuen Clubs« und gab den »Idyllisten« zu bedenken, »daß auch der *Kampf* eine Erscheinung des Lebens ist, und durchaus eine der geistigen.« In der publizistischen Kunst der »Glosse« organisiere sich der »Hirnkampf«. Die Glosse sei die »Waffe der Wollenden«, der »ethischen Künstler schimmernder Stahl« (Hiller 1911, S. 36). Franz Marc leitet 1912 seinen Beitrag über »Die ›Wilden‹ Deutschlands« im Almanach *Der Blaue Reiter* mit den Sätzen ein: »In unserer Epoche des großen Kampfes um die neue Kunst streiten wir als ›Wilde‹, nicht Organisierte gegen eine alte, organisierte Macht. Der Kampf scheint ungleich; aber in geistigen Dingen siegt nie die Zahl, sondern die Stärke der Ideen« (Marc 1912, S. 4).

Schon lange vor dem Ersten Weltkrieg wurden soziale, ökonomische und kulturelle Konflikte mit Vorliebe in der Begrifflichkeit und **Bildlichkeit des Kampfes** beschrieben: als Klassen-, Rassen- und Konkurrenzkampf, als Generationen- oder Geschlechterkampf. Nicht zuletzt Darwins Formel vom »Kampf ums Dasein« hatte dem Wort eine in ganz unterschiedlichen Diskursen gleichermaßen dominierende Attraktivität verschafft. Um 1900 wird ›Kampf‹ zum Kennzeichen der Moderne, im gesellschaftlichen wie im ästhetischen Bereich. Wo Moderne mit dynamischer Fortschrittsorientierung gleichgesetzt wird und Kampf als treibende Kraft evolutionärer oder revolutionärer Prozesse erscheint, müssen Moderne und Kampf eng miteinander verknüpft sein. Die *Kritischen Waffengänge* (vgl. Brauneck/Müller 1987, S. 21) der naturalistischen Moderne sind dafür ebenso signifikant wie die Umbenennung der 1890 begründeten Zeitschrift *Freie Bühne für modernes Leben*: »Modernes Leben« wurde im dritten Jahrgang durch »Entwicklungskampf der Zeit« ersetzt (vgl. Ruprecht/Bänsch 1981, S. 78). Bezeichnenderweise münden schon jene Thesen Eugen Wolffs, in denen sich der früheste Beleg für das Substantiv ›die Moderne‹ findet, in den Appell, »dass alle gleichstrebenden Geister, fern aller Cliquen- oder auch nur Schulbildung, zu gemeinsamem Kampfe zusammentreten« (Brauneck/Müller 1987, S. 59).

Die Moderne in Kunst und Literatur teilte das kämpferische Selbstbewusstsein mit ihren Gegnern *Im Kampf um die Kunst*. So hieß eine 1911 im Piper Verlag erschienene Schrift. Sie antwortete auf den von 132 Künstlern unterzeichneten, antimodern und deutschnational argumentierenden Protest gegen die Überbewertung und -bezahlung der neuen Kunst aus Frankreich durch deutsche Museumsleiter und Kunsthändler. Dass auch die Gegner der ›modernen‹ Kunst und Literatur ihrerseits Modernität für sich beanspruchten, wirft ein bezeichnendes Licht auf das hohe Prestige, doch auch auf die konträre Verwendung des Attributs ›modern‹ um 1900.

Aufschlussreich und als Beispiel bestens dafür geeignet, weitere begriffliche Klärungen vorzunehmen und die Spannungen zu beschreiben, die hinter den differierenden Begriffsverwendungen stehen, ist eine frühe Prosaskizze Alfred Döblins von 1895 (ausführlicher dazu Anz 1993). Sie trägt den Titel »Modern« und nimmt etliche Motive, Themen, Handlungsmuster und Stilmerkmale vorweg, die für Döblins späteres Werk aus der Zeit des Expressionismus und auch noch danach charakteristisch wurden. Dass Döblin den Titelbegriff zunächst in pejorativem Sinn gebraucht, zeigt sein Rückgriff auf ein Wortspiel: »Wenn ich das Wort modern höre, muß ich immer an ein Wortspiel denken. Modérn wird módern. Das erste Mal betont man die zweite Silbe, das zweite Mal die erste! – Ein sehr wahres, lehrreiches Bild« (Döblin 1981, S. 14). Der minimale Aufwand einer Akzentverschiebung im Signifikanten erreicht hier ein Maximum an dekonstruktiver Wirkung, mit der die hoch bewerteten Bedeutungskomponenten des Signifikats in einem Überraschungseffekt außer Kraft gesetzt werden. Die ganze Emphase, mit der im Attribut ›modern‹ der optimistische Glaube an Innovation und Fortschritt beschworen wird, überführt der Wechsel der Betonung in skeptizistische Vorstellungen von Auflösung, Verwesung, Fäulnis und Verfall.

Das eng an August Bebels berühmte Schrift *Die Frau und der Sozialismus* angelehnte Erzählfragment Döblins hat eine explizit antikapitalistische Tendenz. Die bruchstückhafte Geschichte des 24-jährigen Mädchens Bertha, das, arbeitslos, zur Prostitution gedrängt wird, ist auch die exemplarische Geschichte eines bemitleidenswerten, weiblichen Opfers der ökonomischen Modernisierung, die in der Optik des Textes die Prostitution hervorgebracht hat: »Ein furchtbares Übel ist die Prostitution, *kein* notwendiges. / Sie ist die Folge des Kapitalismus« (ebd., S. 19). Die **Folgen technischer und industrieller Modernisierungsprozesse** werden einem die Gegenwart affirmierenden Fortschrittsglauben entgegengehalten, den der Text mit dem Satz ironisiert: »Wie herrlich weit wir es doch gebracht!« (ebd., S. 16). Döblins Prosaentwurf »Modern« ist zwar modernitäts- und fortschrittsskeptisch, aber zugleich partizipiert er an der zeitgenössischen Modernitäts- und Fortschrittsgläubigkeit, und zwar in mehrfacher Hinsicht. An einer späteren Stelle des Textes heißt es: »Und die Hauptursache alles Übels: der Kapitalismus – auch er wird fallen – mit ihm Vieles andre.« Für »modérn« steht hier »Kapitalismus«, und »modérn« ist durch »fallen« ersetzt. Doch die Passage geht noch weiter. Nach drei Gedankenstrichen folgt der Satz: »und eine neue Welt wird erblühen, schöner – besser als jetzt, eine Welt, in der Alle gleiche Arbeitspflicht haben, gleichen Genuß« (ebd., S. 19f.). Die hier in organologischer Metaphorik des Vermoderns und Erblühens verbildlichte Denkfigur ist fortschritts- und zukunftsorientiert, sie folgt nur einem anderen Fortschritts- und Geschichtsbegriff als die Apologeten der zivilisatorischen Modernisierungsprozesse. Die »neue Welt« erwächst aus dem Verfall der gegenwärtigen. Hierin steht der Text den Katastrophen-, Weltende- und Menschheitsdämmerungsphantasien nahe, die für die literarische Moderne um und nach 1900 und vor allem für den Expressionismus konstitutiv sind (s. S. 46f.).

Trotz seiner Abwertung des »Modernen« ist Döblins Erzählfragment auch sonst keineswegs eine Apologie des »Alten«, sondern ein programmatisches Eintreten für »das Neue, Unerhörte, das Rütteln am alten fest Eingewurzelten – und, famose Logik, darum Heiligen« (ebd., S.10). Der Text opponiert nicht zuletzt gegen die literarisch etablierten Frauenbilder »eines Geibel, Chamisso, Heyse etc.« und spricht in diesem Zusammenhang von der **Suche nach der »neuen Frau«** bei »unsren Modernen« (ebd., S. 17). »Modern« ist hier offenkundig auf jüngste literarische Entwicklungen bezogen und bekommt dadurch eine partiell andere Bedeutung als dort, wo das

Attribut, wie in dem Wortspiel, die gegenwärtige Zivilisation und die in ihr etablierten Lebensformen meint.

Döblins früher Prosaversuch ist damit eines von vielen Dokumenten, die belegen, wie umkämpft die Begriffe ›modern‹, ›fortschrittlich‹ oder ›neu‹ damals waren. In dem Interpretationskampf um diese Attribute artikulieren sich die Konkurrenz-, Abgrenzungs- und Profilierungskämpfe gegnerischer Fraktionen im intellektuellen Kräftefeld vor und nach der Jahrhundertwende. Bei aller Vieldeutigkeit sind mit dem Begriff ›Moderne‹ im späten 19. und im gesamten 20. Jahrhundert vor allem zwei Phänomene angesprochen, die einander partiell entgegengesetzt, doch zugleich spannungsvoll aufeinander bezogen sind.

2.3 Zivilisatorische und ästhetische Moderne

›Moderne‹ meint zum einen **gesellschaftliche Modernisierungsprozesse**, wie sie von der neueren Modernisierungsforschung in den Geschichts- und Sozialwissenschaften beschrieben und analysiert wurden (vgl. den grundlegenden Überblick von Wehler 1975a; weiterhin Zapf 1991; Wehling 1992). ›Moderne‹ in diesem Sinn meint soziokulturelle Entwicklungsprozesse, die sich seit dem Jahrhundert der Aufklärung rapide beschleunigt haben: Prozesse der Rationalisierung, Technisierung, Industrialisierung und Urbanisierung, die Zunahme sozialer Mobilität, die Expansion massenkommunikativer Prozesse und die Bürokratisierung, die funktionale Ausdifferenzierung eines immer komplexeren gesellschaftlichen Systems, die Entzauberung tradierter Mythen und die kritische Überprüfung metaphysischer Gewissheiten, die fortschrittsgläubige Ausweitung der rationalen Verfügungsgewalt über die äußere Natur und, im sozialpsychologischen Bereich, den Zwang des zivilisierten Subjektes zur Disziplinierung der eigenen Natur, des Körpers und der Affekte. Schon die Soziologie der Jahrhundertwende (Max und Alfred Weber, Ferdinand Tönnies oder Georg Simmel), die von etlichen Autoren der Moderne aufmerksam verfolgt wurde und die sich ihrerseits an der Kunst und Literatur der Moderne interessiert zeigte, hatte diese Prozesse in wesentlichen Aspekten analysiert. Die spätere Modernisierungsforschung knüpfte daran an.

Von dieser ›zivilisatorischen Moderne‹ ist eine andere zu unterscheiden: die ›ästhetische Moderne‹ (vgl. ähnliche Unterscheidungen bei Schönert 1989; Vietta 1992 und 1994; Anz 1994; Müller-Seidel 1994). Sie zeigt in Literatur, Musik, Malerei oder Architektur sowie in einzelnen Ländern unterschiedliche Ausprägungen und Entwicklungen. Die **ästhetische Modernität** von der Art, wie sie etwa durch das Werk Alfred Döblins repräsentiert wird, besteht nicht zuletzt darin, dass sie sich, im Unterschied zur völkisch-nationalen Literatur, zur Heimatkunstbewegung, zur katholischen oder neuklassischen Literaturbewegung um 1900, den zivilisatorischen Modernisierungsprozessen thematisch und formal zu stellen versucht, sie nachdrücklich in sich aufnimmt – und gleichzeitig gegen sie opponiert.

Die Spannungen zwischen ästhetischer und zivilisatorischer Moderne lassen sich exemplarisch im Blick auf eine Schrift zeigen, die sich polemisch und detailliert mit den Anfängen der ästhetischen Moderne auseinander setzte und dabei so klar, eindeutig und umfassend wie kaum eine andere die Positionen der zivilisatorischen Moderne und der sie affirmierenden Denkformen aus den rationalistischen Traditionen der Aufklärung vertrat: Max Nordaus so imponierendes wie fragwürdiges Werk *Entartung*. Es erschien 1892/93 in zwei Bänden und avancierte rasch zum internationalen Bestseller. In der Forschung zur ästhetischen Moderne fand es seit den späten siebziger Jahren zunehmende Beachtung (vgl. Fischer 1977; Anz 1989, S. 34-50; Schulte 1997). Dieses große Pamphlet, das mit seinem Titel der deutschnationalen Kunst- und Kulturkritik eines ihrer zentralen Stichworte lieferte, verweist einmal mehr darauf, wie prestigebesetzt und daher umkämpft das Attribut ›modern‹ in jenen Jahren war.

Nordaus mit wissenschaftlichem Anspruch und aufklärerischem Selbstbewusstsein auftretender Angriff galt den neuesten Moden in der Pariser Oberschicht und ihren »Nachäffern« in Deutschland, darunter den Naturalisten, dem ›dekadenten‹ Wagnerianismus und Nietzsche. Nordau ging es dabei nicht zuletzt um die adäquate Interpretation aufklärerischer Werte und Begriffe, so vor allem auch um den Begriff der Modernität. Er steht bei ihm in einer Reihe mit »Fortschritt«, »Freiheit« und »Wahrheit«.

Die »Freiheit« und »Modernität«, der »Fortschritt« und die »Wahrheit« dieser Burschen [der Repräsentanten der ästhetischen Moderne; T.A.] sind nicht die unsrigen. Wir haben nichts mit ihnen gemein. Sie wollen Schwelgerei, wir wollen Arbeit. Sie wollen das Bewußtsein im Unbewußten ersäufen, wir wollen das Bewußtsein stärken und bereichern. Sie wollen Gedankenflucht und Faselei, wir wollen Aufmerksamkeit, Beobachtung und Erkenntnis. Daran mag Jeder die echten Modernen erkennen und von den Schwindlern, die sich Moderne nennen, sicher unterscheiden (Nordau 1903, Bd. 2, S. 558f.).

»Die echten Modernen« und die »Schwindler, die sich Moderne nennen«: Mit dieser Gegenüberstellung sind die **Differenzen zwischen den Vertretern der zivilisatorischen und der ästhetischen Moderne** klar markiert. Als ›modern‹ in Nordaus Sinn gilt der Habitus jenes zivilisierten Subjekts, das sich selbst und seine Affekte rigoros zu beherrschen vermag. An Nordaus *Entartung* lässt sich gut zeigen, wie die Autonomieansprüche des aufgeklärten Subjekts im Verlauf des 19. Jahrhunderts immer zwanghaftere, selbstdestruktive Formen annehmen. Modernität und Fortschritt sind, so Nordau wörtlich, »die Wirkung immer härterer Bezwingung des Thiers im Menschen, immer strafferer Selbstzügelung« (ebd., S. 559). Als ›modern‹ im Sinn etlicher Repräsentanten der ästhetischen Moderne kann dagegen die Vorstellung von einem Subjekt gelten, das nicht unterwirft, sondern unterworfen ist. In Döblins früher Prosaskizze »Modern« stehen die dafür signifikanten und programmatischen Sätze: »wer es wagt, der Natur zu trotzen, seine ›tierischen Triebe‹ zu unterdrücken, er wird in diesem Kampfe gebrochen unterliegen« (Döblin 1981, S. 15).

›Modern‹ in Nordaus Sinn ist nicht nur die männliche Beherrschung der eigenen, inneren Natur kraft der moralischen Vernunft, deren Schwäche er als »hysterisch«, also weiblich disqualifiziert. ›Modern‹ ist auch die Beherrschung der äußeren Natur durch wissenschaftliche und technische Rationalität. ›Modern‹ in diesem Sinne ist jener Homo-faber-Typus, für den in Gottfried Benns Einakter *Ithaka* (1914) die Figur des Professors steht, der mit triumphalem Ton und imperialem Machtbewusstsein die Sätze spricht: »Wir stehen über die Welt verteilt: ein Heer: Köpfe, die beherrschen, Hirne, die erobern.« ›Modern‹ im Sinne der ästhetischen Moderne ist dagegen die Antwort Rönnes darauf: »Ich lege auf die ganze Entwicklungsgeschichte keinen Wert. Das Gehirn ist ein Irrweg. [...] Alle meine Zusammenhänge hat es mir zerdacht« (Benn 1982, Bd. 4, S. 25). Oder auch der Satz in Döblins chinesischem Roman *Die drei Sprünge des Wang-lun* (1912/13 entst.): »Die Welt erobern wollen durch Handeln, mißlingt« (Döblin 1960, S. 48).

›Modern‹ ist im Sinne Nordaus und der Apologeten zivilisatorischen Fortschritts die Orientierung an Werten wie rationaler Ordnung, Zusammenhang, System, Einheit, Übersichtlichkeit, Wahrheit. Positionen der ästhetischen Moderne hingegen entspricht es, wenn Carl Einstein 1909 einen Aufsatz (»Der Snobb«) mit den Worten beginnt: »Wir haben keine Wahrheit mehr« (Einstein 1992, Bd. 1, S. 33), oder wenn es in seinem Roman *Bebuquin oder Die Dilettanten des Wunders* heißt: »Lassen Sie sich nicht von einigen mangelhaften Philosophen täuschen, die fortwährend von der Einheit schwatzen und den Beziehungen aller Teile aufeinander, ihrem Verknüpftsein zu einem Ganzen« (ebd., S. 99). Damit sind Denkformen der klassischen Ästhetik und des deutschen Idealismus zurückgewiesen, denen sich Nordau nachdrücklich verpflichtet zeigt. Der Moderne in seinem Sinn entspricht das Ideal geschlossener

Strukturen, auch im Kunstwerk; für die ästhetische Moderne hingegen sind die offenen Strukturen konstitutiv, **das Fragmentarische**, das dezentrierte Eigenleben der Textteile gegenüber einem übergeordneten Sinnzentrum – den Ausführungen Hugo Balls in einem Vortrag über Kandinsky entsprechend, in dem es heißt: »Die Prinzipien der Logik, des Zentrums, Einheit und Vernunft wurden als Postulate einer herrschsüchtigen Theologie durchschaut. Der Sinn der Welt schwand. Die Zweckmäßigkeit der Welt in Hinsicht auf ein sie zusammenhaltendes höchstes Wesen schwand« (Ball 1917, S. 124).

Nordau erklärt die Entartungssymptome der ästhetischen Moderne aus den beschleunigten Prozessen der Zivilisation: aus dem rapiden Wachstum der Städte und der Bevölkerungszahl, dem Ausbau des Eisenbahn-, Schiffs- und Postverkehrs, der Expansion des Handels, der Arbeitsproduktivität und der von Zeitungen täglich vermittelten Informationsmenge. Was er dabei schon Jahre vor Georg Simmel und dessen Essay von 1903 »Die Großstadt und das Geistesleben«, der von der Expressionismusforschung, namentlich von Silvio Vietta, seit den siebziger Jahren in seinem Erklärungswert für die ich-dissoziierenden Wahrnehmungsbedingungen in der reizüberfluteten Großstadt und die sie simulierenden poetischen Verfahrensweisen mit Recht sehr geschätzt wird (Vietta/Kemper 1975, S. 34f.; s. Kap. II.3.1 dieses Bandes), – was Nordau schon vor Simmel dazu erkennt und schreibt, hat, bei aller Fragwürdigkeit in den Konsequenzen, einige Plausibilität:

Die gesittete Menschheit wurde von ihren neuen Erfindungen und Fortschritten überrumpelt. Es blieb ihr keine Zeit, sich ihren geänderten Daseinsbedingungen anzupassen. Wir wissen, daß unsere Organe durch Uebung immer größere Leistungsfähigkeit erlangen, sich durch ihre eigene Thätigkeit entwickeln und nahezu jeder Anforderung entsprechen können, die an sie gestellt wird; aber nur unter einer Bedingung: daß dies allmälig geschieht, daß ihnen Zeit gelassen wird; sollen sie ohne Uebergang das Vielfache des Gewohnten leisten, so versagen sie rasch vollständig. Unseren Vätern ist keine Zeit gelassen worden. Gleichsam von einem Tag auf den anderen, ohne Vorbereitung, mit mörderischer Plötzlichkeit mußten sie den behaglichen Schleichschritt des früheren Daseins mit dem Sturmlauf des modernen Lebens vertauschen und das hielten ihr Herz und ihre Lunge nicht aus (Nordau 1903, Bd. 1, S. 73).

Die Schäden des zivilisatorischen Fortschritts sind freilich für Nordau kein Anlass zu zivilisationskritischem Räsonnement. Er argumentiert sozialdarwinistisch und ungebrochen fortschrittsoptimistisch. Die Belastungen durch sozialgeschichtliche Modernisierungsprozesse werden ihm zum willkommenen Prüfstein für die Kraft im Kampf ums Dasein. Wer überlebt, wird aus diesem Kampf mit den Belastungen der großstädtischen Zivilisation als umso strahlenderer Sieger hervorgehen: »Die Stärksten konnten allerdings mitkommen und sie verlieren jetzt auch in der raschesten Gangart den Athem nicht mehr, die minder Tüchtigen aber fielen bald rechts und links aus und füllen heute die Straßengräben der Fortschrittsbahn« (ebd., S. 73).

Der zivilisatorischen Moderne im Sinne Nordaus entspricht der Kult des siegreichen Kämpfers, dessen Stärke den kontinuierlichen Fortschritt garantiert. In der ästhetischen Moderne verliert der Typus des kämpferischen Subjekts vielfach alle erhabenen Qualitäten. In Döblins Werk wird der Kämpfer zur pathologischen Figur. Die Sympathie des Autors gilt den Schwachen, den Verlierern.

Nach Nordau zeigen sich, was die moderne Kunst und Literatur betrifft, die Symptome der abgewerteten Schwäche und Krankheit so: Sie

lallen und stammeln statt zu sprechen. Sie stoßen einsilbige Schreie aus, statt grammatikalisch und syntaktisch gegliederte Sätze zu bauen. Sie zeichnen und malen wie Kinder, die mit unnützen Händen Tische und Wände beschmutzen. Sie machen Musik wie die gelben Menschen Ostasiens. Sie mischen alle Kunstgattungen durcheinander und führen sie zu den Urformen zurück, die sie hatten, ehe die Entwicklung sie differenziert hat (ebd., Bd. 2, S. 551).

Solche Beschreibungen kennzeichnen, sieht man von der polemischen Wortwahl einmal ab, zumindest Oberflächenphänomene der ästhetischen Moderne durchaus treffend. Doch deren vernunft- und zivilisationskritischen Sinn verfehlen sie. Der **Fortschrittsbegriff** der ästhetischen Moderne unterscheidet sich von dem der zivilisatorischen Moderne erheblich. Fortschritte sucht die ästhetische Moderne vielfach in Rückgriffen auf das, was dem zivilisatorischen Fortschritt voranging. Wilhelm Worringer gebraucht in einem frühen Aufsatz über die Kunst des Expressionismus die paradoxe Wendung »**moderne Primitivität**« (Worringer 1911, S. 22) und erklärt: »Dieser Erwachsenenhochmut des europäischen Kulturmenschen aber beginnt heute wankend zu werden und der wachsenden Einsicht in die elementare Großartigkeit primitiver Lebens- und Kunstäußerungen zu weichen« (ebd., S. 20). Der von Franz Marc Mitte Januar 1912 verfasste Subskriptionsprospekt zum Almanach *Der Blaue Reiter* verweist auf die »feinen Verbindungsfäden« der neuesten Malerei mit »den Primitiven, mit Afrika und dem großen Orient« oder auch mit der »Kinderkunst« (zit. nach dem Abdruck in Anz/Stark 1982, S. 27). Carl Einstein hielt dem eurozentrischen Zivilisationsdünkel 1915 die Negerplastik entgegen. Richard Huelsenbeck, der den Dadaismus des

Zürcher Cabaret Voltaire nach Berlin vermittelte, trug seine »Negergedichte« vor, indem er sie mit einer großen Trommel begleitete. Die expressionistische Wortkunst des Sturm-Kreises und der Dadaismus lösten mit Sympathie für die prälogischen, vorzivilisierten und spielerischen Ausdrucksformen des Kindes die logischen Strukturen der Syntax auf. Spricht Nordau schließlich mit seinem Modernitätsverständnis abfällig von den »gelben Menschen Ostasiens«, so wird für die ästhetische Moderne der ferne Osten zum Projektionsraum antizivilisatorischer Wünsche.

Die hier nur ansatzweise skizzierten Spannungen zwischen ästhetischer und zivilisatorischer Moderne bleiben ein zentraler Aspekt dieses Bandes. Sie sind auch für die Frage nach dem sozialen Ort der expressionistischen Bewegung von Bedeutung.

Begriff ›Moderne‹: Gumbrecht 1978; Habermas 1981; Schönert 1989; Vietta 1992 (hier das Kapitel »Der Begriff der Moderne«, S. 17-37); Anz 1994; Müller-Seidel 1994; Vietta 1994; Bürger 1996 (lexikalischer Überblick); Fähnders 1998/2010, S. 1-8 (mit zahlreichen Literaturangaben); Thomé 2000; Lamping 2008 (Lyrik); Lohmeier 2007 (Kritik am literaturwiss. Moderne-Begriff); Anz 2008 (Kritik an Lohmeiers Kritik); Stöckmann 2009 (Auseinandersetzung mit Lohmeier und Anz).
Begriff und historisches Phänomen der Avantgarde: Bürger 1974; Böhringer 1978; Grimm/Hermand 1980; Stephan/Weigel 1987; Jäger 1991; Schmidt-Bergmann 1991; Asholt/Fähnders 1995 (Sammlung internationaler Manifeste); Jäger 1997 (lexikalische Zusammenfassung); Berg/Grüttemeier 1998; Fähnders 1998/2010, S. 199-207;
Umfassende Darstellungen, Aufsatzsammlungen und Dokumentenbände zur ästhetischen Moderne: Wunberg 1971 und 1981 (Dokumente zur Wiener Moderne); Borchmeyer/Žmegač 1994 (ausführlichere Erläuterungen zu Grundbegriffen moderner Literatur); Schutte/Sprengel 1987 (Dokumente zur Berliner Moderne); Grimminger u.a. 1995 (aus einem Funkkolleg hervorgegangene Beiträge zur europäischen Moderne von Baudelaire bis zur Postmoderne); Baßler u.a. 1996 (Historismus und Moderne); Vietta/Kemper 1998 (europäische Moderne seit der Romantik); Wunberg/Dietrich 1998 (Sammlung einschlägiger Schriften zwischen 1886 und 1910); Bollenbeck 1999 (Diskursanalyse der deutsch-nationalen Antimoderne von 1889 bis 1945); Kiesel 2004 (grundlegende Monographie zur Moderne im ganzen 20. Jh.); Becker/Kiesel 2007 (Beiträge vieler ausgewiesener Moderne-Forscher/innen).
Philosophiegeschichtliche, geschichts- und sozialwissenschaftliche Moderne- und Modernisierungsforschung: Wehler 1975a; Habermas 1985; Münch 1986; Koslowski u.a. 1986; Zapf 1991 (wichtige Dokumentation des Deutschen Soziologentages über »Die Modernisierung der modernen Gesellschaften«); Wehling 1992 (umfassende Kritik sozialwissenschaftlicher Modernisierungstheorien); Zima 1997.

3. Soziologie einer Subkultur

3.1 Gruppierungen und Milieus

Die **Anfänge der expressionistischen Literatur** in Berlin sind von der Forschung gut dokumentiert und eingehend gewürdigt worden. Die Autorengruppierung im Umkreis des 1909 gegründeten »Neuen Clubs« und des aus ihm 1911 hervorgegangenen »Neopathetischen Cabarets« (s. S. 5) hat für den literarischen Expressionismus eine ähnliche Bedeutung wie die Künstlergruppierungen »Die Brücke« oder »Der Blaue Reiter« für den Expressionismus in der bildenden Kunst. Die von Richard Sheppard (1980 und 1983) in zwei umfangreichen Bänden vorgelegte Dokumentation wurde dem Gewicht des Klubs und des Kabaretts erstmals gerecht.

Bei aller historischen Würde, die ihnen damit von literaturwissenschaftlicher Seite zugeschrieben ist, tut man gut daran, sich den Stellenwert vor Augen zu führen, den sie damals in den Augen der literaturinteressierten Öffentlichkeit hatten. Lehrreich und oft desillusionierend zugleich ist für Literarhistoriker die von ihnen viel zu wenig betriebene Lektüre damaliger Zeitungen und Feuilletons. Sie vermag den Blick auf eine Literaturgeschichte zu öffnen, die anders aussieht, als sie uns gewöhnlich überliefert wird. Was im literaturwissenschaftlichen Diskurs zum Teil heute noch unter dem Namen ›Expressionismus‹ als Epoche oder als ›gesamtdeutsche Bewegung‹ firmiert, war für die Feuilletons damaliger Zeitungen bis zur Mitte des Jahrzehnts nahezu inexistent und noch bis 1918 ein wenig beachtetes Phänomen.

Der literarische Expressionismus ist eben nicht angemessen als eine umfassende Epoche zu begreifen oder auch nur als ein in seiner Zeit dominanter Teil der künstlerischen und literarischen Gesamtkultur, sondern als eine in sich relativ geschlossene und nach außen abgeschlossene Sub-, Rand-, Gegen- oder Intellektuellenkultur mit eigenen Zeitschriften, Verlagen, Kreisen, Klubs, Kabaretts und Cafés. Sie ließ sich nur zögernd vom etablierten Kulturbetrieb vereinnahmen.

Diese Einschätzung muss keineswegs mit jener Art der Geringschätzung einhergehen, die der Kultursoziologe Lewin Schücking 1913 in einer Warnung an zukünftige Literatur- und Kunstgeschichtsschreibung durchblicken lässt:

Es geht nicht an, daß die Literarhistoriker der Zukunft von unserer Zeit als der Hauptmanns oder gar Wedekinds reden, denen ein so außerordentlich großer Bruchteil der Gebildeten kühl oder ablehnend gegenübersteht, ebensowenig wie die Kunsthistoriker der Zukunft von unserer Zeit um ein paar einflußreicher Narren halber, die sich soziologisch nicht schwer klassifizieren ließen, uns allgemein Expressionismus, Kubismus u.a. auf's Konto setzen dürfen (Schücking 1913, S. 99).

Während der Arbeiten an dem Expressionismus-Band in der Reihe »Manifeste und Dokumente zur deutschen Literatur« fand sich bei der Lektüre der *Münchener Allgemeinen Zeitung,* eines kulturell durchaus anspruchsvollen Blattes, auf der lange vergeblichen Suche nach Spuren des Expressionismus in den Medien der Massenkommunikation ein inzwischen mehrfach nachgedruckter Bericht aus Berlin, der vom kulturellen Stellenwert des Frühexpressionismus einen anschaulichen Eindruck vermittelt. Der Artikel über einen **Veranstaltungsabend des »Neopathetischen Cabarets«** erhielt seinen Platz in der Zeitung nicht, weil es über ein kulturell bedeutsames Ereignis zu berichten galt, sondern weil man sich über ein so abstruses wie belangloses Berliner Kuriosum amüsieren sollte. Am 16. Juli 1910 bekamen die Münchener Zeitungsleser unter der Überschrift »Bei den Neopathetischen« aus Berlin Folgendes zu lesen:

Da ich mich für alle Kulturerscheinungen interessiere und nichts so leicht ablehne, bevor ich es nicht selbst gesehen habe, so gehe ich auch einmal zu den Somalis im Lunapark oder zu den zusammengewachsenen Schwestern Blazek mit dem eigenen Kind. Ich bin auch zu den Neopathetikern gegangen [...].
In einem kleinen, warm-braun getäfelten Raum sind ungefähr 50 Personen anwesend. Ein Herr ist mit Sicherheit als über dreißig Jahre einzuschätzen, eine ältere Dame gibt dem Raum einen würdigen Eindruck. Dann ein paar Riesenhüte, unter denen ich jüngere weibliche Wesen vermute. Sonst nur Jünglinge mit abgrundtiefen Augen, sehr viel Haaren und Selbstgefühl. Einige germanische Typen fallen aus dem Rahmen der Veranstaltung.
Die Hälfte des Zimmers nehmen zwei Vorstandstische und ein Podium ein, das andauernd von einem der Herren Neopathetikern herum gerückt wird, wahrscheinlich, um eine Betätigung für die überschwellende Kraft zu haben, von der sie nachher so viel reden werden. Einer von den Vorstandsherren fällt durch seinen tadellosen Frack, eine wohl gelungene Glatze und sein autoritatives Wesen auf. Ich glaube, in diesem Herrn den Kassierer der Neopathetiker erraten zu haben. Er macht einen sympathischen, appetitlichen Eindruck, der durch den Namen Hiller noch verstärkt wird.
Nun wird es dunkel. Eine besonders neopathetisch konstruierte Lampe wirft ihre rückwärts gewandten Strahlen auf das blasse Kindergesicht eines Jünglings, der mit einigen glatten Worten sich und seine Bestrebungen willkommen heißt und die Eigenart der Neopathetiker zu erklären sucht. Ich habe das alles nicht mehr behalten und glaube nicht, daß es besonders eigenartig war.
Dann kommt ein junger Mann [Heinrich Eduard Jacob; T.A.] und beginnt eine Art Skizze vorzulesen. Er lispelt leider, spricht Cocktail französisch aus und erzählt hauptsächlich von einem jungen, natürlich blassen Kapellmeister, aus dessen Stirnlocke die Musik hervortritt. Arme Musik! Als er

geendet hat – der Neopathetiker, meine ich –, erwacht jubelnd der Beifall. Daran sieht man, daß fast nur Klubmitglieder im Saal sind.

An seine Stelle tritt ein gesund und frisch aussehender junger Mann [Georg Heym; T.A.] und schmettert mit energischer Stimme ein paar Gedichte seinen Zuhörern ins Gesicht. Er beschäftigt sich hauptsächlich mit Würmern, die im Kopf einer Leiche umherschwirren und sucht, uns auch dafür zu interessieren. Als irgendeiner schüchtern lacht, wirft er dem Publikum einen scharfen Blick zu. Schon fürchten wir, er will uns mit der Entziehung seiner Gedichte bestrafen. Aber nein, die Gefahr geht vorüber. Am Schlusse Jubel.

Nummer drei des Programms. Ein magenkrank aussehender Herr [Erwin Loewenson, neben Hiller der führende Kopf des Klubs und Namensgeber des Kabaretts; T.A.] erklärt, er müsse platzen, wenn er uns nicht eine Stelle aus Nietzsche vorlesen dürfe. Wir haben Mitleid mit ihm und erlauben ihm das. Er aber hat gar kein Mitleid mit uns und liest so lange und mit so falscher Betonung, daß Zwischenrufe laut werden. Dieser Mensch ist im höchsten Grade langweilig. Während er von Kraft, Rausch und Siegesbewußtsein spricht, sinkt sein müder Kopf immer mehr zwischen die schmalen Schultern [...].

Das Schlimmste aber erleben wir jetzt. Ein junger Mann, der sich J. van Hoddis nennt, nimmt auf dem Podium Platz und lächelt schon von vornherein schadenfroh über die gemißhandelten Zuhörer. Dann liest er so schnell seine Machwerke ab, daß man überrascht nicht mehr Zeit hat, zur Tür zu kommen. Nach jeder Strophe lächelt er befriedigt. Ich habe selten so etwas bodenlos Häßliches gehört [...].

Die Neopathetiker wollen noch weitere Abende veranstalten. Dem gewissenhaften Menschen aber bleibt nichts anderes übrig, als vor van Hoddis zu warnen und die anderen Neopathetiker nicht zu empfehlen. Das ist man der geistigen Hygiene Berlins schuldig (Hentig 1910, S. 83f.).

Hinter der amüsanten Harmlosigkeit dieses Feuilletons verbergen sich antisemitische Ressentiments, klingen schon damals verbreitete Entartungs- und Dekadenzverdikte sowie die der expressionistischen Moderne allenthalben entgegenschlagenden Maßstäbe einer das Hässliche tabuisierenden klassischen Ästhetik an – und damit all die Widerstände, an denen sich die expressionistische Bewegung ständig zu reiben hatte, die sie jedoch auch bewusst provozierte. Dieser Bericht über den zweiten Abend des »Neopathetischen Cabarets« kann insgesamt als Dokument für die tiefe Kluft zwischen expressionistischer Moderne und bürgerlicher Öffentlichkeit gelesen werden.

Der Klub und das Kabarett sind Beispiele für die informellen **Gruppierungen,** in denen sich die expressionistische Bewegung um 1910 organisierte. Sie waren nicht so fest gefügt und nicht so exklusiv wie etwa der George-Kreis. Sie waren vielfach kurzlebig, spalteten sich auf und fügten sich zu neuen Gruppierungen zusammen. Nach einigen Divergenzen im »Neuen Club« gründete Kurt Hiller schon

1911 das »Cabaret Gnu«, während des Kriegs dann den aktivistischen »Bund zum Ziel«, aus dem 1918 während der Novemberrevolution die »Politischen Räte geistiger Arbeiter« hervorgingen.

Größere Kontinuität und Stabilität hatten die Kreise um die von Herwarth Walden 1910 initiierte Zeitschrift *Der Sturm* und um die von Franz Pfemfert im Jahr darauf gegründete Zeitschrift *Die Aktion*. Doch der relativ anarchische, inkohärente Charakter der Gemeinschaftsbildung ließ auch in diesen Kreisen den fluktuierenden, selten durch Satzungen oder einen offiziellen Mitgliederstatus gebundenen Angehörigen ein erhebliches Maß an Individualitätsspielräumen. Kurt Heynicke, einer der bedeutenden, von der Forschung immer noch wenig beachteten Lyriker des Expressionismus, bemerkte am Ende des Jahrzehnts in einem offenen Brief an den Herausgeber der eben gegründeten Zeitschrift *Das neue Rheinland*: »Sie kennen Kreisen gegenüber meinen ablehnenden Standpunkt. Ich selbst gehörte dem *Sturm* an, aber ich kann nicht sagen, daß jene Richtung meine innere Linie bestimmend beeinflußt hat« (zit. nach Anz/Stark 1982, S. 405).

Kreise bildeten sich vor allem um neu gegründete Zeitschriften, Jahrbücher und Verlage mit jeweils heterogenen Profilen und regionalen Zentren. Die in ihnen dominierenden Persönlichkeiten waren, wie Hiller, Walden oder Pfemfert, Wilhelm Herzog oder René Schickele, in der Regel älter als die anderen und prägten den Expressionismus mehr durch Organisationstalent und publizistische Erfahrungen, durch ihr Gespür für Begabungen, durch Programme und Manifeste als durch eigene poetische Praxis. **Berlin** war zwar das ganze Jahrzehnt über gleichsam die Hauptstadt der expressionistischen Moderne, doch verteilten sich etliche andere Gruppierungen mit wechselndem Gewicht über den ganzen deutschsprachigen Raum (Überblicke in Anz/Stark 1982, S. 404-407; Haefs 2000).

In **München** bildete sich eine Gruppe um den Verleger Heinrich F.S. Bachmair. Er selbst gab die Zeitschrift *Die Neue Kunst* (1913/14) heraus. Und in seinem Verlag erschien 1913 die kurzlebige Zeitschrift mit dem programmatischen Titel *Revolution*. Verbunden waren ihr Johannes R. Becher, Erich Mühsam, der zugleich, nach dem Vorbild von Karl Kraus seit 1911 seine eigene, anarchistische Zeitschrift *Kain* publizierte, oder auch Hugo Ball. Dieser initiierte seinerseits, zusammen mit Emmy Hennings, 1916 in **Zürich**, das während des Kriegs zum Fluchtort einer ersten Exilbewegung des Expressionismus wurde, mit der Gründung des »Cabaret Voltaire« die **internationale Dada-Bewegung**. In **Leipzig** bildete sich ein Kreis um Ernst Rowohlt und vor allem um Kurt Wolff, der dort 1913 den wichtigsten Verlag des literarischen Expressionismus gründete. In ihm erschien von 1913 bis 1921 vor allem auch die für den Expressionismus bedeutendste, mehrfach in Faksimile-Ausgaben nachgedruckte Buchreihe *Der jüngste Tag*. Im gleichen Jahr wurde dort erstmals in einem anderen Verlag die literarisch wie intellektuell anspruchsvolle Zeitschrift *Die weißen Blätter* publiziert. Sie wurde zunächst von Franz Blei redigiert, ab dem zweiten Jahrgang übernahm René Schickele die Federführung. Zu ihren Autoren gehörten keine Geringeren als Else Lasker-Schüler, Franz Kafka, Gottfried Benn, Heinrich Mann, Walter Hasenclever oder Ernst Stadler. Nach dem Krieg wurde **Dresden**, wo 1905 »Die Brücke« gegründet worden war, zu einem der Zentren auch des literarischen Expressionismus, den hier vor allem der Verleger Felix Stiemer unterstützte.

In **Österreich** war zu Beginn des Jahrzehnts Karl Kraus ein maßgeblicher Förderer der jüngsten Literatur. In der *Fackel* erschien bis 1911 Lyrik von Ernst Blass, Jakob van Hoddis, Berthold Viertel und vor allem von Albert Ehrenstein, Else Lasker-Schüler und Franz Werfel. Karl Kraus wurde Vorbild jenes Kreises, der sich 1910 in Innsbruck um die von Ludwig von Ficker herausgegebene Zeitschrift *Der Brenner* bildete. Sie verhalf Georg Trakl zum literarischen Durchbruch. In **Prag** gruppierte sich um Max Brod ein Freundeskreis, dem neben Kafka und Werfel unter anderen die Herausgeber der *Herder-Blätter* (1911/12), Otto Pick und Willy Haas, angehörten. Brod selbst gab dort 1913 das expressionistische Jahrbuch *Arkadia* heraus. Hier erschien Kafkas Erzählung *Das Urteil*. In Wien bildete sich erst ab 1917 eine lebendige Expressionistenszene mit zahlreichen Zeitschriften und Verlagsgründungen heraus.

Bei aller Heterogenität der Profile bildeten die Gruppierungen doch das bewegliche, sich in seinen Bestandteilen und Positionierungen ständig verändernde Geflecht einer in sich relativ kohärenten Subkultur. Sie fand ihren Zusammenhalt aus der gemeinsamen Opposition gegenüber der Dominanz jener Kultur, die pauschal als ›bürgerlich‹ abgewertet wurde. In dieser Antibürgerlichkeit partizipierte der Expressionismus an Traditionen, **Milieus und Lebensstilen der Boheme**, grenzte sich jedoch partiell auch davon ab.

Helmut Kreuzer, der nicht zufällig im Jahr 1968 das noch heute maßgebliche Standardwerk der Boheme-Forschung vorlegte, dessen Materialreichtum »dem Subkulturforscher das Lesen von 200 Büchern« erspart (Schwendter 1981, S. 125), explizierte später in einem Lexikon den Begriff der ›Boheme‹ so:

Die Boheme als intellektuelle Subkultur am Rande der bürgerlichen Gesellschaft setzt sich zusammen aus Gruppen mit vorwiegend literarischen, bildkünstlerischen oder musikalischen Aktivitäten bzw. Ambitionen und mit betont un- und gegenbürgerlichen Einstellungen und Verhaltensweisen.

Sie bildet ein antagonistisches Komplementärphänomen nicht nur, aber vor allem zu den angepaßten Mittelschichten einer bürgerlichen Wirtschaftsgesellschaft, die ausreichend individualistischen Spielraum gewährt und symbolische Aggressionen (›épater le bourgeois‹) zuläßt (Kreuzer 1997, S. 241f.).

Die Un- und Antibürgerlichkeit der Boheme ist kein Phänomen der Zugehörigkeit zu einem nicht-bürgerlichen Stand (vgl. in diesem Band S. 75ff.), sie ist nicht Kennzeichen einer, wie die soziologische Modernisierungsforschung formuliert, ›vertikalen Gliederung‹ der Gesellschaft in Stände, Klassen oder Schichten, sondern eines funktional ausdifferenzierten, ›modernen‹ Gesellschaftssystems, in dem sich eine Pluralität von Teilsystemen, Subkulturen oder Gruppenmilieus mit spezifischen Funktionen und einem relativ autonomen Status herausbildete. Die »Milieu-, Subkultur und Lebensstilforschung« in der jüngeren Soziologie (vgl. Hradil 1992) ist darauf eingegangen und könnte der Expressionismusforschung noch manche Anregungen geben.

Auch wenn sich viele Bohemiens um und nach 1900 als dem ›fünften Stand‹ des ›Lumpenproletariats‹ zugehörig beschrieben, waren sie doch viel mehr in ihrem Lebensstil ganz oder, in einer Art Doppelexistenz, neben ihrem ›bürgerlichen‹ Beruf teilweise Angehörige eines von ihnen selbst gewählten und aktiv mitgestalteten Milieus, das bewusste Abweichungen von dominanten Lebensstilen inszenierte. Festlegungen der Identität durch die Rolle in der Familie und im Beruf, durch Klassen- oder Schichtenzugehörigkeit und durch den ökonomischen Status waren in diesem hedonistisch-libertären Milieu partiell außer Kraft gesetzt (zum Begriff und zur Theorie der Subkultur vgl. Schwendter 1981; Vaskovics 1989).

Der französische Kultursoziologe Pierre Bourdieu (1999, S. 93ff.) hat die sich in der ersten Hälfte des 19. Jahrhunderts in Frankreich herausbildende Boheme als eine der treibenden Kräfte in jener sozialhistorischen Entwicklung beschrieben, in der sich ein gegenüber anderen Bereichen der Gesellschaft relativ autonomes künstlerisches und »literarisches Feld« als eine gesonderte »Welt mit je eigenen Gesetzen« (ebd., S. 84) konstituierte, als eine »regelrechte Gesellschaft in der Gesellschaft« (ebd., S. 95). Ihre »Lebenskunst« und ihr »Lebensstil« richteten sich »gleichermaßen gegen das geordnete Dasein der offiziellen Maler und Bildhauer wie gegen die eingefahrenen Muster des bürgerlichen Lebens« (ebd., S. 96).

Trotz der gemeinsamen, aus der Differenz zum ›Bürgerlichen‹ gewonnenen Identität sind »interne Kämpfe und permanente Revolution« (ebd., S. 379) Kennzeichen der auch in sich selbst pluralen, ausdifferenzierten Bohemekultur. In den konfliktreichen Versuchen, eine Balance zwischen individualisierten Distinktionsansprüchen und dem Bedürfnis nach Rückhalt in einer Gemeinschaft zu finden, kommt es zu immer neuen Abgrenzungen und Gruppenbildungen. So ist es nicht weiter verwunderlich, dass der Expressionismus, der »teilweise aus der Boheme hervorging und nur in ihr einen sozialen Resonanzraum fand« (Kreuzer 1968, S. 55), sich doch zugleich immer wieder von bestimmten Erscheinungsformen der Boheme distanzierte. Eine »Übersättigung am Typ des Bohemiens« konstatiert 1911 ein Artikel Hans von Hülsens in der *Aktion*. Der spielerischen Antibürgerlichkeit der Boheme habe man »bitterernsten Kampfgeist« entgegengesetzt, erinnerte sich ein zeitgenössischer Schriftsteller und Kritiker – in Übereinstimmung mit dem Rückblick von Ernst Blass auf die Szenerie im legendären Berliner »Café des Westens«: »auf jeden Fall waren wir keine Bohémiens im gemeinen Sinn, wir hatten ein scharfes Verantwortungsgefühl« (alle Zitate nach Anz/Stark 1982, S. 388). Als Herwarth Walden im Oktober 1911 im *Sturm* den »Wahnsinn der Moderne« in eben diesem Café schilderte, das im Volksmund wie in Künstlerkreisen »Café Größenwahn« hieß, tat er das in einem humorigen Ton, der viel Sympathie, aber auch satirische Distanz bekundete (Nachdruck in Anz/Stark 1982, S. 394-397).

Die »**Bindung ans Café** erscheint als ›Wesenszug‹, als fixierte Eigenschaft des typischen Bohemiens« (Kreuzer 1968, S. 202). Die Cafés, die mancher als Adresse seines privaten Wohnsitzes angab, waren auch noch beliebte Treffpunkte der Expressionisten: das Café Stephanie etwa in München, das Leonhard Frank im späteren Rückblick anschaulich beschrieben und als seine Universität bezeichnet hat (Frank 1952, S. 15ff.), das Café Arco in Prag (Jähn 1988; Binder 2000) oder in Wien, der Hauptstadt der deutschsprachigen Caféhauskultur (Heering 1993), das Café Central oder das Café Herrenhof. Sie alle waren Orte der Selbstinszenierung und sozialer Rituale, des Schreibens, Lesens (vor allem von Zeitungen), Spielens und Arbeitens, der Diskussion, des Nachrichtenaustausches, der telefonischen und telegrafischen Kommunikation oder auch psychoanalytischer Sitzungen (vgl. Kreuzer 1968, S. 202-216; Bunzel 2000).

Typische Bohemefiguren wie Else Lasker-Schüler, Erich Mühsam oder Leonhard Frank, die zeitweilig mit ihrer ganzen Existenz diesem Milieu verhaftet waren, finden sich unter den Expressionisten nicht allzu viele. Doch mit der Boheme- und Caféhausszene hatten die meisten mehr oder weniger feste Kontakte. Die genauere Beschreibung des subkulturellen Milieus, aus dem der Expressionismus hervorging und das er selbst zeitweilig mit prägte, mag daher für das Verständnis und auch für die Erklärung dieser Bewegung wichtiger sein als soziologische Analysen, die an Kategorien wie soziale Herkunft, Bildung, Beruf, Alter und Geschlecht orientiert sind. Belanglos jedoch sind diese Kategorien durch die Subkultur-, Milieu- und Lebensstilforschung nicht geworden.

Boheme-, Milieu-, Subkultur- und Lebensstilforschung allgemein: Kreuzer 1968; Schwendter 1981; Vaskovics 1989; Hradil 1992; Kreuzer 1997.
Gruppierungen und regionale Zentren: Allen 1974 (Berlin); Sheppard 1980/1983 und Habereder 1981 (Der neue Club); Anz/Stark 1982, S. 404-407; Stanley 1984 (Der Sturm); Pirsich 1985 (Der Sturm); Haefs 2000; Almai 2005 (Dresden).
Kabaretts, Varietés und Cafés: Frank 1952, S. 15ff. (München); Raabe 1964a; Kreuzer 1968, S. 202-216; Bunzel 2000; Jähn 1988; Heering 1993 (Wien); Binder 2000 (Prag).

3.2 Alter, Bildung, Ethnizität und Geschlecht

Für die Selbstbeschreibungen dieser Subkultur besonders wichtig war die Kategorie des Alters. »Mit dem Glauben an Entwicklung, an eine neue Generation der Schaffenden wie der Genießenden rufen wir alle Jugend zusammen, und als Jugend, die die Zukunft trägt, wollen wir uns Arm- und Lebensfreiheit verschaffen gegenüber den wohlangesessenen älteren Kräften.« So steht es in dem kurzen, von Ernst Ludwig Kirchner (1906, S. 18) in Holz geschnittenen Programm der Künstlergemeinschaft »Brücke«. Mit Recht, so befand Kurt Hiller (1911, S. 33), hielten sich die »Jüngst-Berliner« des Neuen Clubs »für die neue Generation«. Der Expressionismus verstand sich als eine Art **Jugendbewegung** und stellte sich in die Tradition des Sturm und Drang wie des Jungen Deutschlands (s. S. 80-83). Faktisch waren die meisten, die um 1910 die literarische Szene erstmals betraten, etwa zwanzig Jahre alt.

Paul Raabe legte 1985 im Rahmen seines computergestützten biobibliographischen Handbuchs zum Expressionismus Daten vor, die eine quantitative Präzisierung dessen erlauben, was man, wenn auch vage, vorher schon wusste. Lebensläufe von etwa 350 Autor/innen hat er ausgewertet. Zwei Drittel von ihnen sind zwischen 1885 und 1896 geboren. »Die vier Jahrgänge 1889 bis 1892 waren die stärksten der expressionistischen Generation« (Raabe 1985, S. 7). Relativ genau erfasst ist auch ihr **Bildungsstand**. Mehr als 80% waren, wie schon die Eltern, Akademiker, fast jeder Vierte erwarb den Doktortitel. Die meisten studierten Germanistik, kaum weniger Jura. Neben Philosophen und Kunsthistorikern waren es vor allem Mediziner, unter ihnen Gottfried Benn, Alfred Döblin oder Ernst Weiß, die die expressionistische Literatur prägten. Dass in Deutschland die Verbreitung des Begriffs ›Intellektuelle‹ in die Zeit des Expressionismus fällt (Stark 1982), hat seinen Grund auch in dem hohen Bildungsniveau dieser Schriftstellergeneration.

Überwiegend kamen die Autoren aus Elternhäusern des »»mittleren Bürgertums‹ mit aufsteigender Tendenz und einem starken Anteil der kaufmännischen und freien Berufe« (ebd., S. 38). Diesem ›bürgerlichen‹ Herkunftsmilieu zeigte sich der Expressionismus nicht zuletzt dadurch verhaftet, dass er vehement dagegen opponierte. Eine andere Art der Herkunft jedoch, nämlich die ethnische, schien eher dazu geeignet, sich auf sie zu berufen. Nahezu die Hälfte der Autoren hatte jüdische Vorfahren oder rechnete sich selbst dem **Judentum** zu (Tramer 1958). Von den insgesamt 23 Dichtern, die Kurt Pinthus am Ende des Jahrzehnts in seine Anthologie der expressionistischen Lyrik aufnahm, gilt dies, abgesehen von dem Herausgeber selbst, für Albert Ehrenstein, Iwan Goll, Walter Hasenclever, Jakob van Hoddis, Else Lasker-Schüler, Rudolf Leonhard, Alfred Lichtenstein, Ludwig Rubiner, Franz Werfel und Alfred Wolfenstein. Das ist umso bemerkenswerter, als der jüdische Anteil an der deutschsprachigen Gesamtbevölkerung wenig mehr als ein Prozent ausmachte (Horch 1994, S. 136).

Daraus Erklärungen für die Einstellungen und für die literarische Praxis der Expressionisten abzuleiten, ist jedoch überaus problematisch – zumal man sich damit in der Nähe von völkischen Argumentationsmustern bewegt, die in einer Kombination von Expressionismusverachtung, Intellektuellenhass und Antisemitismus (Stark 1982, S. 49) die ›Entartungen der Moderne‹ auf die Dominanz des Judentums in ihr zurückführten. Mit Recht hat Peter Gay in seinem Buch *Freud, Juden und andere Deutsche* zu bedenken gegeben: »Es gab viele Männer und Frauen der Moderne, die keine Juden, viele Juden, die keine Modernen waren. Und zahlreiche Juden unter den Modernen waren es nicht darum, *weil* sie Juden waren. Es ist reines antisemitisches Tendenzdenken oder philosemitische Engstirnigkeit, das große Phänomen der Moderne vom Standpunkt der jüdischen Frage aus zu erörtern« (Gay 1989, S. 42).

Franz Kafkas existentielle Konflikte beispielsweise resultierten vor allem aus der Unvereinbarkeit der literarischen Tätigkeit mit einer bürgerlichen Existenz. Jude war auch sein Vater, und Jude war der Sohn auch als Versicherungsangestellter. Erst die Außenseiterrolle des Schriftstellers und die Existenz im subkulturellen Milieu eines Freundeskreises, der dem Vater zuwider war, schaffte jene Konstellationen, die er andauernd literarisch reflektierte. Themen wie der Vater-Sohn-Konflikt findet man zur selben Zeit genauso von Nicht-Juden literarisch dargestellt. Umgekehrt hatte beispielsweise der George-Kreis, der ebenfalls einen bemerkenswert hohen Anteil an Juden aufweist (vgl. Luhr 2002), trotz mancher Ähnlichkeiten ein erheblich anderes Profil als der Expressionismus.

Weniger das Faktum der jüdischen Herkunft als die eigene Interpretation gewisser Zusammenhänge zwischen Judentum und literarischer Moderne ist für das Verständnis des Expressionismus aufschlussreich. Dass Juden in der deutschen Gesellschaft eine Minorität waren, und noch dazu eine mit vielfachen Ressentiments konfrontierte, legte der expressionistischen Subkultur nahe, sich mit ihnen zu identifizieren – in ihrer Isolation und Ohnmacht wie in ihrem Selbstbewusstsein einer kulturellen Elite. Jakob Wassermann, ein Vertreter der älteren jüdischen Schriftstellergeneration, der auf antisemitische Ressentiments seiner Kritiker besonders sensibel reagierte, schrieb 1914 in einem öffentlichen Brief an Martin Buber über die Situation des Judentums: »Das Schicksal der [jüdischen] Nation, ihre Vereinzelung unter fremden Nationen, ihre ungeheuren wirtschaftlichen und geistigen Anstrengungen gegen die widrigsten Umstände, der fortwährende Zustand der Abwehr, der Selbstbehauptung [...], die [...] gewaltsame Unterdrückung und Zerschneidung der Tradition, all das hat die Juden als ganzes Volk zu einer Art von Literatenrolle vorbestimmt« (zit. nach Anz/Stark 1982, S. 375). In der von Martin Buber 1916 begründeten Zeitschrift *Der Jude*, in der zahlreiche Expressionisten publizierten (vgl. Horch 1994, S. 126), vergleicht Alfred Wolfenstein 1922 die Situation des modernen Dichters mit der des Juden. Der große Essay erschien im gleichen Jahr in dem von Gustav Krojanker herausgegebenen Band *Juden in der deutschen Literatur* und als selbständige Schrift mit dem Titel *Jüdisches Wesen und neue Dichtung* im expressionistischen Verlag Erich Reiss. Er ist dem »Andenken Gustav Landauers« gewidmet, der 1919 in München von gegenrevolutionären Soldaten im Gefängnis ermordet worden war. In dem Essay stehen die Sätze: »Der Dichter ist der unter die Völker Verstreute; aus tieferem Grunde kommend und in höherem Sinne ortlos; der Verbannte. Er ist, heute zumal, der ungewiß Wohnende unter Fremden, – denen er sich doch glühend zugehörig fühlt. [...] Ähnlich ergeht es dem Juden.« Es sei kein Zufall, dass Juden an der traditionellen deutschen Literatur weit weniger beteiligt waren als an der neuen, der expressionistischen. »Die jüngere Generation schlug geistige Richtungen ein, mit denen sein Wesen zusammentraf« (zit. nach dem Abdruck in Anz/Stark 1982, S. 382 und 385).

Isolationserfahrungen, Außenseiterbewusstsein und, als Gegengewicht dazu, die Integration in eine alternative Form der Gemeinschaft von Gleichgesinnten: diese Konstellation machte die subkulturellen Gruppierungen der expressionistischen Moderne gerade auch für jüdische Intellektuelle so anziehend. »Der Jude fühlt«, so erklärt Wolfenstein, »wenn er zum Künstlertum berufen ist, darin zugleich etwas wie eine Heimat« (zit. nach Horch 1994, S. 132). Diese bot ihm in sozial konkreterer Weise auch das Milieu einer Subkultur, in der sich ›intentionelle‹ und ›existentielle‹ Außenseiter (Mayer 1995, S. 13ff.) wechselseitig miteinander identifizieren konnten.

Eine provokative Beispielreihe sozialer Außenseitertypen, die Ludwig Rubiner (1917, S. 19) in seiner damals prominenten Schrift *Der Mensch in der Mitte* als eine Art Solidaritätsbekundung aufstellte, schließt mit dem Zusatz: »Und für Momente alle Frauen der Welt.« Das ist auch deshalb merkwürdig, weil der Anteil an Frauen im Expressionismus geradezu verschwindend gering war. Er wurde durch die Ignoranz der Literaturgeschichtsschreibung, die kaum eine andere als Else Lasker-Schüler wahrnehmen wollte, lange Zeit zusätzlich marginalisiert. Erst in jüngerer Zeit ist der Anteil weiblicher Autorschaft in Editionen und Forschungen stärker akzentuiert worden (Vollmer 1993 und 1996; Hardenberg 1988 und 1994; Kanz 2001). Raabe verzeichnet in dem genannten Handbuch 19 weibliche Autoren, denen über 300 männliche gegenüberstehen. Zu den bekannteren gehören Claire Goll, Henriette Hardenberg, Emmy Hennings, Mechtilde Lichnowsky und Nell Walden. Eine der im Spätexpressionismus literarisch produktivsten Persönlichkeiten überhaupt war Hermynia Zur Mühlen. Nicht aufgeführt sind bei Raabe allerdings die Mitarbeiterin der *Aktion* Marie Holzer und auch nicht Franziska zu Reventlow oder Lou Andreas-Salomé, die zwar wie Lasker-Schüler einer älteren Generation angehörten, aber ebenfalls noch nach 1910 einige ihrer wichtigsten Texte veröffentlichten.

Dennoch lässt sich nicht verleugnen, dass die literarische Jugendbewegung des Expressionismus eine **Männerbewegung** war – allerdings eine mit antipatriarchalen Sympathien für das ›Weibliche‹ (wie sie es sich vorstellte) und für matriarchale Ursprungsmythen. Die wenigen programmatischen Äußerungen zum Begriff und zur Bewegung des Expressionismus, die auf Geschlechterdifferenzen ausdrücklich eingehen, zeigen, wie hier die damals gängigen Stereotype verwendet wurden. Die verbreitete Assoziation des Weiblichen mit Passivität und Natur, der die Männlichkeit der Aktion und des Geistes entgegengesetzt wurde, erlaubte im Umgang mit der Kategorie ›Geschlecht‹ weitreichende Folgerungen. Paul Hatvanis diffuser »Versuch über den Expressionismus«, der 1917 in der *Aktion* erschien, nannte den Expressionismus eine »Revolution für das Elementare«, das sich in einer »Idee der Weiblichkeit« erfülle. Diese Idee ist eine Leistung männlich-aktiver »Abstraktion« und Konstruktion:

Der Mann schafft – die Frau ist; der Mann beweist sich der Welt durch das Bewußtsein – das Weib wird von der Welt bewiesen. So erhält – das Element einen geistigen Reflex vom Weibe, und der Expressionismus eine sinnliche Bezüglichkeit zum Geschlecht. Und da der Künstler doch im ewigen Gegensatz zum Stoffe lebt, wird dieser weibliche Stoff des expressionistischen Künstlers ein Urquell seiner erhöhten Männlichkeit.

Der Mann ist differenziert; der Künstler eine höhere Potenz davon; der Expressionist die vorläufig höchstdenkbarste. Das Weib ist das Element.

Und im Anfang war das Element – (Hatvani 1917, S. 39).

Expressionismus ist in dieser Selbstbeschreibung Männlichkeit in höchster Potenz. Nach dieser Konstruktion kann die naturalistische und impressionistische Moderne nur als ›weiblich‹ gelten. Das entsprach schon um 1900 verbreiteten Diagnosen zur »Feminisierung der Kunst und Literatur«, die damals »zum Repertoire der Kulturkritik« gehörten. Gisela Brinker-Gabler (2000, S. 242) hat unlängst darauf verwiesen und einige Beispiele dafür angeführt:

Mit Blick auf den französischen Ästhetizismus erklärt 1891 Rudolf Lothar als Merkmal des ausgehenden Säkulums eine nervöse Empfindsamkeit in der Literatur, die er »Feminismus« nennt. Ebenfalls auf den Begriff »Feminismus« bringt 1907 Richard Hamann Ethik und Formen des Impressionismus. Gemeint ist: Mangel an Selbständigkeit und Verantwortungsgefühl, ein Vorwalten u.a. von Impulsivität, Erotismus und Nervosität. Hans Landsberg bezeichnet in seinem Beitrag *Die moderne Literatur* Naturalismus und Impressionismus als »durchaus weiblich«, weil beide nur das Wirkliche erfassen, ohne »der Welt den Stempel des Ich aufzudrücken« (ebd.).

Auch Max Nordaus Stigmatisierung der »entarteten« Moderne, die er als hysterisch disqualifizierte (s. S. 19ff.), ließe sich hier als Beispiel anführen.

Solche geschlechterpsychologischen Einschätzungen durch die ästhetisch antimoderne Kulturkritik wurden später zur positiven Profilierung des Expressionismus gegenüber dem Naturalismus und Impressionismus gelegentlich übernommen. Stefan Zweig, der 1909 das Schlagwort vom »Neuen Pathos« ins Gespräch gebracht hatte, erklärte vier Jahre später, was das Neue daran bei den expressionistischen Lyrikern sei: »daß sie nicht mehr sentimental sind, wehleidig gereizt von dem Anschwall der Dinge [...]. Sie klagen nicht mehr, sie wollen nicht Bedauern, sondern Mitgenuß, kurz – ich halte dies für den wesentlichen Wandel des Gedichts – sie wollen nicht mehr Weibisches, sondern sprechen von Mann zu Mann« (zit. nach Anz/Stark 1982, S. 410).

So offen misogyne Töne finden sich bei den Expressionisten selbst allerdings selten. In einer Soziologie dieser Subkultur und in der Rekonstruktion ihrer Selbsteinschätzung darf die Kategorie des Geschlechts und die starke Dominanz männlicher Autoren nicht übersehen werden, doch fordert deren angemessene Bewertung, die bislang noch nicht eingehender geleistet wurde, erhebliches Differenzierungsvermögen und gendertheoretische Kompetenz.

Bildung: Stark 1982; Eberhard 1991.
Judentum: Tramer 1958; Tramer 1971; Anz/Stark 1982, S. 374-377; Milfull 1983; Gay 1989; Horch 1994; Mayer 1995; Luhr 2002.
Frauen und Geschlecht: Adams 1983; Paulsen 1983, S. 38-41; Hardenberg 1988 und 1994; Vollmer 1993 und 1996; Brinker-Gabler 2000; Kanz 2001; Metzler 2003 (Geschlecht, Materie, deformierte Körper); Helduser 2005 (Moderne und Geschlecht); Kanz 2009, S. 139-175 (Phantasmen männlichen Gebärens); Krause 2010.

3.3 Medien und Öffentlichkeit

Zur Konstitution einer Subkultur gehört die **Schaffung einer Gegenöffentlichkeit** mit eigenen Medien, die möglichst unabhängig von den etablierten Organen der öffentlichen Kommunikation und von den ökonomischen Zwängen des Marktes funktionieren (Schwendter 1981, S. 265-270). Auch in dieser Hinsicht teilt der Expressionismus typische Merkmale subkultureller Bewegungen.

Als am 3. März 1910 die erste Nummer der Wochenschrift *Der Sturm* erschien, erklärte eine knappe Notiz der »Schriftleitung« gleich auf der ersten Seite:

> Zum vierten Male treten wir mit einer neuen Zeitschrift in die Öffentlichkeit. Dreimal versuchte man, mit gröbsten Vertragsbrüchen unsere Tätigkeit zu verhindern, die von den Vielzuvielen peinlich empfunden wird. Wir haben uns entschlossen, unsere eigenen Verleger zu sein. Denn wir sind noch immer so glücklich, glauben zu können, daß an die Stelle des Journalismus und des Feuilletonismus wieder Kultur und die Künste treten können.

Das war gegen den Journalismus und Feuilletonismus jenes Zeitungs- und Zeitschriftenwesens gerichtet, das gegen Ende des 19. Jahrhunderts zur Erscheinungsform moderner Massenkommunikation avanciert war. Durch sie sahen sich Teile einer kulturellen Elite nicht angemessen repräsentiert. Karl Kraus, der an den Anfängen des *Sturm* noch maßgeblich beteiligt war, sich jedoch bald ganz auf seine eigene Zeitschrift *Die Fackel* konzentrierte, hatte sich die Kritik an der Massenpresse zur Lebensaufgabe gemacht (Arntzen 1975). Diesem Impuls entsprach auch der Expressionismus, ohne ihn allerdings so rigoros wie Kraus auf die Kritik journalistischer Sprache zu konzentrieren. Das Unbehagen an der massenkommunikativen Monopolisierung der Meinungsbildung war insbesondere im Umkreis der Zeitschrift *Die Aktion* vor allem politisch motiviert. Unter dem Titel »Die Presse« führte Franz Pfemfert im April 1912 als Beispiel für deren strukturelle Gewalt die Tatsache an, dass Heinrich Manns Aufsatz »Geist und Tat«, eine Art Gründungsmanifest des politisch engagierten Intellektuellen in Deutschland, von ihr vollkommen totgeschwiegen worden sei. »Das ist so trostlos, so unsagbar trostlos; und ist so niederdrückend erbärmlich. Unsere Presse hat längst aufgehört, eine Macht zu sein. Sie ist eine Gewalt, eine Gewalttätigkeit« (Pfemfert 1912, S. 464).

Die Gegenöffentlichkeit, die der Expressionismus suchte, hatte durchaus exklusive, geistesaristokratische, das bürgerliche Publikum ausschließende Tendenzen mit Adressaten vornehmlich aus den eigenen Reihen. Sie richtete sich, wie die erste Nummer des *Sturm* programmatisch erklärte, gegen »ein Bemühen um Verständlichkeit [...], das selbst vor der Zerrüttung des eigenen Gehirns nicht zurückschreckt«, und weigerte sich, »zu dem Niveau einer behaglich freundwilligen Unterhaltung herabzusteigen« (3. März 1910, S. 2). Dem entsprechend schrieb Franz Marc in der Vorrede zur zweiten Auflage des Almanachs *Der Blaue Reiter*: »Daß uns heute die große Menge nicht folgen kann, wissen wir; ihr ist der Weg zu steil und unbegangen«; auf die »Gier und Unreinheit der Menge« sei keine Rücksicht zu nehmen (Kandinsky/Marc 1965, S. 323). Eine Form von Unverständlichkeit, die aus dem Niveauunterschied zwischen Autor und Leser herrühre, rechtfertigte etwa zur gleichen Zeit sogar ein der Öffentlichkeit so zugewandter Autor wie Kurt Hiller: »Der literarische Künstler hat geradezu die *Aufgabe*, so zu schreiben, daß die Müllers und Schulzes ihn nicht begreifen können« (Hiller 1913b, S. 213). Hiller berief sich auf Nietzsche, aus dessen Schrift *Die fröhliche Wissenschaft* er folgenden bemerkenswerten Passus zitiert. Er ist symptomatisch für das zwiespältige Verhältnis des Expressionismus zur literarischen Öffentlichkeit:

Man will nicht nur verstanden werden, wenn man schreibt, sondern ebenso gewiß auch *nicht* verstanden werden. Es ist noch ganz und gar kein Einwand gegen ein Buch, wenn irgend Jemand es unverständlich findet: vielleicht gehörte eben dies zur Absicht seines Schreibers, – er *wollte* nicht von »irgend Jemand« verstanden werden. Jeder vornehmere Geist und Geschmack wählt sich, wenn er sich mitteilen will, auch seine Zuhörer; indem sie wählt, zieht er zugleich gegen »die Anderen« seine Schranken. Alle feineren Gesetze eines Stils haben da ihren Ursprung: sie halten zugleich ferne, sie schaffen Distanz, sie verbieten ›den Eingang‹, das Verständnis, wie gesagt, – während sie denen Ohren aufmachen, die uns mit den Ohren verwandt sind (ebd., S. 214).

Die schon bestehende **Kluft zwischen Massen- und Elitekultur** wurde von der expressionistischen Moderne zumindest teilweise bestätigt, wenn nicht sogar vergrößert. Das betrifft einen, wie Adorno in seinen *Thesen zur Kunstsoziologie* formulierte, »den Kunstwerken immanente[n] soziale[n] Gehalt«; denn »der soziale Gehalt von Kunstwerken selbst liegt zuweilen, etwa konventionellen und verhärteten Bewußtseinsformen gegenüber, gerade im Protest gegen soziale Rezeption« (Adorno 1967, S. 97f.). »Unsere Bücher werden euch unfaßlich sein, Bürger«, kündigte Ferdinand Hardekopf (1916, S. 518) in der ersten Proklamation des Äternismus an. Franz Blei schrieb nicht ohne Genugtuung in einer Rezension zu Carl Einsteins in Expressionistenkreisen hoch angesehenem Roman *Bebuquin:* »Ich bin ratlos vor die Aufgabe gestellt, einen Leser auf ein Buch vorzubereiten, dessen größter Wert mir scheint, daß es wie die Dinge heute liegen, keinen Leser finden kann, keinen wenigstens, den ich ›einführen‹ könnte« (Blei 1912). Vielleicht finde es in dreißig Jahren einmal adäquate Leser. Bis dahin sei zu wünschen, dass die Exemplare unverkauft beim Verlag liegen blieben. Weit aggressiver formulieren die Geringschätzung des zeitgenössischen Publikums einige Schriften von Hugo Kersten. Ihm erschien die Rede vom Gegensatz zwischen Künstler und Bürger schon zu harmonisierend: »Der Bürger ist nicht der Antipode des Künstlers. Sie stehen in gar keiner Beziehung zueinander. Ich wünsche mir meine Antipoden selbst auszusuchen« (Kersten 1914, Sp. 145-146). Für Kersten gibt es zwei literarische Kulturen. Die minderwertige entspricht den Erwartungen und Bedürfnissen der bürgerlichen Öffentlichkeit, die ernst zu nehmende wird von ihr entweder nicht verstanden oder ist satirisch gegen sie gerichtet. »Ein Bürger muß jedes Kunstwerk als Satire auf sich empfinden.« »Populäre Bücher« seien »notwendig mittelmäßig« (alle Zitate ebd.). Während der bürgerliche Künstler »in Harmonie mit seinen Mitmenschen« steht (Kersten 1914a, Sp. 272), gilt für den Dichter, wie er für Kersten vorbildlich ist: »Jede Gemeinschaft schmutzt« (Kersten 1914, Sp. 145-146). Und: »Es gibt keine Brücke zu fremden Menschen« (Kersten 1914b, Sp. 494).

Erich Mühsam betrachtet 1911 in seiner Zeitschrift *Kain* das Verhältnis zwischen Künstler und Öffentlichkeit unter ökonomischem Aspekt: »Soll ihn seine Kunst ernähren, so muß er sie dem verrotteten Geschmack des Banausentums unterordnen, und er verkommt menschlich und künstlerisch. – Hat er aber die Mittel zum Leben, produziert er, wozu es ihn treibt, so bleibt sein Werk den Mitmenschen fremd, und die höchste Freude des Schaffenden, mit seiner Arbeit Menschenseelen zu erfrischen und zu erhellen, bleibt ihm versagt« (Mühsam 1911, S. 20).

Die mit den literarischen Texten aus dem Umkreis des Expressionismus inszenierten Formen der Kontaktaufnahme zum Publikum erscheinen insgesamt divergent und widersprüchlich. Programmatische Unverständlichkeit und Sinnverweigerung (vgl. Baßler 1994), Publikumsbeschimpfungen und -provokationen, sich der Öffentlichkeit verweigernde Esoterik, selbstreflexive Dunkelheit und auf Identifikation zielende Rhetorik pathetischer Appelle an den Leser finden sich nach 1910 zu etwa gleichen Teilen nebeneinander. Benns *Morgue*-Gedichte waren verständlich, aber provokativ, Kafkas Erzähltexte weniger schockierend als dunkel und interpretationsbedürftig, und Franz Werfels 1910 geschriebenes Gedicht »An den Leser« (in Pinthus 1959, S. 279) war repräsentativ für das rhetorische Pathos der Verbrüderung mit dem Publikum. »Mein einziger Wunsch ist, dir, o Mensch, verwandt zu sein!« beginnt der Text und endet mit dem Ausruf: »O, könnte es einmal geschehn, / Daß wir uns, Bruder, in die Arme fallen!« Thematisch und sprachlich zielt alles in diesem Gedicht auf die identifikatorische Gemeinschaft von Autor und Leser: die direkte Hinwendung »An den Leser«, die exklamatorische Anrede mit Du, mit »Mensch« und »Bruder«, das Gemeinsamkeit evozierende »wir uns« (s. S. 67f.).

Das angestrengte **Pathos der Brüderlichkeit** weist auf reale Verhältnisse hin, in denen es diese nicht gibt. Werfels Gedicht selbst spricht die Gemeinschaft von Autor und Leser als Utopie an, sie erscheint als ein im Konjunktiv vorgetragener »Wunsch« (»könnte es einmal geschehn«), dessen Erfüllung der Zukunft vorbehalten bleibt. Darüber darf auch der bezeugte Erfolg des Gedichts im öffentlichen Vortrag nicht hinwegtäuschen. Die im Text explizit angesprochenen Zielgruppen (Neger, Soldaten, schüchterne Gouvernanten, Heizer, Kulis usw.) waren es nicht, die da so begeistert reagierten; vielmehr ein Publikum, das im sozialen Status und in seinen Interessen dem Dichter nahe stand und sich an der Fiktion der Wiederherstellung einer verloren gegangenen Einheit von Kunst und Öffentlichkeit berauschte. Verhaltener formulierte Franz Kafka die Spannung zwischen Isolationserfahrung des Autors und Suche nach Kontaktaufnahme, als er am 12. Juli 1922 an Max Brod schrieb: »Dieses ganze Schreiben ist nichts als die Fahne des Robinson auf dem höchsten Punkt der Insel« (Kafka 1966, S. 392).

Der Suche nach Publikumskontakt kam der mündliche Vortrag entgegen. Kabaretts oder zu Kleinkunstbühnen aufgewertete Varietés gaben nach 1910 dafür vielfältige Gelegenheit (vgl. Raabe 1964a, S. 1ff.). Hiller selbst sah ihren Zweck darin, »daß hier eine junge Gruppe von Literaten durch Gesprochenes die Wirkung verstärken will, die ihr das bloß Geschriebene [...] in nur schwachem Grade bietet« (Hiller 1913, S. 239). Wenn Stefan Zweig vom »neuen Pathos« sprach, meinte er ein rhetorisches Pathos, das die Schranken zwischen Künstler und Publikum überbrückt: »Aber eben in unseren Tagen scheint sich wieder eine Rückkehr zu diesem ursprünglichen, innigen Kontakt zwischen dem Dichter und dem Hörer vorzubereiten, ein neues Pathos wieder zu entstehen [...]. Die Dichter lesen heute wieder selbst in Sälen ihre Verse vor« (Zweig 1965, S. 16f.).

Das expressionistische Gemeinschaftspathos (s. S. 66ff.), das gerade auch das Verhältnis der Autoren zu ihren Lesern umfasste, zielte freilich nicht auf Reintegration in die breite Öffentlichkeit, sondern meinte eine neuartige, ›unbürgerliche‹ Form zwischenmenschlicher Solidarität. Jene bürgerliche Schicht, aus der sich die literarische Intelligenz selbst rekrutierte, kam hierfür kaum in Frage; eher die Randgruppen der Gesellschaft. Der ›unbürgerliche‹ Leser, den der Expressionismus sich wünschte, fand sich tendenziell nur innerhalb der literarischen Subkultur selbst. Die Kabaretts, die Kleinkunstbühnen oder das expressionistische Theater boten da beides: ein Milieu mit gleichgesinnter, wenn auch stark eingeschränkter Öffentlichkeit und Freiräume zur Provokation derer, die sich mit herkömmlichen Erwartungen in diese Räume verirrten. Insbesondere das Varieté hatte es den Provokateuren der Moderne und Avantgarde angetan. Marinettis Manifest »Das Variété« feierte dieses als hohe Schule »der Schockwirkungen, des Rekords und der Psychotollheit« (Marinetti 1913, S. 175). Auf ähnlich effektvolle Turbulenzen setzten manche Veranstaltungen der »Sturm-Bühne« und der Zürcher oder Berliner Dadaisten.

Öffentlichkeitsscheu war diese Subkultur also nicht. Reserven gegenüber den avancierten Techniken der Reklame hatte sie so wenig wie gegenüber den Möglichkeiten populärer und neuer Medien. An den medientechnologischen Umwälzungen um und nach 1900 zeigten die jungen Autoren reges Interesse (Segeberg 2000). Sie hinterließen ihre Spuren nicht nur in literarischen Themen, Motiven und Formen, sondern man versuchte, sie sich aktiv anzueignen. Trotz vieler elitebewusster Vorbehalte gegenüber der Popularität und Trivialität des neuen **Massenmediums Film** ließen sich die Autoren von ihm nicht nur rezeptiv, sondern auch in ihrer eigenen künstlerischen Aktivität faszinieren. Das von Kurt Pinthus 1913 herausgegebene *Kinobuch* mit eigens für den Film geschriebenen »Kinodramen« von Albert Ehrenstein, Else Lasker-Schüler, Ludwig Rubiner oder Paul Zech ist dafür ein frühes und markantes Zeugnis. Noch mehr als am Kabarett, am Varieté und am Theater schätzten viele Expressionisten am Stummfilm das expressive Medium der Körpersprache, auf das dieser besonders angewiesen war.

Der Wille zu größtmöglicher Wirkung setzte im Umkreis des Expressionismus multimediale Aktivitäten frei (s. S. 150). Die historische Leistung des literarischen Expressionismus besteht nicht so sehr in der Zahl und Qualität von ›Meisterwerken‹ einzelner Autoren, sondern eher in der kollektiven Produktivität, mit der er die medialen Möglichkeiten seiner Zeit ausschöpfte. Das gilt insbesondere für die Aktivitäten im Umkreis der **Zeitschrift *Der Sturm*.** Georg Levin, dem seine erste Frau, Else Lasker-Schüler, den Namen Herwarth Walden gab, gründete die Zeitschrift 1910 und machte sie zum organisatorischen Zentrum und publizistischen Forum nicht nur der damals jüngsten Literatur, sondern auch der anderen Künste. 1912 eröffnete Walden die lange Reihe seiner Kunstausstellungen in Berlin mit den Arbeiten des »Blauen Reiters«. Neben der Zeitschrift, neben den »Sturm«-Ausstellungen und der »Sturm«-Galerie existierten bald der Buchverlag »Der Sturm«, die »Sturm-Kunstschule«, die Veranstaltungsreihe der »Sturm-Abende« und der Theaterverlag »Sturmbühne«. Mit einiger Berechtigung machte einer der Wortführer dieser Zeitschrift, Rudolf Blümner, 1918 geltend, »daß alle Künstler, die eine führende Bedeutung für den Expressionismus haben, an einer Stelle vereint sind. Diese ist *Der Sturm*« (Blümner 1918, S. 1).

Die Zeitschrift selbst fand in der künstlerisch ambitionierten Kombination von **Text und Bild** zahlreiche Nachahmungen. Ein lange unterschätzter Teil expressionistischer Kunst bestand in Literaturillustrationen. Sie waren keineswegs bloß schmückendes Beiwerk zu den Zeitschriften, Almanachen und Büchern (Lang 1993). Mit ihnen entsprach der Expressionismus vielmehr dem Programm des Gesamtkunstwerkes (s. S. 150ff.), das tendenziell alle Künste zu vereinigen suchte. An den zahllosen Zeichnungen, Radierungen, Holzschnitten oder Lithografien auf Buchumschlägen, Titelblättern der Zeitschriften oder auch zwischen den literarischen Texten selbst hatten Ludwig Meidner, Oskar Kokoschka, Wassily Kandinsky, Max Beckmann, Ernst Ludwig Kirchner, Max Pechstein, Alfred Kubin und andere bedeutende Künstler maßgeblichen Anteil.

Im Zentrum der expressionistischen Bemühungen, eine Gegenöffentlichkeit zu etablieren, steht das Medium der Zeitschrift. Über hundert lassen sich dem Expressionismus zuordnen. Viele hatten allerdings nur ein kurzes Leben (Schacherl 1957; Sorge 1967 und vor allem Raabe 1964). **Zeitschriften** boten am ehesten die Möglichkeit, die ökonomischen Zwänge des damals vehement expandierenden Literaturmarktes zu unterlaufen. Sie wurden vielfach von den Herausgebern selbst verlegt, redaktionell in Privaträumen bearbeitet, auf zeitungsähnlichem Papier gedruckt und nicht selten auf Subskriptionsbasis ohne Beteiligung des Sortimentbuchhandels vertrieben. Walden finanzierte den *Sturm* durch eine Kunsthandlung, Pfemfert die *Aktion* durch eine Buchhandlung und ein Atelier für Portraitfotografie. Eine Auflage von bis zu 30.000 Exemplaren wie *Der Sturm* erreichte keine andere Zeitschrift. Selbst die erfolgreiche *Aktion* blieb dahinter mit Auflagen zwischen 2000 und 7000 weit zurück. Renommierte Zeitschriften wie *Die weißen Blätter, Das neue Pathos* oder *Das Forum* wurden zeitweilig in einer Stückzahl von etwa 3000 gedruckt, etliche kleinere erschienen in kaum mehr als hundert Exemplaren. Honorare konnte nicht einmal *Die Aktion* bieten. Umso selbstbewusster stellte Pfemfert die finanzielle und damit intellektuelle Unabhängigkeit heraus, nicht nur die der Zeitschrift, sondern auch die seines Verlages: »Ich verlege nicht Bücher, um Geschäfte zu machen, sondern um Geschäfte zu erschweren« (Pfemfert 1917, S. 342).

Der Expressionismus profilierte sich zu weiten Teilen in »Formen kollektiver Textpräsentation« (Haefs 2000, S. 438): Neben den Zeitschriften erhielten **Anthologien**, Jahrbücher und Buchreihen das größte Gewicht. Die erste Lyrik-Anthologie des Expressionismus gab Kurt Hiller 1912 unter dem Titel *Kondor* heraus. Sie löste mit ihrem spektakulären Vorwort einen publizistischen »Krieg« aus (Stark 1996). Als eine Art Bilanz der Bewegung gilt die berühmteste der etwa dreißig Expressionismus-Anthologien: die von Kurt Pinthus 1919 herausgegebene *Menschheitsdämmerung*. Zu den kollektiven Leistungen der Bewegung gehörten weiterhin die als »Reihe« konzipierten Veröffentlichungen von »Flugblättern« des Verlegers Alfred Richard Meyer, in der 1912 Gottfried Benns *Morgue und andere Gedichte* erschienen, sowie die Reihe *Der jüngste Tag*, die der Kurt Wolff Verlag 1913 ins Leben rief.

Die Dominanz der Zeitschriften im Expressionismus drängte das Buch als Medium der Literaturvermittlung keineswegs in den Hintergrund. Paul Raabe hat in seiner bibliographischen Bestandsaufnahme für den Zeitraum zwischen 1910 und 1922 die bemerkenswert hohe »Zahl von 2300 Buchveröffentlichungen expressionistischer Autoren« (Raabe 1985, S. 10) ermittelt. Durchschnittlich veröffentlichte jeder von ihnen in diesem Zeitraum sieben. Sieht man von den schon vor der Jahrhundertwende gegründeten Verlagen S. Fischer und Paul Cassirer ab, die großes Interesse an der Veröffentlichung expressionistischer Literatur zeigten, so waren es vor allem **neue Verlage**, die sich für die jüngste Literatur einsetzten und zusammen eine subkulturelle Verlagsszene mit erstaunlicher Produktivität und Ausstrahlungskraft bildeten. Unter mehr als vierhundert Firmennamen erschienen die Bücher des Expressionismus. Zu den wichtigeren gehörten die Verlage Erich Reiß, A.R. Meyer,

Ernst Rowohlt oder Gustav Kiepenheuer. Der bei weitem bedeutendste war jedoch der Kurt Wolff Verlag (Göbel 1977). Wolff hat sich zwar zeitlebens gegen die Charakterisierung als »Verleger des Expressionismus« gewehrt (Wolff 1965, S. 23), und der Begriff taucht in den programmatischen Verlautbarungen seines Verlags auch nicht auf. Doch entwickelte er seine Buchprojekte in engem Kontakt mit expressionistischen Zeitschriften und Gruppierungen. Die renommierte Reihe *Der jüngste Tag* entsprach dem subkulturellen Publikationsstil auch insofern, als in ihr Bücher in rascher Abfolge mit meist geringem Umfang und Preis in relativ kleiner Auflage erschienen. Als schmale Einzelpublikationen fanden hier elf Gedichte von Emmy Hennings ebenso ihren Platz wie Kafkas 29 groß bedruckte Seiten umfassende Erzählung *Das Urteil* oder zwei Einakter Oskar Kokoschkas. Die finanziellen Risiken, die Wolff einging, waren oft erheblich, doch mit dem sozialen und kulturellen Kapital, das er sich in der Subkultur des Expressionismus erwarb, konnte er seinem Verlag das ökonomische Überleben sichern (Mix 2000a).

Dass die Medien der expressionistischen Subkultur nicht an ökonomischen Erfolgsbilanzen orientiert waren, hatte eine Bohemetradition, in der man gegenüber dem Literatur- und Kunstmarkt generell reserviert eingestellt war (Kreuzer 1968, S. 244-253). Wie auch die große Beachtung des Buches *Literatur als Ware* zeigte, die der in expressionistischen Zeitschriften publizierende Autor Alfred Wechsler (unter dem Pseudonym W. Fred) 1911 veröffentlichte (Martens 1975, S. 34f.), war man jedoch in Expressionistenkreisen medienökonomisch nicht vollkommen naiv. Vielen gelang es, in oder nahe dem subkulturellen Medienbetrieb ihren **Lebensunterhalt** zu bestreiten: als Journalisten, Lektoren, Übersetzer, Regisseure oder Verleger. Johannes R. Becher, Walter Hasenclever, Albert Ehrenstein und etliche andere versuchten sogar, sich in der Existenz des ›freien‹, also marktabhängigen Schriftstellers zu behaupten. Der Versicherungsangestellte Franz Kafka oder die praktizierenden Ärzte Alfred Döblin, Gottfried Benn und Ernst Weiß führten ein Doppelleben. Ihre literarische Unabhängigkeit sicherten sie dadurch, dass sie zwischen bürgerlichem Beruf und künstlerischer Tätigkeit strikt unterschieden. Die damit verbundenen Konflikte artikulieren sich am schärfsten in Kafkas Werken und autobiographischen Schriften. Am 21. August 1913 notierte er in sein Tagebuch: »Mein Posten ist mir unerträglich, weil er meinem einzigen Verlangen und meinem einzigen Beruf, das ist der Literatur, widerspricht« (Kafka 1990, S. 579).

Künstlerische und literarische Unabhängigkeit vom Markt galt den meisten Expressionisten als Bedingung zur Realisierung innovativer Ansprüche. Zwar ist das Prinzip der Innovation Kennzeichen gerade auch der modernen Marktwirtschaft, doch zielten die Innovationen der expressionistischen Moderne in andere Richtungen. Zu ihren programmatischen Schlüsselbegriffen gehörte der des ›Neuen Menschen‹.

Printmedien, Buchhandel und Öffentlichkeit: Schacherl 1957 (Zeitschriften); Raabe 1964 (grundlegende Bestandsaufnahme der Zeitschriften); Sorge 1967; Göbel 1977 (der Verleger Kurt Wolff); Raabe 1985 (umfassendes Verzeichnis expressionistischer Buchpublikationen); Haefs 2000; Segeberg 2000 (Medien und Öffentlichkeit); Mix 2000a (Verlage).

II. Themen und Ordnungen der Diskurse

1. Schlüsselbegriffe und Leitdifferenzen

1.1 Der neue Mensch: Weltende, Wandlung und Utopie

Bei allen Unterschieden in der Verwendung des Begriffs ›modern‹ oder ›Moderne‹ ist doch ein semantisches Merkmal immer präsent: der Bedeutungsaspekt des Attributs ›neu‹. ›Modern‹ und ›neu‹ sind fast Synonyme. Wer den Anspruch auf Modernität erhob oder auch nur beschrieb, meinte den Anspruch auf eine wie auch immer geartete Innovation. Die expressionistische Moderne erhob ihn in einem geradezu inflationären Ausmaß. Er war maßgeblicher Bestandteil ihrer Selbstbeschreibung wie ihrer künstlerischen Praxis. Und der Erneuerungsanspruch war umfassend. In Abgrenzung von jenen, die den Expressionismus auf formale Innovationen reduzieren wollten, proklamierte Karl Otten 1918 in den *Neuen Blättern für Kunst und Dichtung*: »Der Expressionismus war nicht die neue Form, sondern auch Ausdruck einer Verzweiflung Ungläubiger, die ratlos geduckt sich den Tag des Gerichts im Toben ihrer subjektiven Empfindungen zu übertäuben suchten. Versprengt in vielen, wie Keim einer neuen Seele eines neuen Menschen, leuchtet Hoffnung auf bessere Zukunft« (Otten 1918, S. 80).

Das **Konstrukt des ›Neuen Menschen‹** war zwar schon alt, doch im 20. Jahrhundert wurde es zur »Obsession« (Lepp u.a. 1999). Es wurde zur Formel für eine Hoffnung oder Versprechung, die im 20. Jahrhundert an allen möglichen Orten der kulturellen Kräftefelder auftauchte, in verschiedensten Variationen und Konstellationen. Der ›Neue Mensch‹ wurde zur Leerformel, die sich mit Sehnsüchten und Wunschträumen aller Art ausfüllen ließ. Als Leitbild stand er Diktatoren ebenso wie Missionaren, Humanisten, Aufklärern und Revolutionären vor Augen. Der ›Neue Mensch‹, das kann der durchschaubare, züchtbare, optimal funktionierende oder auch der beseelte, religiös erweckte Mensch sein. Es kann ein künstlicher Mensch sein, die dynamische, kraftvolle, perfekt funktionierende **Maschine Mensch**, von der die italienischen Futuristen phantasierten (Lämmert 1994), oder der Mensch, dessen natürliches oder spirituelles ›Wesen‹ aus der Hülle gesellschaftlicher Konventionen und diskursiver Ordnungen hervorgebrochen ist. Der Kreis um Stefan George propagierte die Parole von der ›Neubeleibung‹ des Menschen, die diesen nicht als vom Gehirn dominiert, sondern in seiner Gesamtheit respektiert wissen wollte. Ernst Jünger konzipierte den ›Neuen Menschen‹ später als heroischen Kämpfer, als Typus des kaltblütigen Kriegers, der über den Tod und noch über das größte Grauen apokalyptischer Katastrophen erhaben ist.

»Incipit vita nova.« Mit diesen Worten endet die Vorrede zu jenem Buch, das mit einigem Recht als wichtigster Beitrag zum philosophischen Expressionismus eingeschätzt wurde: Ernst Blochs *Geist der Utopie* (Bloch 1918, S. 9). Die vielfältigen **Bezüge zu religiösen Prätexten** sind hier wie in zahllosen anderen Texten des Expressionismus unverkennbar. »Leget von euch ab den alten Menschen [...] und ziehet den neuen Menschen an, der nach Gott geschaffen ist in wahrer Gerechtigkeit und Heiligkeit.« So steht es im Epheser-Brief (4, 22-24) des *Neuen Testaments*. Der Aufruf zum ›Neuen Menschen‹ ist mit dem Aufruf zur Bekehrung, zum Umdenken, zur geistigen Erneuerung eng gekoppelt. Sie ist Voraussetzung für ein neues Leben, das sich nach altreligiösen Vorstellungen allerdings erst im Jenseits voll entfaltet. Die Neuzeit verlegte solche Heilserwartungen bekanntlich zunehmend in das Diesseits. So auch der Expressionismus. »Wir wollen, bei lebendigem Leibe, ins Paradies«, erklärte Kurt Hiller 1916 in seiner »Philosophie des Ziels« (Hiller 1916a, S. 196).

Die großen Entwürfe des Neuen Menschen folgen in der Moderne alten Mustern. Es sind die des **apokalyptischen Erzählens**. Klaus Vondung hat sie, mit Blick vor allem auf den Expressionismus, umfassend rekonstruiert.

Für die Offenbarung des Johannes, die der Tradition apokalyptischen Denkens den wichtigsten Anstoß gab, war der Weltuntergang nur eine Durchgangsphase – allerdings eine notwendige – zu einer »neuen Erde«, einem »neuen Jerusalem«. Dasselbe gilt für apokalyptische Visionen, die in der Tradition des jüdischen Messianismus stehen, trotz mancher Unterschiede zur christlich inspirierten Apokalyptik. Beide Traditionslinien können sich auch verschränken, wie z. B. bei Ernst Bloch zu sehen ist. Der Gedanke der Erlösung jedenfalls bestimmte die Apokalypse bis in unser Jahrhundert, auch wenn sie sich von ihrem religiösen Ursprung entfernt hat: Die alte, unvollkommene und verdorbene Welt muß zerstört werden, damit eine neue, vollkommene aufgerichtet werden kann. Stets kam es der Apokalypse letztlich auf diese neue Welt an; die Apokalypse war eine Erlösungsvision (Vondung 1994, S. 142).

Dem entspricht in der expressionistischen Moderne ein wiederkehrendes Muster des Text- und Handlungsverlaufs: Der Darstellung einer Ekel, Angst, Langeweile, Verzweiflung oder Hass hervorrufenden alten Welt, die in der Gegenwart weiter existiert, doch dem

Untergang geweiht ist, und des in ihr gefangenen und beschädigten Subjekts folgt die hymnische Evokation eines neuen Zustands. Titel wie *Verfall und Triumph* (Johannes R. Becher, 1914), *Tod und Auferstehung* (Walter Hasenclever, 1917), *Umsturz und Aufbau* (Berlin 1919-1920), *Der jüngste Tag* (Bd. 1-86. Leipzig 1913-1922) oder *Menschheitsdämmerung* fassen dieses rhetorische Schema zusammen. »Dämmerung« hatte dabei die doppelte Bedeutung von Sonnenuntergang und Sonnenaufgang, Ende eines alten Tages und Beginn eines neuen. In solchen Titeln artikulieren sich apokalyptische Ängste und Hoffnungen auf einen Neubeginn zugleich. Im Untergang der alten Welt vollzieht sich *Der Aufbruch, Die Entfaltung, Der Aufschwung* (s. Raabe 1964) in Richtung auf *Das Neue, Die neue Zeit,* die *Neue Erde, Das neue Leben* (s. Anz/Stark 1982, S. 129). So lauten die Titel damaliger Zeitschriften, Anthologien oder einzelner Texte.

Eine neue Menschenart drängt vor. Ihnen allen haftet etwas Gemeinsames an. Sie stehen unter einer inneren Spannung, wie plötzlich Freigelassene, eine geistige Schicht, die bisher nur gelitten und nicht produziert hat. Jetzt preßt sie ihr innerer Druck nach auswärts, sie kommen an die Oberfläche, in den Tag, in das Licht. In ein grausames Gleißen und Schreien. *Der Mensch schreit*, heißt ein zeitgemäßer Lyrikband von Ehrenstein.

So leitete der österreichische Expressionist Robert Müller (1917/18, S. 135) seine Beschreibung der eigenen Generation ein. Den Expressionismus verglich er mit der Eruption eines »Unterwasservulkans« und wertete ihn, unter Berufung auf Albert Einsteins Relativitätstheorie, als Symptom eines Übergangs von »klassischen starren« zu neuen, »elastischen Systemen«. An seine Zuhörer appellierte er: »geben Sie Ihre eigene Starre auf – das ist Expressionismus« (ebd., S. 137). Der Wechsel eines alten, erstarrten Zustands in einen neuen, elastischen, wie ihn die poetischen Texte, insbesondere die »Wandlungsdramen« (Denkler 1967), exemplarisch vorführen und die Manifeste programmatisch fordern, vollzieht sich nicht in Form einer kontinuierlichen Entwicklung beziehungsweise als organischer Bildungsprozess eines Individuums, sondern als Katastrophe, als Revolution, als plötzlicher Ausbruchs- und Befreiungsakt, als psychologisch nicht motivierbarer Sprung vom ›uneigentlichen‹ Dasein in eine ›eigentliche‹ Existenz, wie Martin Heidegger, dem Alter nach der expressionistischen Generation zugehörig, es 1927 in *Sein und Zeit* ausdrückte. Dessen **Existenzphilosophie** ist in der Zeit des Expressionismus, in der die jungen Autoren den dänischen Religionsphilosophen Sören Kierkegaard für sich entdeckten, vorgeprägt worden (Anz 1977, S. 3-14). Das dem bloß ästhetischen Spiel, der Beruhigung durch scheinbar klare Sinnangebote und der Konventionalität vorgefertigter Sprache entgegengesetzte Postulat existentieller Authentizität fand in Ernst Stadlers Gedichtband mit dem bezeichnenden Titel *Der Aufbruch* exemplarischen Ausdruck (s. S. 64f.):

> Und wenn ich mich an trübe Lust vergebe,
> Schein, Lug und Spiel zu mir anstatt des Wesens hebe,
> Wenn ich gefällig mich mit raschem Sinn belüge,
> Als wäre Dunkles klar, als wenn nicht Leben tausend wild
>   verschlossne Tore trüge,
> Und Worte wiederspreche, deren Weite nie ich ausgefühlt,
> Und Dinge fasse, deren Sein mich niemals aufgewühlt,
> Wenn mich willkommner Traum mit Sammethänden streicht,
> Und Tag und Wirklichkeit von mir entweicht,
> Der Welt entfremdet, fremd dem tiefsten Ich,
> Dann steht das Wort mir auf: Mensch, werde wesentlich!
> (»Der Spruch« in Stadler 1983, S. 120)

Die Nähe der expressionistischen Idee des neuen Menschen zu religiösen Denkformen zeigt sich nicht zuletzt am predigtähnlichen Ton und messianischen Pathos, mit dem der Einzelne zum Umdenken aufgerufen wurde. »Das einzige Mittel, das der Einzelne hat, um die Welt zu ändern, ist das, sich selbst zu ändern«, postulierte Paul Kornfeld (1918, S. 228) in seiner programmatischen Eröffnung der von ihm verantworteten Zeitschrift *Das junge Deutschland*. In den zeitgenössischen **Wandlungsdramen** nach dem Muster von Strindbergs *Nach Damaskus*, für die Titel wie *Die Wandlung* (Ernst Toller), *Die Erneuerung* (Georg Kaiser), *Empor* (Paul Zech) oder *Metanoeite* (Reinhard Johannes Sorge) bezeichnend sind, hat die innere Revolution der Protagonisten den Charakter religiöser Erweckungs- und Bekehrungserlebnisse. »Vor der Erneuerung wird eine große Bekehrung kommen müssen.« So Ludwig Rubiner in seiner spätexpressionistischen Programmschrift *Die Erneuerung* (Rubiner 1919a, S. 76). Ernst Tollers Drama *Die Wandlung* ruft dementsprechend zu einer Revolutionierung des Herzens auf. Sie hat aller revolutionären Praxis vorauszugehen, soll diese nicht zu blindem, gewalttätigem Aktionismus verkommen.

Besonders in expressionistischen Dramen findet sich eine große Zahl Figuren, die christusähnlich den Weg zur Wandlung ebnen, indem sie ihr Leben opfern. In Ernst Tollers Tragödie *Masse Mensch* will sich die revolutionäre Protagonistin nicht mit Gewalt aus dem Gefängnis befreien lassen. Sie stirbt, damit das Prinzip der Gewaltlosigkeit weiterlebt. Georg Kaisers Drama *Die Bürger von Calais* ist von der Idee getragen, dass allein die vollkommen selbstlose Bereitschaft zum Opfer des eigenen Lebens Licht in die herrschende Finsternis zu bringen vermag. Der Tod des Helden, der hier den anderen ein

Beispiel gibt, ist zugleich eine Geburt: »ich habe den neuen Menschen gesehen – in dieser Nacht ist er geboren!« (Kaiser 1970, Bd. 1, S. 577). Alfred Wolfenstein stilisierte den 1919 von deutschen Soldaten im Gefängnis ermordeten Gustav Landauer zur Verkörperung des expressionistischen Geistes der Utopie. Landauer hatte für sie, so sah es Wolfenstein, sein Leben geopfert (Wolfenstein 1922).

In ihren apokalyptischen Phantasien ließen die Autoren ganze Menschenmassen sterben, um der Idee des neuen Lebens Geltung zu verschaffen. Die **Säkularisierung der Apokalypse** mit ihrer Verlegung zukünftigen Heils ins Diesseits erlaubt es jedoch nicht, das Weltende konkret und umfassend auszuphantasieren. Das **Weltende bleibt Metapher** oder beschränkt sich in der Phantasie auf Ausschnitte der Welt, mit Vorliebe auf Städte. So in Alfred Kubins Roman *Die andere Seite* oder in Georg Heyms Großstadtgedichten. Doch der den apokalyptischen Diskurs semantisch strukturierende Gegensatz von gegenwärtiger Defizienz und zukünftiger Fülle (Vondung 1988) kennzeichnet auch die Ordnung des expressionistischen Diskurses. Mit der ihn leitenden Idee des ›Neuen Menschen‹ oder des ›Neuen Lebens‹ knüpft er weiterhin an klassisch-idealistische Traditionen an, die ihrerseits über den Pietismus des 18. Jahrhunderts religiös vermittelt waren. Hatte indes der auf die Synthese von Gegensätzen ausgerichtete Diskurs um 1800 im Kontext der Französischen Revolution antirevolutionäre, reformerische Implikationen, so radikalisierte sich demgegenüber das expressionistische Erneuerungspathos zu revolutionärem Anspruch. Carl Einstein unterschied 1912 in der *Aktion* die »Revolte« von der »dialektischen Opposition« (Einstein 1992, Bd.1, S. 142). Zwei nicht mehr ›dialektisch‹ zu vermittelnde Welten stehen sich im Vorstellungshorizont der literarischen Intelligenz antithetisch gegenüber: absolut negativ gewertet die alte der gegenwärtigen Kaiserreiche, in der ein traditionsgeprägtes Normen- und Wertesystem sich mit wissenschaftlichem, technischem und ökonomischem Fortschritt verband; absolut positiv dagegen die in vagen Visionen beschriebene neue Welt (Rothe 1977, S. 14f.). Die expressionistische Moderne blieb ein ›Projekt‹ in dem Sinne, dass sie das Neue nicht schon in ihr selbst verwirklicht sah, sondern als Vision auf die Zukunft projizierte.

Der expressionistischen Tendenz zu polaren Typisierungen entsprechend, bilden zwei oppositionelle Paradigmen die semantische Tiefenstruktur vieler poetischer und programmatischer Texte. In dem einen Paradigma mit dem Merkmal ›alt‹ dominieren pejorative Schlagworte wie ›Bürger‹, ›Ungeist‹, ›Materialismus‹, ›Masse‹, ›Erstarrung‹ oder ›Ordnung‹. Sie sind eng mit Vokabeln wie ›Fremde‹ oder ›Entfremdung‹ assoziiert. In dem anderen Paradigma mit dem

Merkmal ›neu‹ dominieren die damals höchstbewerteten Modebegriffe: ›Jugend‹, ›Leben‹, ›Gemeinschaft‹ und ›Geist‹. Sie alle tauchen vielfach auch wörtlich zusammen mit dem Attribut ›neu‹ auf.

Den säkularisierten Heilslehren vom ›Neuen Menschen‹ und ›Neuen Leben‹ sind die entsprechend innovationsfreudigen Forderungen nach einer neuen Ästhetik untergeordnet. Der Expressionismus zielte aufs Ganze: »Nicht die Neue Kunst, die Neue Dichtung, der Neue Geist, sondern der Neue Mensch!« (Otten 1918, S. 80). Das expressionistische Erneuerungspathos dieser Art ist häufig als hohl und leer kritisiert worden (s. S. 162f.). Es konkretisierte sich allerdings im Umkreis einer Reihe von Schlüsselbegriffen, die im Expressionismus Konjunktur hatten. Einer der wichtigsten war der des ›Lebens‹.

Motiv des ›Neuen Menschen‹: Sokel 1960; Riedel 1970; Knobloch 1991; Richter 1992 (zu Ernst Barlach); Belentschikow 1993; Küenzlen 1994; Lämmert 1994; Vondung 1994; Bredow/Noetzel 1996; Stark 1998; Lepp u.a. 1999; Nowak u.a. 1999, S. 177-216.
Motiv der Wandlung: Denkler 1967, S. 108-252; Siebenhaar 1982.
Apokalypse: Denkler 1967; Rothe 1977; Vondung 1988; Segeberg 1989 (Georg Kaisers *Gas*-Dramen); Jurkat 1993; Vondung 1994; Gerhards 1999 (Kubin, Jünger); Padberg 2006 (Bildmotive).
Utopie: Knapp 1979, S. 131-151; Siebenhaar 1982, S. 190-217.
Religion und Messianismus: Eykman 1974, S. 63-107; Vietta/Kemper 1975, S. 186-204; Rothe 1977, S. 31-147; Milfull 1983 (bei deutsch-jüdischen Intellektuellen); Horch 1994 (jüdischer Messianismus); Châtellier 1999; Krause 2000.

1.2 Leben

In dem Stück *Rudimentär* von August Stramm, der 1914 zur literarischen Vorbildfigur des *Sturm*-Kreises und der dort entwickelten ›Wortkunst-Theorie‹ (s. S. 157f., 164f.) avancierte, fasst der Protagonist gegen Ende die Protagonistin lachend um den Leib und ruft befreit: »Oh! Mensch! Wir leben!« (Stramm 1990, S. 167). In dem Gedicht »Weltwehe« wiederholen sich regelmäßig die Zeilen »Leben leben«:

>Leben
>Atmen
>Leben
>Leben leben
>Zeugen
>Bären

Leben leben
Blühen
Wachsen
Leben leben
(ebd., S. 77f.).

In der Skizze eines inneren Monologs, der mit »Warten« betitelt ist, stehen die teilweise gesperrt gedruckten Sätze: »ich will leben. leben. leben. ja. ich will« (ebd., S. 259). Der sich hier mit expressionistischem Pathos artikulierende **Hunger nach Leben** ist in der Literatur jener Zeit ein epochales Phänomen. ›Leben‹ gehört zu den Schlüsselbegriffen damaliger Kultur- und Zivilisationskritik. Gunter Martens hat dazu 1971 eine grundlegende Monografie veröffentlicht; sie trägt den Titel *Vitalismus und Expressionismus* und beschreibt das Phänomen an sechs exemplarisch ausgewählten Autoren: Frank Wedekind und Else Lasker-Schüler, René Schickele und Ernst Stadler, Georg Heym und Georg Kaiser.

Wedekind und Lasker-Schüler waren angesehene Gäste im »Neuen Club« (s. S. 24ff.), der gerade auch für den **expressionistischen Vitalismus** von zentraler Bedeutung war. In programmatischer Form verfocht hier vor allem Erwin Loewenson, neben Kurt Hiller der führende theoretische Kopf des Klubs, die »Steigerung der Lebensintensität« gegen alle Formen dekadenter Lebensunterdrückung: »Dekadent ist alles, was dem Diesseits, dem Leben, dem Bravourstück solitärer Kraft, dem Abenteuer, dem heidnisch-unschuldigen Lachen aufatmender Körperlichkeit und den Sensationen esprittrunkener Nerven abhold ist [...]; daß wir es wissen und bewußt uns dagegen wehren, verdanken wir zum größten Teil Nietzsche« (zit. nach Martens 1971, S. 192). In einer Rede, die Loewenson im Juni 1910 am ersten Abend des »Neopathetischen Cabarets« hielt, klagte er die affektfeindlichen Werte der zeitgenössischen Kultur an: »Alle diese intellectiven Verlogenheiten sind Präservative der decadence und erfüllen die Funktion, das Leben zu verhüten, das Weiterdämmern zu schützen, das Stagnieren des voluntarischen Zentrums in Ruhe zu lassen« (ebd., S. 191). Georg Heym, der sich im Frühjahr 1910 diesem Kreis anschloss, griff Loewensons **Dekadenzkritik** in einem literarischen Manifest über die Krankheiten der Zeit auf, das im Juni 1911 in der *Aktion* erschien. Die Aufzählung der Krankheiten kulminiert in dem Satz: »Unsere Krankheit ist, in dem Ende eines Welttages zu leben, in einem Abend, der so stickig ward, daß man den Dunst seiner Fäulnis kaum noch ertragen kann« (Heym 1960, Bd. 2, S. 173).

Der Blick auf den »Neuen Club« und auf die von Martens berücksichtigten Autoren wird der ganzen Tragweite des literarischen Lebenskultes in dieser Zeit jedoch nur ausschnitthaft gerecht. Es gibt kaum einen Autor und kaum eine literarische Bewegung in dieser Zeit, die nicht in irgendeiner Form an diesem Lebenskult partizipierten. Mit der Begeisterung für rauschhafte Geschwindigkeitserlebnisse und der intellektfeindlichen Forderung nach intuitiver Wahrnehmung leistete auch der **Futurismus** seinen Beitrag zum damaligen Lebenskult. »Wir jungen, starken, lebendigen Futuristen!« – so beschrieb Marinetti im ersten seiner 1912 im *Sturm* abgedruckten Manifeste seinen Kreis und sich selbst (Marinetti 1990, S. 176). **Dynamik, Tempo, Kampf, Kraft, Wille** und alle starken, aggressiven Affekte waren für sie die Kennzeichen einer wahrhaft vitalen Existenz. Dass Marinettis Manifeste an die Lebensphilosophie Henri Bergsons anknüpften, hatten seine Zeitgenossen sofort bemerkt. Neben Bergson waren es vor allem Friedrich Nietzsche und später auch der Soziologe Georg Simmel, die den literarischen Vitalismus nach 1910 bestärkten. In einer Kombination von Nietzsche und Freud artikulierte er sich, vermittelt über den unorthodoxen Psychoanalytiker und Kulturrevolutionär Otto Gross (s. S. 82f.), im Umkreis des Dadaismus.

»Présentismus« heißt ein Manifest des **Dadaisten** Raoul Hausmann. Es beginnt mit dem Wort »Leben«: »Leben heißt, alle Möglichkeiten, Gegebenheiten der Sekunde zusammenpressen in faßbare Energie, Weisheit.« Das Manifest enthält den Aufruf: »Nieder mit allem Unvitalen, nieder mit aller Beruhigung!« (Hausmann 1982, Bd. 2, S. 24 u. 28). Hausmanns »Pamphlet gegen die Weimarische Lebensauffassung« von 1919 endet mit dem Aufruf: »Für das eigene Erleben!!!« (ebd., Bd. 1, S. 42). Wie schon der futuristische berief sich der dadaistische Affekt gegen die bürgerliche Institution Kunst auf das anarchische Leben als höchsten Wert. Dada, das war erklärtermaßen keine tote Schrift, kein toter Buchstabe, vielmehr Aktion und Leben, oft ein Höllenlärm und Riesentumult. Da schienen die Fesseln zivilisierter, also toter Kommunikations-, Denk- und Umgangsformen nicht nur sprachlich aufgelöst zu sein; da wurde getrommelt, geschrien, gejohlt und gepfiffen, da fielen Schüsse, wurde man handgreiflich. In Paris endete die Dada-Bewegung bezeichnenderweise mit einer regelrechten Schlacht. André Breton kletterte auf die Bühne und fing an, auf die Darsteller eines Textes von Tristan Tzara einzuschlagen. Durch derart tatkräftiges Auftreten wurde Tzara in der Führung der Pariser Avantgarde abgelöst, bald hatte sich der Surrealismus den Dadaismus einverleibt (Riha 1982, S. 165). Und auch hier noch lebte der Vitalkult fort.

Der Vitalismus ist das Phänomen, das den Futurismus, den Expressionismus und den Dadaismus bei allen Differenzen verbindet. Er prägte den *Sturm* und die *Aktion*, er schrieb sich in das Werk Paul Zechs ebenso ein wie in die frühe Lyrik und Dramatik Bertolt Brechts oder auch in die Wortkunst August Stramms.

Wie mit seinem Jugendkult (s. S. 80ff.) nahm der Expressionismus auch mit dem Lebenskult bereits um 1910 trivialisierte Tendenzen der Jahrhundertwende (vgl. Buchholz u.a. 2001) auf und versuchte sie in Konstrukten einer anarchischen ›Natur‹ des Subjekts zu regenerieren. Der vom Expressionismus in der Nachfolge vor allem Friedrich Nietzsches und Henri Bergsons und in partieller Gleichzeitigkeit mit den späteren sozialphilosophischen Schriften Georg Simmels emphatisch gebrauchte Begriff des ›Lebens‹ entzog sich programmatisch einer rationalen Definition. Nietzsche selbst hatte ihn, obwohl er im Zentrum seines Werkes stand, in keinem Text systematisch expliziert. Seine Bedeutung lässt sich allerdings in den begrifflichen Kontexten, in denen er verwendet wird (Hogh 2000), und in den metaphorischen wie metonymischen Bildern, die ihn umgeben (Martens 1971), durchaus rekonstruieren.

Im Zentrum des Vitalismus stand die mehr oder weniger metaphorische **Entgegensetzung von Anorganischem und Organischem**, von toter Materie und lebendigen Organismen. Nietzsches Lebensbegriff ist eng assoziiert mit Vokabeln wie Instinkt, Trieb, Fruchtbarkeit oder Wachstum, Fülle, Gesundheit und Stärke. »Wo ich Lebendiges fand, da fand ich Willen zur Macht« (Nietzsche 1988, Bd. 4, S. 147), lautet ein berühmter Satz aus dem *Zarathustra*, dessen Titelfigur als »Fürsprecher des Lebens« (ebd., S. 175 u.ö.) fungiert und das große »Ja zum Leben« (ebd., Bd. 6, S. 311 u.ö.) verkörpert. Nietzsche malt das Leben als unaufhörlichen Kampf widerstreitender Kräfte aus. Als ›Wille zur Macht‹ begriffen, unterscheidet sich dieses Lebenskonzept sowohl von Schopenhauers ›Willen zum Leben‹ als auch von Darwins ›Kampf ums Dasein‹. Resultiert für Schopenhauer der ihm verhasste Lebenswille aus dem reaktiven, zwanghaften Bedürfnis, Erfahrungen des Mangels und des Leidens zu beseitigen, so feiert Nietzsche ihn als eine ›Fülle von Kraft‹, die sich selbst spielerisch immer neue Widerstände setzt, um sie zu überwinden. Und anders als für Darwin geht für Nietzsche der Impuls des Lebens über das Ziel bloßer Existenzerhaltung hinaus, drängt auf souveräne, aktive Umgestaltung der Umwelt (Hogh 2000).

Dominiert in Nietzsches Vitalismus die Kritik einer lebensfeindlichen, christlich geprägten Moral, so richten sich **Henri Bergsons** seit 1889 in Frankreich erscheinende Beiträge zu einer **Philosophie des Lebens** vor allem gegen den Universalitätsanspruch naturwissenschaftlicher Rationalität. Ihr setzen sie die Erkenntniskraft der Intuition, des einfühlenden, miterlebenden Verstehens entgegen. Sie passt sich dem ›élan vital‹, der ›Lebensschwungkraft‹, die durch Bewegung, Wandlung und Wachstum und im menschlichen Handeln durch die spontane, freie Tat gekennzeichnet ist, angemessener an als die Logik und das Begriffssystem eines Verstandes, der seine Objekte zur toten Materie verdinglicht. Nur das Lebendige im erkennenden Subjekt selbst hat Zugang zu einem allgemeinen Lebensstrom, in den es sich auf dem Wege der Intuition versenken kann. Affinitäten zur Mystik gehen in dieser Metaphysik des Lebens mit der Aufwertung der Künste gegenüber den Wissenschaften einher.

Bergsons Schriften wurden ab 1908 ins Deutsche übersetzt. Sie haben in expressionistischen Zeitschriften nachweisbare Spuren hinterlassen (Anz/Stark 1982, S. 196f.). Weit größere Bedeutung als Bergson oder auch die Lebensphilosophie von Ludwig Klages, der auf vor 1910 etablierte Autoren wirkte, hatten für die expressionistische Moderne in Deutschland allerdings Nietzsche – und **Georg Simmel**. Dessen Werk zeigte im letzten Jahrzehnt vor seinem Tod (1918) eine stark lebensphilosophische Prägung, und es beeinflusste damit seinerseits die Autoren des »Neuen Club«. Sie hörten in Berlin regelmäßig seine Vorlesungen (Martens 1971, S. 197). Simmel wiederum entdeckte den Naturalismus, Expressionismus und Futurismus als Beispiele der von ihm vielfach beschriebenen Spannung »zwischen dem immer weiterflutenden, mit immer weitergreifender Energie sich ausdehnenden Leben und den Formen seiner historischen Äußerung, die in starrer Gleichheit beharren« (Simmel 1917, S. 50). Den Expressionismus charakterisierte er als Revolte des Lebens gegen externe **Zwänge der Form**:

Täusche ich mich nicht, so ist es der Sinn des Expressionismus, daß die innere Bewegtheit des Künstlers sich ganz unmittelbar so, wie sie erlebt wird, in das Werk oder noch genauer als das Werk fortsetze. Sie soll das nicht in einer Form tun oder sich in eine Form gießen, die von einer Existenz außerhalb ihrer, einer realen oder auch ideellen, aufgedrungen würde. [...] Alles dies sind Hemmungen des Lebens, das sich aus sich selbst heraus schöpferisch ergießen will und deshalb, wenn es sich solchen Formen fügt, sich nur als ein abgebogenes, starr gewordenes, unechtes in dem Werk fände (Simmel 1918, S. 19f.).

Damit entsprach Simmel in der Tat den formsprengenden und sich zugleich eine eigene Form gebenden Impulsen, zu denen sich etwa Ernst Stadler, der Nietzsche, Bergson und Simmel überaus schätzte (Martens 1971, S. 175-179), zumindest inhaltlich in den Versen bekannte: »Form und Riegel mußten erst zerspringen, / Welt durch aufgeschloßne Röhren dringen [...].« Das Gedicht ist semantisch durch die Antithetik von Form und Leben strukturiert. Als Wort wird das »Leben« im letzten Vers zum Kulminationspunkt des ganzen Textes:

> Form will mich verschnüren und verengen,
> Doch ich will mein Sein in alle Weiten drängen –
> Form ist klare Härte ohn' Erbarmen,
> Doch mich treibt es zu den Dumpfen, zu den Armen,
> Und in grenzenlosem Michverschenken
> Will mich Leben mit Erfüllung tränken.
> (Stadler 1983, S. 138)

Dem vitalistischen Konzept nach schreibt nicht das Autor-Ich, sondern es schreibt in ihm: das von außen eindringende Leben oder das innere Erleben (s. S. 163ff.). Weit radikaler als Stadler hat August Stramm das Konzept gegen alle formale Einengung gewendet, indem er zusätzlich zur literarischen Form die grammatische Ordnung der Sprache auflöste. Das von der Psychoanalyse inspirierte Programm des Automatischen, vom Unbewussten gesteuerten und vom Bewusstsein unkontrollierten Schreibens (›**écriture automatique**‹) formulierten erst die Surrealisten, doch schon der Vitalismus Stramms hatte einen Begriff von der produktiven Energie des Unbewussten: »Aber nur das Erleben lohnt das Leben, *ist* das Leben! [...] Denn jede Absicht ist Irrweg, jeder Verstand ist Unsinn. Versündigung an dem Unbewußten, das allein die Kraft und die Macht hat, zu gestalten, zu werden! Absicht und Verstand sind Klekse wahllos ziellos, geschmacklos, zwecklos an einem großen Hause, an dem Palast des Unbewußten« (Stramm 1988, S. 61).

Einer der sich auf Bergson berufenden Zeitschriftenartikel aus dem Umkreis des Expressionismus signalisierte schon mit dem Titel »Die leblose Gegenwart« den umfassenden Kritikanspruch des Vitalismus. »Der ›**Élan vital**‹«, heißt es da, »konnte zum Kennwort des Lebens nur in einer Zeit erhoben und akzeptiert werden, die ihn als Sehnsucht fühlt« (Altmann 1914, S. 441). Hinter dieser Sehnsucht nach mehr Lebensintensität stand das Unbehagen an einer Kultur, der man aufgrund ihrer zunehmenden Tendenz zur Verwissenschaftlichung, Rationalisierung, Mechanisierung, Fragmentarisierung und Konventionalisierung vorwarf, den vitalen Kräften und Bedürfnissen des Individuums keine Entfaltung mehr zu gewährleisten oder sie vom sonstigen Leben zu isolieren.

Die Ordnung des vitalistischen Diskurses ist in der Kunst und Literatur sowie in der ihnen nahen Philosophie strukturiert durch die **Differenz von ›lebendig‹ und ›tot‹**. Ihr lässt sich eine Vielfalt analoger **Merkmalsoppositionen** zuordnen: bewegt und erstarrt, unruhig und ruhig, schnell und langsam, flüssig und fest, chaotisch und geordnet, sprunghaft und kontinuierlich, spontan und kalkuliert, zufällig und gesetzmäßig, emotional und rational, aktiv und passiv, produktiv und rezeptiv, stark und schwach, jung und alt, wild und zivilisiert, grenzenlos und begrenzt, ganzheitlich und fragmentarisiert, integriert und isoliert ...

Zahllose Texte der expressionistischen Moderne sind durch solche Gegenüberstellungen vitalistisch ›codiert‹. So beispielsweise die beiden Verse aus dem berühmtesten Gedicht des Expressionismus: »Der Sturm ist da. Die wilden Meere hupfen / An Land, um dicke Dämme zu zerdrücken« (»Weltende«; s. S. 174). ›Sturm‹, ›wild‹, ›Meer‹, Grenzüberschreitungen, die Beseitigung zivilisierter Schutzvorrichtungen durch Naturgewalten, apokalyptische Katastrophenszenarien – das alles gehört zum vitalistischen Vokabular und Bildinventar der Zeit. Zu den in und zwischen den Texten zirkulierenden **Zeichen des Vitalen** gehören weiterhin Blut, Feuer und die Farbe Rot, Bilder des Zeugens, Gebärens und des Vernichtens, des Tanzes, der Leidenschaft, des Rausches und der Ekstase, der Revolution und des Krieges, der Jugend, des Frühlings, der Sonne und des Südens. Als **Figuren, die das Vitale verkörpern**, fungieren solche, die den lebensfeindlichen Disziplinierungszwängen der Zivilisation (noch) nicht unterworfen sind oder von ihnen befreit werden sollen: Tiere, Kinder, Wilde oder Irre. Und auch einige Götterfiguren hat sich dieser Vitalismus ausgewählt: vor allem den griechischen Dionysos, daneben Pan (Martens 1971, S. 128) und den semitischen Erd- und Fruchtbarkeitsgott Baal. Acht Jahre, bevor Brecht die Titelfigur seines spätexpressionistischen Dramas *Baal* in wilder Gier alles Leben in sich hineinschlingen ließ, hatte Georg Heym dem Gott in einem bekannten Gedicht gehuldigt: »Vom Abend glänzt der rote Bauch dem Baal, / Die großen Städte knien um ihn her.« Baal ist »Der Gott der Stadt« (so der Gedichttitel), der den Ort menschlicher Zivilisation am Ende mit elementarer Gewalt zerstört: »Er streckt ins Dunkel seine Fleischerfaust. / Er schüttelt sie. Ein Meer von Feuer jagt / Durch eine Straße. Und der Glutqualm braust / Und frißt sie auf, bis spät der Morgen tagt« (Heym 1960, Bd. 1, S. 192). Etwa ein Jahr später, 1911, schrieb Georg Heyms Freund Paul Zech die Novelle *Der schwarze Baal*. Baal ist hier der unheimliche, immer neue Opfer fordernde Gott der Bergwerke; er verkörpert eine bedrohliche und zugleich faszinierende Macht, die größer und gewaltiger ist als jedes individuelle Subjekt.

Macht- und Überlegenheitsansprüche des Subjekts wie Unterwerfungs- oder Verschmelzungswünsche artikulieren sich in diesem

Vitalismus gleichermaßen. Der vitalistische Code der ästhetischen Moderne, der seine Attraktivität das ganze Jahrhundert über behalten hat, generiert höchst heterogene Phantasien, Gefährliches und Harmloses, Fragwürdiges und Plausibles. Die vitalistische Kulturkritik begegnet einem in der Zeit des Expressionismus in oberflächlich sehr verschieden anmutenden Versionen. Der futuristischen Feier der durch die Technik der Moderne ermöglichten Räusche der Geschwindigkeit steht das regressive Begehren nach einer imaginären, durch das Bewusstsein verloren geglaubten Einheit des Menschen mit der Natur gegenüber. Es richtet sich auf zivilisationsferne Zeiten und Räume. »Oh, dass wir unsre Ur-ur-ahnen wären. / Ein Klümpchen Schleim in einem warmen Moor«, beginnt Gottfried Benns frühes Gedicht »Gesänge« (Benn 1982, Bd. 1, S. 47). Den weit zurückliegenden Zeiten entsprechen hinsichtlich ihrer ursprünglichen Lebensnähe jene fremden Räume, die der zivilisationsflüchtige **Exotismus** (Reif 1975) in der damaligen Kunst und Literatur aufsuchte. Literarisch fand er in dem Roman *Tropen* des österreichischen Expressionisten Robert Müller eine markante Ausprägung. Die Reise in den Dschungel ist hier zugleich der Weg zurück zur Wildnis im Inneren des eigenen Subjekts.

Ein wichtiger Teilaspekt der expressionistischen Kritik an den lebensunterdrückenden Wertvorstellungen der damaligen Kultur ist der **Angriff auf die öffentliche Sexualmoral**. Erotik und Sexualität waren in jener Zeit, für die Freuds anstößige ›Entdeckung‹ der frühkindlichen Sexualität und der Omnipräsenz des Trieblebens nur eine unter vielen symptomatischen Erscheinungen war, ein auch in Kunst und Literatur dominantes Thema (Arnold 1972, S. 136-165; Anz 1977, S. 121-129). Die vitalistische Verherrlichung sexueller Lust in der frühen Liebeslyrik Else Lasker-Schülers oder in den Lulu-Dramen Frank Wedekinds (Martens 1971, S. 110-126) trug zum Ansehen beider in expressionistischen Kreisen der jüngeren Generation wesentlich bei. »Meine Lust stöhnt wie eine Marterklage / und reisst sich von ihrer Fessel frei.« Solche protoexpressionistischen, 1902 unter dem Gedichttitel »Trieb« veröffentlichten Verse Else Lasker-Schülers (1996, Bd. 1.1, S. 37) entsprachen dem Programm, die Sexualität wie die Diskurse über sie aus dem ›Gefängnis‹ sozialer und ästhetischer Konventionen zu befreien. Die verdeckte, hochgradig sublimierte Sprache traditioneller Liebeslyrik wurde in kaum verhüllte Ausdrucksformen sexuellen Begehrens überführt.

Gerade in den sexuell ohnehin libertären Bohemekreisen musste da die sexualrevolutionäre Version einer Psychoanalyse, wie sie der unorthodoxe Freud-Schüler Otto Gross propagierte und praktizierte (s. S. 82f.), auf große Resonanz stoßen. Die Affinität der Psychoanalyse zum Vitalismus wurde in den Theorien von Gross, der »die Forschung Freuds als die gradlinige Fortsetzung der Forschungen Nietzsches« (Gross 2000, S. 66) begriffen haben wollte, besonders deutlich. Die Lehre »des pathogenen Konfliktes zwischen dem sexuellen Wunsch und seiner gewollten Verneinung« (ebd., S. 68), zwischen dem »Eigenen und Fremden«, wie die wiederkehrende Formel von Gross lautet, zwischen den individuellen, vor allem beim Mann auch aggressiven Affekten und der »Einwirkung der Gesellschaft« auf das eigene Innere war die Grundlage einer kulturrevolutionären Therapie zur Befreiung von der »pathogenen Wirkung zurückgedrängter Affekte« (Zitate ebd., S. 65f.). Freud selbst hatte diese Konsequenz abgelehnt (vgl. ebd., S. 62). Doch hatte auch er damals die Möglichkeiten einer psychoanalytisch fundierten Kulturkritik bereits ausführlicher erörtert: 1908 in der Schrift *Die kulturelle Sexualmoral und die moderne Nervosität* (Freud 1969, Bd. 8, S. 9-32). In einem 1913 veröffentlichten Aufsatz äußerte sich Freud unter anderem über »Das soziologische Interesse« an der Psychoanalyse. Sie habe den Anteil entdeckt, »welchen soziale Verhältnisse und Anforderungen an der Verursachung von Neurosen haben [...]. Die Kräfte, welche die Triebeinschränkung und Triebverdrängung von seiten des Ich herbeiführen, entspringen wesentlich der Gefügigkeit gegen die sozialen Kulturforderungen« (Freud 1948 Bd. 8, S. 419). Auch wenn die Argumentationsform hinter dieser Sozialdiagnose der vitalistischen Kulturkritik nahe steht, verband Freud mit ihr doch keineswegs dieselbe Zielsetzung wie Gross und viele expressionistische Autoren: die »**Revolution der Erotik**«. In einem so betitelten Manifest von 1914 stellt der Verfasser fest: »Unsere Gesellschaft, unsere Kunst und Literatur, aller unser Leben krankt an unerfüllten Wünschen«, und erhebt abschließend seinen Revolutionsaufruf nach »dem allgemeinen, gleichen und direkten Coitus!!!« (Flesch 1914, S. 6 u. 12). Theoretisch anspruchsvoller fordert Raoul Hausmann 1919 in einem den Vorstellungen von Gross nahe stehenden Aufsatz »Zur Weltrevolution« die »Auflösung der existierenden kleinbürgerlich-moralischen Sexualverhältnisse von Grund aus« (Hausmann 1919, S. 369).

Der literarische Vitalismus erschöpft sich nicht in Sexual- und auch nicht in aggressiven Gewaltphantasien. Doch beide sind für ihn von eminenter Bedeutung. Und Sexualität wie Gewalt erscheinen vielfach bedrohlich und verlockend zugleich. Sexualität ist dabei vornehmlich mit ›**Weiblichkeit**‹ konnotiert, aggressive Gewalt mit ›**Männlichkeit**‹. In René Schickeles literarischen Sexualphantasien etwa, die sich in seinem Roman *Benkal der Frauentröster* (1914) besonders ausgeprägt artikulieren, ist die Anziehungskraft des ›Lebens‹

mit der der Frauen nahezu identisch (Martens 1971, S. 141f.). Sonne, Meer, Blut, Lust und weibliche Sinnlichkeit sind in Schickeles Feiern der Liebe und der Leiblichkeit eng assoziiert. Die tradierte Gleichsetzung von Frau und Natur verschiebt der Vitalismus geringfügig zur Identifikation von Weiblichkeit und Leben. Dabei können sich im Lebenskult der Jahrhundertwende und des Expressionismus der Hetären- und der Mütterlichkeitskult durchaus verbinden.

Dem Vitalismus der erotischen Literatur, wie er auch im Frühwerk Benns dominiert, steht ein betont maskuliner Vitalismus literarischer Gewaltdarstellungen gegenüber, der in **Sujets des Kampfes und des Krieges** seine bevorzugten Stoffe findet. »Aufgestanden ist er, welcher lange schlief, / Aufgestanden unten aus Gewölben tief.« – Das ist Georg Heyms gewaltiger Dämon des Krieges, der sich, gleichsam aus einem Gefängnis befreit, anschickt, das »Gomorrh« der erstarrten Zivilisation in einem entfesselten Rausch der Zerstörung für die ›Sünde‹ ihrer Lebensunterdrückung zu bestrafen. Kontraste von Eis und Feuer, dunkel und hell, bleich und rot, still und laut, klein und groß bebildern die semantische Antithetik von Erstarrung und Leben. Dem »Frost und Schatten einer fremden Dunkelheit«, der Stille und Bewegungslosigkeit ist die Dynamik eines apokalyptischen Szenariums entgegengesetzt, das die Attribute und Bilder des Vitalen dicht aneinander fügt und permanent wiederholt.

> In die Nacht er *jagt* das *Feuer* querfeldein
> Einen *roten* Hund mit *wilder* Mäuler *Schrein*.
> Aus dem Dunkel *springt* der Nächte schwarze Welt,
> Von *Vulkanen* furchtbar ist ihr Rand *erhellt*.
> (Hervorhebungen T.A.)

Mit phallischen Instrumenten vollzieht dieser auf den Bergen tanzende, einem riesigen Kannibalen gleichende Kriegsmann, um dessen Haupt eine »von tausend Schädeln laute Kette hängt«, sein Werk der Vernichtung: »Einem Turm gleich tritt er aus die letzte Glut«. Und: »Seine Stange haut er wie ein Köhlerknecht / In die Bäume, daß das Feuer brause recht« (alle Zitate Heym 1960, Bd. 1, S. 346f.).

Der aggressive und der erotische Vitalismus gehen zuweilen Verbindungen ein. Der Titel von August Stramms Gedicht »Liebeskampf« vereint jene beiden Bereiche, mit denen sich in den Texten nicht nur dieses Autors die Macht des Lebens am heftigsten präsentiert: **Sexualität und Gewalt**. Wie der Futurismus und wie Ernst Jüngers Frühwerk sexualisiert Stramms Werk immer wieder kriegerische Gewalt. In dem Gedicht »Schlacht«, in der »Das Leben / Flammt«, taucht unvermittelt die Zeile auf: »Liebe spreizt den Schooß« (Stramm 1990, S. 93). In der Prosaskizze »Der Letzte« fluten die Assoziationsströme des sterbenden Soldaten bruchlos vom Kriegerischen hinüber zum Erotischen: »Schnellfeuer! Blaue Bohnen! Bohnen! Blaue Augen! mein Schatz hat blaue Augen. haha! drauf! drauf! sie laufen. Korn nehmen. Zielscheiben. laufen. Mädchenbeine. ich beiße. beiße. verflucht. Küsse scharfe« (ebd., S. 257). Die Prosaskizze »Warten« sexualisiert die Waffe: »Fieber. mit dem Revolver schieß ich sie nieder. wie leicht er in der Hand liegt. zierlich. flach. die Mündung vorn. und rund. fein. zum Küssen. Lippen. haha! ich bin verliebt. der Revolver ein Mädchen! ich hab noch nie mit ihr geschossen. jungfräulich. und die kleinen Patronen. sie hinein passen. schlüpfen« (ebd., S. 260).

August Stramms Kriegsgedichte sind keineswegs, wie zuweilen immer noch behauptet wird, kriegskritisch. Hier mischen sich Grauen und Faszination. »Es bäumt sich alles in mir dagegen und doch fühle ich mich hingezogen«, bekennt Stramm in seinen Kriegsbriefen (Stramm 1988, S. 34). Die Kriegsberichterstatter in den Zeitungen kritisiert er mit dem Satz: »Dieses Lügengeschmiere! Diese Entweihung alles Gewaltigen und Großen, das man hier durchlebt« (ebd., S. 59). Es ist die Nähe des Todes, die das Leben zu intensivieren vermag: »Das Leben hat herrliche Momente hier. Vielleicht weil es so nahe am Tode liegt« (ebd., S. 69). Der Kampf als inneres Erlebnis, das Stramms Lyrik wie seine Kriegsbriefe zu vermitteln suchen, ist in seiner ganzen Ambivalenz durch die drei Wörter getroffen: »Grausig! Gewaltig! Groß!« (ebd., S. 75). Die Angstlust gegenüber dem Kriegsgeschehen gleicht dabei ganz der Angstlust gegenüber dem Triebgeschehen, das der Einakter »Sankta Susanna« in Szene setzt.

Der im Prozess der Zivilisation zunehmend ungestillte Hunger nach Leben bringt bei August Stramm und seinen expressionistischen Zeitgenossen so produktive wie fragwürdige Exaltationen hervor. In Stramms Existenz des Postbeamten und Offiziers sind die Bürokratisierungstendenzen und Disziplinierungstechniken des Zivilisationsprozesses exemplarisch verkörpert, in der Existenz des Wortkünstlers rebelliert dagegen, ebenso typisch, das Leben.

Mit dem bezeichnenden Titel »Umbra vitae« hat Georg Heym ein Fragment gebliebenes Gedicht überschrieben. Nach seinem frühen Tod beim Schlittschuhlaufen auf der Havel übernahmen ihn die Freunde im Frühjahr 1912 bei der Zusammenstellung des ersten Bandes nachgelassener Gedichte. Die Wahl des Titels hätte treffender kaum sein können. Was »Schatten des Lebens« meint und wie der Autor ihn in dem gleichnamigen Gedicht beschreibt, ist kennzeichnend für die andere Seite des expressionistischen Vitalismus. Mindestens ebenso gewichtig wie die Feier des Lebens ist für ihn das Pathos des Leidens an der Leblosigkeit der dargestellten Welt.

Alles ist hohl, und eine Totenmaske,
Die man zerschlägt, und nichts ist dann darinnen.
Kein Atem, und kein Blut, nur tönern Scherben.
Und fädenziehend sitzen große Spinnen.
(Heym 1960, Bd. 1, S. 462)

In Georg Kaisers Drama *Von morgens bis mitternachts* tragen die mechanische Tätigkeit des Geldzählens in der Bank oder die Routine des Familienlebens, die der Protagonist mit einem »Grabe« vergleicht, alle **Zeichen der Leblosigkeit**. Die diversen Aufbruchsversuche des Kassierers scheitern jedoch. Am Ende stehen seine desillusionierten Worte: »Fiebernd friert der Leib. Felder öde. Eis im Wachsen. Wer entrinnt? Wo ist der Ausgang?« (Kaiser 1970, Bd. 1, S. 516). Die soziale Macht des Avitalen ist stärker als der Wille zum Leben.

Der skeptische Expressionismus und seine negative Ästhetik, die sich vor allem in Bildern des Avitalen präsentiert, in denen des Eises, der Kälte und des Winters, der Dürre und der Fäulnis, der Erstarrung und Stagnation, der zähen Langsamkeit und lähmenden Langeweile, wurden seit den 1970er Jahren von der Forschung deutlich höher bewertet als das Pathos der Utopie, zu dem maßgeblich auch die Feier des Lebens gehört. Der Begriff oder das Wort ›Leben‹ hat allerdings im 20. Jahrhundert wenig von seinem damaligen Prestige verloren. In Misskredit geraten ist hingegen schon seit 1920 ein weiterer Schlüsselbegriff der Zeit: der des ›Geistes‹. Mit dem des ›Lebens‹ war er damals jedoch bemerkenswert eng assoziiert.

Vitalismus: Martens 1971 (grundlegende Monographie); Anz 1995a (Stramm); Hogh 2000 (Nietzsche); Buchholz 2001 (Lebensreform um 1900).
Exotismus: Reif 1975; Koebner/Pickerodt 1987.
Sexualität: Arnold 1972, S. 136-165; Anz 1977, S. 121-129; Minaty 1976 (Paul Boldt); Froehlich 1990 (Liebeslyrik); Strack 1993 (erotische Lyrik); Keck 1998 (Döblin); Siemes 2000, S. 225-235 (Curt Corrinth); Geerken 2003 (erotische Lyrik).

1.3 Geist

Geist werde Herr, fordert der Titel einer 1920 erschienenen Aufsatzsammlung Kurt Hillers und verwendet damit einen zentralen Topos der zeitgenössischen Kulturkritik. ›Geist‹ wurde für die literarischen Intellektuellen der 1910er Jahre zu einem Signalwort, mit dem sie ihre gegenseitige Verbundenheit bekundeten. Mit ihm versuchte man, eine Vielzahl zugleich kulturkritischer und poetologischer Forderungen auf einen allgemeinen Begriff zu bringen. Der inflationäre

Gebrauch macht allerdings die bislang von der Expressionismusforschung erst in Ansätzen geleistete Rekonstruktion seiner Bedeutungsmöglichkeiten schwer (Stark 1982, S. 28-32; Anz/Stark 1982, S. 215-247). Expressionismus und ›geistige Kunst‹ galten damals weithin als identisch, und das sowohl in den Selbstbeschreibungen der Autoren und Künstler als auch später in der Expressionismuskritik der 1920er Jahre. »Nun kann man freilich das Wort Geist nicht aussprechen, ohne des Expressionismus zu gedenken, der es verdorben hat«, schrieb 1922 Robert Musil (1978, Bd. 2, S. 1097). Der junge Brecht definiert den Expressionismus als »Heraus- oder Übertreibung des Geistes, des Ideellen« (Brecht 1988, Bd. 21, S. 49) und kritisiert ihn darin als zu abstrakt und wenig vital. Die eigene Abhängigkeit vom expressionistischen Vitalismus mochte er dabei nicht zugeben.

Kandinskys 1910 verfasste Schrift *Über das Geistige in der Kunst*, in der die »Epoche der großen Geistigen« angekündigt wird, hatte die Wertschätzung dieses Signalbegriffs innerhalb der avantgardistischen Kunstdebatte ebenso maßgeblich befördert wie Heinrich Manns Anfang 1911 erschienener Essay »Geist und Tat« innerhalb der literaturpolitischen Diskussion. Programmatisch eingeführt war der Geistbegriff freilich schon vor Beginn des expressionistischen Jahrzehnts: durch die seit der Jahrhundertwende erstarkenden neuidealistischen Bewegungen in Kunst und Philosophie (Hamann/Hermand 1973, S. 77-149). Ihre zivilisationskritischen und kulturkonservativen Tendenzen sind auch noch in manche expressionistische Berufung auf ›Geist‹ oder ›Seele‹ eingegangen. Das von den George-Jüngern Friedrich Gundolf und Friedrich Wolters herausgegebene *Jahrbuch für die geistige Bewegung* erschien zwar erstmals 1910, es signalisierte zu diesem Zeitpunkt indes keinen Neuanfang. Denn die hier propagierte »geistige Bewegung« entsprach jener »geistigen Kunst«, die der George-Kreis schon vorher gepflegt hatte. Dasselbe gilt im Bereich der Philosophie und Wissenschaft für Wilhelm Diltheys 1910 erschienene Abhandlung *Der Aufbau der geschichtlichen Welt in den Geisteswissenschaften*. Sie war ebenfalls weit mehr eine Ausarbeitung schon länger währender Versuche zur Grundlegung der Geisteswissenschaften als eine erst 1910 bemerkbare Innovation.

Der nicht nur bei Dilthey gegebene Zusammenhang von Lebensphilosophie und Geisteswissenschaften zeigt im Übrigen, dass sich im damaligen Wortgebrauch ›Leben‹ und ›Geist‹ keineswegs ausschließen mussten. Zwar wurden in der zeitgenössischen Diskussion gelegentlich beide Begriffe gegeneinander ausgespielt und zueinander in Opposition gesetzt, häufiger aber waren erhebliche semantische Überschneidungen in ihrer Verwendung. Iwan Golls Manifest »Vom

Geistigen«, 1917 in der *Aktion* erschienen, beginnt mit den dafür bezeichnenden Sätzen:

Es gibt nur zwei Parteien: Für oder Gegen. Der Geist ist immer dagegen. Und deshalb ist er der schöpferische Teil des Lebens. Er bewirkt die Dynamik der Welt. Er bekämpft das Alte, das Steinerne, das Morsche, das Mürbe und bereitet den Sturm, den Strahl, das Licht vor. Der Geist wendet sich gegen alles Tote: gegen die Väter, die nur noch Name sind und nicht mehr Wille, gegen die Gesetze, die nur noch Schrift sind und nicht mehr Wille. Der Geist ist der ewige Kampf, die tägliche Geburt, die fortwährende Auferstehung. Der Geist ist immer die Gegenpartei (Goll 1917, S. 220).

Das Vokabular und die Bildlichkeit des Vitalismus dienen hier der Feier des Geistes. Die Anlehnungen an Nietzsche sind offensichtlich, vor allem im Blick auf »Wille« und »Kampf«. Schon für Nietzsche konnte der ›Geist‹ mit seinem schöpferischen »Willen zum Schein«, seiner konstruktiven Fähigkeit zur Lüge, Verstellung und Fiktionsbildung im Dienste des organischen Lebens stehen. Auch er erweitert die Macht des Subjekts, bemächtigt sich der Wirklichkeit, indem er ihre Negativität und Komplexität reduziert (Hogh 2000).

Die **Zusammengehörigkeit von ›Leben‹ und ›Geist‹** zeigt sich in einer Reihe positiv gewerteter Bedeutungsmerkmale, die beiden gemeinsam sind und den Attributen der ›ungeistigen‹ beziehungsweise avitalen Wirklichkeit der zivilisatorischen Moderne, der Wissenschaft, der Technik oder der Masse, entgegengesetzt werden. An dem Abschnitt »Die technische Kälte« in der zweiten Fassung (1922) von Ernst Blochs *Geist der Utopie* oder an der Schrift *Masse und Geist* des sich mehrfach auf den Expressionismus berufenden Theologen Paul Tillich ließe sich das genauer zeigen. Auch in der von Iwan Goll hervorgehobenen Opposition des ›Geistes‹ zu ›Wissenschaft‹ und ›Bildung‹ sowie in der von Paul Kornfeld (1918, S. 224) im Namen einer beseelten Geistigkeit formulierten Kritik kausallogischen Denkens zeigt sich die Nähe zu lebensphilosophischen Argumentationsformen.

Ein spätexpressionistisches Manifest mit dem Titel »Geistrevolution – Weltrevolution« beginnt mit dem programmatischen Satz: »Geist hört nicht auf, Vorbereitung der Revolution zu sein« (Kanehl 1919, S. 230). Im Umkreis des politisch-revolutionären Expressionismus Gustav Landauers, Erich Mühsams, Ernst Tollers, Heinrich Manns oder der Aktivisten um Hiller fungiert ›Geist‹ als enthusiastisch gebrauchtes Losungswort für alles zukunftsgerichtete Engagement (s. S. 129f.). In Kurt Pinthus' »Rede für die Zukunft« (1919) steht er für die menschliche Freiheit gegenüber allen Determinanten der natürlichen und sozialen Wirklichkeit.

Auch noch die Kritiker des Aktivisten-Slogans *Tätiger Geist*, so der Titel von Hillers zweitem *Ziel*-Jahrbuch, beriefen sich ihrerseits auf den »Geist« (u.a. Bluth 1920, S. 48). Im Rahmen eines dezidiert antipolitischen Jargons der Innerlichkeit und Eigentlichkeit sprach man an seiner Stelle zuweilen lieber von ›Seele‹, die des Menschen ›eigentliches‹, ›wesentliches‹, ›göttliches‹ Dasein (Kornfeld 1918) ausmache. Dabei wird in der Zeit des Expressionismus der Geist-Begriff gelegentlich auch abwertend verwendet. Er meint dann die Rationalität der zivilisatorischen Moderne. Ihr setzt zum Beispiel Walther Rathenaus philosophisch-kulturkritische Abhandlung *Zur Mechanik des Geistes oder Vom Reich der Seele* (Berlin 1913) seinen lebensphilosophisch geprägten Begriff der ›Seele‹ entgegen. In ähnlicher Begrifflichkeit fasst Ludwig Klages in seinem Werk *Der Geist als Widersacher der Seele* (3 Bde., Leipzig 1929-1932) seine seit etwa 1910 ausgearbeiteten Konzepte der Zivilisationskritik zusammen.

Für die Benennung dessen, was im Inneren des Subjekts dem Rationalisierungs- und Normierungsprozess der Moderne widerstehen könnte, bevorzugte man im engeren Umkreis des Expressionismus freilich den Geist-Begriff. Eine Besprechung von Ernst Blochs *Geist der Utopie*, die Ernst Blass 1919 in der Zeitschrift *Das junge Deutschland* veröffentlichte, zeigt besonders deutlich, wie sich im Namen des ›Geistes‹ schon in der Zeit des Expressionismus jenes Differenzdenken ausprägte, dem maßgeblich Martin Heideggers *Sein und Zeit* 1927 zu einer existenzphilosophischen Karriere verhalf. Heideggers Unterscheidung zwischen der eigentlichen Existenz und einem uneigentlichen, konventionalisierten, nicht authentischen, dem ›Man‹ verfallenen Dasein bewegte sich ganz im Rahmen der schon zur Zeit des Expressionismus zirkulierenden Rede- und Denkformen (Sokel 1960, S. 71-73). »Wir wollen wieder ›sein‹; alles Andere trete hinter dieses Bestreben zurück«, erklärte Blass. »Wir müssen unser verlorenes Ich wiederfinden«. Die Dinge hätten sich uns »entfremdet«, und »unser Selbst ist uns entwendet worden« (Blass 1919, S. 238f.). Die den vitalistischen Diskurs organisierende Differenz zwischen Leben und Erstarrung, die Otto Gross als »Konflikt des Eigenen und des Fremden« beschrieb (s. S. 82), hatte ihre Entsprechung im Unterschied zwischen Geist und Selbstentfremdung. »Geist der Utopie – das weit Zurückliegende und Künftige, die verborgenste, innerste Weise, das Geheimnis unseres Wesens, des zuständlichen, uns selbst meist scheinbar ›entlegenen‹ Wesens werde Tat, durchbreche den sich andrängenden Stoff!« (Blass 1919, S. 240).

»Der Welt entfremdet, fremd dem tiefsten Ich« – diesem Vers in Ernst Stadlers Gedicht »Der Spruch« (s. S. 48) folgt jener abschließende Vers, der den Mystiker Angelus Silesius zitiert: »Dann steht das

Wort mir auf: Mensch, werde wesentlich!« (Stadler 1983, S. 120). Die Schlüsselbegriffe ›Leben‹ und ›Geist‹ waren beide durchlässig für altreligiöse und mystische Interpretationsmuster. **Mystik** erlebte in der ästhetischen Moderne eine bemerkenswerte Renaissance (Wagner-Egelhaaf 1989; Spörl 1997). Ein Aufsatz über »Das religiöse Bewußtsein des Expressionismus« bemerkte zu Recht: »Die geistige [!] Revolution Mittel-Europas, welche den Namen des ›Expressionismus‹ führt, scheint auch die religiösen Tendenzen wieder neu erkräftigen zu wollen.« Es sei allerdings vor allem »die Mystik, der wir anheimgegeben sind«. Und diese sei nach Nietzsche, dem »Leitstern unserer jüngsten Vergangenheit«, eine andere als die des Mittelalters, diesseitsorientierter nämlich. Zu Unrecht habe man Nietzsche als den »Mörder Gottes« bezeichnet, »weil er in Wirklichkeit gar nicht das Göttliche Wesen in seiner Totalität tötete, sondern nur sozusagen die eine seiner beiden Hälften niederschlug, um in die andere Hälfte alle Macht und Lebendigkeit hineinzupressen. Diese zweite, unendlich kräftige Hälfte der Göttlichkeit nannte er das ›Leben‹« (alle Zitate Sydow 1918/19, S. 243-245). Der Geist-Begriff des Expressionismus mit seinen religiös-mystischen Konnotationen wurde so eingesetzt, dass er nicht nur mit dem vitalistischen Expressionismus vereinbar war, sondern auch mit dem politischen. Die Beispiele Gustav Landauer oder Ernst Bloch zeigen, dass Affinität zur Mystik und politischer Aktivismus sich keineswegs ausschlossen.

Dass die sich innerhalb der expressionistischen Literaturbewegung befehdenden Gruppen und Grüppchen alle den Geist-Begriff zu vereinnahmen suchen, deutet auf eine oberhalb der kontroversen Standpunkte liegende abstrakte Gemeinsamkeit hin. Er diente der Stärkung des in der Moderne geschwächten Subjekts und basierte auf der literarisch vielfältig artikulierten Angst, angesichts der »Macht der Objekte« und »Tatsachen« (Blass 1919) die in Anspruch genommene Autonomie zu verlieren. Der spätere Dadaist Walter Serner schreibt 1913 in der *Aktion* in einer wütenden Anklage gegen den »hemmungslose[n] Sieg der Zivilisation über die Kultur« mit Bezugnahme auf den Expressionismus:

wohl nie noch hat zeitlich derart zusammengetrieben ein solch weggetrenntes und atemloses Kunstwollen die großen Städte durchhastet. Es ist, als wäre in den Tagen der alles nivellierenden Technik die spastische Angst ausgebrochen: die Applikatur dieses stinkenden Massenbetriebs könnte unbeirrbar werden; als wäre, sie durch einen wilden Schrei aus dem Takt zu stoßen, als die tiefste Menschenpflicht des Geistigen erkannt worden (Serner 1913, Sp. 613f.).

Der verbal beschworenen Intensität dieser Angst entspricht das Pathos, mit dem etwa Ludwig Rubiner 1917 schon im Titel einer damals viel beachteten Programmschrift proklamierte: *Der Mensch in der Mitte*. Die sich hier lautstark Mut machende Größenphantasie beschwor »die Wunder der Weltschöpfung aus dem Geiste« und forderte:

Diese Weltträgheit muß immer wieder durchbrochen werden. Dazu sind die Geistigen da. Es ist gleich, wer von ihnen das Wort ergreift. Nur dies gilt: Der Welt, die mit Millionen von einanderrauschenden Sonderklängen und nachleuchtenden Sonderfarben uns als ihr Objekt aufschlucken will, keine Eigenexistenz zuzubilligen. Sondern, umgekehrt, an ihr den göttlichen Schöpfungsplan zu gestalten; mit ihr den Wert durchzusetzen, die Heiligung des Lebens (Rubiner 1917, S. 219f).

Mit dem »Appell an den Geist« (Mühsam 1911) insistierte die literarische Intelligenz in der Tradition des deutschen Idealismus auf einem Freiraum zur (wie immer gemeinten) Selbstentfaltung, auf der Autonomie gegenüber einer das Subjekt entmündigenden und selbstentfremdenden Natur und sozialen Realität. Der Kunst und dem Künstler wurde dabei eine Führungsrolle zugeschrieben.

Kunsttheoretisch äußerten sich die forcierten **Autonomieansprüche der ›Geistigen‹**, wie die Künstler und Intellektuellen sich damals gerne nannten, vor allem als Kritik am Naturalismus, den man als Unterwerfung des Künstler-Ichs unter die ›äußere‹ Wirklichkeit diskreditierte. Dass die aus dieser Kritik hervorgehende antimimetische Ästhetik der Typisierung und Abstraktion (s. S. 157-162), die sich nach Kandinskys *Über das Geistige in der Kunst* allein der »inneren Notwendigkeit« (Kandinsky 1970, S. 64) unterworfen sieht, einer anthropozentrischen Ethik untergeordnet war, zeigen nicht zuletzt die Schriften im Umkreis des »Blauen Reiter«, zum Beispiel der den gleichnamigen Almanach einleitende Aufsatz von Franz Marc mit dem Titel »Geistige Güter«. In religiöser und humanistischer Tradition wird dem Geist zugleich eine Gemeinschaft stiftende Kraft zugeschrieben. Ludwig Rubiner deklarierte den »Geist« 1917 in der *Aktion* zur »Äußerungsform Gottes gegenüber dem Menschen, [...] die darum eine Gemeinsamkeit für alle Menschen bildet. Geistige sind Menschen, welche durch diese Gemeinsamkeit vor dem Absoluten sich in einer besonders großen Verantwortlichkeit gegenüber den anderen Menschen verpflichtet fühlen« (Rubiner 1917a, Sp. 218). Nicht nur hier ist ›Geist‹ mit einem weiteren Schlüsselbegriff des Expressionismus eng assoziiert: mit dem der ›Gemeinschaft‹.

›Geist‹-*Begriff:* Hamann/Hermand 1973, S. 77-149 (Neuidealismus); Stark 1982, S. 28-32; Anz/Stark 1982, S. 215-247.

1.4 Masse und Mensch, Entfremdung und Gemeinschaft

Der Expressionismus ist vielfach mit dem Schlagwort ›**O-Mensch-Pathos**‹ charakterisiert und auch abgewertet worden. Auf die damit einhergehende Einengung der Forschungsperspektive hat Silvio Vietta in den 1970er Jahren nachdrücklich aufmerksam gemacht und den Blick auf eine andere Seite des Expressionismus gefordert. Die »expressionistische Idee des ›neuen Menschen‹ und die ihr entsprechende Rhetorik« seien nicht zu »isolieren von der tiefgreifenden Erfahrung der Verunsicherung, ja Dissoziation des Ich, der Zerrissenheit der Objektwelt, der Verdinglichung und Entfremdung von Subjekt und Objekt, Erfahrungen, die ebenfalls und in dieser Radikalität literaturgeschichtlich zum ersten Mal im Expressionismus zur Darstellung kommen« (Vietta/Kemper 1975, S. 21).

Dass ›Mensch‹ zu einem Schlüsselwort des Expressionismus wurde, ist damit nicht bestritten. Und seine Bedeutung versteht sich nicht von selbst. Die Forderungen nach dem ›neuen Menschen‹ und Titel wie *Der Mensch in der Mitte, Menschheitsdämmerung* oder *Masse Mensch* häufen sich im Umkreis des Expressionismus in einem inflationären Ausmaß. Die Rede vom ›O-Mensch-Pathos‹ dürfte vor allem auf den ersten Vers in Franz Werfels 1910 geschriebenem Gedicht »An den Leser« zurückgehen: »Mein einziger Wunsch ist, dir, o Mensch, verwandt zu sein!« (s. S. 39). Das Gedicht ist in der Tat exemplarischer Beleg für einen dominanten Effekt der rhetorischen Verwendung des Wortes: Die abstrakte Rede vom ›Menschen‹ hat eine integrative Funktion, appelliert an das, was die Angehörigen unterschiedlicher Schichten, Gruppen, Berufe, Nationen, Rassen oder Geschlechter an Gemeinsamkeit verbindet, und sie hebt zumindest verbal auf, was sie trennt.

Ernst Toller hat 1933 in seiner Autobiographie *Eine Jugend in Deutschland* diesen Effekt noch einmal eindrücklich wiederholt. Im simulativen Rückgriff auf das expressionistische Pathos der 1910er Jahre beschreibt er hier sein Wandlungserlebnis im Ersten Weltkrieg:

Ich stehe im Graben, mit dem Pickel schürfe ich die Erde. Die stählerne Spitze bleibt hängen, ich zerre und ziehe sie mit einem Ruck heraus. An ihr hängt ein schleimiger Knoten, und wie ich mich beuge, sehe ich, es ist menschliches Gedärm. Ein toter Mensch ist hier begraben.
Ein – toter – Mensch.
[...]
Und plötzlich, als teile sich die Finsternis vom Licht, das Wort vom Sinn, erfasse ich die einfache Wahrheit Mensch, die ich vergessen hatte, die vergraben und verschüttet lag, die Gemeinsamkeit, das Eine und Einende.
Ein toter Mensch.

> Nicht: ein toter Franzose.
> Nicht: ein toter Deutscher.
> Ein toter Mensch.
> Alle diese Toten sind Menschen, alle diese Toten haben geatmet wie ich, alle diese Toten hatten einen Vater, eine Mutter, Frauen, die sie liebten, ein Stück Land, in dem sie wurzelten, Gesichter, die von ihren Freuden und ihren Leiden sagten, Augen, die das Licht sahen und den Himmel. In dieser Stunde weiß ich, daß ich blind war, weil ich mich geblendet hatte, in dieser Stunde weiß ich endlich, daß alle diese Toten, Franzosen und Deutsche, Brüder waren, und daß ich ihr Bruder bin (Toller 1978, Bd. 4, S. 69f.).

In Werfels Gedicht folgen dem zitierten Anfang drei Verse mit Beispielen dafür, wer alles mit »Mensch« gemeint ist:

> Bist du Neger, Akrobat, oder ruhst du noch in tiefer Mutterhut,
> Klingt dein Mädchenlied über den Hof, lenkst du dein Floß im Abendschein,
> Bist du Soldat, oder Aviatiker voll Ausdauer und Mut.

Die Reihung heterogener Personentypen, die alle unter dem Wort ›Mensch‹ vereint sind, setzen die dritte und vierte Strophe fort. Sie benennen zusätzlich das Medium, durch das sie alle mit dem Sprecher des Gedichts verbunden sein könnten: das Gefühl.

> Denn ich habe alle Schicksale durchgemacht. Ich weiß
> Das Gefühl von einsamen Harfenistinnen in Kurkapellen,
> Das Gefühl von schüchternen Gouvernanten im fremden Familienkreis,
> Das Gefühl von Debutanten, die sich zitternd vor den Souffleurkasten
> stellen.
>
> (in Pinthus 1959, S. 279)

Das ›O Mensch-Pathos‹, das sich in dem Gedicht auf die intendierte Beziehung des Künstlers zum Publikum bezieht (s. S. 39, ist inszenierter Ausdruck eines **Gemeinschaftsgefühls**, das zu beschwören der Expressionismus nicht müde wurde. Es hat seine andere Seite und Grundlage in ebenso obsessiv thematisierten Erfahrungen sozialer Entfremdung, wie sie die literarische Intelligenz bevorzugt in der Identifikation mit gesellschaftlichen Außenseiterfiguren (Kranke, Irre, Gefangene, Verbrecher, Dirnen, Juden oder Künstler) darstellte. Derselbe Autor, der das Muster des O-Mensch- und Verbrüderungspathos lieferte, betitelte ein anderes Gedicht mit »Fremde sind wir auf der Erde alle« (in Pinthus 1959, S. 72). Es enthält eine der damals nicht nur im Expressionismus beliebtesten Vokabeln in den Darstellungen existentieller Vereinzelung: ›fremd‹, ›Fremde‹ oder ›Entfremdung‹ (Rothe 1977, S. 357-372; Anz 1977, S. 60-129).

Von der »**neuen Entfremdung**«, aus der es heute im Unterschied zur Romantik kein Zurück mehr gebe, und von einem weit verbreiteten »Entfremdungsgefühl« spricht 1913/14 in den *Weißen Blättern* wiederholt der Sozialphilosoph Max Scheler (1913/14, S. 580-582). »Entfremdung« heißt ein Gedicht von Ernst Blass (1980, S. 50); ein anderes: »In einer fremden Stadt« (ebd., S. 41). Das Subjekt wie auch seine Umwelt werden als fremd angesprochen. »In fremder Straßen fremde Nacht verschlagen«, beginnt ein Gedicht Max Herrmann-Neißes (1986, Bd. 1, S. 229). In Robert Musils 1911 erschienenen *Vereinigungen* ist von einer »fremden, ungewollten Wirklichkeit« (Musil 1978, Bd. 2, S. 170) die Rede, von »fremden Menschen« (ebd., S. 162, 167 u. 171), von einer »gleichgültigen fremden Macht«, von »diesem fremden, sie umschließenden Dasein« (ebd., S. 175, 218), von »der fremden Welt« (ebd., S. 160) und »der Fremdheit in der Welt« (ebd., S. 167). Die literarischen Figuren jener Zeit erscheinen häufig unter der Bezeichnung »Fremder«, »Fremdling« oder »Entfremdeter«. *Der Fremde* heißt ein wiederholt aufgelegter und auch in der *Aktion* abgedruckter Roman René Schickeles. Denselben Titel trägt ein Gedicht Ehrensteins (1989, Bd. 4. I, S. 73). Georg Trakl verwendete, wie ein Blick in die Konkordanz zu seinen Dichtungen zeigt (Wetzel 1971, S. 200f.), die Vokabeln der Wortgruppe »fremd«, »Fremde«, »Fremder« und vor allem »Fremdling« überdurchschnittlich oft. Kafka schreibt 1913 in sein Tagebuch, er lebe in der Familie »fremder als ein Fremder« (Kafka 1990, S. 580). Die Fremdheitsmotive finden sich zur gleichen Zeit auch bei älteren Autoren, die gewöhnlich nicht dem Expressionismus zugeordnet werden, ihm jedoch in vieler Hinsicht nahe stehen, vor allem in Werken Musils und Rilkes. Im Schlusskapitel von Rilkes *Aufzeichnungen des Malte Laurids Brigge,* der Legende vom verlorenen Sohn, wird dieser als »der Entfremdete« (Rilke 1996, Bd. 3, S. 634) bezeichnet.

Eine **topografische Modellierung** finden **Entfremdung und Vereinzelung** in auffälligen Grenzsetzungen zwischen den Bereichen, die einander fremd sind, insbesondere in Motiven des Gefängnisses oder anderer geschlossener Räume. In Paul Kornfelds 1913 entstandener Tragödie *Die Verführung* wird das soziale Außenseitertum des Protagonisten entschieden gewollt. Der Dramenheld mit dem sprechenden Namen Bitterlich hat sich durch den (symbolisch zu lesenden) Mord an einem näheren Bekannten, der ihm als Inkarnation verhasster Bürgerlichkeit erschien, von der Gesellschaft willentlich isoliert. In der räumlichen Abgeschiedenheit seiner Gefängniszelle sieht er die einzige Möglichkeit individueller Selbstbehauptung. Das Drama variiert damit in bemerkenswerter Weise die zeitgenössische

Gefangenen- und Raummetaphorik. Die negative Bedeutung des engen, abgeschlossenen Raumes im Gefängnis wird ins Positive verkehrt. Die trennenden Wände werden zum Schutz gegen die bürgerliche Welt, die den »eigentlichen«, »beseelten« (Kornfeld; s. S. 63) Kern menschlicher Existenz zu vernichten droht.

In der Optik des Stückes gilt jedoch noch ein anderer positiver Wert, der sich mit der selbst gewählten Isolation Bitterlichs kaum vereinen lässt: die **Gemeinschaft**. Zu ihrer Realisierung ist der Protagonist bereit, das Gefängnis wieder zu verlassen, scheitert aber mit seiner ekstatisch vorgetragenen Verbrüderungsidee an den Intrigen der bürgerlichen Gesellschaft. Die Entscheidung zum Ausbruch aus dem Gefängnis erweist sich als Fehler, als Verkennung der gesellschaftlichen Realitäten. Darauf deutet auch der Titel des Dramas: Die Idee der brüderlichen Gemeinschaft war für Bitterlich eine »Verführung« auf Kosten seiner Individualität. Das ist symptomatisch für die Ambivalenz, mit der die literarischen Figuren der Zeit und ihre Autoren den Erfahrungen der Isolation und den Möglichkeiten zur sozialen Integration gegenüberstanden.

Ähnliche Ambivalenzen finden sich, paradigmatisch dargestellt an den Beziehungen zwischen den Geschlechtern, in Erzähltexten Alfred Döblins, Robert Musils oder Franz Jungs. Das Deckblatt der Buchausgabe von Döblins frühem Roman *Der schwarze Vorhang* (1919) spricht von »der undurchbrechbaren Einsamkeit des Menschen [...] in ihrer Tragik und Schicksalhaftigkeit«. In Robert Musils *Vereinigungen* stellen sich Mann und Frau die Frage: »Ist nicht jedes Gehirn etwas Einsames und Alleiniges?« (Musil 1978, Bd. 2, S. 158). Ähnlich wie hier, wo es weit mehr um »Spaltung« und »Entfremdung« als um »Vereinigung« geht, liegt in Döblins Roman die Unfähigkeit zur geglückten Liebesbeziehung darin begründet, dass die Figuren ihre Individualitäts- und Autonomieansprüche nicht aufzugeben und sich nicht einer alles vereinigenden Lebensmacht zu unterwerfen bereit sind. Döblins Protagonisten leiden an der Individuation und haben zugleich Angst, die überlegene Distanz zur Außenwelt zu verlieren. Die gestörte Beziehung zwischen Mann und Frau äußert sich daher im Roman einmal in der Klage über die Unmöglichkeit der Vereinigung, zum anderen in einem Kampf um die Überlegenheit des männlichen Subjekts gegen seine »weiblichen Feinde« (Döblin 1981, S. 131).

Die literarisch beliebte **Konstellation des Geschlechterkampfes** steht im Zentrum auch der frühen Prosa Franz Jungs. Im Roman *Kameraden...!* heißt es: »Zwischen ihm und den Frauen tat sich ein Abgrund auf, und so sehr er daran arbeitete, ihn immer wieder auszufüllen, er sah das Nutzlose, das Unabwendbare« (Jung 1981, Bd.

8, S. 73). Der Roman, dessen Titel voll bitterer Ironie ist, inszeniert die gegenseitige Fremdheit als zermürbenden Kampf. Er ist deshalb so quälend, weil sich Mann und Frau zwar gegenseitig zugrunde richten, doch gleichzeitig einander zu brauchen scheinen. Der Hass auf andere steht dicht neben der Sehnsucht nach einer alles umgreifenden Gemeinschaft: »Er hielt ihre Hand und sehnte sich, mit ihr hinauszugehen und eine Gemeinschaft zu werden mit den Feinden, mit der Stadt, mit der Welt« (ebd., S. 69). In Jungs Roman ist die Geschlechterbeziehung zur Hölle geworden, ihre Unauflösbarkeit aber basiert gerade auf dem bleibenden Begehren nach gemeinschaftlicher Geborgenheit.

Die unterschiedlichen Formen sozialer Entfremdung konkretisieren sich in diversen Formen **gestörter Interaktion und Kommunikation**. Die Figuren erscheinen sich gegenseitig undurchschaubar, rätselhaft und unberechenbar. Die Interagierenden entsprechen in ihrem Verhalten nicht den gegenseitigen Erwartungen und sprechen keine gemeinsame Sprache. Die in der literarischen Moderne notorische ›Sprachkrise‹, die 1902 in Hofmannsthals Chandos-Brief ihr prominentestes Zeugnis fand (s. S. 114f.), war nicht nur eine Erkenntnis-, sondern zugleich eine Kommunikationskrise. Das liegt schon in der grundsätzlichen »Doppelstruktur der Sprache« begründet, die durch »die eigentümliche Verbindung der Kognition einer erfahrbaren Wirklichkeit mit der Kommunikation zwischen den sprechenden Subjekten« charakterisiert ist (Habermas 1973, S. 199). Chandos bemerkt, dass ihm bei der Zurechtweisung seiner Tochter die festen Begriffe fehlen; einen begonnenen Satz vermag er nur noch mühsam zu Ende zu führen. Die Gespräche in der Familie werden ihm immer unerträglicher.

Alfred Lichtensteins Erzählung *Cafe Klößchen* führt das Scheitern der Liebesbeziehung nicht zuletzt auf den Mangel gegenseitigen Verstehens zurück. »Was du gesagt hast, verstehe ich nicht« (Lichtenstein 1989, S. 190). Vom »verlorenen Sohn« in Rilkes *Malte* heißt es am Schluss, »daß ihn alle mißverstanden, trotz der verzweifelten Eindeutigkeit seiner Haltung« (Rilke 1996, Bd. 3, S. 635). Missverständnis und Unverständnis gehören ähnlich in Musils 1911 erschienenen Erzählungen zu den Bedingungen, die der zwischenmenschlichen Vereinigung entgegenstehen. Veronikas Versuch, Johannes ihr Inneres mitzuteilen, beantwortet dieser mit der Frage: »Was meinst du?« Sie sagt darauf Dinge, die ihm wieder »völlig unklar blieben« (Musil 1978, Bd. 2, S. 201). Der Protagonist in Goerings Roman *Jung Schuk* bemerkt resigniert: »Was ich aus mir machen wollte, konnte den beiden anderen nicht verständlich werden« (Goering 1961, S. 238). Dem Empfänger seiner Briefe gesteht er, dass es ihm nicht vergönnt sei, seine Problematik adäquat zu vermitteln: »Könnte ich jemandem sagen, wie mir ist! [...] ich kann nicht einmal klagen, nicht einmal sagen, was mir fehlt. Könnte ich es Dich wenigstens fühlen lassen!« (ebd., S. 98). Konnte Goethes Tasso in seiner gesellschaftlichen Isolation am Ende Trost darin finden, wenigstens noch sagen zu können, wie er leidet, so radikalisiert die Anspielung darauf die Problematik sozialer Entfremdung erheblich.

Was im Rahmen von Goerings traditionellen Erzähltechniken weitgehend inhaltlich verbalisierte Pose bleibt, findet man im Werk Kafkas bildlich und formal ungleich konsequenter dargestellt. Gestörte Interaktion und Kommunikation sind schon früh Merkmale seiner Dichtung (Krusche 1974). Schon das »Gespräch mit dem Beter« in der 1903/04 entstandenen *Beschreibung eines Kampfes* ist kein geglücktes Gespräch; es gerät zunehmend ins Stocken. Wendungen wie »Ich bin froh, daß ich das, was Ihr sagtet, nicht verstanden habe« (Kafka 1993, S. 90); oder: »alles, was Sie sagen, ist langweilig und unverständlich« (ebd., S. 96); oder: »Ich verstehe das nicht« (ebd., S. 97) wiederholen sich in verschiedenen Variationen. An einer Stelle wird der intendierte Dialog zum bloßen Monolog, weil der Gesprächspartner entweder gar nicht mehr reagiert oder nur noch mit einem Rülpsen (ebd., S. 104). In der *Verwandlung* äußert sich die Isolation des Ungeziefers gerade auch als Unfähigkeit zur sprachlichen Mitteilung. Gregor hat seine menschliche Stimme verloren, er bringt nur noch ein der Familie unverständliches Piepsen hervor. Ähnliche Bilder benutzte Kafka in seinem Amerika-Roman und im *Proceß*. Zu den im Text mehrfach angesprochenen Problemen, denen sich Karl Roßmann in Amerika gegenübersieht, gehört die fremde Sprache. Im *Proceß* besteht die letzte berufliche Verpflichtung Josef K.s darin, einem für die Bank wichtigen Geschäftsfreund Kunstdenkmäler der Stadt zu zeigen. Der Mann ist Italiener, und obwohl K. eigentlich Italienischkenntnisse hat, bemerkt er »mit großem Unbehagen, daß er den Italiener nur bruchstückweise verstand« (Kafka 1990a, S. 274).

Der Darstellung sozialer Entfremdung dient nicht zuletzt Kafkas **monoperspektivische Erzähltechnik.** Dadurch, dass dem Leser das Geschehen fast ausschließlich über die Perspektive der Hauptfigur vermittelt wird, fehlt der Interpretation des Geschehens die intersubjektive Gültigkeit. Die Sichtweise des Protagonisten wird weder durch einen auktorialen Erzähler noch durch die Perspektive anderer Figuren bestätigt oder widerlegt. Der Erzähler isoliert seinen Helden, indem er dessen Perspektive verabsolutiert.

Kafkas perspektivische Zentrierung des Erzählten um eine Hauptfigur hat im expressionistischen **Stationendrama** (s. S. 191ff.) deutliche Entsprechungen. Horst Denkler hat es in seiner einschlägigen Arbeit unter dem Begriff »einpolig« charakterisiert (Denkler 1967, S. 173-252). Der Protagonist dieser Dramen ist der Pol, auf den allein das gesamte Geschehen bezogen ist. Diese Dominanz einer Einzelfigur zielt nicht zuletzt auf die Darstellung ihrer Isolation. Sie äußert sich auch in der **Form des Dialogs**.

Die Struktur des einpoligen Wandlungsdramas wertet zwangsläufig den Dialog als Dialog ab bzw. ruft seine Schrumpfung hervor: der Dialog leitet lediglich zu den monologischen Gipfelstellen hin [...] und läßt aufgrund des mangelnden Gleichgewichts der Sprechpartner die ausgewogene Dialektik vermissen. [...] die Konzentration der Figuren auf sich selbst untergräbt das mehrpolige Gespräch [...] oder läßt die Sprache im nebeneinander herlaufenden Gerede, das den Partner nicht mehr erreicht, versiegen (ebd., S. 238).

Zwischen den ungleichen Dialogpartnern besteht, wie auch schon Peter Szondi (1968, S. 47) bemerkte, »keine Wechselbeziehung, der Held trifft zwar auf Menschen, aber sie bleiben ihm fremd«. In Hasenclevers *Der Sohn* antwortet der Titelheld auf die Frage des Hauslehrers, was er tun wolle: »Vielleicht einen Monolog halten. Ich muß mich aussprechen mit mir« (Hasenclever 1990, Bd. II. 1, S. 237). Sowohl die Tendenz zur monologischen Selbstaussprache als auch das »Dialogelement des Aneinandervorbeiredens« (Sokel 1968, S. 83) wurden für die literarische Inszenierung sozialer Entfremdung konstitutiv. Für die Entwicklung der Gattung ist beides insofern innovativ, als es die Formtradition des klassischen Dramas zwangsläufig aufbricht (Szondi 1968, S. 40ff., S. 105ff).

Das Begehren nach Einheit und Gemeinschaft bleibt diesen Texten gleichwohl eingeschrieben. Die immer wieder offen artikulierte »Begierde nach Gemeinschaft« (Buber 1919, S. 260) zielt jedoch nicht auf eine Reintegration in die bestehende Gesellschaft, sondern auf eine neue, ›unbürgerliche‹ Form zwischenmenschlicher Solidarität. In der expressionistischen Sozialphilosophie (Eykman 1974, S. 28-43) steht ›Gemeinschaft‹ in semantischer Opposition zu ›Vereinzelung‹, doch gleichzeitig auch zur individualitätswidrigen ›Masse‹ und eines sich den Subjekten gegenüber verselbständigenden ›Staates‹. Ludwig Rubiner, einer der lautstärksten Propagandisten der Gemeinschaftsidee, mit der er sich auch von dem elitebewussten Dichterselbstverständnis Stefan Georges, des »vornehmen Sehers, der die Menge verachtet«, absetzt (Rubiner 1918, Sp. 38), schrieb 1917 in der *Aktion*: »*Wir haben die Erbsünde*, sie heißt heute für uns: Isolation. Sie ist Insichsein, Einzelner sein, Seele sein. Nehmender sein. / *Wir haben aber auch die Erbliebe*. Und die ist: Geben; Schöpfer sein; Genosse, Mitmensch, Kamerad, Bruder sein. Die Erbliebe heißt: Gemeinschaft!« (Rubiner 1917a, Sp. 226).

Die angestrebte Sozialform der Gemeinschaft setzt im expressionistischen Vorstellungshorizont die Wandlung des einzelnen Menschen zu einer neuen Geistigkeit voraus. »Nur aus innerlicher Mensch-Wandlung kann die Gemeinschaft, die wir erstreben, erwachsen«, schrieb Ernst Toller 1917 in seinen »Leitsätzen für einen kulturpolitischen Bund der Jugend in Deutschland« (Toller 1978, Bd. l, S. 32). Auch hier ist ›Gemeinschaft‹ ein **Gegenbegriff zu ›Masse‹ und ›Staat‹**. Die tragische Heldin seines spätexpressionistischen Stücks *Masse Mensch* kritisiert den »Massenmenschen« und »Staatsmenschen« (ebd., Bd. 2, S. 107). Sie fordert: »Masse soll Volk in Liebe sein. Masse soll Gemeinschaft sein« (ebd., S. 95). Tollers Gemeinschaftspathos war wie das Erich Mühsams, Martin Bubers, der aktivistischen Literaten im Umkreis von Kurt Hillers *Ziel*-Jahrbüchern und vieler anderer Intellektueller damals stark vom Geiste Gustav Landauers geprägt (Anz/Stark 1982, S. 250-262). An ihn schrieb Toller 1917: »ich glaube, wir müssen vor allen Dingen den Krieg, die Armut und den Staat bekämpfen, der letzthin nur als Gewalt und nicht das Recht (als Besitz) kennt, und an seine Stelle die Gemeinschaft setzen, wirtschaftlich gebunden durch den friedlichen Tausch von Arbeitsprodukten gegen gleichwertige andere, die Gemeinschaft freier Menschen, die durch den Geist besteht« (Toller 1978, Bd. 1, S. 36).

Eine Quelle der expressionistischen Kritik an der Masse war zweifellos Gustav Le Bons ungemein einflussreiche, 1908 ins Deutsche übersetzte *Psychologie der Massen*. Der Schlüsselbegriff ›Gemeinschaft‹ wiederum verdankte seine Konjunktur und Bedeutung maßgeblich der soziologischen Abhandlung **Gemeinschaft und Gesellschaft** (Leipzig 1887) von Ferdinand Tönnies. Spätestens seit der Neuauflage von 1912 (7. Aufl. 1926) hatte sie eine beträchtliche kulturkritische Wirkung auf die deutsche Intelligenz. Sie entsprach ihren modernisierungskritischen Intentionen, die in der modernen, durch Privateigentum, Arbeitsteilung und Geldwirtschaft (Simmel 1900) gekennzeichneten »Gesellschaft« ein Verfallsprodukt der alten »Gemeinschaft« sahen. In ihr hatte »gemeinsamer Bodenbesitz, gemeinsame Arbeit, gemeinsame Sitte, gemeinsamer Glaube« (Buber 1919, S. 260) die Menschen noch persönlich verbunden (vgl. Schreyer 1919; Blei 1915/16).

Dem durch die herrschende Handelsmentalität verdinglichten »Verkehr« zwischen den Menschen stellte Rudolf Leonhard die durch gegenseitige Hingabe charakterisierte ›Gemeinschaft‹ entgegen (Leonhard 1918); und in einem Aufsatz mit dem Titel »Naivität und Gemeinschaft« meint ein dem Aktivismus (s. S. 131f.) nahe stehender Autor: »Die kapitalistisch-gewissenlose Abenteurer-

Produktionsform zerstört das Naive. Indem sie die genossenschaftlich gebundene Wirtschaftsform der Menschen auflöst, werden die Menschen fürchterlich voneinander isoliert. Sie stellen ein kaufmännisches Verhältnis untereinander her« (Schüller 1920, S. 142). Den Willen zur Gemeinschaft unterlaufe das »egoistische Streben, der Wille zum Privatbesitz, das Beherrschtsein des Einzelnen durch die Produkte, der imperialistische Wille, andre im eignen Interesse auszubeuten, der hemmungslose Unternehmerwille, die Vergewaltigung andrer, zugunsten der (eigenen) Sache, die eine Vergewaltigung des eigenen Menschen ist« (ebd., S. 139).

Eine zentrale Rolle für den politischen Expressionismus spielte der Gemeinschaftsbegriff zunächst in der **kollektiven Kriegsbegeisterung** von 1914 (s. S. 134ff.), doch dann auch im **pazifistischen Engagement** gegen den Krieg, gegen nationalstaatliches Denken und (in Übereinstimmung mit dem politisch traditionsreichen Aufruf zur »Brüderlichkeit«) für die Revolution. In der zu Kriegszeiten von der Zensur besonders bedrohten *Aktion* erschien 1916/17 eine Folge von Artikeln des Mediziners Georg Friedrich Nicolai (vgl. Zuelzer 1981), der mit naturwissenschaftlichen Argumenten gegen die sozialdarwinistische Vorstellung vom gegenseitigen »Kampf ums Dasein« anschrieb und sich statt dessen auf das Prinzip der »gegenseitigen Hilfe« des von den Expressionisten hoch geschätzten Naturforschers und Anarchisten Peter Kropotkin berief. Nicolais Aufsätze, die wenig später in sein Buch *Die Biologie des Krieges* (Nicolai 1917) eingingen, versuchen empirisch und argumentativ das Konzept einer übernationalen Menschengemeinschaft zu rechtfertigen, an die so viele Manifeste damals bloß rhetorisch appellierten. Ludwig Rubiner, der den neuen Geist der Gemeinschaft in der russischen Februarrevolution 1917 realisiert sah und sich durch ihn ein baldiges Ende des Krieges erwartete, propagiert in seiner »Vorbemerkung« zu dem 1919 erschienenen Jahrbuch *Die Gemeinschaft* die übernationale ›Weltgemeinschaft‹ in einer für die literarische Intelligenz repräsentativen Diktion:

Aber das Auge des neuen Menschen blickt unendlich anders als das der bürgerlichen Einstellung. Ziel des Schreitens, Horizont des Blickens: Die Gestaltung der produktiven Menschengemeinschaft über alle Länder hin. Diesem Ziel eines wirklich schöpferischen Lebens aus Erde und Mensch, das unserem Dasein in unendlicher Einfachheit Sinn gibt, ist nicht mehr auszuweichen; keine Konjunktur kann es mehr umbiegen, kein militärischer Erfolg oder Mißerfolg mehr aufhalten, keine Reaktion mehr morden. Das Erdballbewußtsein vom Gemeinschafts-Sollen des Menschen ist für den Jahrtausend-Weltprozeß, in dessen Anfang wir stehen, nicht mehr zu vernichten. Es geht um die Arbeit, die einen Weltgemeinschafts-Sinn hat (Rubiner 1919, S. 5-6).

1924 erschien Helmuth Plessners Schrift *Grenzen der Gemeinschaft. Eine Kritik des sozialen Radikalismus*. Sie ist eine Abrechung mit dem emphatischen Gemeinschaftsbegriff der Intellektuellen in dem vorangegangen Jahrzehnt und ein sozialphilosophisches Dokument jener neusachlichen »Verhaltenslehren der Kälte« (Lethen 1994), mit denen auch die Literatur der 1920er Jahre gegen den Expressionismus opponierte.

Masse, Entfremdung, Gemeinschaft: Hohendahl 1967, S. 123-132 und 140ff.; Eykman 1974, S. 28-43 (in der expressionistischen Sozialphilosophie); Rothe 1977, S. 357-372; Anz 1977, S. 85-101; Adams 1980 (›Volk‹, ›Masse‹, ›Pöbel‹ im frühexpr. Sprachgebrauch); Krull 1984, S. 19-33; Wagner 1984 (im Drama).

2. Schlüsselfiguren

2.1 Bürger und Künstler

Das gesuchte und zugleich erlittene Außenseitertum vieler expressionistischer Autoren und ihrer literarischen Hauptfiguren ist eng verknüpft mit ihrer **Antibürgerlichkeit**. Die negative Darstellung der ›bürgerlichen‹ Welt steht im Zentrum der Gesellschaftskritik der expressionistischen Prosa und vor allem Dramatik (Hohendahl 1967). Heinrich Mann, der Autor von *Professor Unrat* (1905) und *Der Untertan* (1916), stand nicht zuletzt aufgrund seiner Satiren auf den Typus des Wilhelminischen Bürgers bei der jungen Generation in hohem Ansehen. Die außerhalb der literarischen Avantgarde von den Zeitgenossen diskutierten Versuche, den Begriff des ›Bürgers‹ zu definieren, wurden von den expressionistischen Zeitschriften interessiert zur Kenntnis genommen. In den *Weißen Blättern* etwa erschien eine ausführliche Stellungnahme von Max Scheler (Scheler 1913/14) zu Werner Sombarts Buch *Der Bourgeois. Zur Geistesgeschichte des modernen Wirtschaftsmenschen* (München 1913). Thomas Mann, den das seit der Romantik und der Etablierung subkultureller Bohemeszenen verfestigte Stereotyp des Gegensatzes zwischen Künstler und Bürger schon länger beschäftigte, widmete dem Thema unter dem Titel »Bürgerlichkeit« noch einmal in den 1918 veröffentlichten *Betrachtungen eines Unpolitischen* ein längeres Kapitel. Manns Identifikation mit dem deutschen Bürger, die sich ausdrücklich gegen die Übertragung der als »französisch« abgewerteten Entgegensetzung von »Zigeuner« (bzw. Bohemien) und »Bürger« auf deutsche Verhältnisse wandte, entsprach ganz der Einschätzung, die der Expressionismus diesem Autor entgegenbrachte – allerdings mit umgekehrter Wertung. Thomas Mann repräsentiert in dem Aufsatz »Der Bürger«, mit dem Walther Rilla in der von ihm herausgegebenen, am Vorbild der *Aktion* orientierten Zeitschrift *Die Erde* auf die *Betrachtungen eines Unpolitischen* reagierte, all die Denkweisen, die der jungen literarischen Intelligenz am ›Bürger‹ so verhasst waren. »Ich will nicht Politik. Ich will Sachlichkeit, Ordnung, Anstand.« Diesem Satz Manns hielt Rilla dessen Implikationen entgegen: »Revolution ist unordentlich, Sozialismus unanständig, und der Zustand des Friedens entbehrt gegenüber dem des Krieges jener exakten Sachlichkeit des Tötens und Getötetwerdens und ist überdies nicht imstande, den Menschen zu veredeln« (Rilla 1919, S. 175).

›Bürgerlich‹ ist, nach Rilla, die »obstinate Verbohrtheit ins Gegebene«, sind »Dummheit, Aufgeblasenheit, Strebertum, Kriechertum, Ungeist, Stagnation« (ebd., S. 172 und 178). Hatte Thomas Mann in seiner Kriegsschrift deutsche Bürgerlichkeit und Menschlichkeit gleichgesetzt, so fragte eine spätexpressionistische Programmschrift von Theodor Haubach »Wer ist Bürger – Wer ist Mensch?« und gab sogleich die definierende Antwort:

Bürger: d.i. kümmerlicher Mensch mit vermoosten Horizonten, enger begrenzter Nörgler am Leben, Sattzufriedener oder hämischer Besserer (hierher alle Reformer), ein Blutloser, Ordnungssüchtiger, Feind allen Höhen und Tiefen, Vergreister, Steriler, Botmäßiger, nie ganz Reiner, nie ganz Böser.
Doch Mensch: Ungebärdig und nie ohne Chaos, Teufel und Gott, Tendenzloser, Sehnsüchtiger nach Abenteuer und Rätsel, voll tropischer und polarer Stürme in den Wettern der Seele, oft Tier, oft Engel, Aufbäumender zum gestirnten Himmel.
Dieser allein ist Ziel und gute Hoffnung. Wo er verschüttet ist, grabt ihn heraus, kämpft ihn heraus (Haubach 1919, S. 52).

›Bürgerlich‹ ist im expressionistischen Sprachgebrauch kein sozialanalytischer Begriff, sondern bezeichnet eine Mentalität und einen Habitus jenseits der juristisch oder ökonomisch begründeten Unterscheidung von Ständen, Schichten oder Klassen. Für Georg Lukács war das 1934 ein Grund, am Expressionismus die scheinoppositionelle, romantisch-bohemehafte, abstrakte Antibürgerlichkeit zu kritisieren, »weil sie die Kritik der Bürgerlichkeit sowohl von der wirtschaftlichen Erkenntnis des kapitalistischen Systems als auch von dem Anschluß an den Befreiungskampf des Proletariats trennt« (Lukács 1934, S. 121). An die positive historische Rolle des proletarischen Klassenbewusstseins mochte man im Umkreis des Expressionismus in der Tat nicht glauben. Es gelte, »den Bürger, den bourgeoisen wie den proletarischen«, zu besiegen, schrieb Rudolf

Leonhard im zweiten *Ziel*-Jahrbuch Kurt Hillers (1918, S. 115). Für Erich Mühsam waren es der unorganisierte fünfte Stand (»Verbrecher, Landstreicher, Huren und Künstler«) und die Boheme, die einer neuen Kultur die Wege« weisen (Mühsam 1906, S. 394). »Der Marxismus ist der Philister«, kritisierte Mühsams Lehrer Gustav Landauer und stand damit im Einklang mit der im Expressionismus verbreiteten anarchobohemehaften Marxismuskritik (Kreuzer 1968, S. 145f.).

Dem »Bürger«, »Philister«, »Spießer« oder dem »Juste-Milieu« (ebd., S. 149-153) wiesen die Expressionisten stereotype Eigenschaften zu, die wesentlich zur negativen Definition der eigenen, anderen Identität dienten (Hohendahl 1967, S. 50f.; Kreuzer 1968, S. 141f.). In dieser Funktion war der »Bürger«, wie 1919 ein Artikel in der Hessischen Zeitschrift *Das Tribunal* ausführte, ihre »Vorbedingung« und »Voraussetzung« (Michel 1919, S. 170) – eine Voraussetzung, auf die auch noch die dadaistische Expressionismuskritik zurückgriff. Raoul Hausmann stellte seine Expressionistenschelte 1919 in der Zeitschrift *Der Dada* unter den Titel: »Der deutsche Spießer ärgert sich«. Er zeigte sich damit dem Kritisierten eng verhaftet.

Zu Außenseitern und Antipoden des Bürgers wurden die Expressionisten und ihre literarischen Protagonisten vor allem in der **Rolle des Schriftstellers bzw. Künstlers**. Denn dessen Tätigkeit entsprach nicht dem bürgerlichen Berufs- und Familienethos, weil sie die Voraussetzungen zum eigenständigen Lebensunterhalt oder gar zum Unterhalt einer Familie gefährdet. Die damit verbundenen Probleme beginnen zumeist schon im Elternhaus. Davon handelt eines der berühmtesten expressionistischen Dramen: Walter Hasenclevers *Der Sohn*. Das Stück enthält eine für den Expressionismus typische Darstellung des Vater-Sohn-Konflikts. Und dieser war auch ein Konflikt zwischen dem Künstler und dem Bürger. Der Vater ist in dem Drama ein Repräsentant der bürgerlichen Ordnung. Und in diese passt der Sohn aufgrund seiner literarischen Neigungen nicht hinein. Sie sind schuld daran, dass er sein Examen nicht bestanden hat, das nach den Plänen des Vaters den späteren Richter-Beruf ermöglichen soll. Der Vater bezeichnet den Sohn als »Tagedieb«, »Schande« der Familie, als Nichtsnutz, der es nicht verdient, von seinem Geld ernährt zu werden. Er verachtet ihn, schlägt ihn und sperrt ihn wie einen Kranken oder Verbrecher in sein Zimmer ein.

Der Figur des Sohnes in Walter Hasenclevers Stück gleicht Franz Kafkas Protagonist in der Erzählung *Die Verwandlung*. »Als Gregor Samsa eines Morgens aus unruhigen Träumen erwachte, fand er sich in seinem Bett zu einem ungeheuren Ungeziefer verwandelt« (Kafka 1994, S. 115). Es ist viel darüber gerätselt worden, was in dieser

Erzählung das Bild des Ungeziefers zu bedeuten hat. Kafka hat hier nichts anderes getan, als eine Formulierung seines Vaters wörtlich zu nehmen. Dieser hatte den literarisch ambitionierten Sohn sowie dessen Freund, den jiddischen Schauspieler Jizchak Löwy, mehrfach mit einem parasitären Ungeziefer verglichen. Franz Kafkas Erzählung *Die Verwandlung* malt im Bild des Ungeziefers die Figur des nichtsnutzigen, parasitären und Schande bereitenden Außenseiters aus, der sich den beruflichen und damit auch familiären Verpflichtungen entzieht, den man seiner andersartigen Eigentümlichkeiten wegen einsperrt, den man nicht mehr wie einen Menschen, sondern wie ein widerliches Tier behandelt.

In Alfred Wolfensteins Erzählung *Dika* wartet der Geliebte der Protagonistin im Gefängnis auf die Vollstreckung des Todesurteils, weil er seinen Vater ermordet hat. Dieser hatte das von Gönnern zur künstlerischen Ausbildung des begabten Sohnes bereitgestellte Geld zur Eröffnung einer Kneipe missbraucht. Die **Dichotomie zwischen Kunst und Leben** oder zwischen Dichter und Bürger ist für das Verständnis des literarischen Expressionismus grundlegend (vgl. Sokel 1960, S. 73ff.). Die Hauptpersonen in Gustav Sacks *Verbummelter Student*, Goerings *Jung Schuk*, Rilkes *Malte* oder Kornfelds *Verführung* sind Künstlerfiguren. Hierin haben sie stark autobiographischen Charakter. Dass die berufslosen Junggesellenfiguren in Kafkas Werk einen unmittelbaren Bezug zur eigenen Schriftstellerrolle haben, die er mit seiner Berufsrolle für nicht vereinbar hielt, darüber besteht in der Kafka-Forschung weitgehend Übereinstimmung.

In den Erzählungen Albert Ehrensteins sind fast alle Hauptfiguren Dichter oder bildende Künstler, und alle sind sie isoliert. Das **Thema Einsamkeit** nimmt hier, wie auch in seiner Lyrik, einen beherrschenden Platz ein. Die Erzählung *Der Dichter und die Tänzerin* (1917) beginnt mit den Worten: »Ich habe mich gefangen gesetzt, wo nichts zu mir dringt, kein Brief, kein Telegramm, kein Gruß, kein Wunsch« (Ehrenstein 1989, Bd. 2, S. 205). In der Titelerzählung seines ersten Novellenbandes *Der Selbstmord eines Katers* identifiziert sich der Ich-Erzähler mit dem Schicksal eines herumlungernden, verhungerten und räudigen Katers. In Ehrensteins bekanntester Erzählung *Tubutsch* (1911) verbildlicht das erzählende Ich seine Isolation mit groteskem »Galgenhumor« (ebd., S. 58):

Allein irre ich in der großen Stadt umher. Niemand schenkt mir Beachtung. Höchstens hie und da ein auf dem Dache eines vorbeifahrenden Geschäftswagens ängstlich herumlaufender Pintscher, der bellt mich an. Ich hätte oft Lust zurückzubellen. Leider verbietet das der Anstand. Man muß das Dekorum wahren. Und so kann ich auch zu diesem Pintscher nicht in nähere Beziehung treten (ebd., S. 40f.).

In seiner Isolation erwägt und praktiziert Tubutsch die absurdesten Formen der Kontaktaufnahme. Wiederholt hat er schon jemanden gefragt: »Möchten Sie nicht die Güte haben, mich zu fragen, wie viel Uhr es ist?« (ebd., S. 44). Einmal überlegt er: »will denn niemand bei mir einbrechen ... ich sehne mich nach einem Mörder« (ebd., S. 46). Eine Gleichsetzung von Bettler- und Dichterexistenz vollzieht Reinhard Johannes Sorges Stück *Der Bettler* (1912). Zusammen mit Hanns Johsts Stück *Der Einsame* (1917) gehört es zu den bekanntesten und repräsentativsten Dichterdichtungen in der expressionistischen Dramatik. Die Titel sind für die soziale Situation der Protagonisten bezeichnend. Die Dichotomie von Künstler- und Bürgertum wird auch hier anhand des **Berufsmotivs** veranschaulicht. Sorges erfolglosen Dichter ergreift angesichts der zehn Wochen, die er einem Tagesberuf nachgegangen ist, der Ekel: »Der Ekel! Der Ekel! Das Handwerk hat mein Blut geronnen gemacht, ich eitere in den Adern, eine Kruste Geronnenes wuchert um mein Herz« (Sorge 1962, Bd. 2, S. 84). In Johsts Drama ist eine der Stationen, die den Dichter Grabbe in die völlige Isolation führen, die Entlassung aus seiner beruflichen Stellung. Grabbe nimmt sie recht selbstbewusst zur Kenntnis: »Meine Ehre steht nicht hinter Ämtern und Titeln! Ich bin ein Dichter!« (Johst 1917, S. 48). Die Mutter hingegen nennt ihn einen nichtsnutzigen »Hanswursten«; sie kann ihn ohne Beruf nur als gescheiterte Existenz sehen. Der Entlassung folgt daher das Zerwürfnis mit der Mutter, die den literarischen Ambitionen ihres Sohnes nicht die geringste Wertschätzung entgegenbringt. Vorrangig ist es im Expressionismus allerdings der Vater, der das bürgerliche Normensystem repräsentiert und gegen den die jugendlichen Protagonisten rebellieren. Der Konflikt zwischen Bürger und Künstler überlagert sich mit Generationenkonflikten und erreicht dadurch eine Zuspitzung.

Antibürgerlichkeit: Hohendahl 1967, S. 62-93 (Schriftsteller und bürgerliche Gesellschaft); Kreuzer 1968, S. 149-153 (Boheme); Rothe 1977, S. 228-243 (zum bürgerlichen Gesellschaftssystem); Siebenhaar 1982, S. 53-60 (Drama); Strohmeyer 1984.

2.2 Väter und Söhne

Der Expressionismus als eine literarische Jugendbewegung, die sich selbst in der Tradition des Sturm und Drang und des Jungen Deutschland sah (Anz 2002), steht mit seiner Hochwertung der Jugendlichkeit und dem intensiven Interesse an Autoritäts- und Generationenkonflikten in sozial- und mentalitätsgeschichtlichen Zusammenhängen, die schon für die Jahrhundertwende charakteristisch waren (Hohendahl 1967, S. 80ff.; Vietta/Kemper 1975, S. 176ff.; Hamann/Hermand 1976, S. 18ff.). Die Naturalisten, die von den Brüdern Hart als das »Jüngste Deutschland« bezeichnet worden waren, das »Junge Wien« um Hermann Bahr, die Wandervogelbewegung und der Jugendstil erschienen der kulturrevolutionären Intelligenz um 1910 jedoch schon weitgehend verbürgerlicht und dringend regenerationsbedürftig. Der Bohemien Erich Mühsam erklärte 1911, dass die viel gelesene Münchener Zeitschrift *Jugend* längst zum Familienblatt ältlicher Spießer geworden sei und das wirklich »Junge, das Kräftige und Neue« bekämpfe (1911a, S. 48). Drei Jahre später registrierte Mühsam in seinem »Idealistischen Manifest« die »ersten Atemzüge einer neuen Bewegung«:

Zum erstenmale organisiert sich die Jugend gegen Autorität und Zwang, gegen Tradition und Erziehung, gegen Schule und Eltern. Die jungen Leute wollen die Hälse frei bekommen von den Umschnürungen der Verbote und des Drills. Sie wollen anerkannt werden als Menschen mit eigner Sehnsucht, mit eignem Leben, die nicht zu danken, sondern zu fordern haben (in Anz/Stark 1982, S. 147).

Mit der vor allem während des Kriegs in sich gespaltenen Jugendbewegung (Kindt 1963) konnte man sich im Umkreis des Expressionismus nur zum Teil identifizieren. So wichtige Programmatiker der Jugendbewegung wie Hans Blüher und Gustav Wyneken waren zwar nach Kriegsbeginn noch von Kurt Hillers Aktivistenkreis, jedoch nicht mehr von Franz Pfemferts Aktionskreis akzeptiert (Korte 1988).

Zu den verhassten Repräsentationsfiguren der alten Generation gehörten vornehmlich Lehrer, Professoren, Pfarrer, Richter und vor allem Väter. Der »**Protest gegen die Väter**«, schreibt der expressionistische Programmschriftsteller Rudolf Kayser in der Zeitschrift mit dem bezeichnenden Titel *Das junge Deutschland* (Kayser 1918, S. 315) über Walter Hasenclevers Drama *Der Sohn* (1914), »kann nur den Protest gegen die Hemmungen jugendlichen Lebens durch Staat, Gesellschaft, Familie [...] bedeuten.« Vater-Sohn-Konflikte sind nicht nur ein beliebtes Motiv in der damaligen Dichtung – von Hasenclevers Stück (s. S. 78 und 98) über Hanns Johsts *Der junge Mensch* (1916), Fritz von Unruhs *Ein Geschlecht* (1917), Arnolt Bronnens *Vatermord* (1920) bis hin zu Franz Kafkas Erzählungen *Das Urteil* (1913) und *Die Verwandlung* (1915 in der expressionistischen Monatsschrift *Die weißen Blätter* erschienen) –, sondern auch immer wiederkehrendes Thema theoretischer und programmatischer Erörterungen.

Wie weit sich dabei das Interesse der literarischen Intellektuellen mit dem der zeitgenössischen Psychoanalyse überschneidet, zeigt die *Sohn*-Besprechung von Hanns Sachs in der von Freud herausgegebenen Zeitschrift *Imago* (Sachs 1917). Auch Paul Federns Schrift *Zur Psychologie der Revolution: Die vaterlose Gesellschaft* (Leipzig, Wien 1919) bewegt sich innerhalb von Denkformen, die denen der damaligen literarischen Avantgarde sehr nahe stehen, obwohl explizite Bezugnahmen auf den Expressionismus fehlen.

Eine für die Verbindung von **Psychoanalyse und Expressionismus** wichtige und symptomatische Figur war der Freud-Schüler Otto Gross. Den Bohemekreisen in Prag, Wien und vor allem München und Berlin vermittelte der Arzt die Psychoanalyse in einer dezidiert gesellschaftsbezogenen, kulturkritischen, antiautoritären Version. Als beispielsweise der Dadaist, literarische Anarchist und Sexualrevolutionär Raoul Hausmann um 1920 seinen profeministischen Kampf für »die Abdankung des männlichen Geistes« und »männlichen Ordnungstriebes« ausfocht (Hausmann 1982, Bd. 1, S. 51), stützte er sich vor allem auf Gross. Dessen Kulturkritik proklamierte in einer Synthese aus Nietzsches Philosophie, anarchistischen, psychiatrischen und vor allem psychoanalytischen Theorien sowie den Mutterrechtstheorien Bachofens eine Befreiung der individuellen, insbesondere sexuellen Bedürfnisse des einzelnen von den entfremdenden Autoritäten einer patriarchalisch organisierten Gesellschaft. Der unter den bestehenden Verhältnissen pathogene Konflikt zwischen Individuum und Gesellschaft werde, vermittelt über die Familie, zum intrapersonellen »Konflikt des Eigenen und Fremden« (Gross 2000, S. 60) verinnerlicht. Die Lösung »Zur Überwindung der kulturellen Krise«, die Gross 1913 in der Zeitschrift *Die Aktion* propagierte, lautete: »Der Revolutionär von heute [...] kämpft gegen Vergewaltigung in ursprünglicher Form, gegen den Vater und gegen das Vaterrecht. / Die kommende Revolution ist eine Revolution fürs Mutterrecht« (ebd., S. 62). Alle bisherigen Revolutionen seien in sich zusammengebrochen, »weil der Revolutionär von gestern die Autorität in sich selbst trug. Man kann erst jetzt erkennen, daß in der Familie der Herd aller Autorität liegt, daß die Verbindung von Sexualität und Autorität, wie sie sich in der Familie mit dem noch geltenden Vaterrecht zeigt, jede Individualität in Ketten schlägt« (ebd., S. 61).

Die Familie fungiert in der Literatur des Expressionismus zugleich als Vermittlungsinstanz und als Modell patriarchaler Verhältnisse. Der Vater wird zur universalen Metapher sozialer Macht. In unverkennbarer Anlehnung an Otto Gross erhält der Sohn in Franz Werfels Novelle *Nicht der Mörder, der Ermordete ist schuldig* auf seine

Frage »Was versteht ihr unter – Herrschaft des Vaters?« von einem Anarchisten die Antwort »Alles! [...] Die Religion: denn Gott ist der Vater der Menschen. Der Staat: denn König oder Präsident ist der Vater der Bürger. Das Gericht: denn Richter und Aufseher sind die Väter von jenen, welche die menschliche Gesellschaft Verbrecher zu nennen beliebt. Die Armee: denn der Offizier ist der Vater der Soldaten. Die Industrie: denn der Unternehmer ist der Vater der Arbeiter!« (Werfel 1990a, S. 257).

Von der Faszination, die Gross mit seinen Ideen und seiner Person ausübte, zeugen die vielen autobiographischen Romane und Erinnerungen über die Zeit des Expressionismus, in denen er auftaucht: als Dr. Gebhart in Franz Werfels *Barbara oder die Frömmigkeit* (1929), Dr. Kreuz in Leonhard Franks *Links wo das Herz ist* (1952), Dr. Hoch in Johannes R. Bechers *Abschied* (1940), Dr. Othmar in Karl Ottens *Wurzeln* (1963) und unverschlüsselt in Franz Jungs Roman *Sophie* (1915) und seiner Autobiographie *Der Weg nach unten* (1961). In Franz Werfels Drama *Schweiger* (1922) tritt er als Dr. Ottokar Grund auf. Der wie Gross zeitlebens an seiner Vaterbeziehung leidende Franz Kafka plante mit ihm und Werfel zusammen 1917 eine gemeinsame Zeitschrift mit dem bezeichnenden Titel *Blätter zur Bekämpfung des Machtwillens* (Binder 1976). Starkes Aufsehen erregte im November 1913 die Verhaftung des Arztes: Otto Gross' einflussreicher Vater hatte seinen aus der bürgerlichen Ordnung ausgebrochenen Sohn in eine Irrenanstalt verschleppen lassen und damit für die literarischen Bearbeitungen des Vater-Sohn-Konflikts ein reales Exempel geliefert. Franz Pfemfert und Franz Jung initiierten eine Pressekampagne für seine Freilassung (Hurwitz 1979; vollständig dokumentiert in Jung/Anz 2002).

Generationenkonflikt: Hohendahl 1967, S. 80ff. (Drama); Hamann/Hermand 1976, S. 18ff.; Vietta/Kemper 1975, S. 176-182; Anz/Stark 1982, S. 144-168 (Dokumente); Siebenhaar 1982, S. 35-52 (politische und soziologische Implikationen); Michaels 1983 (Gross-Rezeption im Expr.); Sheppard 1986 (an Lacan orientierte Textanalysen zum Vater-Sohn-Konflikt); Korte 1988 (Expressionismus und Jugendbewegung); Mix 1995 und 2000b (Generationen- und Schulkonflikte); Erhart 2001 (Familie und Männlichkeit: Rilke, Kafka, Werfel); Anz 2002 (Expr. und Sturm und Drang); Jung/Anz 2002 (Dokumente zum Fall Otto Gross); Gassmann 2002 (über den Prager Kreis); Sprengel 2004, S. 3-23.

2.3 Irre

Der Arzt und Dichter Alfred Döblin berichtete 1927 während der Abschlussarbeiten an seinem Roman *Berlin Alexanderplatz*, in dem Franz Biberkopf am Ende einer kriminellen Karriere krank in die Irrenanstalt Buch eingeliefert wird, über seine früheren psychiatrischen Erfahrungen als Assistenzarzt: »Unter diesen Kranken war mir immer sehr wohl. Damals bemerkte ich, daß ich nur zwei Kategorien Menschen ertragen kann neben Pflanzen, Tieren und Steinen: nämlich Kinder und Irre. Diese liebte ich immer wirklich. Und wenn man mich fragt, zu welcher Nation ich gehöre, so werde ich sagen: weder zu den Deutschen noch zu den Juden, sondern zu den Kindern und den Irren« (Döblin 1986, S. 92). Döblins wissenschaftliche und praktische Beschäftigung mit pathologischen Phänomenen fand ihren direkten literarischen Niederschlag schon in der frühen Erzählung *Die Ermordung einer Butterblume*. Der in seinem Denken und Verhalten ganz von den bürgerlichen Prinzipien der Ordnung und Disziplin geprägte ›Held‹ lässt nach Ausbruch des Wahnsinns plötzlich Anzeichen von Menschlichkeit erkennen: »Da weinte der Verhärtete eines Morgens am Fenster auf, zum ersten Male seit seiner Kindheit« (Döblin 2001, S. 64).

Die Erzählung erschien 1910 im *Sturm*. Mit seinem literarischen Psychopathogramm hatte Döblin einen Themenkomplex aufgegriffen, der auf die expressionistische Künstlergeneration in den folgenden Jahren eine außerordentliche Faszination ausübte. In den literarischen Fiktionen über Irre und Zustände des Wahnsinns konzentrieren sich wie in keinem anderen Motiv die charakteristischen Merkmale der expressionistischen Kulturkritik und Poetik (vgl. Rothe 1972 und Anz 1980).

Der Irre fungiert im Expressionismus als extremster **Kontrast zur Normalität des verhassten Bürgers**. Er bildet darin zusammen mit Kranken, Verbrechern, Gefangenen, Dirnen, Bettlern, Juden und Künstlern eine Beispielreihe von sozialen Außenseitern, mit der sich die damalige literarische Avantgarde identifiziert. Der Expressionismus wurde damit eine Gegenbewegung zu jener Tradition administrativer Ausgrenzung der Unvernunft, die Michel Foucault in seiner *Geschichte des Wahns im Zeitalter der Vernunft* (1973) und nach ihm ähnlich der Psychiater und Historiker Klaus Dörner in einer Sozial- und Wissenschaftsgeschichte der Psychiatrie mit dem bezeichnenden Titel *Bürger und Irre* (1975) beschrieben haben.

Dass der Wahnsinn als negatives Gegenbild zu bürgerlichen Tugenden wie Selbstdisziplin, Arbeitsfreude, Ordnung, soziale Anpassungsfähigkeit, Pflichtbewusstsein, Affektkontrolle (kurz: ›Vernünftigkeit‹) definiert wird, ist die sozial- und kulturgeschichtliche Grundlage, auf der er als literarisches Motiv schon in der Romantik, doch weit radikaler noch im Expressionismus seine kritische Potenz entfaltet. In ihrem aggressiven Sturmlauf gegen die überalterte Kultur der spätwilhelminischen Patriarchalgesellschaft mussten die jungen Künstler den Wahnsinn nur auf- beziehungsweise umwerten, um eine provokante Möglichkeit zu bekommen, ihre Gegenposition zu den herrschenden Normen und Wertvorstellungen zu verbildlichen.

Um Metaphern handelt es sich bei ihren literarischen Phantasien über Verrückte, Irrenanstalten und Wahnsinnszustände in den meisten Fällen. Der Expressionismus übernimmt nur noch selten den naturalistischen Mitleidsgestus, in dem sich deutlich der Abstand zwischen den Bemitleideten und den mitleidenden Autoren (und Lesern) kundtat. In der Darstellung der gesellschaftlichen Außenseiter und damit auch der Irren geht es dem expressionistischen Schriftsteller nicht so sehr um deren reale Probleme als um die der eigenen Existenz. Sie will er freilich nicht als bloß private und von sozialen Bedingungen losgelöste verstanden wissen.

Die existentielle **Metaphorik des Wahnsinns** wird vom Expressionismus in recht unterschiedlichen, zum Teil gegensätzlichen Bedeutungsvarianten kultur- und gesellschaftskritisch ausgelotet. Der Wahnsinn erscheint zuweilen als rauschhafte Glückserfahrung, die in der alltäglichen Lebenswelt nicht mehr möglich ist, und die Anstalt als Ort sozialer Verweigerung, als Zielpunkt der Flucht aus den unerträglich gewordenen Belastungen durch eine übermächtige Realität. Häufig indes macht der Irre auch, fern aller euphorischen Verklärungen des Wahns, das Leiden einer deformierten, beschädigten Existenz anschaulich. Als Kranker ist er hier das Produkt und die Manifestation einer kranken Gesellschaft. Die ins Unmenschliche verzerrte Grimasse des Wahnsinns wird zum Ausdruck des Leidens an einer humanitätswidrigen Umwelt. In Georg Heyms Gedichten schwanken daher die Irren zwischen Visionen berauschender Schönheit sowie angst- und ekelerregender Hässlichkeit. In seiner Erzählung *Der Irre* erscheint die Anstalt mit ihren brutalen Wärtern zunächst als Ort, der den Wahnsinn erst eigentlich produziert. Später indes ersehnt sich der in die Freiheit einer fremden und feindlichen Großstadtwelt ausgesetzte Irre die Anstalt als Heimat zurück.

Im Kontext des für den Expressionismus typischen gesellschaftskritischen Bildinventars lassen sich die Anstalt, die Wärter oder Ärzte und die Irren vielfach als Elemente eines literarischen Modells der zeitgenössischen Wirklichkeit verstehen: Die Anstalt steht für die bürgerliche Welt (die der Expressionismus immer wieder als Gefängnis verbildlicht), die Wärter und Ärzte sind ihre Autoritäts- und Aufsichtspersonen (darin Vätern äquivalent), und der Irre verkörpert die in diesem Zwangssystem unterdrückte Individualität und Vitalität des unangepassten Ichs (darin den im Käfig festgehaltenen Tieren und den gegen ihre Väter aufbegehrenden Söhnen verwandt).

Der Verrückte ist eine Provokation der »heiligen Dogmen« der öffentlichen Meinung – so in Franz Werfels *Blasphemie eines Irren* (in Anz 1980, S. 120). Wer aus den offiziell gültigen Denkformen und Konventionen ausbricht, wird für verrückt erklärt und ins Irrenhaus ausgesondert – so sieht es Carl Einsteins phantastisch-surrealer Roman *Bebuquin oder Die Dilettanten des Wunders* (1912).

Hier ist der Wahnsinn, dem der Protagonist am Ende anheim fällt, nur eine Konsequenz der wiederholt propagierten »Verwandlung« (Einstein 1992, Bd. 1, S. 121f., 125) zu einem »neuen Menschen« (ebd., S. 121), der das logische Denken in Kausalzusammenhängen und das Streben nach Gleichgewicht, Einheit und Symmetrie überwunden hat – zugunsten einer alogischen Phantastik und Originalität, die das schlechthin Andere sucht: das Wunder. »Er sehnte sich nach dem Wahnsinn, doch seinen letzten ungezügelten Rest Mensch ängstigte es sehr« (ebd., S. 95). ›Wahnsinnig‹ bedeutet hier so viel wie ›originell‹: »›Beinahe wurden Sie originell, da Sie beinahe wahnsinnig wurden‹« (ebd., S. 94). Dies entspricht, wenn auch mit umgekehrten Wertvorzeichen, den Beurteilungsmustern der bürgerlichen Gesellschaft: »›Wenn ein sympathischer Zeitgenosse sich mit Außerordentlichem abgibt, sperren sie ihn ins Irrenhaus. / Meine Herren, der Mann interessiert sich nur nicht für Ihre rationale Welt. Warum wollen Sie denn nicht einsehen, wenigstens daß Ihre Vernunft langweilig ist?‹« (ebd., S. 104).

Mit solchen Argumenten, die sich mit den älteren Thesen über den Zusammenhang von »Genie und Wahnsinn« berühren, können sich die Expressionisten unter anderem auf die **Kulturkritik** des in vielerlei Hinsicht verehrten **Nietzsche** berufen. Sein biographischer Weg in den Wahnsinn schien ihnen, ähnlich wie der des ebenfalls hoch geschätzten Hölderlin, darüber hinaus eine empirische Bestätigung ihrer Auffassungen zu bieten. »Jeder will das Gleiche, Jeder ist gleich: wer anders fühlt, geht freiwillig in's Irrenhaus«, lässt Nietzsche seinen Zarathustra in der Vorrede ausrufen (Nietzsche 1988, Bd. 4, S. 20). Und in dem moralphilosophischen Werk *Morgenröthe* (1881) heißt es im Abschnitt über die »Bedeutung des Wahnsinns in der Geschichte der Moralität«:

fast überall ist es der Wahnsinn, welcher dem neuen Gedanken den Weg bahnt, welcher den Bann eines verehrten Brauches und Aberglaubens bricht. [...] allen jenen überlegenen Menschen, welche es unwiderstehlich dahin zog, das Joch irgend einer Sittlichkeit zu brechen und neue Gesetze zu geben, blieb, *wenn sie nicht wirklich wahnsinnig waren*, Nichts übrig, als sich wahnsinnig zu machen oder zu stellen – und zwar gilt diess für die Neuerer auf allen Gebieten (Nietzsche 1988, Bd. 3, S. 26f.).

Nietzsches berühmtes Gedicht »Vereinsamt« verweist auf die Kehrseite der ideologiekritischen Destruktion ehemals verbindlicher Werte. Die Befreiung von ihnen bedeutet gleichzeitig auch einen **Verlust der Geborgenheit und Orientierung**, die sie boten, als man noch in das bürgerliche Sozial- und Normgefüge integriert war. Die Risiken einer unbürgerlichen Existenz beschreibt 1918 eindringlich Christian Morgenstern. »Der Bürger und nichts als Bürger ist ein trister Anblick, aber der aus jeder und gar jeder Bürgerlichkeit hinausgeschreckte Mensch, der verfluchte Bürger, der irre, friedlose, von jeder Gewißheit enterbte, das personifizierte Grauen vor dem Unfaßbaren, der aus der Tiefe wahnsinnig werdende Mensch – das wäre der Untergang selbst« (Morgenstern 1918, S. 131f.). Das trifft die Situation und Selbsteinschätzung der Expressionisten sehr genau.

Fern aller bruchlosen Verklärung des Wahnsinns als der extremsten Form unbürgerlicher Andersartigkeit hat ihr zwischen Euphorie und Verzweiflung wechselndes Pathos die andere, die Leidensseite des sozialen Außenseitertums nachdrücklich thematisiert: die **Erfahrungen existentieller Heimatlosigkeit**, Desorientierung, Entfremdung und Angst. Der Expressionismus hat hierin eine regelrechte literarische Psychopathologie entwickelt. In deren Vokabular und Bildinventar bildet der Irre nur einen kleinen, wenn auch besonders signifikanten Ausschnitt. Denn zum pathologischen Fall tendieren die meisten literarischen Figuren im Umkreis dieser Bewegung, auch wenn sie nicht ausdrücklich als wahnsinnig hingestellt werden (Anz 1977).

Die dichterische Darstellung pathologischer Zustände diente der literarischen Avantgarde der 1910er Jahre also zur Vermittlung zumindest oberflächlich recht unterschiedlicher kulturkritischer Anliegen. Als pathogen beschreibt sie einerseits einen als ichfremd und bedrohlich empfundenen Druck sozialer Institutionen und Normen, demgegenüber der Wahnsinn mitunter eine anarchische Freiheit verspricht; doch gleichzeitig auch den Zustand des sozialen Geborgenheitsverlustes und der Desorientierung angesichts fehlender normativer Richtlinien.

Der Wahnsinn war für den Expressionismus nicht nur ein Thema, sondern wurde von ihm auch formal simuliert. Wie eine Beschreibung expressionistischer Stilmerkmale nimmt sich die folgende Passage aus einem 1916 erschienenen Buch aus: »Die normalen Ideenverbindungen büßen an Festigkeit ein; beliebige andere können an ihre Stelle treten. So können aufeinanderfolgende Glieder der Beziehung zueinander ganz entbehren, so daß das Denken unzusammenhängend wird.« Die Sätze stammen aus Eugen Bleulers Lehrbuch der Psychiatrie und skizzieren Grundsymptome der Schizophrenie (der Begriff wurde von ihm 1911 in die Psychiatrie eingeführt) (Bleuler 1916, S. 278). Dass man sich im Umkreis des Expressionismus der Affinität der **Wahrnehmungs- und Ausdrucksformen des Wahnsinns** zur eigenen Poetik bewusst war, zeigt sich an Reihungsgedichten wie Trakls »Delirium« oder Lichtensteins »Fahrt nach der Irrenanstalt«, die darauf schon mit dem Titel hinweisen. In programmatischer Form tat dies der spätere Dadaist Wieland Herzfelde mit seiner gegen die gängige Diskreditierung des Wahnsinns gerichteten »Ethik der Geisteskranken« (in Anz 1980, S. 127-133). Der Aufsatz zeigt deutlich, wie sehr gerade auch im pathologischen Motivbereich expressionistische Kulturkritik und Ästhetik eine Einheit bilden. Herzfelde beschreibt unter Hinweis auf »unsere heutigen Künstler« mit den Denk- und Verhaltensweisen der Geisteskranken charakteristische Merkmale expressionistischer Poetik und Ästhetik.

Die Sprache der Wahnsinnigen, die sich über die offiziellen Regeln der Syntax, der Rechtschreibung, der Zeichensetzung und Wortbildung hinwegsetze und sich keinen Realitätsprinzipien verpflichtet zeige, sei unmittelbarer »seelischer Ausdruck« ihres inneren Wesens. Das entspricht ganz dem Prinzip der »inneren Notwendigkeit«, das Kandinsky in seiner für die avantgardistische Ästhetik wegweisenden Schrift *Über das Geistige in der Kunst* (1912) als einziges Regulativ des von allen vorgegebenen Regeln zu befreienden künstlerischen Ausdrucks gelten ließ. Der Irre bot der Kunstavantgarde dieser Jahre Identifikationsmöglichkeiten nicht nur als Oppositionsfigur zur Normalität des Bürgers, sondern auch zu den Normen ›bürgerlicher‹, und das heißt vor allem klassisch-realistischer Kunst.

Ich halte den Versuch, den Wahnsinn darzustellen, [...] für den Einfall einer krankhaften Natur. Die Darstellung des Wahnsinns ist eine unkünstlerische Aufgabe, denn der Wahnsinn, als die Negativität des Geistes, folgt keinem geistigen Gesetz; die Willkür hat einen unermeßlichen Spielraum, und die hervorzurufenden Stimmungen contrastieren so gewaltsam mit einander, daß ein lebendiger Eindruck nicht möglich ist. [...] Der Wahnsinn als solcher gehört in das Gebiet der Pathologie, und hat ebensowenig das Recht, poetisch behandelt zu werden, als das Lazarett und die Folter (in Bucher 1975, Bd. 2, S. 87).

Mit diesen Argumenten hatte 1851 der realistische Programmatiker Julian Schmidt die literarischen Psychopathologien (*Woyzeck* und vor allem *Lenz*) des von den Expressionisten bewunderten Georg Büchner abgeurteilt. Das Urteil stand in der Tradition der klassischen Ästhetik und deren Ausgrenzung alles ›Krankhaften‹ aus dem Bereich der schönen, ›gesunden‹ Kunst. Der »dem Klassizisten zuwidere Wahnsinn« (so Carl Einstein 1916 in einer Rezension zu Paul Adlers Roman *Nämlich*) kam der expressionistischen **Vorliebe für alles Groteske** (s. S. 171ff.) entgegen. Was der auf poetische Ausgeglichenheit bedachte Julian Schmidt am Wahnsinn negativ akzentuiert: die Gesetzlosigkeit, die Willkür und die Stimmungskontraste, vermochte die Expressionisten gerade zu reizen.

Zur kommerzialisierten Mode war diese Reizquelle des Pathologischen bereits geworden, als sich ihrer zu Beginn der 1920er Jahre das **expressionistische Kino** bediente. *Das Cabinett des Dr. Caligari* (1919/20) mit seinen von Künstlern des *Sturm*-Kreises gemalten Bühnenkulissen (zuerst war Alfred Kubin dafür vorgesehen), deren kubistisch verwinkelter Stil die verzerrte Perspektive des Wahnsinns imitieren sollte, wurde zum Inbegriff expressionistischer Filmkunst und trug wesentlich zur Popularisierung des Expressionismus und zu seiner Kenntnisnahme auch durch das Ausland bei.

Der mit der künstlerischen Darstellung des Wahnsinns verbundene Wandel ästhetischer Wertvorstellungen hatte einen bezeichnenden Nebeneffekt. Wie sich die Autoren an der Psychiatrie und Psychoanalyse interessiert zeigten, so wuchs das Interesse der Psychiatrie am Zusammenhang von Kunst und Pathologie. Dabei verlor die Unterscheidung zwischen ›nicht künstlerischen‹ Werken der Kranken und der ›Kunst‹ der Gesunden viel von ihrer alten Selbstverständlichkeit. Die literarischen und bildnerischen Äußerungsformen Geisteskranker wurden deutlich aufgewertet. Die Arbeiten der Psychiater Walter Morgenthaler und Hans Prinzhorn (Morgenthaler 1921 und Prinzhorn 1922), die um 1920 dazu wesentlich beitrugen und spätere Diskussionen über »**Schizophrenie und Kunst**« entscheidend angeregt haben, wären ohne den kunstrevolutionären Anstoß der expressionistischen Bewegung nicht denkbar. Prinzhorn selbst weist auf die Verwandtschaft der von ihm gesammelten Bilder von Schizophrenen mit der expressionistischen Malerei mehrfach hin. Er betont indes zu Recht die Unterschiede in der Motivation und Art des Schaffensprozesses. Die Musik, Malerei und Literatur des Expressionismus sind nicht so sehr das Ergebnis eines kulturenthobenen, spontan-naiven Ausdrucks als vielmehr Kunstprodukte, die in einer bestimmten historischen Situation rational in Szene gesetzt und von theoretischen Reflexionen programmatisch begleitet werden und die zuweilen Äußerungsformen des Wahnsinns bewusst simulieren.

Auch wenn die dichterischen Phantasien über den Wahnsinn nicht die Phantasien wahnsinniger Dichter waren, lässt sich doch keineswegs übersehen, dass das Thema gerade in seinem negativen Aspekt des Leidens direkte autobiographische Erfahrungsgrundlagen hat. Er sei »nahe daran, wahnsinnig zu werden«, notierte Georg Heym am 20.12.1910 in sein Tagebuch, und ähnliche Bemerkungen wiederholen sich während des Jahres 1911, in dem die meisten seiner Irrendichtungen entstanden (Heym 1960, Bd. 3, S. 154, vgl. auch S. 149, 157 u. 168). Jakob van Hoddis zeigte 1912 erste Anzeichen von Schizophrenie und wurde 1914, kurz vor Kriegsausbruch, in die Heilanstalt Jena eingeliefert. Georg Trakl litt unter schweren Depressionen und wurde zunehmend alkohol- und drogenabhängig. Ein bekanntes Dokument seiner persönlichen Lebenskrise und der Angst vor dem Wahnsinn ist der ein Jahr vor der Selbsttötung an seinen väterlichen Freund Ludwig von Ficker geschriebene Brief, in dem es heißt: »ich weiß nicht mehr ein noch aus. Es <ist> ein so namenloses Unglück, wenn einem die Welt entzweibricht. O mein Gott, welch ein Gericht ist über mich hereingebrochen. Sagen Sie mir, daß ich die Kraft haben muß noch zu leben und das Wahre zu tun. Sagen Sie mir, daß ich nicht irre bin. Es ist steinernes Dunkel hereingebrochen. O mein Freund, wie klein und unglücklich bin ich geworden« (Trakl 1969, Bd. 1, S. 530).

Motiv des Wahnsinns und Figur des Irren: Rothe 1972; Vietta/Kemper 1975, S. 169-171, S. 182-185; Anz 1977 (literarische Psychopathologie); Anz 1980 (Sammlung von Gedichten, Erzählungen und Dokumenten); Ihekweazu 1982a; Krull 1984, S. 33-44; Schönert 1990 (Georg Heym); Baßler 1994, S. 23-38 (Müller, Sack, Adler); Esselborn 1998 (Literatur und Film).

2.4 Kranke

Bei Heym steht der Irre, zumindest in seinem negativen Bedeutungsaspekt, in unmittelbarer Nähe der Figur des Kranken. Mit dem sozial diskreditierenden Attribut ›krank‹ werden diejenigen stigmatisiert, die von der herrschenden ›gesunden‹ Norm in bestimmter Weise abweichen, sei es psychisch oder physisch. Von der Metaphorik des Wahnsinns unterscheidet sich um 1910 die der körperlichen Krankheit vor allem durch das weitgehende Fehlen der positiven Bedeutungsmöglichkeiten. Die *Morgue*-Gedichte (1912) **Gottfried Benn**s sind dafür ein Beispiel. Sie sind adäquat wohl nur vor dem zeitgenössischen Hintergrund eines wesentlich durch Klassik und Idealismus geprägten, nicht nur in der Literatur gültigen Menschenbildes zu verstehen. Das Selbstbewusstsein, die in Anspruch genommene

Überlegenheit und Größe des Menschen werden durch Gedichte wie »Der Arzt« und »Mann und Frau gehn durch die Krebsbaracke« gründlich desillusioniert. »Komm, hebe ruhig diese Decke auf. / Sieh: dieser Klumpen Fett und faule Säfte« (Benn 1982, Bd. 1, S. 28). Benn hat in diesen Versen die Intention seiner Lyrik metaphorisch thematisiert: die Decke der Ideologien aufzuheben, unter der die Realität verborgen liegt. Es ist die Faktizität der Körperlichkeit, die mit Krankheit und Tod die Ohnmacht und Nichtigkeit des so hoch gepriesenen Bewusstseins der menschlichen Kreatur offen zutage treten lässt. In der Perspektive dieser Gedichte ist der Mensch nicht mehr als ein Stück Natur; nicht mehr oder sogar weniger als eine kleine Aster, ein Nest von Ratten und als die Erde, zu der er nach dem Tod wird. Provozierend bei Benn wirkt das Fehlen jeglichen Mitleidspathos. Es ist nicht als Menschenverachtung zu verstehen. Das Mitleid mit den Kranken hat sich vielmehr zum Schock über die in der Krankheit und im Tod sichtbar werdende Befindlichkeit menschlicher Existenz radikalisiert, deren sarkastische Darstellung ihrerseits den Leser schockiert, der an (nicht nur poetische) Euphemismen gewöhnt ist. Sie lässt Benn explizit anklingen (z.B. mit »Ruhe sanft«, mit der Rede von der »schönen Jugend« oder vom schönen und schnellen Tod), um sie gleichzeitig zu destruieren. Die Mitleidlosigkeit der Gedichte entspricht im Übrigen der beschriebenen klinischen Realität: Die Schwester wäscht die Krebskranken, »wie man Bänke wäscht«. Über den »Saal der kreißenden Frauen« (Benn 1982, Bd. 1, S. 30) heißt es:

> Es wird nirgends so viel geschrien.
> Es wird nirgends Schmerzen und Leid
> so ganz und garnicht wie hier beachtet,
> weil hier eben immer was schreit.

Eine zentrale Rolle spielt das Motiv der Krankheit im Werk **Thomas Manns**. Die Tendenz der Forschung, das zweite Jahrzehnt des 20. Jahrhunderts als das ›expressionistische‹ zu bezeichnen, hatte die negative Folge, Gemeinsamkeiten zwischen Expressionismus und jener Literatur, die zur gleichen Zeit geschrieben wurde, doch nicht als expressionistisch gilt, zu übersehen. Durchaus vergleichbar etwa mit den *Morgue*-Gedichten Benns, hat beispielsweise die Krankheit im *Tod in Venedig* (1912) in ihrem Bezug zu gesellschaftlich verdrängten Dimensionen der Existenz eine die geltenden Vorstellungen von menschlicher Überlegenheit und Autonomie destruierende Funktion. Während allerdings Benn Krankheit mit provokativer Hässlichkeit darstellt, ist Thomas Mann der literarischen Tradition darin stärker verbunden, dass er die Krankheit und das Leiden seines Protagonisten Aschenbach an ihr sprachlich und thematisch noch weitgehend ästhetisiert, auch wenn sich im *Tod in Venedig* das Schöne mit dem Hässlichen (der Schmutz und Unrat Venedigs, der faulige Geruch der Lagunen) oft in eigentümlicher Weise vermischt. Der Dichter Aschenbach kann sich der Krankheit so wenig entziehen wie der sinnlichen Schönheit des »kränklich[en]« Knaben Tadzio (Mann 1974, Bd. 8, S. 479). In diesem Sinn setzt die Erzählung Schönheit und Krankheit partiell synonym. Dem entspricht ganz auch Aschenbachs Tod. Es ist ein Tod in Schönheit, in den erlesenen Vokabeln einer erhabenen Stillage erzählt. Dieser Tod hat kaum etwas Erschreckendes an sich – im Gegensatz zum Tod in den Gedichten Benns. Sie enthüllen vergleichbare Todesmystifikationen als realitätsverschleierndes Klischee. »Und schön und schnell kam auch ihr Tod: / Man warf sie allesamt ins Wasser.« Durch diese im Gedicht »Schöne Jugend« (Benn 1982, Bd. 1, S. 22) vorgenommene Übertragung der Redensart vom schönen und schnellen Tod auf Ratten, und zwar vor dem Hintergrund eines ebenfalls ertrunkenen Mädchens, wird die Beschwichtigungsformel als Zynismus entlarvt.

Gegen religiös-kirchliche Sinngebungsversuche des Todes, zur Beruhigung und zum Trost der Kranken geschaffen, richten sich einige Dichtungen **Georg Heyms**. Was er bei der Verwendung des Krankheitsmotivs unter anderem herausstellt, ist die extreme Situation dessen, der, abgesehen von seinen körperlichen Schmerzen, den Tod ständig vor Augen hat und von der ungewissen Angst gequält ist, vielleicht sein nächstes Opfer zu sein. Das Erzählfragment *Die Pest* (Heym 1960, Bd. 2, S. 114f.) und ausführlicher noch die von schauerromantischen Motiven durchsetzte Geschichte *Das Schiff* (ebd., S. 52-64) malen das kollektive Entsetzen derer aus, die von der Seuche bedroht sind. Die ersten Strophen von Heyms Gedicht »Das Fieberspital« (Heym 1960, Bd. 1, S. 166-169) kontrastieren das Leiden der Kranken mit der steril-teilnahmslosen und durchrationalisierten Umwelt des Krankenhauses:

> Die bleiche Leinwand in den vielen Betten
> Verschwimmt in kahler Wand im Krankensaal.
> Die Krankheiten alle, dünne Marionetten,
> Spazieren in den Gängen. Eine Zahl
>
> Hat jeder Kranke. Und mit weißer Kreide
> Sind seine Qualen sauber aufnotiert.
> Das Fieber donnert. Ihre Eingeweide
> Brennen wie Berge.

Die vom Gedicht immer neu vermittelte Angst der Kranken vor dem Tod erscheint dadurch noch einmal gesteigert, dass sie ihn täglich unmittelbar vor Augen haben:

> Die Leichenträger gehen durch die Reihen
> Und reißen schnell die Toten aus dem Bett.
> Die andern drehn sich nach der Wand mit Schreien
> Der Angst, der Toten gräßlichem Valet.

Angesichts einer solchen Situation verzerren sich die feierlichen Rituale des Priesters ins Groteske. »Der Gaumen [eines Kranken], der wie rotes Feuer brennt, / Würgt mühsam die Oblate in den Schlund.« – »Der Priester singt. In grauser Parodie / Krähn sie die Worte nach in dem Gebet.« Die hier von den Kranken noch absichtslose Destruktion der priesterlichen Handlungen lässt Heym in gewollte Aggression umschlagen:

> Der Kranke setzt sich auf. In seiner Hand
> Dreht er im Kreise einen spitzen Stein.
>
> Er schwingt ihn hoch, haut zu. Ein breiter Riß
> Klafft auf des Priesters Kopf, der rückwärts fällt.
> Und es erfriert sein Schrei auf dem Gebiß,
> Das er im Tode weit noch offen hält.

Dem Priester als Vertreter einer kirchlichen Institution, die den Tod als etwas Sinnhaftes begreiflich zu machen hat und ihm so seinen Schrecken nehmen soll, ist selber im Tod der Schrei der Angst noch in das verzerrte Gesicht eingeprägt. Gegenüber der ungeschminkten Realität der Krankheit und des Todes erweisen sich in der Perspektive dieses Gedichtes die institutionalisierten religiösen Bewältigungs- und Sinngebungsmuster nicht nur als ungenügend, sondern als lächerlich und obendrein zynisch. Diesem Zynismus gilt die literarische Aggression Heyms, und in der Fiktion des Gedichts setzt sie der Kranke in die Tat um.

Das dominante semantische Merkmal in der expressionistischen Verwendung des Krankheitsmotivs ist allerdings die Isolation beziehungsweise das **soziale Außenseitertum**. Auch darin bestehen Parallelen zu Thomas Manns *Tod in Venedig*. Hier wird der ehedem sozial voll integrierte Aschenbach, nachdem er von der Krankheit infiziert worden ist, wiederholt als »der Einsame« bezeichnet. In Georg Heyms Erzählung *Jonathan* ist der Protagonist in das Maschinenwerk eines Schiffs gestürzt. Die Kolbenstangen haben ihm beide Beine gebrochen. Zusätzlich an Malaria erkrankt, liegt er in Quarantäne. Es ist jedoch weniger der körperliche Schmerz, an dem er hier leidet, als seine Einsamkeit; sie »allein ist schlimmer als der Tod« (Heym 1960, Bd. 2, S. 42). Wieder ist es in dieser Erzählung eine Institution, der Heyms Kritik gilt: das Krankenhaus und sein Personal. Es steht freilich nur stellvertretend für die zeitgenössischen gesellschaftlichen Institutionen allgemein, so wie auch der Kranke allgemeiner das Leiden des Einzelnen an der zivilisierten Gesellschaft repräsentiert. Jonathan erinnert sich an das Spital von Monrovia, wo er vier Wochen lang mehr tot als lebendig »mitten unter hundert schmutzigen Negern« gelegen hatte: »Aber es war trotz des Schmutzes, des Negergestankes, der Hitze, trotz des Fiebers immer noch besser gewesen als hier. Denn da wären sie nie allein gewesen, da hätten sie immer Unterhaltung gehabt« (ebd., S. 41). In Europa hingegen sperrt man die Kranken ein wie Verbrecher und macht sie dadurch noch kränker. Auf den Beweis dieser verbal geäußerten These hin ist die Erzählhandlung angelegt. Dank einer versehentlich offen gelassenen Tür knüpft Jonathan Gesprächskontakte mit seiner Zimmernachbarin. Sie ist die Erste, die hier ein freundliches Wort zu ihm sagt, und dies, meint er, helfe ihm mehr als alle Ärzte. Das sich aus der Liebe zu dem Mädchen entwickelnde Glück zerstören jedoch die Ärzte und Schwestern, indem sie unter Berufung auf die Hausordnung und die Ruhepflicht der Kranken das Gespräch der beiden dadurch endgültig unterbinden, dass sie die Tür zwischen den Zimmern zuschließen. Jonathan fällt in seine alte Verzweiflung zurück, er stirbt.

Kranke und Krankheit: Anz 1977, S. 45-51; Rothe 1979, S. 169-196; Hoffmann 1965 und Noble 1970 (bei Thomas Mann).

2.5 Tiere

Mit Blick auf Edvard Munch schrieb Theodor Däubler 1919: »Die Rückkehr zum Tier durch die Kunst ist unsere Entscheidung zum Expressionismus« (Däubler 1919, S. 100). Die im Expressionismus verwendeten Tierbilder haben vielfältige und zum Teil ganz konträre Bedeutungsaspekte. In Rilkes Gedicht »Ausgesetzt auf den Bergen des Herzens ...«, das wie mancher andere Text von ihm dem Expressionismus nahe steht, sind dem Tier diejenigen Attribute zugewiesen, die der Mensch sehnsuchtsvoll entbehrt. Vom heilen Bewusstsein des gesicherten Bergtieres ist die Rede und von dem geborgenen Vogel. Dass die Bedeutung des Tieres in diesem Gedicht weitgehend gültig für Rilkes Gesamtwerk ist, zeigt eine Arbeit von Karl-Heinz Fingerhut. Das Tier bei Rilke sei »überall der Hintergrund, der Kontrast, gegen den sich die menschliche Existenz abhebt«, es sei »Vertreter einer Seinsweise, auf die der Mensch herabblickt oder der er sich in Sehnsucht zuwendet, die er aber ohne Selbstverleugnung nie erreichen kann« (Fingerhut 1970, S. 45). Rilkes Affinitäten zum Expressionismus belegt er mit Tierfiguren in Texten von Wolfenstein, Schickele, Goll, Benn und Trakl (ebd., S. 22-31). Tiere stehen im Expressionismus vielfach im Rahmen vitalistisch geprägter Einheitsvorstellungen und damit verbundener Regressionsmythen.

Die Sehnsucht nach der durch das Bewusstsein verlorenen Einheit des Menschen mit der Natur richtet sich auf vergangene Stufen der Entwicklung des Lebens: eben auf Tiere, aber auch auf Pflanzen oder noch weiter zurück wie bei Gottfried Benn: »Oh, dass wir unsre Ur-ur-ahnen wären./ Ein Klümpchen Schleim in einem warmen Moor« (Benn 1982, Bd. 1, S. 47). In ähnlichem Sinn hatte Wilhelm Emrich die Vielzahl der Tierfiguren im Werk Kafkas gedeutet. Die tierische Existenz repräsentiere hier eine Sphäre der Freiheit von gesellschaftlichen Zwängen, der kindlichen Ursprünglichkeit und unverstellten Authentizität (Emrich 1958, S. 92-186). Was Kafka und die expressionistische Lyrik angeht, haben Fingerhut (1969) und Cosentino (1972) dieses einheitlich positive Verständnis der Tierfiguren ergänzt durch den Aufweis ihrer möglichen negativen Bedeutungsaspekte. Kurt Mautz sieht die grundsätzlich entgegengesetzte Verwendungsweise wohl richtig, wenn er über Heym und den Expressionismus schreibt, dass das Tier hier »entweder ein noch unentstelltes Leben oder als gefangenes Tier unfreies, beschädigtes Leben repräsentiert« (Mautz 1972, S. 87).

In vielen Fällen dient es daneben auch der Darstellung einer grotesk-entfremdeten, undurchsichtigen, unheimlichen und ekelerregenden Umwelt (ebd., S. 87ff.; Cosentino 1972, S. 35ff.). Schlangen, Fliegen, Würmer oder Spinnen gehören zur **Ästhetik des Hässlichen und Grotesken** im Expressionismus (s. S. 166-175), die emotionale Effekte der Angst, der Ohnmacht und des Ekels evoziert. Dass »Die Ratten« (Trakl 1969, Bd. 1, S. 52) zum Titel ausgerechnet eines lyrischen Textes werden, verbunden gar mit Mondscheinmotivik, lässt die provokative Absicht deutlich hervortreten. In der dritten und vierten Strophe des Trakl-Gedichts »Vorstadt im Föhn« erscheinen diese Tiere in der Umgebung von »Eingeweide«, »Schmutz und Räude« sowie dem Blut der Schlachthäuser (ebd., S. 51). In Heyms »Ophelia« nisten sie im Haar einer auf dem Wasser treibenden Leiche (Heym 1960, Bd. 1, S. 160; s. auch S. 117, 476), in Benns Gedicht »Schöne Jugend« unter dem Zwerchfell eines Mädchens (Benn 1982, Bd. 1, S. 22). In diesem Bildzusammenhang steht auch der Titel von Gerhart Hauptmanns Tragikomödie *Die*

Ratten (1911). Ratten sind hier leitmotivisch verwendeter Ausdruck einer von Grund auf zerrütteten und inhumanen gesellschaftlichen Umwelt, die anders ist, als sie das öffentliche Bewusstsein wahrhaben will: »Allens is hier morsch! Allens faulet Holz! Allens unterminiert, von Unjeziefer, von Ratten und Mäuse zerfressen!« (Hauptmann 1962, Bd. 2, S. 824).

Das seiner in Anspruch genommenen Überlegenheit und Größe beraubte Subjekt mutiert in der Literatur des expressionistischen Jahrzehnts ebenfalls zum Tier. Ein substantieller Bestandteil humanistischer Anthropologie, die den Menschen über seine spezifische Differenz zum Tier definiert, wird damit destruiert. Der selbstherrliche Mensch als autonomer Mittel- und Höhepunkt der Evolutionsgeschichte – bei Gottfried Benn liest man es anders: »Die Krone der Schöpfung, das Schwein, der Mensch [...]« (Benn 1982, Bd. 1, S. 88). Mit solcher Provokation steht Benn in seiner Zeit nicht allein. Die Menschen in Döblins *Wang-lun* schmatzen, schnüffeln oder belecken sich (Döblin 1960, S. 75, 168 u.ö). In einem Gedicht Paul Boldts »Blecken [sie] die Zähne, röcheln schwarz und äugen« (Boldt 1913, Sp. 304). »Eine Schwangere blökt« (Benn 1982, Bd. 1, S. 90). Robespierre »meckert vor sich hin« (Heym 1960, Bd. 1, S. 90). »Wie Ziegen meckernd hopsern schief die Invaliden« (Becher in Rothe 1973, S. 149). Die Provokationen wollen als Ausdruck der Betroffenheit über die Deformationen menschlicher Existenz gelesen werden. Im Medium ihrer literarischen Figuren identifizieren sich die Autoren dabei vielfach auch mit vom Menschen verachteten, misshandelten, gefangenen oder gejagten Tieren. Mit einem misshandelten Hund vergleicht sich Ladwig in Franz Jungs Roman *Kameraden ...!* »Wie ein verprügelter Hund« kommt sich der Zeichner in Kubins Roman vor (1952, S. 123). »Wie ein Hund« wird Josef K. in Kafkas *Proceß* hingerichtet (1990a, S. 312).

In grotesker Komik erzählen Albert Ehrensteins *Der Selbstmord eines Katers* (1912) und *Kaninchen* (1912) die Geschichte eines geschundenen Katers und die vom geschlachteten Kaninchen. Wenn Kafka schreibt, er sei »verzweifelt wie eine eingesperrte Ratte« (Kafka 1967, S. 649), so meint »Ratte« ein von den Menschen gehetztes und gehasstes Wesen (Fingerhut 1969, S. 53). Ähnliches gilt für das Insekt in Kafkas *Verwandlung*. Die Formulierung »ungeheures Ungeziefer« gleich im ersten Satz ist bezeichnend für das Verhältnis der Familie zu Gregor im Verlauf des weiteren Textes.

Häufig sind es gejagte Tiere, mit denen sich Autoren aus dem Umkreis des Expressionismus identifizieren. Rilke nennt im *Malte Laurids Brigge* den Typus des »Einsamen« einen Feind der Gesellschaft und verwendet in diesem Zusammenhang folgendes Bild: »Sie spürten ihn auf in seinem Versteck wie ein jagdbares Tier, und seine lange Jugend war ohne Schonzeit« (Rilke 1996, Bd. 3, S. 585). In einer Textstudie hat Franz Kafka die gleiche Bildlichkeit in der ihm eigenen Art variiert:

> Vor einer Mauer lag ich am Boden. Wand mich vor Schmerz, wollte mich einwühlen in die feuchte Erde. Der Jäger stand neben mir und drückte mir einen Fuß leicht ins Kreuz. »Ein kapitales Stück«, sagte er zum Treiber, der mir den Kragen und Rock durchschnitt, um mich zu befühlen. Meiner schon müde und nach neuen Taten begierig, rannten die Hunde sinnlos gegen die Mauer an. Der Kutschwagen kam, an Händen und Beinen gefesselt wurde ich neben den Herren über den Rücksitz geworfen, so daß ich mit Kopf und Armen außerhalb des Wagens nieder hing. Die Fahrt ging flott, verdurstend mit offenem Mund sog ich den hoch gewirbelten Staub in mich, hie und da spürte ich den freudigen Griff des Herrn an meinen Waden (Kafka 1993, S. 427).

Der Text erreicht seine groteske Wirkung durch die nur partielle Durchführung des Vergleiches von Mensch und Tier. Die Beute der Treibjagd *ist* ein Mensch. Das Verhalten der Jagenden erscheint als alle geltenden Werte verletzender Zynismus, der den Menschen mehr noch als zum Tier zu einem Ding degradiert: als ein »kapitales *Stück*« bezeichnet man den sich vor Schmerz Windenden und befühlt ihn prüfend auf seinen Marktwert. Sein kreatürlicher Wert ist so gering, dass selbst die Hunde ihn schon nicht mehr beachten. Die Kontrastierung verschiedener Wertebenen ist für den Text konstitutiv. Menschlicher »Schmerz« wird mit einer teilnahmslos-vergnügten Jagdgesellschaft konfrontiert, die diesen Schmerz nicht nur verursacht hat, sondern ihn auch noch völlig ignoriert. Die zynische Charakterisierung der Fahrt als »flott« steht in ihrer schnodderigen Belanglosigkeit direkt neben »verdurstend«.

Kafkas Text enthält Bildelemente, die auf einen anderen Vergleichsbereich der existentiellen Tiermetaphorik weisen. Mit »Mauer« sowie mit der Aussage, dass das Ich »an Händen und Beinen gefesselt« wird, ist ein Bild assoziiert, das für die Literatur des Expressionismus eine noch größere Bedeutung hat als das Jagdmotiv: das Bild des Gefangenen.

Tierfiguren: Tomberg 1964 und Fingerhut 1969 (Kafka); Fingerhut 1970 (Rainer Maria Rilke); Cosentino 1972 (in der Lyrik); Anz 1977, S. 30-36; Neumann 1996 (Kafka u.a. in größerem hist. Zusammenhang).

2.6 Gefangene

Der Titel *Wir sind Gefangene*, unter dem 1927 der autobiographische Rückblick Oskar Maria Grafs auf die Zeit des Expressionismus erschien, ist kennzeichnend für die Bedeutung eines literarischen Figurentypus und einer Metaphorik, die in allen Gattungen expressionistischer Literatur mit geradezu penetranter Häufigkeit aufgegriffen wird (Anz 1977, S. 36-39). Den naturalistischen Mitleidsgestus gegenüber realen Gefangenen verschiebt der Expressionismus dabei zum metaphorischen Ausdruck eigener Befindlichkeit. Die expressionistische Metaphorik ist, wie Karl Ludwig Schneider (1954, S. 172) betont hat, nicht »dingbezogen«, sondern »ichbezogen«. Sie nimmt zwar viele der von den Naturalisten verwendeten Bilder und Motive des sozialen Elends auf, funktioniert sie jedoch um zur Kennzeichnung des Elends der *eigenen* Existenz. Oft in Kombination mit der Figur des Irren oder der des Tieres fungiert der Gefangene als Schlüsselfigur sozialen Außenseitertums, die Gefangenschaft als Bild gefesselter Vitalität in der bürgerlichen Gesellschaft.

Gerade auch die geschlossenen Orte des Wohnens und Arbeitens vergleicht die zeitgenössische Literatur wiederholt mit einem Kerker. »Dann siehst du Menschen wie in Kerkern wohnen, / In Zimmern hockend, jedem Blick bedrängt« (Hoddis 1987, S. 137). Kafkas Ungeziefer Gregor Samsa wird in der *Verwandlung* in seinem Zimmer gefangen gehalten. Ein Gedicht mit dem Titel »Die Gefangenen« beginnt mit den Versen: »Uns blieb das enge Zimmer nicht erspart, / Drin wir wie Tiere trotten auf und ab« (Jentzsch 1911, Sp. 911). In Barlachs Drama *Der tote Tag* ist die »Hütte« sowohl Ort der Geborgenheit als auch Gefängnis: »ja, ja, ja, ja! ›Die alte Hütte‹, es klingt, als rasseln Ketten!« meint der Sohn gegenüber der Mutter (Barlach 1998, Bd. 1, S. 1037).

In Georg Kaisers Drama *Von morgens bis mitternachts* durchbricht der Kassierer einer Bank die leblose Mechanik und Beschränktheit seiner beruflichen Existenz, indem er 60.000 Mark aus der Kasse entwendet und flieht. Zu Hause von seiner Mutter gefragt, wo er gewesen sei, antwortet er, sich metaphorisch auf die Bank beziehend: »In scheußlichen Verliesen, Mutter! Unter abgrundsteilen Türmen bodenlos verhaftet. Klirrende Ketten betäubten das Gehör. Von Finsternis meine Augen ausgestochen!« (Kaiser 1970, Bd. 1, S. 486). In ähnlicher Bedeutung trifft man auf das Bild leitmotivisch in Walter Hasenclevers *Der Sohn*. Es steht hier im Kontext eines vitalistisch geprägten Revolutionspathos, das die Befreiung aus den tyrannischen Fesseln der Vätergeneration proklamiert und den Aufbruch in ein neues Leben. Der Freund des Sohnes gibt diesem zu bedenken, »daß der Kampf gegen den Vater das gleiche ist, was vor hundert Jahren die Rache an den Fürsten war« (Hasenclever 1990, Bd. II.1, S. 301). Wie damals die Gekrönten ihre Untertanen geknechtet und »ihren Geist in Kerker gesperrt« (ebd.) haben, so heute die Väter, die in der Optik des Stückes die gegenwärtige Gesellschaft in ihrer Repressivität personal repräsentieren. Hasenclever hat das Bild wörtlich genommen und in die Handlung umgesetzt, wo es beide Male einer dramatischen Wende vorausgeht. Im fünften Akt lässt der Vater den Sohn durch die Polizei festnehmen, fesseln und zu sich bringen. Die vorangegangene Flucht des Sohnes aus dem Vaterhaus war die Flucht aus einem »Gefängnis«, einem »Käfig« (ebd., S. 300), einer »Folterkammer« (ebd., S. 301). Der Sohn sieht sich nach seiner Befreiung als Kämpfer nicht nur gegen seinen eigenen Vater, sondern »gegen alle Kerker der Erde« (ebd., S. 271).

Der Sohn beruft sich in Hasenclevers Drama gegenüber seinem Vater wiederholt auf sein Menschsein. Dahinter steht die kritische Implikation, dass er sich nicht als Mensch von ihm behandelt fühlt. Die gefangenen Figuren in der expressionistischen Literatur sind *Tiere in Ketten*, wie der bezeichnende Titel eines 1918 erschienenen Romans von Ernst Weiß lautet. Georg Heym hat das gefangene Tier wiederholt zum Paradigma des aller seiner vitalen Lebenskräfte beraubten Menschen gemacht. Eines seiner Gedichte trägt den Titel »Die gefangenen Tiere« (Heym 1960, Bd. 1, S. 338). »Wie Gestorbene« wollen sie »Ins Haus der Lebendigen« hinein. Ein gefangenes Tier ist auch »Der Affe« in dem gleichnamigen Gedicht: »Tief in ihm klopft das Rätsel, und die Nacht / Des Eingekerkerten, das dunkle Weh« (ebd., S. 199). In den Schlusszeilen »verrollt sein Blut / Gebunden wieder in den Adern rund« (ebd., S. 200). Die das Blut bindenden »Adern« erhalten die Bedeutung eines die Lebensentfaltung hemmenden Kerkers.

Die Anfangszeilen von Heyms Gedicht »Der Kondor« häufen zunächst zahlreiche Epitheta des Avitalen (s. S. 61) dicht aneinander:

> Ein Kondor, *grau* vor Alter, sitzt *allein*
> Und *unbeweglich* auf den *kahlen* Stangen
> Des *engen* Käfigs, wärmt sich in dem Schein
> Der *blassen* Sonne. *Einsam* und *gefangen*
> Seit manchem Jahre schon.
> (Heym 1960, Bd. 1, S. 708; Hervorhebungen T.A.)

Das lyrische Ich identifiziert sich in einer späteren Strophe explizit mit dem Kondor und seine Umwelt mit dem Käfig:

> Ach du Alltäglichkeit! Du Bleigewicht.
> Ach, diese stumpfe Zeit! *Mein Bruder, Kondor,*
> Was magst du träumen, wohin rettest du
> Aus diesen Stunden dich.
> (Ebd., S. 710; Hervorhebung T.A.)

Eine in ihrer Bedeutung zeittypische, nur in ihrer Qualität singuläre Verwendung der Gefangenen- und Tiermetaphorik liegt in Kafkas *Bericht an eine Akademie* vor. Mit zwei Schüssen beginnt hier die Gefangenschaft und zugleich die Menschwerdung des Affen Rotpeter. Eine Jagdexpedition der Firma Hagenbeck hatte sie auf ihn abgegeben. »Nach jenen Schüssen erwachte ich – und hier beginnt allmählich meine eigene Erinnerung – in einem Käfig im Zwischendeck des Hagenbeckschen Dampfers« (Kafka 1994, S. 302). Der gewaltsamen Vertreibung aus dem Paradies der Affenfreiheit folgt das Erwachen, die Erinnerung, das Bewusstsein im Käfig der Menschen. Sich zum menschlichen Subjekt dressieren zu lassen und selbst zu dressieren ist der einzig mögliche »Ausweg« aus der Gefangenschaft. »Affen gehören bei Hagenbeck an die Kistenwand – nun, so hörte ich auf, Affe zu sein« (ebd., S. 304).

Der Mensch als dressiertes, domestiziertes Tier hat in der Perspektive dieses Textes seinen »Eigensinn« aufgeben müssen: »Gerade Verzicht auf jeden Eigensinn war das oberste Gebot, das ich mir auferlegt hatte; ich, freier Affe, fügte mich diesem Joch« (ebd., S. 299). In modernen, komplexen, zivilisierten Gesellschaften zeichnet sich das ›autonome Subjekt‹, wie man es in der Tradition der Aufklärung propagiert, dadurch aus, dass es gelernt hat, sich selbst zu disziplinieren. Kafka führt auch in dieser Erzählung vor, wie die Herrschaft sozialer Normen einen Platz im Inneren des zivilisierten Subjekts einnimmt. Sie übt dort eine Macht über dessen eigene Natur aus, die viel perfekter funktioniert als jeder äußere Zwang. Die erfolgreich und ordentlich zivilisierte Psyche hat ihre Beobachter, Aufseher, Richter und Henker in sich selbst. Davon handelt Kafkas gesamtes Werk. »Ach, man lernt, wenn man muß; man lernt, wenn man einen Ausweg will; man lernt rücksichtslos. Man beaufsichtigt sich selbst mit der Peitsche; man zerfleischt sich beim geringsten Widerstand. Die Affennatur raste, sich überkugelnd, aus mir hinaus« (ebd., S. 312). Die Versuche zur Selbstbefreiung nehmen in dieser Schilderung Formen der Selbstzerstörung an.

In der Gefangenen- und Tiermetaphorik geht bei Kafka und seinen expressionistischen Zeitgenossen das Unbehagen an der bürgerlichen Gesellschaft einher mit dem umfassenderen Unbehagen an der zivilisatorischen Moderne in ihren unterschiedlichen Erscheinungsformen. In der expressionistischen Lyrik vergleicht man besonders gern auch die moderne Großstadt mit einem Gefängnis: »Ich bin die Stadt der Qual [...] Die Schmerzen anderer Städte / Sind in den Zellen meines Kerkers eingezogen« (Becher in Rothe 1973, S. 149). Oskar Loerke bezeichnet in einem Gedicht mit dem signifikanten Titel »Der steinerne Wabenbau« die Stadt als finsteren »Mauerkäfig« (ebd., S. 164). In der Großstadtliteratur des Expressionismus findet das damalige Unbehagen an der zivilisatorischen Moderne seinen deutlichsten Ausdruck.

Figur des Gefangenen und Gefängnismotiv: Hohendahl 1967 (»Die bürgerliche Welt als Gefängnis«, S. 212f.); Martens 1971, S. 230ff.; Anz 1977, S. 36-39; Vos 1992 (ideologische und dramaturgische Aspekte im Drama).

3. Unbehagen in der Moderne

3.1 Großstadt und Massenmedien

Vom »Glauben an die Utopie« ist in den letzten Worten der Einleitung die Rede, die Kurt Pinthus im Herbst 1919 zu der Lyrik-Anthologie *Menschheitsdämmerung* schrieb. Doch Pinthus bemerkt zuvor, dass sich dieser Glaube mit einer abgrundtiefen Skepsis gegenüber dem zivilisatorischen Fortschritt verbinde: »Aber man fühlte immer deutlicher die Unmöglichkeit einer Menschheit, die sich ganz und gar abhängig gemacht hatte von ihrer eigenen Schöpfung, von ihrer Wissenschaft, von Technik, Statistik, Handel und Industrie [...]. Aus der strotzenden Blüte der Zivilisation stank ihnen der Hauch des Verfalls entgegen« (Pinthus 1959, S. 26f.). Trotz ihrer Abwertung des modernen Zivilisationsprozesses verstehen sich Pinthus und seine expressionistischen Zeitgenossen selbst als ›modern‹. Es ist dabei kein Zufall, dass die expressionistische Moderne ihr Zentrum in jener Großstadt hatte, in der sich die zivilisatorischen Modernisierungsprozesse seit der Reichsgründung so stark wie in keiner anderen Stadt des deutschsprachigen Raums verdichteten und beschleunigten. Dass in Deutschland sowohl die zivilisatorische als auch die literarische Moderne in Berlin gleichsam ihre ›Hauptstadt‹ hatten, deutet darauf hin, dass sie in einer spannungsvollen Abhängigkeit voneinander standen.

An der Berliner Universität lehrte damals der Sozialphilosoph Georg Simmel, dessen Vorlesungen die Mitglieder des »Neuen Clubs« regelmäßig besuchten. Simmel hatte schon 1903, in seiner Schrift *Die Großstädte und das Geistesleben*, die »Entwicklung der modernen

Kultur« auf eine Weise charakterisiert, die von der Expressionismusforschung als grundlegend für das Verständnis der Großstadtdichtung seit 1910 erkannt wurde (Vietta/Kemper 1975, S. 34f.). Die Modernität der rapide gewachsenen Großstädte konfrontiere das Subjekt mit veränderten Wahrnehmungsbedingungen:

Die psychologische Grundlage, auf der der Typus großstädtischer Individualitäten sich erhebt, ist die *Steigerung des Nervenlebens*, die aus dem raschen und ununterbrochenen Wechsel äußerer und innerer Eindrücke hervorgeht. Der Mensch ist ein Unterschiedswesen, d.h., sein Bewußtsein wird durch den Unterschied des augenblicklichen Eindrucks gegen den vorhergehenden angeregt; beharrende Eindrücke, Geringfügigkeit ihrer Differenzen, gewohnte Regelmäßigkeit ihres Ablaufs und ihrer Gegensätze verbrauchen sozusagen weniger Bewußtsein, als die rasche Zusammendrängung wechselnder Bilder, der schroffe Abstand innerhalb dessen, was man mit einem Blick umfaßt, die Unerwartetheit sich aufdrängender Impressionen. Indem die Großstadt gerade diese psychologischen Bedingungen schafft – mit jedem Gang über die Straße, mit dem Tempo und den Mannigfaltigkeiten des wirtschaftlichen, beruflichen, gesellschaftlichen Lebens –, stiftet sie schon in den sinnlichen Fundamenten des Seelenlebens, in dem Bewußtseinsquantum, das sie uns wegen unserer Organisation als Unterschiedswesen abfordert, einen tiefen Gegensatz gegen die Kleinstadt und das Landleben, mit dem langsameren, gewohnteren, gleichmäßiger fließenden Rhythmus ihres sinnlich-geistigen Lebensbildes (Simmel 1987, S. 125).

Was die Dynamik der Modernisierungsprozesse für das Erleben des Großstädters bedeutet, hat Kurt Pinthus 1925 ähnlich beschrieben:

Welch ein Trommelfeuer von bisher ungeahnten Ungeheuerlichkeiten prasselt seit einem Jahrzehnt auf unsere Nerven nieder! [...] Man male sich zum Vergleich nur aus, wie ein Zeitgenosse Goethes oder ein Mensch des Biedermeier seinen Tag in Stille verbrachte, und durch welche Mengen von Lärm, Erregungen, Anregungen heute jeder Durchschnittsmensch täglich sich durchzukämpfen hat, mit der Hin- und Rückfahrt zur Arbeitsstätte, mit dem gefährlichen Tumult der von den Verkehrsmitteln wimmelnden Straßen, mit Telephon, Lichtreklame, tausendfachen Geräuschen und Aufmerksamkeitsablenkungen. Wer heute zwischen dreißig und vierzig Jahre alt ist, hat noch gesehen, wie die ersten elektrischen Bahnen zu fahren begannen, hat die ersten Autos erblickt, hat die jahrtausendelang für unmöglich gehaltene Eroberung der Luft in rascher Folge mitgemacht, hat die sich rapid übersteigenden Schnelligkeitsrekorde all dieser Entfernungsüberwinder, Eisenbahnen, Riesendampfer, Luftschiffe, Aeroplane miterlebt (zit. nach Vietta/Kemper 1975, S. 11).

Kunst und Literatur der Moderne sind von der **schockartigen Konfrontation mit dem sozialen Wandel** nachhaltig geprägt. Dem ›Fortschritt‹ zeigten sich die jungen Dichter und Propagandisten der expressionistischen Moderne durchaus verpflichtet – doch nicht dem zivilisatorischen, sondern einem literarischen. Der zuversichtlich fortschreitenden Zivilisation setzten sie Gedichte voller Skepsis, Angst und Verzweiflung entgegen. »Der Nervenschwache« von Ernst Blass ist dafür ein Beispiel:

> Mit einer Stirn, die Traum und Angst zerfraßen,
> Mit einem Körper, der verzweifelt hängt
> An einem Seile, das ein Teufel schwenkt,
> – So läuft er durch die langen Großstadtstraßen.
>
> Verschweinte Kerle, die die Straße kehren,
> Verkohlen ihn; schon gröhlt er arienhaft:
> »Ja, ja – ja, ja! Die Leute haben Kraft!
> Mir wird ja nie, ja nie ein Weib gebähren
>
> Mir je ein Kind!« Der Mond liegt wie ein Schleim
> auf ungeheuer nachtendem Velours.
> Die Sterne zucken zart wie Embryos
> An einer unsichtbaren Nabelschnur.
>
> Die Dirnen züngeln im geschlossnen Munde,
> Die Dirnen, die ihn welkend weich umwerben.
> Ihn ängsten Darmverschlingung, Schmerzen, Sterben,
> Zuhältermesser und die großen Hunde.
> (Blass 1980, S. 24)

Das Gedicht erschien 1912 in dem Lyrik-Bändchen *Die Straßen komme ich entlang geweht*, mit dem der damals zweiundzwanzigjährige Ernst Blass bekannt wurde. Das Buch sei eines der wenigen, das nach Stefan George und Rainer Maria Rilke »einen Fortschritt ermögliche«, meinte einer der begeisterten Kritiker (zit. nach Schumann in Blass 1980, S. 163). Nicht nur das Gedicht »Der Nervenschwache« bot ein gelungenes Beispiel für jene »fortgeschrittene Lyrik der großen Städte«, von der Alfred Kerr seinerzeit sprach und die er förderte. Ernst Blass beruft sich ausdrücklich auf den von der Berliner Avantgarde hochgeachteten Kritiker und erläutert in den »Vor-Worten« zu seinem Gedichtband, was »Fortschritt« für die Lyrik heißen könne: »das Wissen um das Flache des Lebens, das Klebrige, das Alltägliche, das Stimmungslose, das Idiotische, die Schmach, die Miesheit.« Der moderne Lyriker schäme sich nicht seiner träumerischen Stimmungen. »Doch seine Träume werden anders aussehen, als die weniger Kultivierter; nämlich: gehetzter, weltstädtischer, mit dem lebhaften Willen zur Kritik« (Blass 1980, S. 10).

Was kritisiert der »fortgeschrittene«, intellektuelle Großstadtlyriker? Nicht zuletzt den Fortschritt. Über die psychischen Lasten einer rapide modernisierten Lebenswelt spricht die Großstadtlyrik des Expressionismus immer wieder. »Ich bin in eine fremde Stadt verschlagen«, beginnt eines der Gedichte von Blass, in denen sich Verlorenheit und Angst in einer veränderten Welt artikulieren. Der wie vom Teufel besessene und mit angstzerfressener Stirn durch die Großstadtstraßen laufende Mensch in dem zitierten Gedicht hat nicht nur schwache Nerven, es fehlt ihm auch sonst an Kraft und Vitalität, er sieht sich von fremden Kräften gesteuert, verfolgt, beziehungslos. Er ist, ins Groteske verrückt, der feinnervige, kränkliche Typus, dessen Pathologie uns die literarische Moderne mit hohem Maß an Sympathie in vielfältigen Varianten vor Augen geführt hat und den ihre Gegner als ›entartet‹ diffamierten.

Im ästhetischen Sinn ›modern‹ ist das Gedicht auch darin, dass Mond und Sterne ihm keine romantischen Gefühlsalternativen mehr bieten können. Der Mond wie »Schleim« und die Sterne wie zuckende »Embryos« – das liest sich wie Blasphemie gegenüber der Erbaulichkeit naturlyrischer Traditionen. Sie kommen für den »fortgeschrittenen Lyriker« nicht mehr in Frage. Seinen literarischen Phantasien verbietet er die rückschrittliche Flucht in die Natur, aufs Land oder in eine vermeintlich unbeschädigte Vergangenheit. Die ästhetische Modernität von der Art, wie sie durch Werke von Blass, Döblin und vielen anderen Autoren aus dem Umkreis des Expressionismus repräsentiert wird, besteht nicht zuletzt darin, dass sie sich, im Unterschied zur völkisch-nationalen Literatur, zur Heimatkunstbewegung, zur katholischen oder neuklassischen Literaturbewegung um 1900, den zivilisatorischen Modernisierungsprozessen thematisch und formal zu stellen versucht, sie nachdrücklich in sich aufnimmt – und gleichzeitig gegen sie opponiert oder zumindest eine ambivalente Einstellung ihnen gegenüber zeigt.

»Wir müssen endlich anfangen unsere Heimat zu malen, die Großstadt, die wir unendlich lieben.« Dieses Postulat Ludwig Meidners von 1914, gleich am Anfang seiner »Anleitung zum Malen von Großstadtbildern« (Meidner 1991, S. 290), bindet die ästhetische Modernität des Expressionismus nachdrücklich an die zivilisatorische Modernität der Großstädte, doch verschweigt es, was Meidners **apokalyptische Großstadtszenarien** überdeutlich machen: Die unendliche Liebe zur Großstadt ist eine Hassliebe, ist durchsetzt von Erfahrungen der Orientierungslosigkeit, Ohnmacht und Angst. Die Straßen der Großstadt sind, so Meidner, »ein Bombardement von zischenden Fensterreihen, sausenden Lichtkegeln zwischen Fuhrwerken aller Art und tausend hüpfenden Kugeln, Menschenfetzen, Reklameschildern und dröhnenden, gestaltlosen Farbmassen« (ebd., S. 291).

Das ist faszinierend und bedrohlich zugleich – wie die Großstadt in den Gedichten Georg Heyms, die Meidner im »Neopathetischen Cabaret« kennen gelernt hatte. Eines von ihnen heißt »Der Gott der Stadt«:

> Auf einem Häuserblocke sitzt er breit.
> Die Winde lagern schwarz um seine Stirn.
> Er schaut voll Wut, wo fern in Einsamkeit
> Die letzten Häuser in das Land verirrn.
> [...]
> Das Wetter schwelt in seinen Augenbrauen.
> Der dunkle Abend wird in Nacht betäubt.
> Die Stürme flattern, die wie Geier schauen
> Von seinem Haupthaar, das im Zorne sträubt.
> Er streckt ins Dunkel seine Fleischerfaust.
> Er schüttelt sie. Ein Meer von Feuer jagt
> Durch eine Straße. Und der Glutqualm braust
> Und frißt sie auf, bis spät der Morgen tagt.
> (Heym 1960, Bd. 1, S. 192)

Heyms mit den Mitteln der Sprache gemalte Großstadtbilder verstehen sich nicht als bloße Abbildungen der Großstadtrealität um 1910. Von der naturalistischen Großstadtlyrik vor der Jahrhundertwende unterscheidet sich die expressionistische grundlegend. Hatten die Naturalisten die Stadt vorwiegend als ein soziales Milieu geschildert, das bemitleidenswertes Elend hervorbringt, so verschiebt sich im Expressionismus die Äußerung sozialen Mitgefühls zur Expression eigenen oder auch kollektiven Erlebens. »So wird der ganze Raum des expressionistischen Künstlers Vision« (Edschmid 1918, S. 46), sagte Kasimir Edschmid. Die Visionen Georg Heyms beleben die übermächtige Großstadt mit Göttern und Dämonen, deren urwüchsige und vitale Vernichtungsgewalt angsterregende, doch auch berauschende Qualitäten hat.

> Der Städte Schultern knacken. Und es birst
> Ein Dach, daraus ein rotes Feuer schwemmt.
> Breitbeinig sitzen sie auf seinem First
> Und schrein wie Katzen auf zum Firmament.

»Sie«, das sind »Die Dämonen der Städte«, deren blutige Gewalt in dem gleichnamigen Gedicht Heyms am Ende riesenhafte Dimensionen annimmt:

> Doch die Dämonen wachsen riesengroß.
> Ihr Schläfenhorn zerreißt den Himmel rot.
> Erdbeben donnert durch der Städte Schoß

Um ihren Huf, den Feuer überloht.
(Heym 1960, Bd. 1, S. 187)

Georg Heym, schrieb Pinthus einleitend zur *Menschheitsdämmerung*, die auch dieses Gedicht enthält, »hämmerte Visionen des Todes, des Grauens, der Verwesung in zermalmenden Strophen« (Pinthus 1959, S. 27). Doch das Grauen ist nur die eine Seite dieser Gedichte. Zugleich werden hier aggressive Affekte, die das moderne, zivilisierte Subjekt unter Kontrolle zu halten hat, in der literarischen Phantasie lustvoll ausgelebt.

Aufschlussreich für das durchwegs zwiespältige Verhältnis der Expressionisten zur Großstadt ist die »Zueignung«, die Alfred Döblin 1913 seinem chinesischen Roman *Die drei Sprünge des Wang-lun* voranstellte. Wie Meidner ist Döblin vom italienischen Futurismus beeinflusst, doch vom Futurismus unterscheidet ihn und den deutschen Expressionismus die Skepsis gegenüber der technischen und großstädtischen Moderne. Döblins »Zueignung« verweist zudem auf eine Problematik, die für die literarische Moderne von zentraler Bedeutung war: In der Zeit des Expressionismus häufen sich die Darstellungen von Situationen, in denen sich ein Subjekt verwirrt, ohnmächtig und orientierungslos von einer heterogenen **Vielzahl simultaner Wahrnehmungsreize** überwältigt sieht, die es nur noch registrieren und nicht mehr in einen geordneten Sinnzusammenhang bringen kann.

»Daß ich es nicht lassen kann, bei offenem Fenster zu schlafen. Elektrische Bahnen rasen läutend durch meine Stube. Automobile gehen über mich hin. Eine Tür fällt zu. Irgendwo klirrt eine Scheibe herunter, ich höre ihre großen Scherben lachen, die kleinen Splitter kichern.« So steht es in dem ersten deutschen Roman, der die neuen Wahrnehmungsformen in der veränderten Großstadtwelt eingehend reflektiert: in Rainer Maria Rilkes 1910 erschienenen *Aufzeichnungen des Malte Laurids Brigge* (Rilke 1996, Bd. 3, S. 455). In Döblins »Zueignung« sieht sich der fiktive Erzähler des chinesischen Romans an seinem Schreibtisch bei offenem Fenster dem Lärm der Großstadt ausgesetzt. Der Text reflektiert die veränderten Bedingungen, unter denen sich das Autor-Subjekt in der literarischen Moderne zu schreiben anschickt:

DASS ich nicht vergesse –
Ein sanfter Pfiff von der Straße herauf. Metallisches Anlaufen, Schnurren, Knistern. Ein Schlag gegen meinen knöchernen Federhalter.
Daß ich nicht vergesse –
Was denn?
Ich will das Fenster schließen.

Die Straßen haben sonderbare Stimmen in den letzten Jahren bekommen. Ein Rost ist unter die Steine gespannt; an jeder Stange baumeln meterdicke Glasscherben, grollende Eisenplatten, echokäuende Mannesmannröhren. Ein Bummern, Durcheinanderpoltern aus Holz, Mammutschlünden, gepreßter Luft, Geröll. Ein elektrisches Flöten schienenentlang. Motorkeuchende Wagen segeln auf die Seite gelegt über den Asphalt; meine Türen schüttern. Die milchweißen Bogenlampen prasseln massive Strahlen gegen die Scheiben, laden Fuder Licht in meinem Zimmer ab. Ich tadle das verwirrende Vibrieren nicht. Nur finde ich mich nicht zurecht (Döblin 2007, S. 7).

Der Text ist nicht zuletzt ein herausragendes Zeugnis für die veränderten Formen der Wahrnehmung in der großstädtischen Zivilisation und für die formalen Konsequenzen, die der Expressionismus daraus gezogen hat. Die expressionistische Poetik ist maßgeblich eine Poetik der Parataxe (s. S. 177f.): der unkoordinierten Aneinanderreihung von Sätzen, Wörtern und Wahrnehmungspartikeln. Die parataktische Reihung machte in sämtlichen Gattungen des Expressionismus Schule. Die Simultangedichte eines Georg Trakl, Georg Heym, Ernst Blass, Alfred Lichtenstein oder Jakob van Hoddis reihen mit oft grotesken Effekten jeweils einen Vers lange, semantisch und syntaktisch unkoordinierte Hauptsätze aneinander; die offene Form des expressionistischen Stationendramas reiht unzusammenhängende und zum Teil austauschbare Handlungsepisoden aneinander; und ähnlich wie das Drama verzichtet auch der Roman auf formale Geschlossenheit. 1913 fordert Alfred Döblin vom modernen Roman: In höchster Gedrängtheit und Präzision habe »die Fülle der Gesichte« vorbeizuziehen. »Von Perioden, die das Nebeneinander des Komplexen wie das Hintereinander rasch zusammenzufassen erlauben, ist umfänglicher Gebrauch zu machen« (Döblin 1989, S. 122). Die Romanteile sollen unabhängig voneinander und von einem übergeordneten Sinnzentrum ein dezentriertes Eigenleben entfalten. 1917 veranschaulicht Döblin dieses parataktische Prinzip mit folgendem Bild: »Wenn ein Roman nicht wie ein Regenwurm in zehn Stücke geschnitten werden kann und jeder Teil bewegt sich selbst, dann taugt er nicht« (ebd., S. 126).

Zusammen mit den Großstädten prägen die **Massenmedien** um 1910 nachhaltig die neuen Formen der Wahrnehmung: neben den Zeitungen vor allem auch das Kino. Die raschen und sprunghaften Bewegungsabläufe, die für den frühen Stummfilm kennzeichnend sind, entsprachen ganz den veränderten Wahrnehmungsstrukturen des Großstädters. Ein aufmerksamer Zeitgenosse der Expressionisten erkannte schon 1910: »Die Psychologie des kinematographischen Triumphes ist Großstadt-Psychologie. Nicht nur, weil die große Stadt den natürlichen Brennpunkt für alle Ausstrahlungen des gesellschaftlichen Lebens bildet, im besonderen auch noch, weil die Großstadtseele, diese ewig gehetzte, von flüchtigem Eindruck zu flüchtigem Eindruck taumelnde, neugierige und unergründliche Seele so recht die Kinematographenseele ist« (zit. nach Kaes 1978, S. 6). Ganz ähnlich bemerkt zwei Jahre später der Wiener Schriftsteller und Kulturhistoriker Egon Friedell über das Kino:

> Zunächst: es ist kurz, rapid, gleichsam chiffriert, und es hält sich bei nichts auf. Es hat etwas Knappes, Präzises, Militärisches. Das paßt sehr gut zu unserem Zeitalter, das ein Zeitalter der Extracte ist. Für nichts haben wir ja heutzutage weniger Sinn als für jenes idyllische Ausruhen und epische Verweilen bei den Gegenständen, das früher gerade für poetisch galt (zit. ebd., S. 7).

Alfred Döblin kennzeichnet den von ihm propagierten Romanstil der Moderne bezeichnenderweise als »**Kinostil**« (Döblin 1989, S. 121). Wie stark auch die parataktische Lyrik des Expressionismus dieser Kinoästhetik entspricht, macht kein Gedicht so deutlich wie jenes, das Jakob van Hoddis mit dem Titel »Kinematograph« überschrieben hat. Der **Kinoästhetik** gewinnt er hier zugleich komische und ernste Aspekte ab:

> Der Saal wird dunkel. Und wir sehn die Schnellen
> Der Ganga, Palmen, Tempel auch des Brahma,
> Ein lautlos tobendes Familiendrama
> Mit Lebemännern dann und Maskenbällen.
>
> Man zückt Revolver. Eifersucht wird rege,
> Herr Piefke duelliert sich ohne Kopf.
> Dann zeigt man uns mit Kiepe und mit Kropf
> Die Älplerin auf mächtig steilem Wege.
>
> [...]
>
> Und in den dunklen Raum – mir ins Gesicht –
> Flirrt das hinein, entsetzlich! nach der Reihe!
> Die Bogenlampe zischt zum Schluß nach Licht –
> Wir schieben geil und gähnend uns ins Freie.
> (Hoddis 1987, S. 25)

Die Großstadt und die Massenmedien zerstören die herkömmliche Ordnung der Wahrnehmung. In der Literatur dieser Zeit entspricht der **fragmentierten Wahrnehmung** einer hochkomplex gewordenen Welt die Fragmentarisierung der in ihr agierenden Figuren. Und auch die Bilder, die die Autoren von sich selbst entwerfen, sind davon geprägt. In einem ungemein aufschlussreichen Vortrag über Kandinsky konstatierte Hugo Ball 1917: »Die Künstler in dieser Zeit sind nach innen gerichtet. Ihr Leben ist ein Kampf mit dem Irrsinn. Sie sind zerrissen, zerstückt, zerhackt, falls es ihnen nicht glückt, für einen Moment in ihrem Werk das Gleichgewicht, die Balance, die Notwendigkeit und Harmonie zu finden« (Ball 1917, S. 125). Von Gleichgewicht und Harmonie als den Idealen der klassischen Ästhetik ist in den Werken der expressionistischen Moderne freilich wenig zu finden. Döblins »Zueignung« mit ihrer Beschreibung eines Schriftstellers, der angesichts der simultan auf ihn eindringenden Stadtgeräusche die Konzentration und Orientierung verliert, ist durchaus repräsentativ für das Selbstverständnis literarisch moderner Autorschaft, die sich nicht mehr als Herrschaft über das Werk und die in ihm dargestellte Welt zu begreifen vermag.

»Die Hegemonie des Autors ist zu brechen; nicht weit genug kann der Fanatismus der Selbstverleugnung getrieben werden« (Döblin 1989, S. 122). Dieser Satz in Döblins Romantheorie überführt die ästhetisch moderne Distanz zum Autonomieanspruch des zivilisierten Subjekts in den Bereich der Poetik. In seinem chinesischen Roman lässt es denn auch der ständige Wechsel der Erzählperspektiven und Redeformen nicht zu, eine konsistente Erzählerpersönlichkeit auszumachen. Dem Verzicht auf eine das Geschehen souverän überschauende und kommentierende Erzählinstanz entsprechen in vielen parataktischen Reihungsgedichten das Zurücktreten und die Dissoziation des lyrischen Ich. Dafür ist wiederum Jakob van Hoddis' »Weltende« ein repräsentatives Beispiel: »Und an den Küsten – liest man – steigt die Flut« (s. S. 175). Es sind die Katastrophenmeldungen der Zeitungen, die das in ein anonymes Massensubjekt (»liest man«) aufgelöste Ich registriert. Das Gedicht imitiert die veränderten Realitätswahrnehmungen durch die Zeitung, in der sich die Welt nicht mehr direkt der eigenen Anschauung eines individuellen Subjekts, sondern nur noch massenmedial vermittelt und als ungeordnetes und zuweilen grotesk-komisches Nebeneinander heterogenster Ereignisse präsentiert. Die Meldung über die Flutkatastrophe oder das Eisenbahnunglück steht hier neben der ›Katastrophennachricht‹, dass bei dem schlechten Wetter der Schnupfen grassiert.

3.2 Exkurs: Modernität des Expressionismus und philosophische Postmoderne

Die Anhänger des zivilisatorischen Fortschritts orientierten sich damals, nach dem Vorbild der klassischen Ästhetik, an Werten wie Ordnung, Zusammenhang, System, Einheit, Übersichtlichkeit und

Wahrheit. Die ästhetische Moderne zeigt sich diesen Werten gegenüber skeptisch.

Ernst Blass kennzeichnet 1912 seine Gedichtsammlung mit dem lapidaren Satz: »Einheit liegt nicht vor« (Blass 1980, S. 8). Und Franz Werfel beschreibt 1914 die Erfahrungsgrundlagen der expressionistischen Literatur so:

> Wir sind alle hineingestellt in eine fürchterliche Unübersehbarkeit, der Reichtum der Einsichten und Organismen trug Verzweiflung und Wahnsinn in uns hinein, wir stehen machtlos der Einzelheit gegenüber, die keine Ordnung zur Einheit macht, es scheint, das *Und* zwischen den Dingen ist rebellisch geworden, alles liegt unverbindbar auf dem Haufen, und eine neue entsetzliche Einsamkeit macht das Leben stumm (Werfel 1914, Sp. 903).

Eines der aufschlussreichsten Dokumente für solche Krisenerfahrungen in einer veränderten Welt ist der schon zitierte Vortrag Hugo Balls. Drei Faktoren nennt er hier, die »die Kunst unserer Tage bis ins Tiefste erschütterten«: »Die von der kritischen Philosophie vollzogene Entgötterung der Welt, die Auflösung des Atoms in der Wissenschaft und die Massenschichtung der Bevölkerung im heutigen Europa.« Damit sind philosophie-, wissenschafts- und sozialgeschichtliche Umwälzungsprozesse angesprochen, die für das expressionistische Krisenbewusstsein konstitutiv sind. »Gott ist tot«, so heißt es in dem Vortrag. Und weiter:

> Eine Welt brach zusammen. [...] Eine tausendjährige Kultur bricht zusammen. Es gibt keine Pfeiler und Stützen, keine Fundamente mehr, die nicht zersprengt worden wären. Kirchen sind Luftschlösser geworden. Überzeugungen Vorurteile. Es gibt keine Perspektive mehr in der moralischen Welt. Oben ist unten, unten ist oben. Umwertung aller Werte fand statt. Das Christentum bekam einen Stoß. Die Prinzipien der Logik, des Zentrums, Einheit und Vernunft wurden als Postulate einer herrschsüchtigen Theologie durchschaut. Der Sinn der Welt schwand. [...] Chaos brach hervor. Tumult brach hervor. Die Welt zeigte sich als ein blindes Über- und Gegeneinander entfesselter Kräfte. Der Mensch verlor sein himmlisches Gesicht, wurde Materie, Zufall, Konglomerat, Tier, Wahnsinnsprodukt abrupt und unzulänglich zuckender Gedanken. Der Mensch verlor seine Sonderstellung, die ihm die Vernunft gewahrt hatte (Ball 1917, S. 124).

Das sind Zeitdiagnosen, die ganz mit denen übereinstimmen, die vor allem in den 1980er Jahren von postmoderner Philosophie erstellt wurden. Einige ihrer Vertreter haben ihre Nähe zur ästhetischen Moderne erkannt, jedoch versucht, sich von dieser in einem signifikanten Aspekt abzugrenzen. Die Auflösung metaphysischer Sinngebungen, tradierter Ordnungen und allgemein verbindlicher Normen- und Wertesysteme wird, so lautete eine beliebte These, von der Moderne noch als krisenhafte Verlusterfahrung beschrieben und produziert in ihr neue (oder auch alte) Einheits- und Ganzheitswünsche. »Das postmoderne Denken hingegen hat sich gerade von dieser Einheits- und Ganzheitsokkupation befreit. Es bejaht den Übergang in die Pluralität und bewertet ihn positiv« (Welsch 1990, S. 94). Die Moderne, so der Philosoph Wolfgang Welsch,»reagiert auf den Verlust des Ganzen mit Trauer, Melancholie oder Heroismus, erst die Postmoderne sieht darin einen – begrüßenswerten – Freiheits- und Wahrheitsfortschritt« (Welsch 1988, S. 15). Welsch kann sich hierbei auf Jean-François Lyotard berufen. »Krieg dem Ganzen«, forderte dieser und unterlegte diesem Appell ein politisches Motiv: die Abwehr jedes totalitären Terrors. »Wir haben die Sehnsucht nach dem Ganzen und dem Einen [...] teuer bezahlt. Hinter dem allgemeinen Verlangen nach Entspannung und Beruhigung vernehmen wir nur allzu deutlich das Raunen des Wunsches, den Terror ein weiteres Mal zu beginnen« (Lyotard 1988, S. 203).

Lyotard selbst beschreibt die Differenz zwischen Moderne und Postmoderne angesichts gemeinsamer Erfahrungen des Auseinanderbrechens tradierter Einheiten, Ganzheiten und Ordnungen als »Differenz zwischen Trauer und Wagnis« und lokalisiert dabei »die deutschen Expressionisten« auf »der Seite der melancholia« (ebd., S. 201). Für diese Einschätzung lassen sich in der expressionistischen Literatur viele Bestätigungen finden. Der Ton beispielsweise, in dem Werfel den Mangel an »Ordnung« und »Einheit« beschreibt, ist unüberhörbar von Trauer und Verzweiflung geprägt. In Hugo Balls zitiertem Vortrag über Kandinsky hingegen wird der Ton schon härter, aggressiver. Der Autor durchschaut den potentiellen Zusammenhang von Einheitsoptionen und Machtansprüchen, wenn er sagt: »Die Prinzipien der Logik, des Zentrums, Einheit und Vernunft wurden als Postulate einer herrschsüchtigen Theologie durchschaut« (Ball 1917, S. 124). Hugo Ball hielt seinen Vortrag über Kandinsky 1917 in der Galerie Dada. Der Dadaismus distanzierte sich von den Sentimentalitäten, Idealismen und Harmoniebedürfnissen des Expressionismus wie später die Postmoderne von der Moderne. »Der Expressionismus war harmonisch«, erklärte Richard Huelsenbeck 1920. Dada dagegen sei »das Geschrei der Bremsen und das Gebrüll der Makler an der Chicagoer Produktionsbörse« (Huelsenbeck 1920a, S. 127).

Der Dadaismus verdankte mit seinem anarchischen, antiidealistischen Impuls dem Expressionismus jedoch weit mehr, als er es um der Selbstprofilierung willen zugeben wollte. Die vitalistische und anarchistische Bejahung einer ordnungs- und gesetzesbefreiten Chaotik ist von Beginn an eines der vielfältigen und durchaus widersprüchlichen Kennzeichen dieser kulturrevolutionären Bewegung, und zwar ein dominantes. Ein Manifest Erich Mühsams in der Münchner Expressionisten-Zeitschrift *Revolution* endet mit dem bezeichnenden Aufruf »Laßt uns chaotisch sein!« (Mühsam 1913, S. 130). Die ästhetische Modernität des Expressionismus zeigt sich gerade in den Texten und bei den Autoren, die den autoritären Anspruch geschlossener Formen und Sinnsysteme unterlaufen.

Expressionistische Moderne, Avantgarde und Postmoderne: Venturelli 1992; Stark 1994; Anz 1994; Murphy 1999.

3.3 Wissenschaft, Rationalität und Sprache

Ähnlich zwiespältig oder differenziert wie der Großstadt steht die expressionistische Moderne den wissenschaftlichen und technischen Rationalisierungsprozessen ihrer Zeit gegenüber. Der Wissenschaftsgläubigkeit des Naturalismus steht sie ebenso fern wie der Technikbegeisterung des italienischen Futurismus. Den Expressionismus auf Wissenschafts- und Technikfeindlichkeit festzulegen wäre jedoch ebenfalls verfehlt, schon weil die Autoren des Expressionismus zum größten Teil eine wissenschaftliche Ausbildung absolvierten und sich die intellektuelle und literarische Auseinandersetzung mit den zeitgenössischen Wissenschaften geradezu zur Pflicht machten. Sie waren *poetae docti*. Was Alfred Döblin und Gottfried Benn ihrem Medizinstudium oder Franz Kafka und Kurt Hiller ihrem rechtswissenschaftlichen Studium verdankten, ist unübersehbar.

Der für den Expressionismus konstitutive **Generationenkonflikt** hat nicht zuletzt eine wissenschaftsgeschichtliche Bedeutungsdimension – als Konflikt »zwischen akademischen Vätern und ihren akademisch gebildeten Söhnen, zwischen Doktorvätern und ihren promovierten Schülern« (Müller-Seidel 1994, S. 32). Walter Müller-Seidels grundlegender Beitrag zu dem Thema »Wissenschaftskritik und literarische Moderne« verweist in diesem Zusammenhang auf den Konflikt zwischen dem Vater Hans und dem Sohn Otto Gross (s. S. 83), in dem vor allem auch wissenschaftlich Konträres aufeinander prallte: »eine an der Naturwissenschaft des 19. Jahrhunderts orientierte Kriminologie mit der Psychoanalyse Sigmund Freuds« (ebd.). Gottfried Benns wissenschaftskritischer Einakter *Ithaka* setzt einen solchen Generationenkonflikt in Form einer Auseinandersetzung zwischen dem Medizinassistenten Rönne und einigen Studenten auf der einen und einem etablierten Professor der Medizin auf der anderen Seite in Szene. Mit dem Professor werden symbolisch die Prinzipien naturwissenschaftlicher Rationalität ermordet. Das Stück endet mit den Sätzen: »Wir sind die Jugend. [...] Wir wollen den Traum. Wir wollen den Rausch. Wir rufen Dionysos und Ithaka!–« (Benn 1982, Bd. 4, S. 28).

Wissenschaftskritik artikuliert sich in der Moderne nach 1900 vielfach in negativen, wenn nicht sogar aggressiven Darstellungen von **Repräsentanten der Wissenschaft**: Professoren verschiedener Disziplinen und insbesondere Ärzte gehören in allen literarischen Gattungen zu den Figuren, bei deren Darstellung die nachnaturalistische Moderne wissenschaftliche Rationalität in Frage stellt. Die Ärzte in Benns frühen Gedichten und Novellen, in Kafkas Erzählung *Ein Landarzt* oder in Schnitzlers Erzählungen, Romanen und Dramen sind nicht mehr die unangefochten selbstbewussten oder sozial hochgeachteten Persönlichkeiten, die sie in der Literaturgeschichte zuvor meist waren (vgl. auch Müller-Seidel 1997). In Heyms Sonett »Die Professoren« geraten Repräsentanten der Rechtswissenschaft zur gespenstischen Karikatur weltfremder Verstaubtheit:

> Zu vieren sitzen sie am grünen Tische,
> Verschanzt in seines Daches hohe Kanten.
> Kahlköpfig hocken sie in den Folianten,
> Wie auf dem Aas die alten Tintenfische.
>
> [...]
>
> Doch plötzlich wächst ihr Maul. Ein weißer Sturm
> Von Geifer. Stille dann. Und auf dem Rand
> Wiegt sich der Paragraph, ein grüner Wurm.
> (Heym 1960, Bd. 1, S. 157)

Bei derart personalisierten Formen der Wissenschaftskritik blieb die nachnaturalistische Moderne jedoch keineswegs stehen. Insbesondere mit damaligen Diskursen und Praktiken der Psychiatrie und der Rechtswissenschaft hat sie sich engagiert und substantiell immer wieder auseinander gesetzt und dabei mit Themenkomplexen befasst, die in der Vorgeschichte der nationalsozialistischen Ideologiebildung eine zentrale Rolle spielten: Euthanasie und Eugenik, Deportation und Todesstrafe, Rassenbiologie und Rassenhygiene (mit Blick auf Kafka Müller-Seidel 1986).

Die Wissenschaftskritik der Moderne zielte darüber hinaus auf eine grundsätzlichere Auseinandersetzung mit Ausprägungen neuzeitlicher Rationalität. Wissenschafts-, **Rationalitäts-, Erkenntnis- und Sprachkritik** gehen dabei eine enge Verbindung ein. Die Affinität des Begriffs der ›Kritik‹ zu dem der ›Krise‹ ist dabei nicht zu übersehen. Das in der ästhetischen Moderne nach 1900 wohl prominenteste literarische Zeugnis für das Krisenbewusstsein hinsichtlich der Leistungen von Sprache, Wissenschaft und Erkenntnis ist zugleich auch ein bedeutendes Zeugnis der Wissenschaftskritik. Der fiktive **Brief des Lord Chandos**, den Hofmannsthal im Oktober 1902 in der Berliner Zeitung *Der Tag* veröffentlichte, hat als Adressaten einen der Inauguratoren neuzeitlicher Wissenschaft: Francis Bacon. 1620 veröffentlichte Bacon den ersten Teil seines Fragment gebliebenen Lebenswerkes mit dem programmatischen Titel *Die große Erneuerung der menschlichen Herrschaft über die Natur*. Naturwissenschaft als Herrschaft des Menschen über die Natur, Wissen als Macht zu begreifen, geht maßgeblich auf Bacon zurück. Sein Utopie-Fragment *Nova Atlantis* von 1627, das 1890 in deutscher Übersetzung erschien, formuliert als Anspruch wissenschaftlicher Forschung, »die Ursachen und Bewegungen sowie die verborgenen Kräfte in der Natur zu ergründen und die Grenzen der menschlichen Macht soweit wie möglich zu erweitern« (Bacon 1984, S. 40). Dem entspricht ganz der imperiale Herrschafts- und Machtanspruch des Medizinprofessors in Benns *Ithaka*: »Wir stehen über die Welt verteilt: ein Heer: Köpfe, die beherrschen, Hirne, die erobern« (Benn 1982, Bd. 4, S. 25).

Dem Machtbewusstsein neuzeitlicher Wissenschaft setzt Lord Chandos die eigene Ohnmacht dessen entgegen, bei dem das begriffliche Instrumentarium der Vernunft versagt. Als einen »Fall« beschreibt er seine Situation; das Wort hat hier durchaus intendierte psychopathologische Konnotationen: »Mein Fall ist, in Kürze, dieser: Es ist mir völlig die Fähigkeit abhanden gekommen, über irgend etwas zusammenhängend zu denken oder zu sprechen« (Hofmannsthal 1975, Bd. 31, S. 48). Die Beschreibungen solcher Fälle häufen sich im expressionistischen Jahrzehnt erheblich, und das Pathos existentieller Betroffenheit verschärft sich dramatisch. Hofmannsthals Briefschreiber berichtet über seinen Fall noch in einer Sachlichkeit und gedanklich-begrifflichen Klarheit, die um 1910 kaum mehr anzutreffen ist. Hatte Lord Chandos durch »die gute und strenge Erziehung« seines Vaters immerhin noch »genügenden Halt« (ebd., S. 52f.), um einen gewissen standesgemäßen Schein zu wahren, so ist von einem solchen Halt in den Jahren darauf sowohl bei den Autoren als auch bei ihren Figuren zunehmend weniger zu bemerken. »Wie vielfach ist die Welt, wie quälend tief ihre Rätselhaftigkeit« (Döblin 1989, S. 27), heißt es in einer Schrift Döblins von 1910, und Trakl spricht 1913 in dem bekannten Brief an Ludwig von Ficker im Ton völliger Verzweiflung, es sei »ein so namenloses Unglück, wenn einem die Welt entzweibricht« (Trakl 1969, Bd. 1, S. 530). Dem Machtbewusstsein naturwissenschaftlicher Erkenntnis steht das Eingeständnis der Ohnmacht in Franz Werfels schon zitiertem Aphorismus gegenüber: »wir stehen machtlos der Einzelheit gegenüber, die keine Ordnung zur Einheit macht« (Werfel 1914, Sp. 903).

In Hofmannsthals fiktivem Brief ist das Bestehen eines Weltzusammenhangs noch nicht grundsätzlich geleugnet. Es gibt eine »die ganze Welt durchwebende Harmonie«, doch ist diese nur »fühlbar«. Nur »wenn wir anfingen, mit dem Herzen zu denken«, »könnten wir in ein neues, ahnungsvolles Verhältnis zum ganzen Dasein treten« (Hofmannsthal 1975, Bd. 31, S. 52). Was den Menschen nicht mehr am Zusammenhang der Welt teilhaben lässt, ist sein begriffliches Bewusstsein. Es sind die »abstrakten Worte«, die ihm wie modrige Pilze im Munde zerfallen. Über die Weltharmonie lässt sich »in vernünftigen Worten« nichts aussagen (ebd., S. 48, 52). Hofmannsthals fiktiver Brief ist nicht zuletzt als Programm für ein neues Denken zu lesen, und zwar für ein »Denken in einem Material, das unmittelbarer, flüssiger, glühender ist als Worte« (ebd., S. 54).

Während die Möglichkeit harmonischer Einheit mit der Natur um 1910 zusehends in Frage gestellt wird, radikalisiert sich die Bewusstseinskrise weiter. Bei Gottfried Benn, Gustav Sack, Robert Musil und Carl Einstein erhält sie eine eher philosophisch-erkenntniskritische Ausprägung. »Das Gehirn ist ein Irrweg. [...] Alle meine Zusammenhänge hat es mir zerdacht [...]. Ich bin abgesondert und ich« (Benn 1982, Bd. 4, S. 25f.), konstatiert Benns Rönne in *Ithaka*. In der 1913 erschienenen Prosa-Skizze *Heinrich Mann. Ein Untergang* heißt es:

Früher in meinem Dorf wurde jedes Ding nur mit Gott oder dem Tod verknüpft und nie mit einer Irdischkeit. Da standen die Dinge fest auf ihrem Platze und reichten bis in das Herz der Erde.
Bis mich die Seuche der Erkenntnis schlug: es geht nirgends etwas vor; es geschieht alles nur in meinem Gehirn. Da fingen die Dinge an zu schwanken, wurden verächtlich und kaum des Ansehens wert. Und selber die grossen Dinge: wer ist Gott? und wer ist Tod? Kleinigkeiten. Wappentiere. Worte aus meiner Mutter Mund.
Nun gab es nichts mehr, das mich trug. Nun war über allen Tiefen nur mein Odem. Nun war das Du tot. Nun war alles tot: Erlösung, Opfer und Erlöschen. Bis ich den Ausweg aus mir fand: in Siedelungen aus meinem Blut. Die sollten Heimat werden, Trost, Erde, Himmel, Rache, Zwiegespräch. – (Benn 1982, Bd. 2, S. 15).

Der Abschnitt hat eine dem Chandos-Brief analoge Struktur: Einem früheren heilen Zustand wird die Erfahrung der Bewusstseins- und Sprachkrise entgegengestellt, die wiederum einen bestimmten Lösungsvorschlag provoziert. Der in Hofmannsthals Brief aufgestellten Antithetik von Bewusstsein und Gefühl entspricht hier die Opposition von Gehirn und Blut, die in der Skizze noch einmal als Gegensatz von Deutschland und Italien beziehungsweise Kälte und Wärme variiert wird. Die Entgegensetzungen bei Benn unterscheiden sich von denen bei Hofmannsthal vor allem im Grad der Radikalität. Die Unfähigkeit des Bewusstseins wird zur »Seuche«, die Harmonie mit der Natur zum Rausch.

Die Expressionismusforschung der siebziger Jahre hat literarische Texte von Benn, Einstein, Kafka, van Hoddis und Heym in solchen Problemzusammenhängen unter den Begriff »erkenntniskritische Reflexionsprosa« subsumiert und dabei auf ihre philosophiegeschichtlichen Grundlagen und Kontexte verwiesen: auf Nietzsches Nihilismusanalyse, auf Ernst Machs Erkenntniskritik und den Neukantianismus um 1900, auf die Lebensphilosophie Henri Bergsons, die Psychoanalyse Freuds oder auch auf Albert Einsteins Relativitätstheorie von 1905 (Vietta/Kemper 1975, S. 134-176). Ihnen allen sind Infragestellungen der mechanistischen Naturwissenschaft des 19. Jahrhunderts, ihres Wahrheits- und Wirklichkeitsbegriffes, ihres Kausalitätsdenkens sowie der Vorstellung vom autonom, kohärent und rational agierenden Subjekt gemeinsam. Zu den Leistungen der expressionistischen Reflexionsprosa gehört nach Vietta, dass sie »das versteckte Fortleben von Metaphysik im totalitären Anspruch moderner Technologie und technologischer Rationalität einerseits, in surrogathaften Weltanschauungen andererseits aufzudecken imstande war« (ebd., S. 153).

Erkenntniskritische Reflexionsprosa in Viettas Sinn ist auch Gustav Sacks Roman *Ein verbummelter Student*. Unter Hinweis auf die Philosophie Kants und Schopenhauers thematisiert der Roman immer wieder ein Problem: »Ich bin die Welt!« – »Die Welt schaffst du.« – Ich weiß, »daß die Welt meine Vorstellung ist« (Sack 1962, S. 69, 64, 106). Die Einsicht hat etwas Zwiespältiges an sich. Dass die Sinnhaftigkeit der Dinge erst durch ein Sinn gebendes Subjekt konstituiert wird, vermag einmal dessen Selbstbewusstsein zu steigern, zum anderen jedoch erscheint so alle Wahrheit nur als Konstruktion, die keinen Anspruch auf allgemeine Verbindlichkeit erheben kann. Außerhalb der menschlichen Sinngebung bleibt alles Chaos. Subjektives und Außersubjektives existieren beziehungslos nebeneinander. In Sacks Roman klingen wie auch bei Benn lebensphilosophische Erlösungsmotive an: »Ja, Wind sein, Tauwind sein und über die Lande brausen! Nicht Mensch sein, nicht Seele, nicht Kriechen und Leid« (ebd., S. 167). Doch die menschliche Konstitution ist unabweisbar durch das Bewusstsein bestimmt. Dem Leiden am Bewusstsein liegt eine Art Urschuld zugrunde. Das menschliche Dasein ist »durch sein Da-Sein schuldig geworden«, der Gedanke »durch sein Denken in Sünde gefallen« (ebd., S. 162). Alle Lösungsversuche sind vergeblich.

Nur der Selbstmord vermag mit der Auslöschung des Bewusstseins das Leiden an ihm zu beenden.

Sacks Bewusstseins- und Sprachskepsis steht in nachweisbarem Zusammenhang mit seiner Mauthner-Rezeption (vgl. Eibl 1970, S. 67ff.). Fritz Mauthners *Beiträge zu einer Kritik der Sprache* (1901/03) hatten um die und nach der Jahrhundertwende (u.a. bei Hofmannsthal) starke Beachtung gefunden (vgl. Eschenbacher 1976). Zur Vielzahl der Mauthner-Verehrer gehörte auch Alfred Döblin. Er schickte ihm seinen ersten Roman *Der schwarze Vorhang* mit dem bezeichnenden Untertitel *Roman von den Worten und Zufällen*. Döblins Skepsis und Kritik gilt hier einer psychologisierenden Sprache, die zur Erfassung psychischer Vorgänge ungeeignet sei und die wahren Antriebe menschlichen Handelns verschleiere. Döblins Sprachkritik ist begleitet von der Skepsis gegenüber dem Erkenntnisvermögen des menschlichen Bewusstseins generell. 1904 schreibt er an Else Lasker-Schüler: »wenn man zu *denken* versucht, wird alles bekannte unbekannt; das Rätsel steht unglaublich dicht vor der Tür« (Döblin 1970, S. 26; Hervorhebung T.A.).

Dem entspricht es, wenn Kafkas Hauptfiguren sich gezwungen sehen, eine ihnen rätselhafte Umwelt und Innenwelt immer neu zu interpretieren, und dabei zu keinem gesicherten Ergebnis kommen. Eine der ersten Veröffentlichungen Kafkas, das *Gespräch mit dem Beter* (1909), spricht diese Problematik noch sehr direkt und eher abstrakt an. Der Wahrheitsanspruch gedanklicher Vorstellungen und sprachlicher Äußerungen wird grundsätzlich in Frage gestellt: »Ich erfasse nämlich die Dinge um mich nur in so hinfälligen Vorstellungen, daß ich immer glaube, die Dinge hätten einmal gelebt, jetzt aber seien sie versinkend« (Kafka 1993, S. 91). Begriffe erscheinen als etwas bloß Zufälliges, den Dingen Äußerliches. Die daraus resultierende Unsicherheit wird als »Seekrankheit auf festem Lande« verbildlicht. »Deren Wesen ist so, daß Ihr den wahrhaftigen Namen der Dinge vergessen habt und über sie jetzt in einer Eile zufällige Namen schüttet« (ebd., S. 89).

Das Bewusstsein der **Kontingenz und Konventionalität des sprachlichen Zeichens** und der Fiktionalität aller Zusammenhang stiftenden Sinnkonstruktionen liegt ähnlich Einsteins *Bebuquin* zugrunde. In der Perspektive des Textes liegt die Problematik des Subjekts darin, die Unmöglichkeit, einen Zusammenhang der Welt zu erkennen, eingesehen zu haben und dennoch nicht davon ablassen zu können, einen solchen Zusammenhang zu suchen: »Ich bin geschaffen zu erkennen und zu schauen, aber Deine Welt ist hierzu nicht gemacht; sie entzieht sich uns; wir sind weltverlassen« (Einstein 1992, Bd. 1, S. 125). Die Problematik der Jenseitsverlassenheit ist ähnlich gelagert: »wir brauchen ein Jenseits, glauben es aber nicht« (ebd., S. 128f.). Ähnlich wie bei Benn schlägt bei Einstein jedoch die Klage über das Unvermögen der Erkenntnis um in aggressive Kritik an tradierten Erkenntnisformen. Der Ausdruck des Leidens am Verlust eines kohärenten Weltbildes tritt zurück hinter die Kritik des Versuches, eine solche Kohärenz überhaupt herstellen zu wollen: »Alles unverschämte Einbiegen auf eine Einheit appelliert nur an die Faulheit der Mitmenschen« (ebd., S. 99). Das Denken auf Einheit stiftende Zusammenhänge hin wird im Roman als falscher Beruhigungsversuch gewertet, der die produktive Aktivität des Menschen einschränkt.

Die poetologische Konsequenz aus der Sprach- und Erkenntniskritik Einsteins ist das Programm einer ungegenständlichen, absoluten Kunst, die sich dem Dilemma der gedanklich-begrifflichen Unfassbarkeit der Dinge zu entziehen versucht durch die Befreiung aus dem Zwang einer auf Wirklichkeit bezogenen Sprachverwendung. Einsteins frühem Prosawerk gelingt es dabei einerseits, eine programmatische Kritik und ein ästhetisches Programm zu entwerfen, und andererseits, dieses mit dem phantastisch-grotesken Text gleichzeitig zu realisieren. Die Affinität zum späteren Dadaismus macht dabei deutlich, dass der zeitgenössische Hang zum experimentellen Gedanken- und Sprachspiel nur die andere Seite der Sprach- und Erkenntniskrise ist.

Wissenschaftskritik: Müller-Seidel 1994 (grundlegender Aufsatz).
Erkenntnis- und Sprachkrise: Eibl 1970 (Gustav Sack); Vietta/Kemper 1975, S. 134-176; Eschenbacher 1976; Anz 1977, S. 68-71; Baßler 1996 (Historismus und Moderne); Sprengel 2004, S. 72-95 (in größerem Epochenzusammenhang).

3.4 Technik

Im Sommer 1912 erschien in der *Aktion* eine hymnische Glosse der Schriftstellerin und Journalistin Marie Holzer auf »Das Automobil«. Sie ist eines von vielen Beispielen dafür, dass auch der Expressionismus aus dem *Aktions*-Kreis von dem Technik- und Geschwindigkeitsenthusiasmus des italienischen **Futurismus**, dem in Deutschland seit 1912 vor allem *Der Sturm* Publizität verschaffte, keineswegs unbeeindruckt war:

Das Automobil ist der Anarchist unter den Gefährten. Es rast, Schrecken verbreitend, durch die Welt, losgelöst von althergebrachten Gesetzen. Kein Schienenstrang schreibt ihm die Wege vor; keine Pferdelunge zwingt ihn zu einem vorgeschriebenen Tempo, das in sich selber enggezogene Grenzen hat. Es ist der Herr der unbegrenzten Möglichkeiten (Holzer 1912, S. 205).

Wird hier beiläufig die Eisenbahn gegenüber der anarchischen Freiheit des Autos abgewertet, so sind es in der Zeit des Expressionismus durchaus auch »Eisenbahngedichte« (Mahr 1987), in denen sich Begeisterung über technische Innovation artikuliert. Eines der vielen vom Futurismus inspirierten Gedichte Johannes R. Bechers, der die Übersetzerin der futuristischen Manifeste und Dichtungen Else Hadwiger persönlich gut kannte (Demetz 1990, S. 99-113), heißt »Lokomotiven«. Das berühmteste **Eisenbahngedicht** des Expressionismus ist Ernst Stadlers »Fahrt über die Kölner Rheinbrücke bei Nacht«. Eisenbahn- und Brückenbautechnik zusammen sind hier Bedingungen für ein kurzes, rauschhaftes und kollektives Glückserleben: »Wir fliegen, aufgehoben, königlich durch nachtentrissne Luft, hoch übern Strom« (Stadler 1983, S. 169). Alfred Wolfensteins Gedicht »Fahrt« formuliert die gemeinschaftliche Erfahrung der Befreiung von aller irdischen Gebundenheit in den Versen:

> Seht auf, seht auf .. da steigt und schreit und hebt der Zug
> Uns hoch in Glanz .. das Gleis verstummt .. die Nacht wird Flug ..
> Wir Alle flammen
> Im wildren Schmelz des Sterns zusammen!
> (Wolfenstein 1982, Bd. 1, S. 138)

In Reinhard Sorges Drama *Der Bettler* wird der Traum vom Fliegen (ähnlich wie die dem Sohn hinterlassene Vision des wahnsinnigen Vaters von Maschinen, die die Erde in ein Paradies verwandeln könnten) mystisch-religiös überhöht. In einer Szene betrauern sechs Flieger den Tod eines Kameraden und verleihen ihm den sakralen Sinn eines Opfers, das ihnen Mut und Hoffnung gibt, ihre hohen Ziele weiter zu verfolgen.

Der Flugzeugbegeisterung gleich zu Beginn von Marinettis »Technischem Manifest« des Futurismus ist das nur entfernt verwandt. Wie der Wissenschaftsgläubigkeit des Naturalismus steht die Literatur des Expressionismus, von Ausnahmen abgesehen, der vorbehaltlosen Technikbegeisterung des italienischen Futurismus fern. Auch Bernhard Kellermanns technischer Zukunfts- und Erfolgsroman *Der Tunnel* von 1913, die literarische Utopie einer Tunnelverbindung zwischen Europa und Amerika, die den heroischen Sieg eines amerikanischen Ingenieurs im Kampf gegen die Natur glorifiziert, hat in der Literatur des Expressionismus nicht ihresgleichen. Die Figur des Ingenieurs in Georg Kaisers beiden *Gas*-Dramen (1918 und 1920) ist schon deshalb ungleich problematischer, weil sein Werk zum Exempel für die katastrophalen Folgen einer sich verselbständigenden Technik der Energieerzeugung wird.

Kaiser variiert in diesen Dramen zwei schon ältere **Topoi der Technik-Kritik**, die in der Zeit des Expressionismus immer wieder aufgegriffen werden. Der eine Topos schreibt den Produkten der Technik eine beängstigende Eigendynamik zu, die sich der Kontrolle der Produzenten entzieht (s. Pinthus auf S. 101). Der Autonomiegewinn durch neuzeitliche Rationalität generiert neue Abhängigkeiten. Die von der zivilisierten Vernunft erfolgreich entzauberten Gespenster, Dämonen und mythischen Urgewalten kehren in verwandelter Form zurück. Hugo Balls Vortrag über Kandinsky (s. S. 108f., 111) formuliert, was zahllose Gedichte, Dramen und Erzähltexte in Bilder umsetzen:

Maschinen entstanden und traten an die Stelle der Individuen. Komplexe und Wesen entstanden von übermenschlicher und überindividueller Furchtbarkeit. Angst wurde ein Wesen mit Millionen Köpfen. Kraft wurde nicht mehr nach dem einzelnen Menschen, sondern nach zehntausenden Pferdekräften gemessen. Turbinen, Kesselhäuser, Eisenhämmer, Elektrizität ließen Kraftfelder und Geister entstehen, die ganze Städte und Länder in ihrer furchtbaren Gewalt hatten [...]. Eine Welt abstrakter Dämonen verschlang die Einzeläußerung; verzehrte die individuellen Gesichter in turmhohen Masken; verschlang den Privatausdruck, raubte den Namen der Einzeldinge, zerstörte das Ich und schwenkte Meere von in einandergestürzten Gefühlen gegen einander (Ball 1917, S. 125).

Ein zweiter Topos der Technik-Kritik mischt sich hier mit ein. Der Großindustrielle, Schriftsteller und Politiker Walther Rathenau verbreitete ihn in seinen einflussreichen Schriften *Zur Kritik der Zeit* (Berlin 1912) und *Zur Mechanik des Geistes* (Berlin 1913) unter dem Begriff »**Mechanisierung**«. Die gleichförmige, leblose Mechanik moderner Maschinen greift, in enger Allianz mit Prinzipien ökonomischer Rationalität, auf die Arbeits- und Lebenswelt des Menschen über, kolonisiert den Kopf und den Körper des einzelnen Subjekts, transformiert Individuen in standardisierte Typen oder in funktionable Bestandteile eines größeren Apparates, macht das menschliche Subjekt und auch seine Umwelt gleichsam selbst zu einer Maschine. Kaisers *Gas* führt gleich eine ganze Reihe von Arbeiterfiguren vor, bei denen jeweils nur die Augen, eine Hand, ein Fuß oder ein anderer Körperteil in der Maschinerie der Gas-Produktion aktiv sind. Im Blick auf Kaisers Drama hat Eberhard Lämmert die **Differenzen zwischen Futurismus und Expressionismus** pointiert hervorgehoben:

Ein größerer Gegensatz läßt sich kaum denken als der zwischen dem Aufruf des militanten Mailänder Futuristen Marinetti, die »Schöpfung des mechanischen Menschen mit Ersatzteilen« bringe der Menschheit am Ende auch die Befreiung »vom Tode«, und der Klage einer Arbeiterfrau, die ihren Mann beschreibt, wie er »sein lebelang gestorben war«: Denn der Triebwagen, den er zu führen hat, »rollt immer: Vorwärts – und rückwärts – rückwärts – vorwärts – der Mann rollt mit – weil der Fuß an ihm ist [...].« Sechs Jahre nur trennen diese Texte der fast gleichaltrigen Autoren. Aber zwischen dem *Technischen Manifest* der futuristischen Literatur und Georg Kaisers Schauspiel *Gas*, das dieser Arbeiterfrau das Wort gibt, liegt der Erste Weltkrieg (Lämmert 1994, S. 62).

Das Gas gerät in Kaisers Dramen auch als Bestandteil der Kriegstechnologie in den Blick. Es war wesentlich das Zerstörungspotential der neuen Kriegsmaschinen, das die expressionistische Technik-Kritik forciert hat. Davon zeugt beispielsweise Leonhard Franks Erzählung *Die Kriegswitwe*, auch wenn hier die Kritik auf die Zeit vor dem Krieg rückprojiziert wird. In dem Text steht der Befund, »daß ganz Europa schon vor dem Kriege ein einziger großer Fabriksaal war, in dem nicht Menschen lebt, sondern Maschinen automatisch sich bewegten«, und zwar »Maschinen aus Fleisch und Blut«, die »keine Erinnerung mehr daran haben, daß sie einmal Menschen waren, sondern wie die Maschinen aus Stahl, die sie bedienen, betrieben werden« (Frank 1964, S. 48).

In solchen Zusammenhängen verliert der von den Futuristen und von manchen expressionistischen Texten gefeierte Zuwachs an Geschwindigkeit, den die neuen Technologien ermöglicht haben, an Attraktivität. Das **Tempo der Moderne** ist nicht mehr Verheißung der Befreiung aus erstarrten Ordnungen, sondern ein Disziplinierungsinstrument im Dienste technischer und ökonomischer Rationalität. Bezeichnend dafür ist in Kafkas Amerika-Roman *Der Verschollene* die Beschreibung eines modernen Speditionsgeschäftes. Sie hebt das zwanghafte Tempo der Bewegungsabläufe hervor, die sich nicht zuletzt den neuen Kommunikationstechnologien verdanken. Die Vertreibung des sechzehnjährigen Karl Roßmann aus der europäischen Heimat in die Fremde des modernen Amerika gleicht in dem Roman der Konfrontation des Europäers mit den Modernisierungsprozessen im eigenen Land. Roßmann findet sich in einer neuen Welt, von der sein Onkel sagt: »Alle Entwicklungen gehn hier so schnell vor sich« (Kafka 1983, S. 68). Das Speditionsgeschäft des Onkels ist von dieser Dynamik geprägt: »Mitten durch den Saal war ein beständiger Verkehr von hin und her gejagten Leuten. Keiner grüßte, das Grüßen war abgeschafft« (ebd., S. 67). Das Geschäft ist vor allem auch dadurch charakterisiert, dass es ganz genaue unaufhörliche telephonische und telegraphische Verbindungen mit den Klienten unterhalten mußte. [...] Im Saal der Telephone giengen wohin man schaute die Türen der Telephonzellen auf und zu und das Läuten war sinnverwirrend. Der Onkel öffnete die nächste dieser Türen und man sah dort im sprühenden elektrischen Licht einen Angestellten gleichgültig gegen jedes Geräusch der Türe, den Kopf eingespannt in ein Stahlband, das ihm die Hörmuscheln an die Ohren drückte. Der rechte Arm lag auf einem Tischchen, als wäre er besonders schwer und nur die Finger, welche den Bleistift hielten, zuckten unmenschlich gleichmäßig und rasch. In den Worten, die er in den Sprechtrichter sagte, war er sehr sparsam und oft sah man sogar, daß er vielleicht gegen den Sprecher etwas einzuwenden hatte, ihn etwas genauer fragen wollte, aber gewisse Worte, die er hörte, zwangen ihn, ehe er seine Absicht ausführen konnte, die Augen zu senken und zu schreiben (ebd., S. 66f.).

Was hier an einer amerikanischen Firma beschrieben ist, kannte Kafka ähnlich aus unmittelbarer Anschauung. Zu seinen Aufgaben als Versicherungsangestellter gehörte es, Betriebe aufgrund komplizierter Regeln in bestimmte ›Gefahrenklassen‹ einzustufen. Die Prager Arbeiter-Unfall-Versicherungs-Anstalt war im technisch entwickeltsten Gebiet der Doppelmonarchie tätig und erfasste ein Drittel der österreichischen Industriearbeit. Kafka arbeitete an einem Ort, der ihn wie kaum einen anderen Schriftsteller seiner Generation mit den Modernisierungsfolgen in der damaligen Zeit konfrontierte (vgl. Hermsdorf in Kafka 1984; Koch/Wagenbach 2003).

»Maßnahmen zur Unfallverhütung« ist ein Aufsatz Kafkas von 1910 betitelt. Die Probleme der Unfallverhütung gehörten in dieser Zeit zu seinen wichtigsten Aufgabenbereichen. Dabei setzte er sich auch detailliert mit dem Funktionieren sicherheitsgeschützter Hobel- und Fräsmaschinen auseinander. Deren Beschreibung nimmt sich wie eine Vorübung zu jenen genauen Schilderungen aus, mit der in der *Strafkolonie* dem Leser der Mechanismus des Strafapparats vor Augen geführt wird.

»Gestern in der Fabrik.« So beginnt eine Tagebucheintragung vom 4. Februar 1912. Gemeint ist die Asbestfabrik seines Vaters.

Die Mädchen in ihren an und für sich unerträglich schmutzigen und gelösten Kleidern, mit den wie beim Erwachen zerworfenen Frisuren, mit dem vom unaufhörlichen Lärm der Transmissionen und von der einzelnen zwar automatischen aber unberechenbar stockenden Maschine festgehaltenen Gesichtsausdruck sind nicht Menschen, man grüßt sie nicht, man entschuldigt sich nicht, wenn man sie stößt, ruft man sie zu einer kleinen Arbeit, so führen sie sie aus, kehren aber gleich zur Maschine zurück, mit einer Kopfbewegung zeigt man ihnen, wo sie eingreifen sollen (Kafka 1990, S. 373).

Die distanzierte Beobachtung der Arbeiterinnen, die von der Macht der Maschinen beherrscht sind, vermeidet das Humanitätspathos der expressionistischen Zeitgenossen, hat aber doch Anteil an deren humanem Engagement. Sie »sind nicht Menschen«, heißt es. Die Arbeiterinnen werden es erst wieder, wenn die Arbeit zu Ende ist.

Die Technik-Kritik in der Literatur aus dem Umkreis des Expressionismus, die die gelegentliche Technikbegeisterung an Dominanz in den Schatten stellt, könnte dazu verleiten, in ihr eine Bestätigung der von Charles Percy Snow in den 1950er Jahren formulierten und viel beachteten These über das fatale Neben- und Gegeneinander von »zwei Kulturen« in der modernen Gesellschaft zu sehen: einer naturwissenschaftlich-technischen und einer geisteswissenschaftlich-literarischen.

Lassen wir die naturwissenschaftliche Kultur außer Betracht, so ist von den übrigen westlichen Intellektuellen niemals der Versuch gemacht, der Wunsch geäußert oder die Fähigkeit aufgebracht worden, die Industrielle Revolution zu verstehen, geschweige denn sie hinzunehmen. Die Intellektuellen, und ganz besonders die literarisch Gebildeten, sind die geborenen Maschinenstürmer (Snow 1967, S. 28).

Bei aller Skepsis gegenüber dem technischen Fortschritt, die dem literarischen Expressionismus eigen ist, können ihm weder Ignoranz, noch Inkompetenz in Sachen Technik und schon gar nicht intellektuelle Maschinenstürmerei nachgesagt werden. Ernst Tollers Drama *Maschinenstürmer* wiederholt, was ein Jahr zuvor, 1919, schon sein Stück *Masse Mensch* zu dem Thema in Szene setzte. Der blinden Wut der Masse auf die Maschinen hält die Protagonistin hier die Forderung nach ihrer Umfunktionierung statt Zerstörung entgegen und argumentiert:

> Denn seht: Wir leben zwanzigstes Jahrhundert.
> Erkenntnis ist:
> Fabrik ist nicht mehr zu zerstören.
> (Toller 1978, Bd. 2, S. 81)

Literaturwissenschaft und Expressionismusforschung haben der Beziehung zwischen Literatur- und Technikgeschichte erst seit den späten 1980er Jahren umfassenderes Interesse gewidmet (Segeberg 1987 und 1987a; Großklaus/Lämmert 1989). Bemerkt wurde dabei, dass die Kritik Snows an der Technik-Ignoranz der literarischen Intelligenz auf die Literatur weit weniger zutrifft als auf die Literaturwissenschaft, die den technikgeschichtlichen Kontexten der Literaturgeschichte bis dahin wenig Aufmerksamkeit geschenkt hatte. Erkannt wurde insbesondere auch, dass die literarische Moderne über durchaus differenzierte inhaltliche Auseinandersetzungen mit den Entwicklungsprozessen der Technik hinaus diese gerade auch formal simulierte und reflektierte. Angesichts der vielfältigen Übereinstimmungen zwischen literarischen und »**technisch-industriellen Strukturen der Wirklichkeitsaneignung**« kann, so die Herausgeber des 1989 erschienenen Bandes *Literatur in einer industriellen Kultur*, »von einem Modernisierungsdefizit der kulturellen und ästhetischen Bereiche« nicht mehr die Rede sein (Großklaus/Lämmert 1989, S. 14f.).

In den parataktischen Reihungsgedichten des Expressionismus, die heterogene Teile der Wahrnehmung aneinander fügen, kündigt sich die literarische Technik der **Montage** an, die wiederum Prinzipien der Modernisierung in der Autoindustrie durch Henry Ford zur Voraussetzung hat (Heimböckel 1998). Georg Kaisers abstrakte und künstliche »Denk-Spiele«, mit denen der Autor sich selbst einem ›Ingenieur‹ angleicht, ahmen die »Struktur spezifisch technischer Kalküle nach« (Segeberg 1987, S. 226). Die expressionistischen Tendenzen zur Typisierung der Figuren und zur **Verknappung** des sprachlichen Ausdrucks folgen Prinzipien technischer und ökonomischer Rationalität. »Knappheit, Sparsamkeit der Worte ist nötig«, forderte Döblins »Berliner Programm« des modernen Romans. Der »alte Pegasus« sei »von der Technik überflügelt« worden. Den Beschleunigungseffekten der modernen, präzise funktionierenden Maschinen seien das Tempo und die Genauigkeit des Erzählens zu assimilieren:

Rapide Abläufe, Durcheinander in bloßen Stichworten; wie überhaupt an allen Stellen die höchste *Exaktheit* in suggestiven Wendungen zu erreichen gesucht werden muß (Döblin 1989, S. 122; Hervorhebungen T.A.).

Marinettis »Technisches Manifest«, das *Der Sturm* im Oktober 1912 der deutschen Öffentlichkeit vorstellte, beginnt mit Sätzen, die das Bedürfnis nach einer neuen Sprache aus dem hautnahen Erleben der Flugtechnik ableiten: »Im Aeroplan auf einem Oelzylinder, den Kopf am Bauche des Aviatikers, fühlte ich plötzlich die lächerliche Leere der alten, von Homer ererbten Grammatik. Stürmisches Bedürfnis die Worte aus dem Gefängnisse der lateinischen Periode zu befreien« (Marinetti 1990a, S. 193). »So sprach der surrende Propeller«; er hat das futuristische Sprachprogramm gleichsam diktiert.

Zu den Affinitäten und Differenzen zwischen **italienischer und deutscher Avantgarde** vor dem und im Ersten Weltkrieg sind Anfang der 1990er Jahre wichtige Untersuchungen und Dokumentationen vorgelegt worden (Demetz 1990; Schmidt-Bergmann 1991). Die expressionistische Moderne war, so zeigen sie, vornehmlich an den ästhetischen Innovationen des italienischen Futurismus interessiert. Die Entdeckung der Schnelligkeit und der Simultanität des Verschiedenen, die Befreiung der Wörter aus den Fesseln syntaktischer Regeln und die formsprengende Feier anarchischen Lebens – das alles schien geeignet, die tradierten Kunstkonventionen zu revolutionieren. Doch noch weniger als mit der Technikbegeisterung mochte die deutsche Avantgarde sich mit einem politischen Programm identifizieren, das sich in Sätzen wie diesem zu erkennen gab: »Wir wollen den Krieg preisen, – diese einzige Hygiene der Welt – den Militarismus, den Patriotismus, die zerstörende Geste der Anarchisten, die schönen Gedanken, die töten, und die Verachtung des Weibes« (Marinetti 1990, S. 175). Als sich auch Franz Pfemferts Zeitschrift *Die Aktion* mitten im Ersten Weltkrieg dem vorher missbilligten Futurismus annäherte, um erneut ein Signal für die internationale Solidarität der europäischen Avantgarde zu geben, wusste sie wenig über den nationalistischen Taumel der Kriegsbegeisterung in den futuristischen Kreisen Italiens. In politischer Hinsicht unterschieden sich Futurismus und Expressionismus diametral.

Technik: Daniels 1969; Rademacher 1981 (zum Eisenbahngedicht); Ingold 1987 (Literatur und Aviatik); Segeberg 1987 und 1987a; Mahr 1987 (zum Eisenbahngedicht); Segeberg 1989 (zu Georg Kaisers ›Gas‹-Dramen); Lämmert 1994 (Maschinenmenschen); Loquai 1994; Bergner 1998 (Döblin, Benn, Einstein); Heimböckel 1998; Koch/Wagenbach 2003 (Kafka).
Futurismus und Expressionismus: Demetz 1990 und Schmidt-Bergmann 1991 (Monographische Darstellung und Dokumentation); Schmidt-Bergmann 2000 (knapp zusammenfassend); Oehm 2000; Terpin 2009.

3.5 Apparate der Bürokratie

Mit der zu Beginn des Ersten Weltkrieges aufgenommenen Arbeit am *Proceß* trat Kafka in ein Stadium seines Schreibens ein, in dem er die im *Urteil* und in der *Verwandlung* dargestellten Familienkonflikte in außerfamiliäre Bereiche projizierte. Vater und Mutter verschwinden aus dem Text; sie werden vom Autor ersetzt durch anonyme Instanzen der Macht: durch einen bürokratischen Apparat. Zur Hilfe kamen Kafka dabei ausgerechnet die Erfahrungen, die er auf seinem verhassten »Posten« machte. Der Schriftsteller Kafka kann den Beamten nicht verleugnen. Die bürokratische Welt von Akten, Schriftstücken, Eingaben, Gesetzestexten, Einsprüchen, Statistiken und Bilanzen ist vielfach auch die seiner literarischen Wirklichkeit.

»Bürokratien sind essentieller Bestandteil moderner Gesellschaften«, konstatiert der Verwaltungswissenschaftler Hans-Ulrich Derlien, verweist auf die sozialwissenschaftlichen **Bürokratie-Theorien** um und nach 1900 und stellt verwundert fest, »daß Bürokratisierung und Bürokratie nur partiell und sehr selektiv in der Literatur dieses Jahrhunderts reflektiert sind – mit einer wesentlichen Ausnahme: Franz Kafka.« Seine Romane seien durch »eine ungewöhnlich differenzierte Einsicht in die internen Mechanismen und das soziale Funktionieren von Bürokratie« gekennzeichnet (Derlien 1994, S. 44).

Zu Kafkas Lebzeiten schrieb Max Weber sein säkulares Werk *Wirtschaft und Gesellschaft*. Vom Idealtypus bürokratischer Herrschaft malte er hier ein Bild aus, das mit den literarischen Bildern in Kafkas Romanen manche Ähnlichkeiten hat:

Wo die Bürokratisierung der Verwaltung einmal restlos durchgeführt ist, da ist eine praktisch so gut wie unzerbrechliche Form der Herrschaftsbeziehungen geschaffen. Der einzelne Beamte kann sich dem Apparat, in dem er eingespannt ist, nicht entwinden. Der Berufsbeamte ist [...] mit seiner ganzen materiellen und ideellen Existenz an seine Tätigkeit gekettet. Er ist [...] nur ein einzelnes, mit spezialisierten Aufgaben betrautes, Glied in einem [...] rastlos weiterlaufenden Mechanismus (Weber 1956, S. 578).

Die Gebundenheit der Masse an das Funktionieren der bürokratischen Organisationen nehme stetig zu. »Die ›Akten‹ einerseits und andererseits die Beamtendisziplin, d.h. Eingestelltheit der Beamten auf präzisen Gehorsam innerhalb ihrer gewohnten Tätigkeit, werden damit im öffentlichen wie im privaten Bereich zunehmend die Grundlage aller Ordnung« (ebd.).

Die jüngere Literaturwissenschaft hat ihre Analysen der von Kafka dargestellten Macht- und Abhängigkeitsmechanismen häufig auf Michel Foucault gestützt. Vor allem was seine Schrift *Überwachen und Strafen* über die **bürokratisierten Disziplinierungstechniken** in modernen Gesellschaften ausführt, eignet sich in der Tat vorzüglich dazu, wichtige Aspekte von Kafkas Werk zu kommentieren. Die »Kontrollmaschinerie«, die »um die Menschen einen Beobachtungs-, Registrier- und Dressurapparat aufgebaut« hat; das engmaschige Überwachungssystem, das nicht mehr durch die körperliche Anwesenheit eines höchsten Machthabers, sondern »durch Angestellte, Aufseher, Kontrolleure, Vorarbeiter sichergestellt« ist; die Macht, die nicht mehr etwas ist, was jemand persönlich besitzt, »sondern eine Maschinerie, die funktioniert«; der kleine »Strafmechanismus«, der im Herzen aller Disziplinarsysteme arbeitet und »mit seinen eigenen Gesetzen, Delikten, Sanktionsformen und Gerichtsinstanzen so etwas wie ein Justizprivileg genießt«; die »Mikro-Justiz der Zeit (Verspätungen, Abwesenheiten, Unterbrechungen), der Tätigkeit (Unaufmerksamkeit, Nachlässigkeit, Faulheit), des Körpers (›falsche‹

Körperhaltungen und Gesten, Unsauberkeit), der Sexualität (Unanständigkeit, Schamlosigkeit)« (Foucault 1976, S. 224-230) – all das, was Foucault hier beschreibt, hat kein Schriftsteller der literarischen Moderne so detailliert, genau und umfassend veranschaulicht wie Franz Kafka.

Seine Darstellungen bürokratisch organisierter Macht stellen diese in kein gutes Licht. Ähnlich wie später im *Schloß*-Roman dominiert im *Proceß*, vom Schlusskapitel abgesehen, der Wille des Protagonisten zur Auflehnung gegen die Macht, und er richtet sich weniger gegen einzelne Personen als gegen die ganze »Organisation«. Vor dem Untersuchungsrichter klagt Joseph K. sie mit den Worten an:

»Es ist kein Zweifel, daß hinter allen Äußerungen dieses Gerichtes, in meinem Fall also hinter der Verhaftung und der heutigen Untersuchung eine große Organisation sich befindet. Eine Organisation, die nicht nur bestechliche Wächter, läppische Aufseher und Untersuchungsrichter, die günstigsten Falls bescheiden sind, beschäftigt, sondern die weiterhin jedenfalls eine Richterschaft hohen und höchsten Grades unterhält, mit dem zahllosen, unumgänglichen Gefolge von Dienern, Schreibern, Gendarmen und anderen Hilfskräften, vielleicht sogar Henkern« (Kafka 1990a, S. 69).

Neben den Berufserfahrungen befähigte Kafka zu solchen Darstellungen seine Anteilnahme an den Debatten, die damals über die Bürokratisierung der Gesellschaft geführt wurden. 1910 erschien in der *Neuen Rundschau*, die Kafka regelmäßig las, ein Aufsatz von Alfred Weber mit dem Titel »Der Beamte«. Kafka hat den im Prager Kreis um Max Brod hochangesehenen Bruder des heute berühmteren Sozialwissenschaftlers auch persönlich gekannt. Der an der Prager Universität lehrende Alfred Weber war sein ›Promotor‹ zum juristischen Doktor gewesen. Der genannte Aufsatz verstand sich als Warnung vor einem »kommenden bureaukratischen Zeitalter« und als Aufforderung, sich dem »Götzendienst vor dem Beamtentum« zu verweigern.

Wie später Foucault oder seinerzeit schon Otto Gross, Georg Heym und viele andere Autoren der expressionistischen Generation orientierte sich Alfred Weber mit seinen machtkritischen Impulsen an Nietzsches vitalistischer Kulturkritik. Die Dynamik des »Lebens« ist es, die der bürokratische Apparat abzutöten droht. Zu sehen ist, »wie sich ein riesenhafter ›Apparat‹ in unserem Leben erhebt, wie dieser Apparat die Tendenz besitzt, sich immer weitgehend über früher [...] frei und natürlich gewachsene Teile unsrer Existenz zu legen, sie in seine Kammern, Fächer und Unterfächer einzusaugen [...], wie ein Gift der Schematisierung, der Ertötung alles ihm fremden, individuellen, selbstgewachsenen Eigenlebens dabei von ihm ausstrahlt, wie er an Stelle dessen ein riesenhaftes rechnerisches Etwas setzt« (zit. nach Lange-Kirchheim 1977, S. 202).

Nicht zuletzt die Rede vom »Apparat« ist hier bemerkenswert. Wo immer bürokratische Organisationen der Macht beschrieben werden, stellen sich die Metaphern der Maschinen und Apparate ein. Technik- und Bürokratiekritik überlagern sich in dieser Metaphorik.

Mit der Erzählung *In der Strafkolonie*, deren Niederschrift im Oktober 1914 die Arbeit am *Proceß* unterbrach, hat Kafka die bildliche Rede vom bürokratischen »Apparat« wörtlich genommen. Die von Astrid Lange-Kirchheim 1977 nachgewiesenen Übereinstimmungen mit Alfred Webers Aufsatz zeigen es (vgl. auch Müller-Seidel 1986, S. 71-87). Der »Apparat«, in den die Verurteilten eingespannt werden, ertötet das »Eigenleben« des Subjekts. Die geringfügigste Abweichung von den (absurden) Vorschriften wird mit der schwersten Strafe geahndet. Der Offizier, der den Apparat hingebungsvoll bedient, pflegt und sich ihm schließlich selbst unterwirft, leistet an ihm einen wahren »Götzendienst« (Weber). Der »Apparat« ist eine riesige Schreibmaschine: »Dem Verurteilten wird das Gebot, das er übertreten hat, mit der Egge auf den Leib geschrieben« (Kafka 1994, S. 210). Der Apparat funktioniert, obwohl sein Erfinder längst tot ist, mit Hilfe der kaum entzifferbaren Schriften, die dieser hinterlassen hat. Erst einmal in Gang gesetzt, »arbeitet der Apparat ganz allein« (ebd., S. 204). In Kafkas Geschichte vernichtet er sich schließlich selbst.

In der Strafkolonie schrieb Kafka in eben jenem Kriegsmonat, in dem auch das später von Max Brod so genannte Kapitel »Das Naturtheater von Oklahoma« des Romanfragments *Der Verschollene* entstand. Das Theater, das mit seiner »Werbetruppe« um Mitarbeiter wirbt und Interessenten einen ihnen angemessenen Platz verspricht, ist eine riesige bürokratische und zugleich militärische Organisation. Sie hat frappierende Ähnlichkeiten mit der staatlichen Organisation der Mobilmachung im August 1914 (Anz 2000b). Dass Kafka diese in der Metapher des »größte[n] Theater[s] der Welt« (Kafka 1983, S. 394) veranschaulicht hat, verweist darauf, dass seine Bürokratiekritik auch politische Bedeutungsaspekte hat.

Bürokratie in der Moderne (Kafka, Max und Alfred Weber): Lange-Kirchheim 1977; Müller-Seidel 1986; Anz 1989a, S. 111-125; Derlien 1994.

4. Literatur und Politik

4.1 Aktivismus

Über das Verhältnis von Dichtung und politischem Engagement wurde im Jahrzehnt des Expressionismus ausgiebig debattiert. Maßgebliche Anregungen dazu gab Heinrich Manns zur Jahreswende 1910/11 erschienener Essay »Geist und Tat«. Über ihn schrieb später der damals der *Aktion* nahe stehende Autor Kurt Kersten im Rahmen der ›Expressionismusdebatte‹ (s. S. 198ff.) von 1937/38: »Dieser Aufsatz wurde das Programm einer Gruppe von Schriftstellern, die man als Expressionisten bezeichnet« (Kersten 1987, S. 98).

Die Aktion, *Tätiger Geist* (Hiller 1918), *Die Politiker des Geistes* (Müller 1917), *Der politische Dichter* (Hasenclever 1919) – solche Titel provozierten die damals dominierenden Vorstellungen von Dichtung und zeugen für eine auf öffentliche Wirksamkeit bedachte Umorientierung der literarischen Intelligenz. Derartige Umorientierungen zeigen sich allerdings auch im nationalkonservativen Bereich des damaligen intellektuellen Kräftefelds, zum Beispiel in der 1909 begründeten und seit 1912 im Eugen Diederichs Verlag erscheinenden Monatsschrift *Die Tat* (vgl. Rothe 1969, S. 9ff.).

Die **Einheit von Geist und Tat**, die Heinrich Mann in seinem Manifest mit Hinweis auf die Vorbildhaftigkeit der französischen Kulturtradition postulierte, schloss für ihn unter den gegebenen Verhältnissen in Deutschland die Einheit von Geist und Macht aus: »Ein Intellektueller, der sich an die Herrenkaste heranmacht, begeht Verrat am Geist« (Mann 1910/11, S. 272). So lautete die von den zeitgenössischen Linksintellektuellen wiederholt als Kernsatz des Essays zitierte Absage an die Repräsentanten des Wilhelminischen Obrigkeitsstaates. Sie entsprach ganz dem **antiautoritären Impuls** der expressionistischen Bewegung. Mit der Kritik an der Mentalität der Deutschen, die den ›großen Männern‹ mehr vertrauten als sich selbst, und an einer Intelligenz, die fern den Belangen des ›Volkes‹ und der politischen Praxis ihre Erfolge im selbstgenügsamen Spiel der reinen Vernunft und Poesie suchte, profilierte sich Heinrich Mann zur Leitfigur der expressionistischen Linksintellektuellen. Ihr politisches Denkspektrum umfasste jenseits der Richtlinien der parlamentarisch offiziell vertretenen Linkspartei SPD (vgl. Peter 1972, S. 29-36) radikaldemokratisch-syndikalistische Positionen (*Die Aktion*), einen staats-, partei- und gewerkschaftsfeindlichen Bohemeanarchismus (in der Münchener Literatenszene) sowie geistesaristokratische Staatskonzepte (Hiller, Wolfenstein).

»Werdet politisch!« forderte im Juni 1914 ein Aufruf. Der »jungen Zeit« bescheinigte er, dass sie »aus dem romantisch ästhetisierenden Zellenleben einer George-Bergson-Generation in eine Vergesellschaftung und Tatengemeinschaft umschlägt« (Kanehl 1914, S. 4). Das Politikverständnis dieser zwischen den Klassen und Parteien ›freischwebenden‹ Intellektuellen (vgl. Stark 1982) basierte weniger auf einem analytischen Verständnis der sozialen und politischen Kräfteverhältnisse in der pseudokonstitutionellen Monarchie (Wehler 1975, S. 60ff.), es war vielmehr Teil ihres allgemeinen kulturkritischen Räsonnements. In diesem Sinne bescheinigte Kurt Pinthus 1917 den jungen Autoren ihre

> entschiedene Hinwendung zum Politischen. Sie erkannten, daß das wirklich Politische nicht die Realpolitik des Tages, nicht Lösung von Territorialproblemen oder Erfindung diplomatischer Methoden ist, sondern eine edlere, wirksamere Politik, die sich direkt an den Menschen wendet. Es ist eine Politik, die nicht durch Zustände den Menschen, sondern durch Menschen die Zustände ändert, weil sie überzeugt ist, daß der aufgerüttelte, erkennende, bessere Mensch sich selbst die besseren Zustände, besseren Staat, bessere Wirtschaft, ein lebenswerteres Leben schafft! (Pinthus 1918, S. 140f.)

Nicht so sehr die soziale Lage unterprivilegierter Schichten provozierte die literarische Intelligenz jenes Jahrzehnts zur außerparlamentarischen Opposition, sondern die ›Unkultur‹, der ›Ungeist‹ der den Staat repräsentierenden Institutionen und Personen. *Die Aktion*, im Frühexpressionismus (vor den Zeitschriften *Pan*, *Kain*, *Wiecker Bote* oder *Revolution*) das wichtigste Organ der politisierten literarischen Intelligenz (Peter 1972), begriff ihre Öffentlichkeitsarbeit als einen ›Kulturkampf‹, und zwar zugunsten der überparteilichen »Idee der Großen Deutschen Linken« (ebd., S. 19).

Der Titel von Ludwig Rubiners 1912 in der *Aktion* erschienenem Manifest »Der Dichter greift in die Politik« wurde zum viel zitierten Slogan des politischen Expressionismus. Auch diesem Manifest ging es keineswegs um tagespolitische Probleme und soziale Interessen, sondern um eine globale Kritik ›ungeistiger‹ Zivilisation und der im Entwicklungsdenken des 19. Jahrhunderts befangenen Fortschrittsgläubigkeit. Solcher Kritik fiel auch der **Marxismus** anheim: »Der marxistische (Evolutions-)Nachweis, daß die Zivilisation des 19. Jahrhunderts einmal allen verfügbar sein muß – ist eine Überschätzung dieser Zivilisation« (Rubiner 1912, Sp. 712). Der politische Dichter ist für Ludwig Rubiner der Protagonist des gegen Materialismus und Zivilisation rebellierenden Geistes. In diesem Selbstverständnis stand er dem Marxismus so fern wie der Arbeiterbewegung.

Identifikationsmöglichkeiten bot ihm jenseits der bürgerlichen und proletarischen Klasse der ›fünfte Stand‹: das Sub- oder ›Lumpenproletariat‹. An der Stelle eines proletariatsgläubigen Marxismus steht eine **Kompilation christlich-humanistischer Traditionen und anarchistischer Theorieelemente** Bakunins, Kropotkins und Stirners. Ein ›Arbeiterdichter‹ wie Paul Zech, der in Kohlebergwerken des Ruhrgebiets und in Eisenhütten Belgiens und Frankreichs tätig war und diese Erfahrungswelt zum Stoff seiner Lyrik und Prosa machte, Gedichte wie Karl Ottens »Arbeiter!« (vgl. den Abschnitt »Moderne Arbeitswelt« in Vietta 1976, S. 140-154) waren im Expressionismus eher Ausnahmeerscheinungen.

»Politik ist die Veröffentlichung unserer sittlichen Absichten«, definierte Rubiner (1912, Sp. 645). Mit **ethischem Engagement** sollte sich Literatur an den ideologiepolitischen Diskussionen der Zeit aktiv beteiligen. Kunst nicht mehr um der Kunst, sondern um handlungsorientierender Ziele willen zu produzieren, literarische Tätigkeit also pragmatisch als sprachliches Handeln zu begreifen, das stand hinter der Forderung nach einem in die Politik eingreifenden Dichter. Nicht schön, sondern effektvoll sollten seine Texte sein. Ein Gedicht Johannes R. Bechers beginnt mit dem Vers »Der Dichter meidet strahlende Akkorde«. Der aufrührerische Gestus kommt ohne konkrete Inhalte aus: »Er stößt durch Tuben, peitscht die Trommel schrill / Er reißt das Volk auf mit gehackten Sätzen.« Der verbale Aktivismus versteht sich als »Vorbereitung« (so der Titel) auf eine Situation, die noch nicht da ist. Mehrfach wiederholt und variiert er den Vers: »Ich lerne. Ich bereite vor. Ich übe mich« (in Pinthus 1959, S. 213).

Kurt Hiller versuchte, seine literaturpolitische Position seit 1916 in den von ihm herausgegebenen *Ziel*-Jahrbüchern als Programm des ›Aktivismus‹ durchzusetzen. Zum Abschluss des ersten Bandes, dem ein Nachdruck von Heinrich Manns »Geist und Tat« vorangestellt ist, fasst Hiller seine früheren Schriften in dem umfangreichen Manifest »Die Philosophie des Ziels« zusammen. Hier stehen die programmatischen Sätze:

Geist und Praxis – das war ehemals eine Antithese; heute bezeichnen diese Worte eine korrelative Abhängigkeit. Der Geist setzt die Ziele, die Praxis verwirklicht sie. [...] Geist, der nicht Ziele setzte, nämlich ›praktische‹ Ziele, wäre onanistischer Unfug; Praxis, die anderes als das durch den Geist Gebotene würde verwirklichen wollen, wäre Geschäft oder Paranoik oder Sport. Wie der Geist der Praxis bedarf, um erfüllt zu werden, so bliebe Praxis ohne den Geist leer. Die Praxis ist der Arm des Geistes, der Geist das Hirn der Praxis. Praxis: das Feldheer; Geist: der Feldherr. Beide sind aufeinander angewiesen, keines kann des anderen entraten (Hiller 1916a, S. 209).

Der von den *Ziel*-Jahrbüchern (1916-1924) und zum Teil auch von Alfred Wolfensteins Jahrbüchern *Die Erhebung* (1919, 1920) propagierte **Aktivismus** (dokumentiert von Rothe 1969) stand im Spätexpressionismus im Zentrum der Diskussionen über das Verhältnis von Literatur und Politik. In einer frühen Besprechung des ersten, von der Zensur wegen seiner pazifistischen Tendenzen Anfang 1916 verbotenen Jahrbuchs schätzte Theodor Heuß (der spätere Bundespräsident der BRD) unter dem Titel »Die Politisierung des Literaten« die literarhistorische Bedeutung des Aktivismus wohl richtig ein. Trotz mancher Vorbehalte gegenüber der Phrasenhaftigkeit und dem Pathos vieler Aufsätze schrieb er anerkennend:

Der Literat entrinnt seiner selbstgewollten oder halb erzwungenen Vereinsamung; er bindet sich an sachliche Ziele und Zwecke und begibt sich damit in den Kreis einer überpersönlichen Verantwortung. Welche Wohltat für einen überwiegend asozialen Typus, dessen egozentrisches Weltbetrachten kaum noch viel mehr als einen Kreis oder eine Clique umfaßte! [...] den Literaten aus der Spazierwiese der ästhetischen Wertungen oder des selbstgenießerischen Skeptizismus herauszulocken und ihn zum Kampf für die Idee, für ethische Werte, für öffentliche Reinlichkeit, meinethalben für das »Vernünftige« einzustellen, das bleibt verdienstlich, insofern es Betrachtende in Tätige zu verwandeln vermag (Heuß 1916, Sp. 659).

Der prominenteste **Kritiker des Aktivismus** war **Thomas Mann**. Der politisierten Intelligenz hielt er 1918 seine *Betrachtungen eines Unpolitischen* entgegen. Grundlegende und zusammenfassende Gedankengänge dieses durch und durch antiexpressionistischen Buches veröffentlichte er im November 1916 im Rahmen der Besprechung einer neuen Ausgabe von Eichendorffs *Taugenichts*. Hier setzt er sich ausdrücklich mit Hillers erstem *Ziel*-Jahrbuch auseinander (zusammen mit der Replik Hillers abgedruckt in Anz/Stark 1982, S. 273-288). Thomas Mann übernahm mit diesem Aufsatz als Repräsentant des deutschen Bürgertums aktiv die Rolle des entschiedenen Gegners der jüngsten Literatur und seines ihr geistig verbundenen Bruders Heinrich.

Thomas Manns Distanz zu Hiller und zum Expressionismus ist jedoch nicht so groß, wie es das von den Kontrahenten geäußerte Selbstverständnis nahe legt. Zwar findet man im Umkreis des antinational und antibürgerlich eingestellten Expressionismus nicht die für Thomas Mann so charakteristische Berufung auf eine spezifisch deutsch-bürgerliche Kulturtradition, doch sind der antizivilisatorische Affekt (bei den Expressionisten allerdings nicht wie bei Thomas Mann antifranzösisch aufgeladen), der Rekurs auf Nietzsche und die Aversion gegenüber der Realpolitik den Streitenden gemeinsam. Mit Hiller verband Thomas Mann auch das bohemefeindliche und das geistesaristokratische Selbstverständnis.

Will man Thomas Manns Position in der Literaturszene der 1910er Jahre historisch adäquat einschätzen, so ist weiterhin zu bedenken, dass der Aktivismus der *Ziel*-Jahrbücher auch innerhalb der expressionistischen Bewegung zum Teil mit Argumenten kritisiert wurde, die denen Thomas Manns recht nahe kamen. Schon in das erste Jahrbuch hatte Hiller eine Kritik seiner eigenen Position aufgenommen: Franz Werfels fiktiven Brief an einen Staatsmann (mit dem offensichtlich Hiller angesprochen war), in dem der Satz steht: »Ich kann gar nicht beschreiben, wie kontradiktorisch für mich die Begriffe Poesie und Politik sind!« (Werfel 1916, S. 95). Einen nicht-fiktiven, offenen Brief an Kurt Hiller veröffentlichte der bei der literarischen Jugend hoch angesehene Werfel, zwei Monate nach Erscheinen von Thomas Manns Taugenichts-Aufsatz, in der *Neuen Rundschau*. Wie bei Mann ist hier der Hauptgegner die Zivilisation, der »Urquell aller Verzweiflung«, der »Mikrobenherd im Geschwür der aussätzigen, sich krümmenden Menschheit« (Werfel 1917, S. 100). Unter Berufung auf christliche Traditionen und auf den Anarchismus stellte Werfel der politisch aktiven Erneuerung der Gesellschaft und des Staates die Erneuerung des Einzelnen und seines Bewusstseins entgegen – eine Gegenüberstellung, die Hiller in seiner Replik mit dem Hinweis auf die Theologie eines aktiven Christentums nicht gelten ließ.

Die öffentlichen Diskussionen, die Hiller mit Thomas Mann und Franz Werfel führte, waren nicht die einzigen Aktivismus-Debatten in der zweiten Hälfte des Jahrzehnts. Doch sind die gegenseitigen Argumente weithin gleich geblieben. Der Aktivismus hatte seine innerexpressionistischen Gegner einmal im Lager derer, die wie Werfel der prinzipiellen Unvereinbarkeit von Geist und Tat, Dichtung und Politik das Wort redeten und einem organisatorischen Zusammenschluss der ›Geistigen‹ grundsätzlich misstrauten, zum anderen innerhalb der literarischen Linken besonders im Umkreis der *Aktion*. Als sich jedoch in den ersten Revolutionstagen im November 1918 der Aktivistenbund (»Bund zum Ziel«) als »Rat geistiger Arbeiter« im Reichstag konstituierte, repräsentierte dessen Programm (abgedruckt in Anz/Stark 1982, S. 288-281) immerhin den republikfreundlichen, USPD-nahen Standort eines gewichtigen und prominenten Teils der damaligen Intelligenz.

Literatur und Politik: Kolinsky 1970 (grundlegend); Peter 1972 (Die Aktion); Larcati 2002 (Zola-Rezeption).

Aktivismus: Raabe 1964b (Dokumente aus »Die Aktion«); Rothe 1969 (Dokumente); Habereder 1981 (Kurt Hiller); Kreuzer/Helmes 1981 (Robert Müller); Fischer 1994 (Österreich); Stark 1982 und 2000.
Anarchismus: Fähnders 1987 (vor 1910); Berg 1999 (Dada); Sprengel 2005.

4.2 Krieg

Wie die Herzen der Dichter sogleich in Flammen standen, als jetzt Krieg wurde! [...] Wir hatten an den Krieg nicht geglaubt, unsere politische Einsicht hatte nicht ausgereicht, die Notwendigkeit der europäischen Katastrophe zu erkennen. Als sittliche Wesen aber – ja, als solche hatten wir die Heimsuchung kommen sehen, mehr noch: auf irgendeine Weise ersehnt; hatten im tiefsten Herzen gefühlt, daß es so mit der Welt, mit unserer Welt nicht mehr weiter gehe. Wir kannten sie ja, diese Welt des Friedens. [...] Wimmelte sie nicht von den Ungeziefern des Geistes wie von Maden? Gor und stank sie nicht von den Zersetzungsstoffen der Zivilisation? [...] Wie hätte der Künstler, der Soldat im Künstler nicht Gott loben sollen für den Zusammenbruch einer Friedenswelt, die er so satt, so überaus satt hatte! Krieg! Es war Reinigung, Befreiung, was wir empfanden, und eine ungeheure Hoffnung. Hiervon sagten die Dichter, nur hiervon (Mann 1914, S. 530ff.).

Als Thomas Mann diese »Gedanken im Krieg« im November 1914 publizierte, konnte er sich des Beifalls der deutschen Öffentlichkeit sicher sein. Über jene legendär gewordene Euphorie, die Anfang August 1914 das ganze deutsche Volk zu ergreifen schien, schrieb Hugo Ball 1918 in seinem Pamphlet *Zur Kritik der deutschen Intelligenz*: »Was man die deutsche Mentalität nennt, hat sich berüchtigt gemacht: kaum eine offizielle Persönlichkeit, die sich nicht kompromittierte. Pastoren und Dichter, Staatsleute und Gelehrte wetteiferten, einen möglichst niedrigen Begriff von der Nation zu verbreiten« (Ball 1919, S. 2). Der kriegsbegeisterten Stimmung in diesen Monaten vermochten sich auch unter den jungen Künstlern viele nicht zu entziehen. Oskar Kokoschka, Rudolf Leonhard, Franz Marc, Ernst Toller meldeten sich als Kriegsfreiwillige. Andere, wie Alfred Lichtenstein, Ernst Wilhelm Lotz oder Reinhard J. Sorge, drückten feierlich ihre Schicksalsbereitschaft aus. In der *Neuen Rundschau* publizierten die literarisch Arrivierteren ihre Kriegsapologien, neben Thomas Mann auch die dem Expressionismus verbundenen Autoren Alfred Kerr, Franz Blei, Robert Musil und Alfred Döblin (alle 1914). Selbst der für die Wilhelminische Gesellschaft zuvor untragbare, von der Zensur vielfach verfolgte und von der jungen Generation verehrte Frank Wedekind schrieb nun patriotische Zeitungsartikel (Kellermann 1915, S. 451-454).

Der als kulturrevolutionäres Ereignis gefeierte Krieg schien jene Werte zu verwirklichen, die der Expressionismus der Welt des mittlerweile über vierzigjährigen Friedens so aggressiv entgegengestellt hatte: eine die Isolation des Künstlers überwindende Gemeinschaft, eine die Dekadenz aufhebende Vitalität und eine den sozial unverbindlichen Ästhetizismus verabschiedende politische Verantwortlichkeit. Wilhelm Herzog, der mit Heinrich Mann, Franz Pfemfert, Karl Kraus, Annette Kolb, Johannes R. Becher, Walter Hasenclever, Leonhard Frank, Franz Werfel, Arthur Schnitzler, Ricarda Huch und vielen anderen zu der in ihrer Größe nicht zu unterschätzenden Gruppe von Schriftstellern gehörte, die sich durch auffälliges Schweigen, offene Kritik oder zumindest vorsichtige Distanz der allgemeinen Stimmung verweigerte, versuchte in seiner von der Kriegszensur bald verbotenen Zeitschrift *Das Forum* im Rahmen einer Entgegnung auf Thomas Manns Aufsatz die Motivationsbasis für den Kriegsenthusiasmus innerhalb der literarischen Intelligenz so zu beschreiben:

Da brach der Krieg herein. Und aus kultivierten ichsüchtigen Ästheten wurden Politiker, Volksanbeter. Jetzt schwuren sie ihren Individualismus ab und wollten nur noch Masse sein. [...] Der ahnungslose Kulturmensch jedoch war überrascht, staunte und pries die neue, die herrliche, die große Zeit. Zum erstenmal fand er, der sich bisher mit seiner Indifferenz brüstete, einen Zusammenhang mit seinen Mitmenschen, ja, ihm kamen geradezu soziale Ideen, und aus den kleinen Ichs von gestern wurden plötzlich unterwürfige Enthusiasten der Masse, die keinen anderen Ehrgeiz mehr kennen wollten, als sich dem Mann mit der schwieligen Faust zu verbrüdern. [...] Ja, sie brauchten den Krieg als Erlebnis; sie fühlten sich befreit und gereinigt, und berauscht sprechen sie mit Vorliebe vom Segen des Krieges (Herzog 1914/15, S. 554f.).

Herzog bezieht sich hier zwar auf Autoren vom Typus Thomas Mann, Hofmannsthal oder Borchardt, die durch den Krieg mit einem Male politisiert schienen, doch treffen seine Überlegungen auch die Autoren der expressionistischen Generation, die sich in ihrer antiästhetizistischen Position auf großartige Weise bestätigt sahen. In den Phantasien mancher Autoren aus dem Umkreis des Expressionismus war der Krieg schon vor seinem Ausbruch als Alternative zur langweiligen, banalen und aller Vitalität beraubten Ordnung des Kaiserreichs antizipiert worden (s. S. 59ff.). In Georg Heyms oft zitierten Tagebuchaufzeichnungen ist die als Kritik der Gegenwart geäußerte Sehnsucht nach dem Krieg austauschbar mit der nach einer Revolution:

Mein Gott – ich ersticke noch in meinem brachliegenden Enthusiasmus in dieser banalen Zeit. Denn ich bedarf gewaltiger äußerer Emotionen, um glücklich zu sein. Ich sehe mich in meinen wachen Phantasieen, immer als einen Danton, oder einen Mann auf der Barrikade, ohne meine Jakobinermütze kann ich mich eigentlich gar nicht denken. Ich hoffe jetzt wenigstens auf einen Krieg. Auch das ist nichts (Heym 1960, Bd. 3, S. 164).

Schon gut ein Jahr vorher, im Juli 1910, hatte Heym notiert:

Es ist immer das gleiche, so langweilig, langweilig, langweilig. Es geschieht nichts, nichts, nichts. Wenn doch einmal etwas geschehen wollte, was nicht diesen faden Geschmack von Alltäglichkeit hinterläßt.
Würden einmal wieder Barrikaden gebaut. Ich wäre der erste, der sich darauf stellte, ich wollte noch mit der Kugel im Herzen den Rausch der Begeisterung spüren. Oder sei es auch nur, daß man einen Krieg begänne, er kann ungerecht sein. Dieser Frieden ist so faul ölig und schmierig wie eine Leimpolitur auf alten Möbeln. Was haben wir auch für eine jammervolle Regierung, einen Kaiser, der sich in jedem Zirkus als Harlekin sehen lassen könnte. Staatsmänner, die besser als Spucknapfhalter ihren Zweck erfüllten, denn als Männer, die das Vertrauen des Volkes tragen sollen (ebd., S. 138f.).

Auf der Basis einer ähnlichen, ebenfalls von Nietzsche angeregten vitalistischen Dekadenzkritik (s. S. 53) veröffentlichte der spätere Aktivist Robert Müller 1912 in einem Sonderheft *Krieg* der frühexpressionistischen Wiener Zeitschrift *Der Ruf*, dessen Reinerlös dem Verein zur Schaffung einer österreichischen Luftflotte zugedacht war, eine Apologie des Krieges. »Der Krieg ist nicht als solcher wünschbar«, hieß es hier einschränkend, »sondern in seinen ethischen Erscheinungen und in seiner Produktivität« (Müller 1912, S. 7). Dies entspricht der Einstellung gegenüber dem realen Krieg, die zwei Jahre später in weiten Teilen der deutschen Intelligenz dominierte. Nicht als politisches, ökonomisches oder militärstrategisches Geschehen, sondern als qualitativ neue Erlebnisquelle wurde der Krieg so begeistert begrüßt (s. S. 60).

Wie sich **Krieg und Kunst** miteinander vereinbaren ließen, zu dieser häufig gestellten Frage hatte wiederum Thomas Mann wichtige Diskussionsanregungen gegeben. Die von ihm konstruierten Gegensätze und Entsprechungen (Kultur vs. Zivilisation = Krieg vs. Friede = Soldat vs. Zivilist = Künstler vs. Zivilisationsliterat) stützten sich unter anderem auf militärästhetische Phänomene wie Organisation, Ordnung, Exaktheit, repräsentativer Schmuck, die in Verbindung mit Begeisterung, Risikobereitschaft und Engagement gemeinsame Merkmale des Soldaten und Künstlers seien. Mit solchen Denkformen stand Thomas Mann auch jenen Expressionismusanhängern fern, die anfangs noch den Krieg als Verbündeten der neuen Kunst hinstellten. Im Umkreis des Expressionismus wurden freilich solche Stellungnahmen schon Anfang 1915 selten.

Zu dieser Zeit überschrieb der dieser Bewegung nahestehende Kunstkritiker Wilhelm Hausenstein in den *Weißen Blättern* einen Aufsatz mit »Für die Kunst«. Der Leser wusste nach der Lektüre, wie er den Titel zu ergänzen hatte: Gegen den Krieg. »Kein Krieg bringt Kunst hervor«, behauptet Hausenstein hier, und gegen die aufblühende Kriegsliteratur, die in diesen Jahren vor allem in der Lyrik große quantitative Erfolge aufweisen konnte, wendet er ein: »Weshalb ist das meiste, das mit künstlerischem Anspruch aus dem Krieg und für den Krieg gezeichnet und geschrieben wird, so belanglos? [...] Wie kam es, daß ungefähr alle europäischen Dichter und gerade die Dichter Schwaches oder baren Unsinn geschrieben haben, als sie vom Krieg zu reden anfingen – wobei Inhalt und Form gleich unwert waren?« (Hausenstein 1915, S. 40). Besonders mit den Abstraktionstendenzen in der neuen Kunst sei der Krieg unvereinbar: »Der Krieg ist etwas ungeheuer Gegenständliches. Nur die im Gegenständlichen wirken können, sind jetzt Künstler: Militärs, Politiker, Techniker, Organisatoren. Die Kunst, mit der wir bis an die Schwelle des Krieges gegangen waren, war nicht gegenständlich. Wir lebten im Sommer 1914 in einem Augenblick, in dem die Kunst zu einer unerhört abstrakten Formalität gediehen war« (ebd., S. 46).

In Hausensteins Parteinahme für die Kunst und gegen den Krieg fand freilich eine **pazifistische Antikriegskunst**, wie sie schon ab 1915 für die expressionistische Literaturszene prägend wurde, keine Berücksichtigung. Sie entsprach eher der aktivistischen Kunstauffassung, die sich gerade durch den Krieg besonders legitimiert sah. »Kein einziger Expressionist war Reaktionär. Kein einziger war nicht Anti-Krieg. Kein einziger, der nicht an Brüderschaft und Gemeinschaft glaubte.« Die so pauschal von Iwan Goll (1921, S. 108) rückblickend beschriebene Einstellung der Expressionisten zum Krieg trifft nicht die Sachlage in den ersten Monaten nach seinem Beginn, doch schon ein Jahr danach findet sich in der Tat kaum mehr ein dem Expressionismus nahe stehender Intellektueller, der mit Pro-Kriegsäußerungen an die Öffentlichkeit getreten wäre. Im Gegenteil: Die aktiven Pazifisten stammten während des Ersten Weltkriegs zu weiten Teilen aus der expressionistischen Bewegung, und die expressionistischen Zeitschriften wurden zum wichtigsten Forum intellektueller Kriegsgegnerschaft. Die Kriegsbegeisterung der jungen Künstler hatte oft nur wenige Monate, manchmal wenige Tage angedauert. Desillusioniert wurden sie unter anderem durch die mit tradierten Kriegs- und Heldenvorstellungen nicht mehr übereinstimmende Realität der Materialschlachten, durch die Zerstörungskraft der neuen Kriegstechniken (s. S. 120f.), durch das Massensterben an der Front und die vielen Gefallenen gerade auch aus den eigenen Reihen.

Im September 1914 schrieb der in Galizien eingesetzte Sanitätsleutnant Georg Trakl nach der Schlacht bei Grodek ein innerhalb der 1914 einsetzenden Flut von Kriegslyrik (Anz/Vogl 1982) singuläres Gedicht, sein letztes. Mit dem lyrischen Sujet des goldenen Herbstabends kontrastiert dieser Klagegesang in kühnen Bildkombinationen und in Dissonanzen zwischen metrischer wie syntaktischer Fragmentierung und erhabener Rhythmisierung die »schwarze« Szenerie des Todes.

Grodek

Am Abend tönen die herbstlichen Wälder
Von tödlichen Waffen, die goldnen Ebenen
Und blauen Seen, darüber die Sonne
Düster hinrollt; umfängt die Nacht
Sterbende Krieger, die wilde Klage
Ihrer zerbrochenen Münder.
Doch stille sammelt im Weidengrund
Rotes Gewölk, darin ein zürnender Gott wohnt
Das vergoßne Blut sich, mondne Kühle;
Alle Straßen münden in schwarze Verwesung.
Unter goldnem Gezweig der Nacht und Sternen
Es schwankt der Schwester Schatten durch den schweigenden Hain,
Zu grüßen die Geister der Helden, die blutenden Häupter;
Und leise tönen im Rohr die dunkeln Flöten des Herbstes.
O stolzere Trauer! ihr ehernen Altäre,
Die heiße Flamme des Geistes nährt heute ein gewaltiger Schmerz,
Die ungebornen Enkel.
(Trakl 1969, Bd. 1, S. 167)

Trakl erlitt unter dem Eindruck der Schlacht einen Nervenzusammenbruch, versuchte sich zu erschießen und wurde zur Beobachtung in das Garnisonshospital Krakau eingewiesen. Dort nahm er sich mit einer Überdosis Kokain das Leben. Else Lasker-Schüler gedachte seiner in zwei Versen:

Georg Trakl

Georg Trakl erlag im Krieg von eigener Hand gefällt.
So einsam war es in der Welt. Ich hatt ihn lieb.
(Lasker-Schüler 1996, Bd. I.1, S. 198)

Trakls Gedicht erschien 1915, das von Lasker-Schüler 1917. Die Stimmen der Klage und der Trauer, die sich in den Veröffentlichungen der Expressionisten während des Krieges häuften, waren Zeichen für einen Mentalitätswandel, der die anfängliche Euphorie hinter sich ließ.

Rudolf Leonhard, Fritz von Unruh, Ernst Toller, der damals noch sehr junge Bertolt Brecht oder Klabund sind bekannte Beispiele für Wandlungen von der Kriegsbegeisterung zur Kriegskritik. Sie vollzogen sich, glaubt man den Erinnerungen der betroffenen Autoren (s. S. 67), häufig in Form schockhafter Schlüsselerlebnisse. Die expressionistischen Aufrufe zur Erneuerung des Menschen und der Gesellschaft fielen nun zusammen mit den **Appellen zur Beendigung des Krieges**. Dieser wurde allenfalls noch als notwendiges Durchgangsstadium zu der erhofften neuen Ära des Friedens und der Mitmenschlichkeit akzeptiert. In Hasenclevers Revolutionstragödie *Antigone* von 1917, in der die klassische Tragödienheldin zur Leitfigur des internationalen Pazifismus wird, spricht »ein Mann aus dem Volke« die hoffnungsvollen Sätze:

> Paläste wanken. Die Macht ist zu Ende.
> Wer groß war, stürzt in den Abgrund,
> Die Tore donnern zu.
> Wer alles besaß, hat alles verloren;
> Der Knecht im Schweiß seiner Hände
> Ist reicher als er.
> Folgt mir! Ich will euch führen.
> Der Wind steigt aus den Trümmern,
> Die neue Welt bricht an.
> (Hasenclever 1990, Bd. II.1, S. 415)

Die leitenden, primär ethisch motivierten Ideen der intellektuellen Opposition gegen den Krieg waren Brüderlichkeit, Gemeinschaft und Gewaltlosigkeit. Die Beschwörung einer partei- und klassenübergreifenden ›Volksgemeinschaft‹, mit der Wilhelm II. im August 1914 auch die vorher staatskritischen Intellektuellen ideologiepolitisch zu integrieren verstand, wurde von den meisten bald als zu national begrenzt empfunden. Sie stellten ihr die ins Internationale ausgeweitete Utopie der **Menschheitsverbrüderung** gegenüber oder – etwas bescheidener und politisch konkreter – die Vorstellung eines europäischen Völkerbundes. Die antinationalistische Idee der Völkerverständigung und der europäischen Gemeinschaft prägte 1914/15 die anfangs weniger kriegs- als kriegspropagandakritischen Aufsätze in Wilhelm Herzogs *Forum*, das sich auch in der Auswahl seiner Beiträger und der Themen betont international gab. Programmatisch hob seine ›europäische Gesinnung‹ auch 1917 das *Zeit-Echo* unter dem neuen Herausgeber Ludwig Rubiner hervor. Für Franz Pfemferts *Aktion* war die forcierte Beschäftigung mit Autoren und Kulturen jenseits deutscher Grenzen ebenfalls von programmatisch antinationaler Bedeutung. Sondernummern der Zeitschrift sind Schriftstellern aus Russland, England, Frankreich, Italien, Polen, Belgien und der Tschechoslowakei gewidmet.

Der expressionistische **Internationalismus** hob sich bewusst ab von dem *Krieg der Geister* (Kellermann 1915), in dem sich parallel zum militärischen Kampf die künstlerische und wissenschaftliche Intelligenz der kriegführenden Länder ihre Gefechte lieferte. Gerhart Hauptmann und Thomas Mann exponierten sich als geistige Repräsentanten Deutschlands. Thomas Mann, der vor dem Krieg in den Zeitschriften des Expressionismus noch mit gewisser Sympathie rechnen konnte und Beiträge in der *Aktion* und im *Forum* erscheinen ließ, wurde aufgrund seiner Kriegsessays zu dem vom politischen Expressionismus bevorzugt kritisierten Autor. Hatte er den Krieg zum Kampf der deutschen Kultur gegen die Zivilisation Englands und vor allem Frankreichs hochstilisiert, so stieß er damit in den expressionistischen Zeitschriften auf entschiedene Kritik. In Absetzung von den seit Kriegsbeginn in Deutschland üblichen *Haßgesängen* (Ernst Lissauer) auf die Feindesländer veröffentlichte das frankophile *Forum* seit Dezember 1914 in einer gesonderten Rubrik »Dokumente der Liebe«, darunter den damals Aufsehen erregenden Aufsatz »Au-dessus de la mêlée« des Hauptmann- und Thomas Mann-Gegenspielers Romain Rolland. In den *Weißen Blättern* erschien im November 1915 Heinrich Manns Zola-Essay, ein gegenüber der Zensur notdürftig getarnter profranzösischer Angriff auf den Wilhelminischen Staat und seine Kriegspolitik sowie auf jene Schriftsteller (besonders seinen Bruder), die diesen Krieg rechtfertigten.

Die **Zensur** setzte dem Spielraum expressionistischer Opposition gegen den Krieg enge Grenzen. Sie verfälschte damit das Bild der bestehenden intellektuellen Kräfteverhältnisse zugunsten der kriegsapologetischen Publizistik und – was den Expressionismus betrifft – einer politikabstinenten Kunst, wie sie scheinbar vor allem von Herwarth Waldens *Sturm* gepflegt wurde. Hinweise auf das Kriegsgeschehen finden sich hier selten. Regelmäßig erschienen aber Nachrufe auf gefallene Dichter und Mitarbeiter (vgl. Kolinsky 1970, S. 9, 45ff.). Dass Walden während des Kriegs für die deutsche Regierung arbeitete, dass er selbst und etliche Mitarbeiter des *Sturm*-Kreises »Material für deutsche Auslandspropaganda in diversen Zeitungen und Zeitschriften Skandinaviens und der Niederlande« lieferte und dass er im Rahmen seiner Auslandsaufenthalte »als Bote und Informant des Auswärtigen Amtes« agierte (Vock 2006, S. 4), wurde trotz etlicher Hinweise in älteren Publikationen und einer quellenfundierten, 1995 erschienenen Untersuchung der Kunsthistorikerin Kate Winskell von der Forschung, wenn überhaupt, sehr zögernd und zurückhaltend wahrgenommen. Erst seit 2005 liegen deutschsprachige Forschungsbeiträge vor, die sich damit eingehend auseinandersetzen (van den Berg 2005; Vock 2006).

Die politisch engagierten Zeitschriften des Expressionismus hatten es, wenn sie sich nicht wie Alfred Kerrs *Pan* der offiziellen Stimmungslage anpassten, schwer, den August 1914 zu überleben. Und Zeitschriftenneugründungen waren oft nur noch getarnt möglich. Der politisch der *Aktion* nahe stehende *Wiecker Bote* stellte mit dem Juli-Heft sein Erscheinen ein. Ebenso Erich Mühsams *Kain*. Mühsam rechtfertigte dies Anfang August in einem gedruckten Rundschreiben: »Die Ereignisse nehmen mir, der ich um der Menschlichkeit willen meine Zeitschrift geschaffen habe, die Feder aus der Hand. Die Leser, die in vierzig Monaten mein Wollen erkannt haben, werden meine Stellung verstehen und billigen. Ich habe nur die Wahl, ganz zu schweigen oder zu sagen, was niemanden frommt und was unter dem geltenden Ausnahmerecht meine persönliche Sicherheit gefährden kann« (zit. nach Raabe 1964, S. 38).

In der am 15. August 1914 erscheinenden ersten Kriegsnummer der *Aktion* kündigte Pfemfert, der noch in der vorausgehenden Nummer in Form eines politischen Leitartikels die allgemeine Kriegseuphorie richtig vorausgesagt hatte, an, wie er mit seiner schon vorher zensurgefährdeten Zeitschrift die verschärfte Kriegszensur zu überstehen gedachte:

Freunde der Aktion, Leser, Mitarbeiter!
Die Aktion wird in den nächsten Wochen nur Literatur und Kunst enthalten.
Soweit es von meiner Kraft abhängt, von meinem Wollen, wird unsere Zeitschrift ohne Unterbrechung weitererscheinen. Berlin, den 5. August 1914.

Trotz dieser Ankündigung blieb *Die Aktion* von der politischen Abstinenz des *Sturm* weit entfernt. Pfemfert entwickelte erfolgreich publizistische **Strategien indirekter Kriegskritik**, mit denen sich die Zensur umgehen ließ (Kolinsky 1970, S. 9ff.). Im Oktober 1914 eröffnete Wilhelm Klemm die Gedichtfolge *Verse vom Schlachtfeld*, die den Krieg aus der Leidensperspektive der als Soldaten am Kampfgeschehen beteiligten Dichter darstellen. Regelmäßig erschienen Gedichte zum Gedenken gefallener Dichterfreunde oder posthum Texte von diesen selbst. In der Rubrik »Ich schneide die Zeit aus« brachte Pfemfert in jeder Nummer kommentarlos eine Reihe von Pressezitaten, die sich in ihrer Haltung zum Krieg gedanklich und sprachlich selbst entlarven sollten. Diese Aufgabe hatte unter anderem auch der Nachdruck des damals besonders Aufsehen erregenden, doch keineswegs einzigartigen Aufrufs »An die Kulturwelt!« (Abdruck in Anz/Stark 1982, S. 314-317), in dem 93 größtenteils prominente Künstler und vor allem Professoren die deutsche Kriegspolitik manifestartig zu rechtfertigen versuchten. Im Übrigen zitierte Pfemfert rigoros die Stimmen seiner Schriftstellerkollegen (gerade auch aus der Reihe der Expressionisten), die ihm kriegsbejahend erschienen, und lehnte unnachgiebig auch alle die Autoren als Mitarbeiter seiner Zeitschrift ab, die sich nach ihrer anfänglichen Begeisterung zu engagierten Gegnern des Krieges und zu Fürsprechern der Revolution gewandelt hatten. Man kann daher davon ausgehen, dass fast jeder, der ab August 1914 in der *Aktion* publizierte, sich im Sinne von Pfemferts klarer Antikriegshaltung nichts hatte zu Schulden kommen lassen.

Weniger erfolgreich im Umgang mit der Zensur war *Das Forum*, dessen zunehmend kriegskritische Beiträge seit Sommer 1915 durch Streichungen der Zensur entstellt wurden, die der Herausgeber Wilhelm Herzog seinerseits mit provokativer Auffälligkeit als solche hervorhob. Im September 1915 wurde die Zeitschrift vom Bayerischen Kriegsministerium ganz verboten. Einen anderen Weg zur Umgehung der Zensur als Pfemfert schlug René Schickele ein, der im Januar 1915 die Herausgeberschaft der seit Kriegsausbruch nicht mehr erschienenen *Weißen Blätter* übernahm. Als diese anfangs gemäßigt kriegs-kritische Monatsschrift mit der Zensur zunehmende Schwierigkeiten bekam, ging Schickele 1916 mit ihr ins **Schweizer Exil**. In Zürich wurde sie zum zentralen Publikationsmedium besonders jener Kriegsgegner, die (anders als die *Aktions*-Schriftsteller) in groß angelegten kulturkritischen Entwürfen unter Berufung auf ›Geist‹ und ›Seele‹ die politischen Gewaltverhältnisse als Resultat der Zivilisation beziehungsweise des technischen Zeitalters angriffen.

Die Geschichte der deutschen Exilliteratur während des Ersten Weltkrieges ist noch nicht geschrieben worden. Die Internationale der exilierten Kriegsgegner (in ihrem Vaterland als ›vaterlandslos‹ diffamiert) hatte in der neutralen Schweiz ihren Mittelpunkt. Nach dem Vorbild Schickeles verlegte Ludwig Rubiner als neuer Herausgeber das *Zeit-Echo*, das nach Kriegsausbruch als »Kriegstagebuch der Künstler« (Untertitel des 1. Jahrgangs) essayistische, dichterische und zeichnerische Stellungnahmen von Künstlern verschiedenster Richtungen veröffentlichte, mit dem 3. Jahrgang (Mai 1917) von München nach Bern. Er gab dieser Zeitschrift damit ein neues, dezidiert pazifistisches Profil. In der Schweiz lebte schon vor 1914 Hermann Hesse, der – ebenfalls nach einer kurzen patriotischen Begeisterungsphase – während des Kriegs mit pazifistischen Schriften hervortrat (Koester 1977, S. 305ff.). In der Schweiz lebten auch Iwan Goll und Ernst Bloch. Ende 1916 ließen sich in Zürich nieder: Albert Ehrenstein, Leonhard Frank, Ferdinand Hardekopf sowie die Frühdadaisten Richard Huelsenbeck, Hugo Ball und seine Frau Emmy Hennings. Zeitweilig hielten sich in der Schweiz auch Stefan Zweig, Franz Werfel, Alfred Wolfenstein, Else Lasker-Schüler, Hugo Kersten und Walter Serner auf. Vor allem über Romain Rolland knüpfte die oppositionelle deutsche Intelligenz in der Schweiz internationale Kontakte. Eine wichtige Vermittlerfigur war ferner Harry Graf Kessler, der seit dem Herbst 1916 an der deutschen Gesandtschaft in Bern für »Kulturpropaganda« zuständig war und enge Kontakte zu Schickele, Becher, Grosz, Heartfield und Herzfelde pflegte (vgl. Kessler 2006).

So wenig wie im Schweizer Exil kam es in Deutschland zu einem tragenden organisatorischen **Zusammenschluss der Kriegsgegner**, obwohl es an entsprechenden Versuchen nicht fehlte. Auf Walter Hasenclevers Anregung hin versammelte sich zur Jahreswende 1914/15 ein Konzil der Kriegsgegner, an dem unter anderem Martin Buber, Albert Ehrenstein, Rudolf Leonhard, Kurt Pinthus und Paul Zech teilgenommen haben sollen (Kolinsky 1970, S. 12f.). Franz Pfemfert sammelte 1915 unter dem Risiko der Illegalität Freunde und Mitarbeiter seiner Zeitschrift zur *Antinationalen Sozialisten Partei Gruppe Deutschland*, die allerdings erst mit der Novemberrevolution 1918 politisch offen hervortrat. Kurt Hiller schließlich gründete im August 1917 seinen ebenfalls kriegsgegnerischen ›Bund zum Ziel‹. Das alles waren jedoch Organisationsversuche, die partikular und wenig wirksam blieben. Die gegen Ende des Krieges zunehmenden und in Revolutionsaufrufe einmündenden Künstlerproteste gruppierten sich um einzelne Zeitschriften und Jahrbücher, deren Denkformen zu heterogen waren, um eine organisierte oppositionelle Einheit zuzulassen.

Krieg: Koester 1977; Vondung 1980; Korte 1981 (Lyrik); Stark 1982; Anz/ Vogl 1982 (Anthologie der Kriegslyrik); Krull 1984, S. 71-83 (Erzähltexte); Maier 1990 (Kriegslyrik August Stramms); Anz 1996; Anglet 1997 (Kriegslyrik); Roland 1997 und 1999 (deutsche literarische ›Kriegskolonie‹ in Belgien 1914-1918); Schneider/Schumann 2000 (grundlegende Sammlung von Aufsätzen über 14 Autoren); Vogl 2000a; Rehage 2003 (Kriegslyrik der französischen und deutschen Avantgarde); Sprengel 2004, S. 763-829; Billeter 2005 (Emigranten in der Schweiz).

4.3 Revolution

Mit der deutschen Novemberrevolution 1918 schien der expressionistische Geist der Utopie Realität zu werden. In Verbindung mit der politischen Revolution und von dem Druck der Kriegszensur befreit, erreichte die kunst- und kulturrevolutionäre Bewegung 1918/19 ihren Gipfelpunkt. »Der Expressionismus, der kein Begriff mehr ist, sondern eine herrliche Wirklichkeit, findet in der beginnenden Weltrevolution seine Bestätigung« (zit. nach Anz/Stark 1982, S. 326). So warb Anfang 1919 ein Berliner Kunsthändler in einem Zeitschriftensonderheft, das sich die »Politik des Geistes« zum Thema gewählt hatte. Das zunächst weithin ungetrübte Pathos der Revolutionsbegeisterung löste das der Kriegskritik ab: »Jetzt, jetzt. Endlich. Jetzt! Die neue Welt hat begonnen. Das ist sie, die befreite Menschheit!« (Schickele 1919, S. 102). Mit dem Krieg sah man den apokalyptischen Zusammenbruch der alten Welt vollendet und feierte nun mit oft religiöser Emphase die Revolution als Auferstehung des neuen Menschen.

»Die ursprüngliche Aufgabe, die sich der Aktivismus in Deutschland gesetzt hatte: den Geist zu politisieren, ist erfüllt.« Diese von Kurt Hiller 1919 in dem Prospekt zum dritten *Ziel*-Jahrbuch getroffene Feststellung konnte in zweifacher Hinsicht Gültigkeit beanspruchen: In der Flut der nun neu gegründeten Zeitschriften, aber auch in den schon bestehenden, drängten die rhetorisch-diskursiven Stellungnahmen zum politischen Geschehen die künstlerischen Beiträge stark in den Hintergrund, und noch die wenigen dichterischen Produkte stellten sich ganz in den Dienst revolutionären Engagements. Ein extremes Beispiel hierfür lieferte *Die Aktion*, die mit der Revolution schlagartig ihr literarisches Profil verlor und fast nur noch politische Aufsätze, Aufrufe, Erklärungen und Dokumente abdruckte. Doch nicht nur ›Literaturpolitik‹ im Sinne politisch-ethischer Meinungsbildung betrieb die literarische Intelligenz, sie versuchte darüber hinaus, sich einen direkten Einfluss in der praktischen Politik zu verschaffen, die gesuchte Einheit also von Geist, Tat und Macht zu verwirklichen. »Voll Zuversicht und Hoffnung, beseelt vom Wunsche zur Mitarbeit, betritt der Schriftsteller, frei nach jahrhundertelanger Knebelung, die Schwelle der Republik. [...] Wie kein anderer ist er, der Schriftsteller, berufen zur Mitarbeit am Neuaufbau des Reiches und an seiner notwendigen geistigen Erneuerung« (Kellermann 1919, S. 114-116). So bekundete Bernhard Kellermann in einem Revolutionsalmanach die Bereitschaft der literarischen Intelligenz zur konstruktiven Mitwirkung beim Aufbau des neuen Staates. Nach dem Vorbild der von der russischen Oktoberrevolution initiierten Arbeiter-, Bauern- und Soldatenräte bildete Kurt Hiller seinen aktivistischen »Bund zum Ziel« am 10. November im Reichstag zum »(Politischen) Rat geistiger Arbeiter« um, der die Mitarbeit in der Regierung für sich beanspruchte. Dem Berliner Beispiel folgte die Gründung ähnlicher Räte in München, Leipzig, Dresden, Hamburg, Darmstadt und anderen Städten (Kolinsky 1970, S. 116-120). Bei den bildenden Künstlern hatten diese Organisationen Entsprechungen in dem »Arbeitsrat für Kunst« unter Leitung von Walter Gropius (Conrad 1964, S. 41f.) und der »Novembergruppe« um Max Pechstein. Der realpolitische Einfluss dieser Räte blieb freilich gering, und die Versuche zu überregionalen Zusammenschlüssen scheiterten (vgl. Hiller 1920).

Ebenfalls mit dem zum Teil gegen die Funktionäre der Arbeiterparteien gerichteten Anspruch auf eine **Führungsposition der Intellektuellen** setzten sich Wilhelm Herzogs *Forum*, René Schickeles *Die weißen Blätter* und auch Carlo Mierendorffs neue Zeitschrift *Das Tribunal* unter dem Slogan »Geistige Kämpfer aller Länder, vereinigt euch!« (Krell 1920, S. 14) für eine internationale Organisierung der Intelligenz ein. Die im Juli 1919 maßgeblich von Henri Barbusse gegründete und in Deutschland vor allem von Herzog und Schickele publizistisch unterstützte Pariser Intellektuellengruppe »Clarté« kam diesen Zielsetzungen am nächsten.

Während sich der Eingriff des Dichters in die Politik in solchen Bemühungen weitgehend auf eine organisierte Form ideologiepolitischer Einflussnahme ohne faktische Entscheidungsbefugnisse beschränkte, waren an der Münchener Revolution, und zwar in allen Phasen, Künstler, Wissenschaftler und vor allem Schriftsteller tatsächlich führend beteiligt (vgl. Linse 1969; Frühwald 1971; Kreiler 1978). Nachdem der Literat Kurt Eisner in der Nacht vom 7. auf den 8. November mit der Bayrischen Republik den ersten revolutionären Staat in Deutschland ausgerufen hatte, nahmen im Revolutionsverlauf, mit aktiver Unterstützung oder sympathisierender Anteilnahme von Autoren wie Oskar Maria Graf, Ret Marut (alias B. Traven), Bruno Frank, Ricarda Huch, Heinrich Mann und auch Rainer Maria Rilke, vor allem Gustav Landauer, Erich Mühsam und Ernst Toller einflussreiche Positionen ein. Als zwei Wochen nach der Ermordung Eisners am 7. April 1919 die Bayrische Räterepublik ausgerufen wurde (die offizielle Proklamation ist u.a. von Landauer und Mühsam unterzeichnet), übernahm Toller den Vorsitz des Revolutionären Zentralrats und wurde damit kurzfristig zum formell mächtigsten Mann Bayerns (Frühwald/Spalek 1979, S. 27-62).

In dieser anarchistischen ›Dichterrepublik‹ ging die **Politisierung der Kunst** mit der **Ästhetisierung der Politik** einher. Die unzähligen politisch agitierenden Maueranschläge und Plakate, auch manche Tageszeitungen wurden von Malern und Graphikern expressionistischer Stilrichtung gestaltet (vgl. den *Revolutions-Almanach*, 1919 hg. von Drahn/Friedegg). Und selbst die politischen Erlasse und Verordnungen waren von expressionistischer Rhetorik geprägt.

›Cheftheoretiker‹ der bayerischen Revolution war der für das soziopolitische Bewusstsein des Expressionismus ungemein einflussreiche Gustav Landauer (in der Räterepublik ›Volksbeauftragter für Volksaufklärung‹). Die von ihm propagierte anarchistische Form der Revolution und des Sozialismus vereinte in sich gleichermaßen organisationspraktische, ethische, religiöse und ästhetische Elemente (vgl. Linse 1974). Der Sozialismus seiner Vorstellung setze schöpferische Kräfte in den Menschen frei, in ihm dränge die »in den Gestalten und Rhythmen der Kunst [...] verborgene Wirklichkeit« zur Verwirklichung (Landauer 1919a, S. 345). Beethovens *Neunte Symphonie* galt für Landauer wie auch Eisner als symbolischer Ausdruck revolutionärer Freude, der Sozialismus als ein zu schaffendes Kunstwerk: »was wir dichten, schön machen wollen, ist Praktik, ist Sozialismus, ist Bund der arbeitenden Menschen« (Landauer 1919, S. 34f.). In diesem Sinne hatte auch Kurt Eisner in der einen Höhepunkt der ersten Revolutionsphase bildenden ›Künstlerdebatte‹ vom 3. Januar 1919 im provisorischen Nationalrat formuliert:

So sehe ich gar keinen Gegensatz, sondern nur das innerste, intimste Verhältnis zwischen Staat und Kunst. Unser klassisches Zeitalter flüchtete aus dem Reich der unmöglichen Politik in das Reich des Schönen. Daß Freiheit nur im Reich des Schönen gedeihen könnte und nicht in der Welt, war ein Dogma verzweifelter Resignation. In der heutigen Zeit und in der Zukunft scheint es mir, als ob diese Flucht in das Reich des Schönen nicht mehr notwendig sein sollte, daß die Kunst nicht mehr ein Asyl für Verzweifelte am Leben sein soll, sondern daß das Leben selbst ein Kunstwerk sein müßte und der Staat das höchste Kunstwerk (zit. nach Frühwald/Spalek 1979, S. 48).

Die im Expressionismus dominierenden Vorstellungen von **Revolution und Sozialismus**, die denen Landauers meist sehr nahe standen, gerieten freilich mit dem realpolitischen Verlauf der Revolution zunehmend in Konflikt. Bei aller grundsätzlichen Revolutionsbereitschaft waren doch die meisten in ihrer Zahl kaum überschaubaren Manifeste und Stellungnahmen schon von Beginn an von vorsichtiger Skepsis und gelegentlich von heftiger Kritik gegenüber dem realen Geschehen geprägt. Dass die Sozialdemokraten, die in ihrer Mehrheit wegen der Bewilligung der Kriegskredite und der gewerkschaftlichen Unterstützung der Rüstungsindustrie für die literarische Linksintelligenz indiskutabel geworden waren, in Berlin nun die

Führung des neuen Staates übernahmen, dass sich unter den revolutionsbegeisterten Intellektuellen viele ehemalige Kriegsapologeten, modebewusste ›Karriererevolteure‹ und verdächtig rasch der neuen Situation angepasste ›Novembersozialisten‹ hervortaten, wurde in den expressionistischen Zeitschriften immer wieder als Ärgernis artikuliert. Dass überhaupt die Revolution mehr ein Zwangsprodukt der militärischen Niederlage als das Ergebnis eines neuen Bewusstseins, mehr eine bloß institutionelle Veränderung als der von den Expressionisten geforderte »Umsturz des Geistes« (Natonek 1918/19) sei, solche Erwägungen gehörten zu den damaligen Topoi der kulturkritischen Revolteure. Carl Sternheims in der *Aktion* veröffentlichte Aufsätze über »Die deutsche Revolution« äußerten noch im November die Bedenken, dass die geistfeindliche und profitfreundliche »Verbürgerung« der amerikanisierten deutschen Mentalität, von der gerade auch die Arbeiterschaft infiziert sei, den geistesrevolutionären Aufschwung bald lähmen könnte. Den neuen politischen Radikalismus mancher revolutionärer Gruppen sah Sternheim durch die Furcht motiviert, »es möchte mit neuen Namen und Schlagworten das alte kapitalistische Elend und Vorbereitung zu neuen Kriegen anheben« (Sternheim 1918a, Sp. 620).

Pfemferts *Aktion*, die ihre Leser nach der Revolution bald nicht mehr mit »Freunde«, sondern mit »Genossen« anredete, bezog ihre Maßstäbe zur Bewertung des politischen Geschehens in Deutschland aus der bolschewistischen Revolution in Russland (Peter 1972). Während die ihr vorausgegangene ›Februarrevolution‹ 1917 von vielen Literaten enthusiastisch begrüßt worden war, schieden sich 1918/19 am **Bolschewismus** die Geister. Die spätexpressionistisch-revolutionären Zeitschriften, Jahrbücher und Anthologien lassen sich sinnvoll nach dem Kriterium typisieren, ob sie ihre Vorstellungen von Revolution und Sozialismus am russischen Vorbild orientierten oder ob sie einen anarchistisch-antiautoritären, partei- und zentralismusfeindlichen, ethisch-ästhetischen Sozialismus propagierten. Ähnlich wie Pfemfert maß Ludwig Rubiner, unter anderem mit seiner Anthologie *Die Gemeinschaft*, der russischen Revolution das Gewicht bei, Anbruch »einer geistigen Weltwende« zu sein (Rubiner 1919, S. 6). Dem sowjetischen Kommunismus verbunden zeigten sich auch die von Karl Otten, Julian Gumperz und (später) Wieland Herzfelde herausgegebene Zeitschrift *Der Gegner* sowie zum Teil die im Malik Verlag erscheinenden Zeitschriften des Berliner Frühdadaismus.

Eine Zwischenposition nahm *Das Forum* ein. Der der USPD nahe stehende Herausgeber Wilhelm Herzog nahm zwar 1919 in steigender Zahl bolschewismusfreundliche Beiträge in seine Zeitschrift auf (Kolinsky 1970, S. 195f.), doch schloss er sich andererseits wiederholt der Kritik revolutionärer Gewalt an, die für die sowjetfeindliche Intellektuellengruppe charakteristisch war. Diese im Expressionismus dominierende Position vertraten besonders die von Friedrich Burschell in München herausgegebenen kurzlebigen Zeitschriften *Revolution* und *Neue Erde*, die einer ausschließlich geistig-innerlichen Revolution das Wort redeten, das Dresdener Montagsblatt *Menschen* (von Heinar Schilling und dem »Rat geistiger Arbeiter« herausgegeben) und politisch konkreter die in Darmstadt von Carlo Mierendorff herausgegebenen *Hessischen Radikalen Blätter* (Untertitel) *Das Tribunal* (Kolinsky 1970, S. 106f.). Die ausführlichsten Kritiken des Bolschewismus schrieb der ebenfalls der USPD nahe stehende René Schickele in den *Weißen Blättern*, besonders in der auch als Buch erschienenen Schrift *Revolution, Bolschewismus und das Ideal. Der 9. November* (Berlin 1919). Das schon seine Kriegskritik entscheidend prägende **Postulat der Gewaltlosigkeit** stand auch im Zentrum der Bewertung des revolutionären Geschehens in Russland und Deutschland. Zusammengefasst besagten seine expressionismustypischen Argumente, dass die Gewalt- und Herrschaftsverhältnisse in Russland nur ihre Farbe gewechselt hätten, dass der revolutionäre Zugriff primär bei den ökonomischen und politischen Verhältnissen nur deren Dominanz gegenüber dem ›Geist‹ perpetuiere, dass die revolutionäre Verwendung der alten militaristischen Mittel keine wirklich neue Gesellschaft schaffen könne. »Ich bin Sozialist, aber wenn man mich überzeugte, daß der Sozialismus nur mit der bolschewistischen Methode zu verwirklichen sei, so würde ich, und nicht nur ich, auf seine Verwirklichung verzichten« (Schickele 1919, S. 125). Und: »Die Diktatur des Proletariats aber, wie die Bolschewiki sie aufgefaßt und ausgeübt haben, das ist die Gegenrevolution innerhalb der Partei des proletarischen Ideals« (ebd., S. 116). Schon im August 1918 hatte Schickele seinen viel beachteten Aufsatz »Der Konvent der Intellektuellen« mit den Sätzen abgeschlossen:

Ich hoffe auf eine Revolution gegen die Bestie, und das kann keine Revolution sein, die die Bestie gegen die Bestie losläßt. Wer auch von den beiden siegte, es wäre immer die Bestie. Ich hoffe auf eine Revolution durch keine andere Gewalt als die der Herzen, der Überredung und des frohen Beispiels. Ich sage dir: hätten wir die paar tausend Jahre, die wir mit Massakern zugebracht haben, auf die Vorbereitung dieser einzigen, wirklichen, endgültigen Revolution verwandt, wir wären schon lange über den Berg. Einmal müssen wir Ernst machen mit der Utopie.
Heute, sag ich.
Sofort (Schickele 1918, S. 104).

Im November 1918 schien die Utopie einer gewaltlosen Revolution in Deutschland in Erfüllung zu gehen. Vor allem jedoch in zwei politisch bedingten **Resignationsschüben** wurde der utopische Elan des Expressionismus gebrochen. Der erste wurde in Berlin ausgelöst durch die bewaffneten Auseinandersetzungen im Januar 1919, die mit der Niederschlagung des Spartakusaufstands (Pfemfert, Jung und Otten waren auf Seiten der Aufständischen aktiv beteiligt) und mit der Ermordung Karl Liebknechts und Rosa Luxemburgs endeten, der zweite in München durch den Einmarsch der Truppen unter dem sozialdemokratischen Reichswehrminister Noske, die der Bayrischen Räterepublik ein blutiges Ende bereiteten. Mit der gescheiterten Revolution setzte das Ende der ihrer Hoffnungen beraubten expressionistischen Bewegung ein. Die anfängliche Revolutionsbegeisterung schlug bei den einen in Resignation um, bei den anderen bewirkte sie eine sich schon vorher abzeichnende politische Radikalisierung und den proletkultischen Anschluss an die Arbeiterbewegung. Mit dem nun als ›bürgerlich‹ abgetanen Expressionismus wollte man sich dabei nicht mehr identifizieren.

Revolution: Linse 1969; Hermand 1969; Frühwald 1971 (grundlegend zur Revolution in München); Hüppauf 1983; Krull 1984, S. 83-91; Salyámosy 1986; Jäger 1989 (zu Schnitzler, Heym, Heinrich Mann und Klabund); Weinstein 1990; Knobloch 1991.

III. Ästhetik und Poetik

1. Synästhetik: Gesamtkunstwerk, Intermedialität, Theatralisierung

Der Expressionismus war in Deutschland eine kulturrevolutionäre Bewegung, die zwischen 1910 und 1920 alle Künste zugleich und in wechselseitiger Abhängigkeit erfasste: nicht nur die Malerei und die Literatur, sondern auch die Architektur, die Schauspielkunst, den Tanz, die Musik und den Film. Zahlreiche Repräsentanten des Expressionismus waren **Doppelbegabungen**. Herwarth Walden, der Herausgeber der Zeitschrift *Der Sturm*, die sich als organisatorisches Zentrum für die Präsentation und Reflexion aller Künste (s. S. 41f.) verstand, musizierte und komponierte, schrieb zahlreiche Gedichte, Dramen und Romane, Essays, Manifeste und Kritiken. Ernst Barlach, Oskar Kokoschka, Wassily Kandinsky oder Alfred Kubin brachten in der Zeit des Expressionismus nicht nur bedeutende Werke der bildenden Kunst hervor, sondern veröffentlichten auch literarische Texte. Die konservative Kunstkritik beobachtete dies damals mit Argwohn. Paul Kornfeld hielt ihr im Programmheft zur Dresdener Uraufführung von Oskar Kokoschkas drei Einaktern *Mörder Hoffnung der Frauen*, *Hiob* und *Der brennende Dornbusch* am 3. Juni 1917 die für den Expressionismus bezeichnenden Sätze entgegen:

Fragt man: »Warum schreibt der Maler Kokoschka Dramen, statt nur Bilder zu malen?« – so erwidere ich mit der Gegenfrage: »Warum komponiert er nicht auch Symphonien, Opern, Lieder, warum ist er nicht auch Bildhauer?« (in Anz/Stark 1982, S. 685f.)

Der Expressionismus erneuerte das romantische **Ideal des Gesamtkunstwerkes**, das im 19. Jahrhundert in Richard Wagners Opern prominente Beispiele der Realisierung fand. Futurismus, Expressionismus und Dadaismus entwickelten es experimentell weiter. In kritischer Auseinandersetzung vor allem mit Wagner entwarf Kandinsky 1912 im Almanach *Der Blaue Reiter*, der mit seiner Mischung von Programmschriften, Bildern und literarischen Texten selbst eine Art Gesamtkunstwerk sein Konzept der »Bühnenkomposition«. Kurt Schwitters forderte 1919 in einem Aufruf »An alle Bühnen der Welt« die »restlose Zusammenfassung aller künstlerischen Kräfte zur Erlangung des Gesamtkunstwerkes« (in Anz/Stark 1982, S. 556). Gesellschaftliche Modernisierungsprozesse der Spezialisierung, Ausdifferenzierung und Konkurrenz, denen auch die Kunst unterworfen war, wurden durch Programme und Praktiken der Entdifferenzierung oder neuen Integration der Künste aufzuheben versucht. Was »einst« vereint war, ist »heute« getrennt und soll künftig neu zusammengeführt werden – so das Postulat gleich zu Beginn des »**Bauhaus**-Manifestes«, mit dem Walter Gropius im April 1919 seine seit 1910 publizierten Programme zusammenfasste:

Das Endziel aller bildnerischen Tätigkeit ist der Bau! Ihn zu schmücken war einst die vornehmste Aufgabe der bildenden Künste, sie waren unablösliche Bestandteile der großen Baukunst. Heute stehen sie in selbstgenügsamer Eigenheit, aus der sie erst wieder erlöst werden können durch bewußtes Mit- und Ineinanderwirken aller Werkleute untereinander. Architekten, Maler und Bildhauer müssen die vielgliedrige Gestalt des Baues in seiner Gesamtheit und in seinen Teilen wieder kennen und begreifen lernen (in Anz/Stark 1982, S. 557).

»Das Gesamtkunstwerk«, so definiert ein neuerer Lexikonartikel, »beruht auf dem – die Autonomie der Einzelkünste widerrufenden – Prinzip der intermedialen Grenzüberschreitung und intendiert eine Reintegration der Darstellungsmittel von Dichtung, Musik, Schauspiel-, Tanz- und bildender Kunst zu einer komplexen Ganzheit« (Söring 1997, S. 710). Der Wettstreit der Künste, der seit der Renaissance zu einem wesentlichen Impuls ihrer Weiterentwicklung wurde, weicht in der ästhetischen Moderne Prinzipien der Interferenz. In der Zeit des Expressionismus bestimmen weniger Konkurrenz und mehr Kooperation das Verhältnis zwischen den Künsten. Aus dem synästhetischen Zusammenspiel von Licht, Farbe, Wort, Musik und Körpersprache erhoffte sich der Expressionismus eine Intensivierung des künstlerischen Ausdrucks und der künstlerischen Wirkung. Den »bestimmten Klang einer Kunst durch den identischen Klang einer anderen Kunst zu unterstützen« ist nach Kandinsky eine der Möglichkeiten, »eine besonders gewaltige Wirkung zu erzielen« (in Anz/Stark 1982, S. 547). In diesem Sinne forderte auch Franz Werfel 1913: »Das Theater ist der Ort, wo alle einander wechselseitig dienen, Schauspieler, Zuschauer, Licht und Dichter, Musik und Zufall, um besessen das Ganze zu bilden, das wir Wirkung nennen und Effekt« (ebd., S. 675).

Dem Konzept der »Bühnenkomposition« (Kandinsky), des »Bühnenkunstwerks« (Lothar Schreyer), des »Baues« (Gropius) oder des »Gesamtkunstwerkes« (Schwitters) entsprach, wenn auch mit unterschiedlichen Interessenrichtungen (vgl. Kleinschmidt 2010), Oskar

Walzels kunstwissenschaftliches Postulat, das der Titel seines 1917 erschienenen Buches *Wechselseitige Erhellung der Künste* formulierte. Und es hatte eine weitere Entsprechung im Ideal einer Künstlerpersönlichkeit, die sich mit universaler Kreativität in sämtlichen Formen der Kunst auszudrücken vermag. Der Expressionist und Dadaist **Kurt Schwitters**, der in Dresden Oskar Walzels Vorlesungen hörte (vgl. Nündel 2004, S. 13), intendierte nach eigenem Bekenntnis,

nicht Spezialist einer Kunstart, sondern Künstler zu sein. Mein Ziel ist das Merzgesamtkunstwerk, das alle Kunstarten zusammenfaßt zur künstlerischen Einheit. [...] Ich habe Gedichte aus Worten und Sätzen so zusammengeklebt, daß die Anordnung rhythmisch eine Zeichnung ergibt. Ich habe umgekehrt Bilder und Zeichnungen geklebt, auf denen Sätze gelesen werden sollen. Ich habe Bilder so genagelt, daß neben der malerischen Bildwirkung eine plastische Reliefwirkung entsteht. Dieses geschah, um die Grenzen der Kunstarten zu verwischen (»Merz«, in Pörtner 1960, Bd. 2, S. 540).

Die eigenwillige Bezeichnung »Merz« verdankt sich einem Bild, auf das Schwitters dieses Wort, ausgeschnitten aus einer Anzeige der »Kommerz- und Privatbank«, geklebt hatte. Das Bild stilisierte er zu einem Prototyp seiner späteren Kunstwerke.

Unter Aspekten, Begriffen und Theorien neuerer **Intermedialitäts**forschung (Eicher/Bleckmann 1994, Müller 1996, Helbig 1998, Rajewsky 2002), die sich nicht auf Untersuchungen technischer Medien beschränkt, sondern auch die unterschiedlichen Kunstarten als Medien begreift, ist der Expressionismus bislang noch nicht systematisch und umfassend analysiert worden (vgl. inzwischen aber Kleinschmidt 2010). Die Möglichkeiten, einzelne Künste auf andere zu beziehen, realisiert der Expressionismus auf vielfältige Arten. Der für die synästhetische Realisierung von Gesamtkunstwerken bevorzugte Ort ist die **Bühne**, die des **Kabaretts, des Varietés** und vor allem **des Theaters**, später auch das **Kino**. Sprache, zumal die schriftliche, verliert auf der Bühne jene Dominanz, die sie in der literarischen, ganz auf den Buchdruck eingestellten Kultur des 19. Jahrhunderts hatte. Die im neuzeitlichen Zivilisationsprozess zurückgedrängte **Mündlichkeit** literarischer Kommunikation gewinnt gegenüber der **Schriftlichkeit** wieder an Gewicht. Die Präsentation von Lyrik im Neopathetischen Cabaret (s. S. 25f.) oder ein gutes halbes Jahrzehnt später im Züricher **Cabaret Voltaire**, das von Marinettis futuristischem Manifest »Das Varieté« mit geprägt wurde und den Expressionismus unter dem Namen »**Dada**« fortentwickelte, wird zur Performance, bei der die Klänge der Wörter, die Stimme und der Körper der Rezitatoren den schriftlich fixierten Text, der tendenziell den Status einer Partitur erhält, erst zum Leben erweckt. »Das laute

Rezitieren ist mir zum Prüfstein der Güte eines Gedichtes geworden«, notierte Hugo Ball am 2. März 1916 in sein Tagebuch, »und ich habe mich (vom Podium) belehren lassen, in welchem Ausmaße die heutige Literatur problematisch, das heißt am Schreibtisch erklügelt und für die Brille des Sammlers, statt für die Ohren lebendiger Menschen gefertigt ist« (Ball 1946, S. 75f.).

Die akustischen Qualitäten mündlich vorgetragener Literatur wurden im Cabaret Voltaire systematisch durch diverse Formen der Geräuschproduktion und durch Musik ergänzt. Das **Zusammenspiel von Literatur und Musik** ist für die Bühnenkunst des Expressionismus konstitutiv. Mehr noch als die Lyrik wird dabei das Drama einem Prozess der Entliterarisierung unterworfen. Etwas von dem, was Ball in Zürich mit dem Cabaret Voltaire realisierte, hatte er zuvor schon unter Beteiligung der Künstlergruppe des »Blauen Reiters« zu initiieren versucht, als er das seit 1908 existierende »Münchner Künstlertheater« zu einer synthetischen Experimentierbühne umformen wollte. 1914 berichtete er über dieses gescheiterte Unternehmen:

Was gedacht war, war ein ›Theater der neuen Kunst‹, wenn man will: Des Expressionismus. [...] Es handelte sich darum, [...] Stücke zu finden, die nicht nur ›Dramen‹ wären, sondern den Geburtsgrund alles dramatischen Lebens darstellten und sich so aus der Wurzel heraus zugleich in Tanz, Farbe, Mimus, Musik und Wort entlüden (zit. nach Anz/Stark 1982, S. 544).

Aus dem Münchner Künstler-Milieu ging zur gleichen Zeit Kandinskys Programm der »Bühnenkomposition« hervor, das der Oper die Musik, dem Ballett den Tanz und der Malerei die Farben zu entnehmen fordert. Kandinskys Umsetzung des Programms unter dem bezeichnenden Titel *Der gelbe Klang* lässt die auftretenden Figuren kaum sprechen, häufiger unverständlich flüstern, gelegentlich im Chor einige Verse rezitieren. Wenn sie im Bühnenhintergrund singen, dann unterscheidet sich dieser Gesang von dem in den meisten Opern erheblich. Der eine Handlung nur vage andeutende Text mit sechs »Bildern« besteht weitgehend aus Anweisungen zur Kulisse, Bewegung der Figuren, Musik, Lichtführung und Farbgebung, so beispielsweise zu Beginn von »Bild 2«:

Der blaue Dunst weicht allmählich dem Licht, welches vollkommen und grell weiß ist. Hinten auf der Bühne ein möglichst großer grellgrüner Hügel, ganz rund.
Der Hintergrund violett, ziemlich hell.
Die Musik ist grell, stürmisch, mit sich oft wiederholenden a und h und h und as (Kandinsky/Marc 1965, S. 218).

Stilelemente dieser Bühnenkomposition, die ein Pendant in Arnold Schönbergs »Drama mit Musik« *Die glückliche Hand* (1913) hat und sich mit ihrer Betonung der Bewegung an Edward Gordon Craigs *On the Art of the Theater* (1911) anlehnt (vgl. Kleinschmidt 2010), gehen in den **Theater-Expressionismus** ein, der 1917 legendäre Publikumserfolge feierte.

Der Expressionismus hatte dabei Anteil an dem die Theatermoderne seit 1900 kennzeichnenden Prozess der Re-**Theatralisierung**. Er richtete sich gegen die seit der Mitte des 18. Jahrhunderts durchgesetzte Literarisierung des Theaters. Noch das naturalistische Theater war weitgehend auf den literarischen Dramentext fixiert. Erst die Theaterreformbewegung im Kontext der Stilkunst um und nach 1900 emanzipierte die Bühnen- von der Dramenkunst, und zwar nicht zuletzt im Namen der Musik, die in ihrer Ungegenständlichkeit den antinaturalistischen Tendenzen in der ästhetischen Moderne nach 1900 entgegenkam. »Man könnte von einer *Geburt der Theatermoderne aus dem Geiste der Musik* reden« (Borchmeyer/Žmegač 1994, S. 423). Anregungen aus der dafür signifikanten Reformschrift *Die Musik und die Inszenierung* (1899) des Schweizers Adolphe Appia übernahm der Mitarbeiter des *Sturm* William Wauer, der schon zu Beginn des expressionistischen Jahrzehnts in dieser Zeitschrift etliche Grundsätze des **Regietheaters** formulierte. Der Regisseur wird zur zentralen schöpferischen Instanz des Theaters. Seine Regiekunst verselbständigt sich gegenüber der literarischen Textvorlage. »Der Regisseur ist dem Drama gegenüber in der Lage des Kapellmeisters, der ein Solostück orchestrieren muß« (in Anz/Stark 1982, S. 698). Im Januar 1917 erklärte Lothar Schreyer im *Sturm*: »Das Drama ist tot. Es lebe das Drama!« Nur als »Teil des Bühnenkunstwerks« gelangt es zu neuem Leben. »Das neue Werk ist das Bühnenkunstwerk. Es ist die Einheit und die Gestalt der Kunstmittel Form und Farbe und Bewegung und Ton« (in Anz/Stark 1982, S. 552-554). Dem entsprachen 1919 die »Forderungen« von Kurt Schwitters an die »Merzbühne«:

Im Gegensatz zum Drama oder zur Oper sind sämtliche Teile des Merzbühnenwerkes untrennbar mit einander verbunden; es kann nicht geschrieben, gelesen oder gehört, es kann nur im Theater erlebt werden. Bislang unterschied man zwischen Bühnenbild, Text und Partitur bei den Vorführungen im Theater. Man bearbeitete jeden Faktor einzeln und konnte ihn auch einzeln genießen. Die Merzbühne kennt nur die Verschmelzung aller Faktoren zum Gesamtwerk (Die Merzbühne, in Anz/Stark 1982, S. 554).

Derartige Postulate hatten in der expressionistischen Theaterpraxis bereits ihre Realisierung erfahren. Der damals bedeutendste Repräsentant des Regietheaters, Max Reinhardt, war 1917 Mitbegründer des dem Deutschen Theater in Berlin als »Experimentierbühne« angeschlossenen Theatervereins »Das junge Deutschland«. Mit der Inszenierung von Sorges *Der Bettler* am 23. Dezember 1917 eröffnete er eine Serie ungemein erfolgreicher Aufführungen expressionistischer Dramen.

In der Synästhetik des expressionistischen Bühnenkunstwerkes haben unter den nonverbalen Zeichensystemen die optischen einen noch dominanteren Stellenwert als die akustischen. Die Bühnenarchitektur, die Lichtregie, die Farben, Formen und Bewegungen der auf der Bühne präsentierten Objekte sowie die Körpersprache der Schauspieler prägten die expressionistische Theaterpraxis. Die **Verwendung optischer Zeichen** war freilich keineswegs der Bühne vorbehalten. Die visuelle Wahrnehmung vieler literarischer Zeitschriften und Bücher des Expressionismus ist durch markante Anteile expressionistischer **Graphik und Malerei** geprägt (s. S. 41). Das Interesse an den ›stummen Künsten‹ des Balletts oder der Pantomime war begleitet von der Neugier gegenüber dem Medium des **Stummfilms** (Greve 1976). Das dem geschätzten Varieté verwandte **Kino** wurde in den 1910er Jahren von Repräsentanten expressionistischer Kunst und Literatur als weiterer Ort zur Realisierung synästhetischer Reizbildung entdeckt. Das technische Manko der Stummheit, das die akzentuierte Körpersprache der Schauspieler auszugleichen bemüht war, konvergierte mit der Entliterarisierung des Theaters. Dessen forcierte Theatralität konnte problemlos von der expressionistischen Filmkunst der frühen 1920er Jahre simuliert werden und wirkte von ihr wiederum auf das Theater zurück. Robert Wienes Film *Das Cabinett des Dr. Caligari*, der im Februar 1920 Premiere hatte und neben Paul Wegeners *Der Golem* (1920) und F.W. Murnaus *Nosferatu* (1921/22) zu den prominentesten Beispielen expressionistischer Filmkunst wurde, machte den expressionistischen Theaterstil erst wirklich populär und über Deutschland hinaus bekannt. Das Geschehen spielt hier wie in einem Theater vor kubistisch gemalten Bühnenkulissen (Kaes 1978, S. 27f.).

Der Film kam expressionistischen Tendenzen zur Sprachverknappung und zur **Aufwertung nonverbaler, insbesondere visueller Kommunikation** derart entgegen, dass mancher Zeitgenosse ihn als genuin expressionistisches Medium einschätzte (Balázs 1924, S. 88). Auch die intermedialen Beziehungen des Films zu anderen Künsten entsprachen expressionistischen Konzepten des Gesamtkunstwerkes. Denn der Film, so Joachim Paech in einer neueren Arbeit zum Phänomen der Intermedialität, ist zur

Syn(äs)thesis der handwerklichen Künste geworden. Das populäre Theater der Varietés und des Jahrmarktes haben den Film großgezogen, die Literatur hat dem Film von Anfang an bis heute narrative Struktur und fiktionalen Stoff gegeben, die Malerei war Vor-Bild für die Komposition auch der Bewegungsbilder des Films und die Musik hat den Film von Anfang an begleitet (Paech 1994, S. 2).

Umgekehrt bezog sich die Literatur des Expressionismus auf den Film in verschiedener Weise. Wie früh sich die jungen Autoren dem neuen Medium durch das Schreiben von Filmskripts anzunähern versuchten, zeigt das 1913 von Kurt Pinthus herausgegebene *Kinobuch*. Thematisierungen des Kinos und Simulationen filmischer Wahrnehmung vollziehen Jakob van Hoddis' Gedicht »Kinematograph« (s. S. 108) oder Alfred Lichtensteins »Kientoppbildchen«. Alfred Döblin empfahl 1913 den Romanautoren einen »Kinostil« (Döblin 1989, S. 121), Dramatikern riet er schon drei Jahre vorher Ähnliches: »Lernen Sie Kürze und Gedrängtheit, Dramatik vom Kinema« (Döblin 1985, S. 88).

Wo die avancierte Literatur in der Zeit des Expressionismus schriftlich fixierter Text bleibt und nicht im realen Verbund mit anderen Künsten auftritt, imaginiert sie diesen Verbund gelegentlich und zeigt zugleich vehementes Interesse an Formen auditiver und visueller Wahrnehmung. Neben den schon um 1900 ungemein beliebten Stilfiguren der Synästhesie, von denen besonders die Lyrik Georg Trakls geprägt ist, neben Leitmotiven des Sehens zum Beispiel in Rilkes 1910 erschienenen *Aufzeichnungen des Malte Laurids Brigge* und neben der vielfach verwendeten Figur des Tänzers oder der Tänzerin (Rothe 1979) steht zuweilen eine nichtliterarische Kunst ganz im Zentrum des Textes. 1915 veröffentlichte Paul Scheerbart den »Damenroman« *Das graue Tuch und zehn Prozent Weiß*. Der Titel spricht die gewünschte Farbe eines Damenkostüms an, doch der Roman ist auf anderes konzentriert. Nach Scheerbarts *Glasarchitektur*, die 1914 im Verlag *Der Sturm* erschien und rasch zum Kultbuch der **Architektur**avantgarde wurde, präsentierte der Autor in dem Roman seine architektonischen Ideen mit erzählerischen Mitteln.

Der Filmtheoretiker Béla Balázs bemerkte 1924: »Der Film ist es, der den unter Begriffen und Worten verschütteten Menschen wieder zur unmittelbaren Sichtbarkeit hervorheben wird« (Balázs 1924, S. 27). Die expressionistischen Versuche, alle Sinnesorgane gleichzeitig anzusprechen, stehen im Zusammenhang mit dem Unbehagen an einer Kultur, die seit der Erfindung des Buchdrucks eine dominant »begriffliche« (ebd., S. 23) geworden ist (Kaes 1978, S. 17-22). Schon vor dem Chandos-Brief (s. S. 114ff.), in eben dem Jahr, in dem der erste Stummfilm gezeigt wurde, formulierte Hofmannsthal das Unbehagen an Worten und Begriffen in den Sätzen: »Die Leute sind nämlich müde, reden zu hören. Sie haben einen tiefen Ekel vor den Worten: Denn die Worte haben sich vor die Dinge gestellt. [...] Wir sind im Besitz eines entsetzlichen Verfahrens, das Denken völlig unter den Begriffen zu ersticken.« Die von Hofmannsthal beschriebenen Folgen blieben für den Expressionismus und für die Kultur des ganzen 20. Jahrhunderts wegweisend: »So ist eine verzweifelte Liebe zu allen Künsten erwacht, die schweigend ausgeübt werden: die Musik, das Tanzen und alle Künste der Akrobaten und Gaukler« (Hofmannsthal 1986, Bd. 8, S. 479). Für Literatur, die weiterhin dominant auf Sprache angewiesen ist, war dies eine Herausforderung, der sich der Expressionismus in seiner Theorie und Praxis der »Wortkunst« zu stellen versuchte.

Interdependenz der Künste: Denkler 1967, S. 29-32 (Kandinsky); Lang 1975 (expressionistische Buchillustration); Anz/Stark 1982, S. 543-546; Requadt 1985 (Schriftstellerportraits von Malern); Zimmermann 1987 (Bühnenbild); Borchmeyer/Žmegač 1994 (Artikel »Gesamtkunstwerk« und »Theater«); Fähnders 1998/2010, S. 204-206 (Theatralisierung und Gesamtkunstwerk); Anglet 2002 (Gesamtkunstwerk und Traumspiel); Zimmermann 2002 (Kandinsky); Krause 2006 (Literatur und Musik); Hodony 2010 (Architektur im *Sturm*); Kleinschmidt 2010 (Bühnenkompositionen, Schrift und Bild, Schrift und Film).
Film und Kino: Kurtz 1926/2007 (Film im Zusammenhang mit anderen Künsten); Ubans 1975 (Drama und Drehbuch); Greve 1976 (Schriftsteller und Stummfilm); Kaes 1978 (grundlegende Einführung und Dokumentensammlung); Kaes 1979; Anz/Stark 1982, S. 473-477, Cossart 1985 (Kino als Theater des Expressionismus); Vietta/Kemper 1994, S. 123-131; Fritz 1994; Paech 1994 (Film und Intermedialität); Zischler 1996 (Kafka); Fähnders 1998/2010, S. 151-154.

2. Wortkunst und Abstraktion

In einer Notiz von 1913 mit dem Titel »Expressionismus« bemerkte Kurt Hiller: »Man neigt dazu, den Stil, den diese neue Gefühlsart erzeugt, wegen seiner konzentrierten Hervortreibung des voluntarisch Wesentlichen Expressionismus zu nennen« (in Anz/Stark 1982, S. 37). Der Wille zur **Konzentration auf das Wesentliche** brachte einen sprachlichen Stil hervor, der zu einem der Erkennungszeichen des literarischen Expressionismus wurde. Das Weglassen von Artikeln und Attributen, das, zusammen mit permanenten Inversionen, der Prosa und Dramatik Carl Sternheims ihre eigenwillige, (selbst)parodistische Stilnuance gibt, die elliptischen Sätze der Figuren in den Dramen Georg Kaisers oder Walter Hasenclevers, die Aneinanderreihung von Substantiven in den Gedichten Johannes R. Bechers oder August Stramms, in der Prosa Alfred Döblins oder Kasimir Edschmids, die aphoristische Pointierung von Reflexionen in Carl Einsteins *Bebuquin* – das alles sind unterschiedliche Erscheinungsformen des Phänomens sprachlicher Verknappung.

Dem Expressionismus waren die Regeln der Syntax zu umständlich, er siebte gleichsam die Sätze so lange, bis nur noch die wichtigsten Wörter übrig blieben. Lothar Schreyer, ein Vertreter der expressionistischen »**Wortkunsttheorie**«, die *Der Sturm* sich zum Programm machte, gab dafür in seinem Artikel »Expressionistische Dichtung« folgendes Beispiel: »Die Bäume und die Blumen blühen.« Lässt man in diesem Satz die Artikel fort, wird er schon kürzer: »Bäume und Blumen blühen.« Noch konzentrierter wirkt der Satz im Singular: »Baum und Blume blüht.« Befreit man die Wörter von den Regeln der Grammatik, wird eine weitere Verknappung des Ausdrucks erreicht: »Baum blüht Blume.« Die stärkste Konzentration erfährt der Satz in der Reduktion auf ein einziges Wort: »Blüte« (in Anz/Stark 1982, S. 627f.).

Das Programm und die poetische Praxis, Wörter aus grammatischen Regelzwängen zu befreien, den sprachlichen Ausdruck zu verkürzen und zu beschleunigen, verdankten maßgebliche Anregungen Marinettis »Technischem Manifest« des Futurismus (s. S. 124f.) und entsprachen gleichzeitig dem antinaturalistischen Impuls, die Literatur und ihre Sprache von den Verpflichtungen zu entbinden, Gegenstände und Bedeutungen zu repräsentieren. Ihre Ausdrucks- und Wirkungskraft bekommen die Wörter weniger durch ihre Bedeutung als durch ihren Klang, hatte Kandinsky 1912 in seiner Schrift *Über das Geistige in der Kunst* erklärt (s. S. 153 zur Intermedialität). Der abstrakten, ungegenständlichen Malerei des Expressionismus entspricht eine »**ungegenständliche Dichtung**« (in Anz/Stark 1982, S. 621), die ihr Wortmaterial dominant als Lautmaterial verwendet. Das Wortkunstwerk versteht sich als ein der Musik ähnliches »Sprachtonwerk« (in Anz/Stark 1982, S. 629). »Kunstmittel der Wortkunst sind Laut und Rhythmus« (ebd., S. 628). Auch wo solche Werke nicht (wie die Klang- oder Lautgedichte aus dem Umkreis des Zürcher Cabaret Voltaire) vorgetragen und gehört, sondern als schriftlich fixierte Texte gelesen werden, gilt für sie das Diktum Kandinskys (1970, S. 45): »*Das Wort ist ein innerer Klang.*« Kandinsky war es auch, der die Wortkunsttheorie in ein Modell emotionaler Kommunikation integrierte (s. S. 164).

Die Tendenzen, von der Realität zu abstrahieren, zielen im Expressionismus jedoch nicht nur auf emotionale Wirkung, sondern folgen auch konstruktivistischen Bemühungen, das »Wesentliche« oder »**Typische**« hinter der individuellen Vielfalt wahrgenommener Erscheinungen von Wirklichkeit zu erfassen. »Die Tatsachen haben Bedeutung nur soweit, als durch sie hindurchgreifend die Hand des Künstlers nach dem greift, was hinter ihnen steht«, erklärte 1917 Kasimir Edschmid (s. S. 6). Seine viel beachtete Rede nimmt unverkennbar, doch ohne explizite Hinweise, Anregungen der Phänomenologie Edmund Husserls auf. Diese untersuchte seinerzeit in der Kritik an empirischen Wissenschaften und insbesondere an der Psychologie jene Leistungen, mit denen das Bewusstsein Wirklichkeit konstituiert. Den realen, individuellen und zufälligen Tatsachen stellte Husserl das ihnen zugehörige »Wesen« gegenüber, das der Philosophie in einer Art »Wesensschau« zugänglich ist. Ausdrücklich auf Husserl berief sich zwei Jahre später der Kunstphilosoph Max Picard in einem Vortrag. »Man muß abstrakt sein, typisieren«, forderte er und wies der Abstraktion die Funktion zu, »das Chaos zu verkleinern«, »ein Ding aus dem Chaos zu fixieren«, »aus dem Chaos das Bewegte in die Ruhe zu isolieren« (Picard 1919, S. 569). Picard übernahm damit auch eine Argumentation aus Wilhelm Worringers wegweisender Dissertation *Abstraktion und Einfühlung* (1909), die den »Abstraktionsdrang« als »Folge einer großen inneren Beunruhigung des Menschen durch die Erscheinungen der Außenwelt« (Worringer 1959, S. 49) begriff.

Worringer stellte dem »Abstraktionsdrang« einen »Einfühlungsdrang« gegenüber, dem kein Leiden an der zu hohen Komplexität der Außenwelt zugrunde liegt, sondern »ein glückliches pantheistisches Vertraulichkeitsverhältnis zwischen den Menschen und den Außenwelterscheinungen« (ebd.). Diese Gegenüberstellung ist selbst ein symptomatisches Beispiel für die damalige Beliebtheit abstrahierender **Typenbildung in den Wissenschaften** (vgl. Hamann/Hermand 1976, S. 115-137). Typologische Konstruktionen der Wirklichkeit hatten um und nach 1900 Konjunktur. Max Webers Begriff und Konzept des »Idealtyps« ist dafür das prominenteste Beispiel. Während der 1910er Jahre fand Otto Weiningers Geschlechtertypologie weitere Verbreitung, entwickelte C.G. Jung seine Typenlehre fort, entstand die Konstitutionstypologie Ernst Kretschmers. Eduard Spranger unterschied in seinen bald weltberühmten *Lebensformen* (1914 und 1921) sechs Menschentypen: den theoretischen, ökonomischen, ästhetischen, sozialen, den Machtmenschen und den religiösen.

Das forcierte Interesse an Typenbildungen teilte die Literatur des Expressionismus mit den zeitgenössischen Wissenschaften. Die schon zitierte Rede von Edschmid macht es zum Programm und realisiert es zugleich als abstrahierende Beschreibung der literarischen Praxis von etwa zwanzig Autoren aus dem Umkreis des Expressionismus: »Jeder Mensch ist nicht mehr Individuum, gebunden an Pflicht, Moral, Gesellschaft, Familie. Er wird in dieser Kunst nichts als das erhebendste und kläglichste: er wird Mensch« (in Anz/Stark 1982, S. 47). Die Abstraktion von individuellen Unterschieden konkreter Menschen, Gegenstände, Situationen, Ereignisse, kultureller oder sozialer Umstände kann unterschiedliche Differenzierungsgrade haben. Die Abstraktion von individuellen Personen muss nicht bis zum »eigentlichen Wesen« (ebd.) des Menschen hinaufreichen. Aber die meisten literarischen Figuren sind typische Repräsentanten von etwas, das an ihnen essentiell ist. »Der Kranke ist nicht nur der Krüppel, der leidet. Er wird die Krankheit selbst« (ebd., S. 46), führte Edschmid aus.

Dass die Schauplätze des Geschehens in expressionistischen Dramen- und Erzähltexten oft nicht auf real existierende Orte verweisen, dass das Geschehen häufig keine oder nur vage Bezüge zu historischen Ereignissen hat und dass die literarische Präsentation des Geschehens nicht den Regeln der Wahrscheinlichkeit folgt, gehört zu den Merkmalen expressionistischer Abstraktionstendenzen. Picard bemerkte, dass auch die im Expressionismus beliebte Strukturierung vieler Sachverhalte in Form oppositioneller Begriffspaare ein charakteristisches Verfahren der Typisierung ist, und nennt als Beispiele die Gegenüberstellungen von »Vater und Sohn, der Geistige und der Bürger« (in Anz/Stark 1982, S. 569). Beliebte dichotomische Konstrukte wie Masse und Mensch, Gesellschaft und Gemeinschaft, Geist und Tat sind dafür weitere Belege.

Ein bedeutendes Manifest von Paul Kornfeld, das 1918 die neue Theater-Zeitschrift *Das junge Deutschland* programmatisch einleitete, trägt den typisierenden Titel »Der beseelte und der psychologische Mensch« (s. S. 63f.). Typisiert werden im Expressionismus mit Vorliebe Menschen. Die Figuren in vielen Dramen sind schon im Personenverzeichnis oder sogar im Titel vielfach als namenloser Typus gekennzeichnet. In Hasenclevers *Der Sohn* werden angekündigt: »Der Vater«, »Der Sohn«, »Der Freund« usw., in Georg Kaisers *Von morgens bis mitternachts*: »Kassierer«, »Mutter«, »Frau« usw. In Reinhard Sorges *Der Bettler* treten unter anderen auf: »Der Dichter«, »Der Vater«, »Die Mutter«, »Die Schwester«, »Das Mädchen«, wobei »Der Dichter« im Verlauf des Stückes, je nach Figurenkonstellation, auch als »Der Sohn« oder »Der Jüngling« in Szene gesetzt wird. Wo mehrere Figuren des gleichen Typs auftreten, werden sie häufig durchnummeriert: so die sechs »Flieger« und die drei »Kritiker« in *Der Bettler* oder »Die sieben Matrosen« in Reinhard Goerings

Seeschlacht. Auch wo sie Namen tragen, fungieren die Figuren, in Dramen- wie in Erzähltexten, oft als Repräsentanten von Ideen oder einer typischen Mentalität.

In den Diskursen der Theaterreformbewegung um und nach 1900 und in der Praxis des Regietheaters (s. S. 154f.) wird, wie auch in der Malerei und in der Literatur dieser Zeit, die **Maske als Mittel der Abstraktion und Typisierung** wiederentdeckt. Ira Lorfs erhellende »Rekonstruktion der Bestände gesellschaftlichen Wissens zu Maske und Maskierung im spätwilhelminischen Deutschland« (1999, S. 16) verweist in diesem Zusammenhang auf die in ganz Europa verbreitete Zeitschrift *The Mask* (1908) des einflussreichen Theaterreformers Edward Gordon Craig und zeigt, wie die typisierenden Ausdrucksmittel in Döblins Poetologie der »Depersonation« (Döblin 1989, S. 123) und in seiner literarischen Praxis mit den Typisierungstendenzen des Regietheaters korrespondieren.

Selbst wenn in Carl Sternheims Dramen-Trilogie über den sozialen Aufstieg der Familie Maske (*Die Hose, Der Snob, 1913*) der sprechende Name als Metapher ausgewiesen ist, und zwar für die Tarnung der eigenen »innersten Natur«, verkörpern die männlichen Maskes in ihrer Eigenart einen Typus. Er gleicht dem des »Machtmenschen« im Sinne Sprangers und ist reduziert auf den egozentrischen Willen, die Befriedigung der eigenen Bedürfnisse im sozialen Kampf ums Dasein durchzusetzen. Den Protagonisten Christian Maske in der Komödie mit dem typisierenden Titel *Der Snob* lässt Sternheim am Ende reflektieren, wie eine »Erkenntnistheorie« beschaffen ist, die solchem Willen zur Macht entspricht. Das denkende Subjekt, so legt Maske dar, »überwindet« durch begriffliche Abstraktion das »ungeheure Gebiet umgebender Welt« in seiner ganzen »Mannigfaltigkeit« (Sternheim 1963, Bd. 1, S. 210). Damit vermittelt Sternheims Drama Einsichten in die Allmachtswünsche (und Ohnmachtsängste), die den philosophischen und ästhetischen Abstraktionsanstrengungen zugrunde liegen. In der Rede von Edschmid treten sie ziemlich unverhüllt zu Tage: »Die Realität muß von uns geschaffen werden [...], es muß das Bild der Welt rein und unverfälscht gespiegelt werden. Das aber ist nur in uns selbst« (in Anz/Stark 1982, S. 46).

In Worringers Gegenüberstellung von *Abstraktion und Einfühlung* korrespondiert der Begriff »Einfühlung« mit dem des »Naturalismus«, der Begriff »Abstraktion« mit dem des »Stils«. Unter »Naturalismus« und »Einfühlung« verstand Worringer jedoch nicht eine »Imitation eines Naturvorbildes«, sondern eine emotionale »Annäherung an das Organisch-Lebenswahre« (Worringer 1959, S. 61f). Damit ermöglichte er es der antinaturalistischen Ästhetik des Expressionismus, Prinzipien nicht nur der »Abstraktion«, sondern auch der »Einfühlung« zu adaptieren (vgl. zur Aufhebung der Entgegensetzung Müller-Tamm 2005). Neben den dominant kognitiven Abstraktionstendenzen sind dominant affektive Tendenzen künstlerischer Kommunikation für die Ästhetik des Expressionismus konstitutiv.

Wortkunst und Abstraktion: Rittich 1933 (im »Sturm«); Maier 1967; Anz/Stark 1982, S. 559-562; Möser 1983 (Kunsttheorien, Poetik und ›abstrakte Dichtung‹ im *Sturm*); Maier 1990 (August Stramm); Fähnders 1998/2010, S. 186-189; Öhlschläger 2005.

3. Pathos, Erlebnis und emotionale Kommunikation

Das populäre Verständnis des Begriffs ›Expressionismus‹ als ›Ausdruckskunst des starken Gefühls‹ trifft durchaus einen wichtigen Aspekt seiner Bedeutung. Er ist eng mit dem Begriff ›Pathos‹ assoziiert. Als »Neopathetiker« bezeichneten sich die Expressionisten zu Beginn des Jahrzehnts selbst. In seiner am 1. Juni 1910 gehaltenen Eröffnungsrede zum »Neopathetischen Cabaret« (s. S. 24f.) definierte Kurt Hiller den von Stefan Zweig übernommenen Begriff des »Neuen Pathos« als »erhöhte psychische Temperatur« (in Anz/Stark 1982, S. 440). Wo in den kommenden Jahren die damals jüngste Literatur beschrieben wurde, fehlte selten der Hinweis auf Pathos, Gefühl und auf den unartikulierten Naturlaut des Schreis (s. S. 166f.) als Inbegriff emotionaler Expression:

Es erwacht in ihr wieder, lang verachtet, der jähe Aufbruch des großen Gefühls, das Pathos, es ertönt der Schrei verschütteter Verzweiflung, der melancholische Klagegesang des Einsamen, vor allem aber das sehnsüchtige Erhoffen, die prophetische Verkündigung allgemeinster menschlicher Tugenden und Gefühle: Güte, Freude, Freundschaft, Menschlichkeit, Schuld und Verantwortung (Pinthus 1915, S. 78).

Das stereotype Verdikt über das ›hohle‹, ›übersteigerte‹ oder ›überspannte‹ Pathos, das schon die damalige Kritik am Expressionismus äußerte und das auch von der Expressionismus-Forschung vielfach wiederholt wurde, hat eine differenziertere Rekonstruktion des expressionistischen Pathos-Begriffs lange verhindert. Erst in jüngerer Zeit ist gezeigt worden, dass solche Verdikte Bewertungsmustern aus dem Umkreis der klassischen Ästhetik, insbesondere Friedrich Schillers Theorien über das Pathetische und das Erhabene, verhaftet sind. Das neue Pathos der Expressionisten ist hingegen erst in den Kontexten von Umwertungen des Pathetischen angemessen zu verstehen, die sich maßgeblich Friedrich Nietzsches Kunst- und Lebensphilosophie oder auch Aby Warburgs kunsthistorischer Theorie der »Pathos-Formeln« verdanken. Erst hier wird das Pathetische von dem Zwang entbunden, nur im Wechselspiel mit ästhetischer und ethischer Distanz auftreten zu dürfen (Stücheli 1999).

Mit ›(Neuem) Pathos‹ eng assoziiert sind ›**Erleben**‹ **und** ›**Einfühlung**‹. Die in der neueren literaturwissenschaftlichen Methodologie etablierten Vorbehalte gegenüber beiden Begriffen haben dazu geführt, deren Bedeutung für die literarische Moderne des frühen 20. Jahrhunderts zu unterschätzen oder ganz zu verkennen. Die Theorie der Einfühlung in der psychologischen *Ästhetik* (1903-1906) von Theodor Lipps weist viele Interessenüberschneidungen mit den theoretischen Selbstreflexionen der ästhetischen Moderne auf (vgl. Braungart 1995; Anz 2004; Müller-Tamm 2005). Der Titel von Wilhelm Diltheys Schrift von 1905, *Das Erlebnis und die Dichtung*, bezieht sich zwar auf Autoren des 18. und frühen 19. Jahrhunderts (Lessing, Goethe, Novalis, Hölderlin), steht jedoch dem Selbstverständnis avancierter Kunst- und Literaturtheorien in den ersten beiden Jahrzehnten des 20. Jahrhunderts durchaus nahe. Die Grundlegung der Geisteswissenschaften durch Wilhelm Dilthey weist die gleiche lebensphilosophische Prägung auf wie die gesamte literarische Moderne (s. S. 50ff.). Diltheys Erlebnisbegriff hatte eine Bedeutung, die auf Über-Individuelles verwies, ohne das literarische Kommunikation nicht möglich ist. Dominiert heute die Vorstellung, dass ein der Sprachgemeinschaft gemeinsamer Code, ein dem Sprecher und Hörer beziehungsweise Autor und Leser gemeinsames Inventar von Zeichen und Regeln ihrer Verknüpfung, die sprachliche und literarische Verständigung ermöglicht, so schöpfen nach literaturtheoretischen Vorstellungen zu Beginn des 20. Jahrhunderts das Erleben des Dichters und das nacherlebende Verstehen des Lesers aus dem alle Subjekte gemeinsam durchströmenden Fluss des Lebens. Kommunikation findet demnach zwischen dem mehr oder weniger bewussten Erleben des Autors und dem des Rezipienten statt. Ausgetauscht werden nicht primär Bedeutungen, sondern Emotionen. Das Verstehen literarischer Werke eröffnet nach Dilthey einen Zugang zum »Geheimnis des Lebens«. »Erleben, Ausdruck und Verstehen« (Dilthey 1990, S. 263) sind in diesem Konzept die zentralen Komponenten literarischer Kommunikation. Edmund Husserls *Logische Untersuchungen* entwerfen etwa zur gleichen Zeit ein Kommunikationsmodell, das ebenfalls auf den Begriff des »Erlebnisses« zurückgreift. Alle »Ausdrücke in der kommunikativen Rede [...] dienen dem Hörenden als Zeichen für die ›Gedanken‹ des Redenden, d.h. für die sinngebenden psychischen Erlebnisse desselben«. Und: »Was den geistigen Verkehr allererst möglich und die verbindende Rede zur Rede macht, liegt in dieser durch die physische Seite der Rede vermittelten Korrelation zwischen den zusammengehörigen physischen und psychischen Erlebnissen der miteinander verkehrenden Personen« (Husserl 1980, Bd. II/1, S. 33).

1913 beschrieb Wassily Kandinsky im *Sturm* den Prozess künstlerischer Kommunikation mit folgender Begriffsreihe: »Emotion – Gefühl – Werk – Gefühl – Emotion« (Kandinsky 1913, S. 98). Was sich wie die bloße Deskription eines kommunikativen Prozesses ausnimmt, ist zugleich das normative Postulat einer bestimmten Art von Kunstproduktion und -rezeption. Der Kunstbetrachter soll sich, so Kandinsky in seinem Aufsatz »Über Kunstverstehen«, »nicht durch Vernunft und Verstand der Kunst nähern, sondern durch Seele und Erleben« (Kandinsky 1912, S. 158). Das entspricht einem ästhetischen Selbstverständnis, das Kandinsky so beschreibt: »Der Künstler ist die Hand, die durch diese oder jene Taste *zweckmäßig* die menschliche Seele in Vibration bringt. So ist es klar, daß die Farbenharmonie nur auf dem Prinzip der zweckmäßigen Berührung der menschlichen Seele ruhen muß.* Diese Basis soll als *Prinzip der inneren Notwendigkeit* bezeichnet werden« (Kandinsky 1970, S. 64).

Mit solchen Postulaten rekurrierte man in der Zeit des Expressionismus gerne auch auf vorzivilisierte Formen des Umgangs mit der Sprache. 1910 publizierte Ernst Cassirer seine »Urwort«-Theorie, die bald auch vom *Sturm* aufgegriffen wurde. Nach Cassirer ist die Sprache, »wenn wir sie zu ihren frühesten Anfängen zurückzuverfolgen suchen, nicht lediglich repräsentatives Zeichen der Vorstellung, sondern emotionales Zeichen des Affekts und des sinnlichen Triebes« (Cassirer 1923, S. 89). Das gelte besonders für die »Urworte«, die »als reine Empfindungslaute der unmittelbare Ausdruck eines Affekts [...] waren« (ebd., S. 91). Dem entspricht, was Stefan Zweig gleich zu Beginn seines 1909 erschienenen Aufsatzes, dessen Titel der 1913 gegründeten expressionistischen Zeitschrift *Das neue Pathos* den Namen gab, über das »Urgedicht« ausführte:

Das Urgedicht, jenes, das längst entstand vor Schrift und Druck, war nichts als ein modulierter, kaum Sprache gewordener Schrei, aus Lust und Schmerz, aus Trauer und Verzagung, aus Erinnerung oder Beschwörung gewonnen, aber immer aus dem Überschwang einer Empfindung. Es war pathetisch, weil es aus Leidenschaft entstanden, pathetisch, weil es Leidenschaften erzeugen wollte (in Anz/Stark 1982, S. 575).

Die Bedeutung derartiger Theorien emotionaler Kommunikation für die literarische Praxis des Expressionismus ist erst in Ansätzen untersucht worden, vor allem im Blick auf die Wortkunst August Stramms (Jordan 1981; Adler 1990; Anz 1995a; Rehage 2003). Kandinskys Konzept der »Bühnenkomposition« (s. S. 150f., 153) baut ausdrücklich auf einer solchen Theorie auf:

Das vom Künstler richtig gefundene Mittel ist eine materielle Form seiner Seelenvibration, welcher einen Ausdruck zu finden er gezwungen ist.
Wenn dieses Mittel richtig ist, so verursacht es eine beinahe identische Vibration in der Seele des Empfängers (Kandinsky/Marc 1965, S. 192).

Die nicht nur im expressionistischen Gesamtkunstwerk (s. S. 150ff.) anzutreffende Reduktion verbaler zugunsten nonverbaler Kommunikationsmittel, die Akzentuierung der Klangqualitäten der Sprache gegenüber ihren semantischen Leistungen sowie die Substitution schriftlicher durch mündliche Formen literarischer Kommunikation in den Kabaretts stehen im Dienste emotionaler Ausdrucks- und Wirkungsmöglichkeiten. Das rhetorische Pathos mit seinen konventionalisierten Stilfiguren (Hyperbeln, Apostrophen, Ellipsen, Exklamationen usw.) ist nur eines der literarischen Mittel, mit denen der Expressionismus Emotionen vermittelt, und keineswegs das wirksamste. Die Vielfalt der literarischen Emotionalisierungstechniken in der Literatur des expressionistischen Jahrzehnts zu untersuchen bleibt ein Desiderat der Forschung. Welche Affekte mit welchen Mitteln evoziert werden (sollen), ist noch nicht systematisch analysiert worden. Das Spektrum dieser Mittel reicht von wortreicher Rhetorik bis zur extremen sprachlichen Verknappung. Und auch die scheinbar teilnahmslose Sachlichkeit, mit der Franz Kafkas *In der Strafkolonie* erzählt ist, steht im Dienste der Emotionalisierung – der Forderung des Autors entsprechend, ein Buch müsse »die Axt sein für das gefrorene Meer in uns« (Kafka 1999, S. 36). Eine ähnliche Technik der »Emotionalisierung durch Sachlichkeit« (Richter 1983) verwendet Gottfried Benns Gedicht »Mann und Frau gehen durch die Krebsbaracke«:

Hier diese Reihe sind zerfressene Schöße
und diese Reihe ist zerfallene Brust.
Bett stinkt bei Bett. Die Schwestern wechseln stündlich.
(Benn 1982, Bd. 1, S. 28)

Zu den expressionistischen Techniken der Emotionalisierung gehört auch die Integration des Hässlichen und Grotesken in die ›schöne‹ Literatur.

Neues Pathos: Anz/Stark 1982, S. 572-574; Streim 1998 (Beziehung des »Neopathetischen Cabarets« zu George und Hofmannsthal); Stücheli 1999 (Nietzsche, Neopathetisches Cabaret und die Zeitschrift *Das neue Pathos*).
Erlebnis: Rehage 2003 (über Stramm und Klemm in kritische Auseinandersetzung mit dem Erlebnis-Begriff).

4. Negative Ästhetik des »Abjekten«: das Hässliche und Groteske

Pathos heißt wörtlich Leid. Was den Kritikern des literarischen Expressionismus als charakteristisch an ihm gilt: das Ekstatische, Rauschhafte, Hymnische, Visionäre, Utopische oder Aktivistische, das Aufbruchs- und Revolutionspathos, das Verbrüderungs- und Oh-Mensch-Pathos, ist, wie die Forschung der 1970er Jahre hervorgehoben hat (Vietta/Kemper 1975), nur eine Seite dieser Literatur. Die andere ist ebenfalls pathetisch, doch Pathos ist hier Artikulation und Darstellung des Leidens, ist »literarische Psychopathographie« (Anz 1977).

Reinhard Goerings Drama *Seeschlacht* beginnt mit einem Schrei. Der ›expressionistische Schrei‹ ist ein Schrei vor allem des Schmerzes und der Angst. Zu den Titeln der Gedichte, die Pinthus in der *Menschheitsdämmerung* im ersten Teil unter der Überschrift »Sturz und Schrei« zusammengestellt hat, gehören: »Verzweiflung«, »Leid«, »Schmerz« (alle von Albert Ehrenstein) und »Verzweifelt« (August Stramm). Die Lyrikerin und Essayistin Margarete Susmann hob den expressionistischen Schrei 1918 in der Düsseldorfer Theaterzeitschrift *Die Masken* strikt von allen ästhetisierenden Ausdrucksformen des Leidens ab:

Dieser Schrei, der zum Himmel gellende Schrei, der nicht mehr wie noch der einsame Sehnsuchtsschrei Stefan Georges »durch güldne Harfe sausen« will, den keine an den Mund gesetzte Flöte mehr zum Klang verschönt, der nur gehört werden will, gehört werden soll um jeden Preis als lebendige menschliche Entscheidung – er allein ist die Antwort der wachen Seele auf die furchtbare Umklammerung unserer Zeit (in Raabe 1965b, S. 156).

Dieser Schrei ist keine schöne Kunst mehr. »Der Expressionismus hat eine Sendung, die nichts mehr von Schönheit weiß« (ebd., S. 157). In den futuristischen Manifesten, die *Der Sturm* 1912 in deutscher Übersetzung veröffentlichte, hatte die expressionistische Ästhetik des Hässlichen Bestätigungen und Anregungen gefunden. In Marinettis »Technischem Manifest« stehen die Sätze:

Man schreit: »Eure Literatur wird nicht schön sein! Wir werden nicht mehr eine Wortsymphonie haben mit den harmonischen Schwankungen und beruhigenden Kadenzen.« Natürlich. Ein Glück. Im Gegenteil, wir werden alle brutalen Töne gebrauchen, alle ausdrucksvollen Schreie des heftigen Lebens, das uns umkreist.
Gebrauchen wir das »Häßliche« in der Literatur und töten wir überall die Feierlichkeit (in Demetz 1990, S. 199).

In partieller Übereinstimmung mit dem Futurismus, dem ihr Pathos des Leidens jedoch gänzlich fehlte, radikalisierte die expressionistische Literatur die antiklassischen Tendenzen der frühen Moderne. Sie ist, in **Opposition auch zum ästhetizistischen Schönheitskult um 1900**, eine Literatur der Disharmonien, des Hässlichen, Grotesken und Pathologischen, Darstellung einer als zerrissen wahrgenommenen Außen- und Innenwelt sowie einer als brüchig empfundenen Sprachordnung.

Gottfried Benns Gedicht »Schöne Jugend« zitiert mit seinem Titel den Ästhetizismus des Jugendstils, um ihn dann ohne Reim und Rhythmus inhaltlich wie formal zurückzuweisen:

> Der Mund eines Mädchens, das lange im Schilf gelegen hatte,
> sah so angeknabbert aus.
> Als man die Brust aufbrach, war die Speiseröhre so löcherig.
> Schließlich in einer Laube unter dem Zwerchfell
> fand man ein Nest von jungen Ratten.
> (Benn 1982, Bd. 1, S. 22)

Das Abscheu- oder Angsterregende in der expressionistischen Moderne fungiert nicht, wie zu weiten Teilen noch in der vorexpressionistischen Moderne, im Rahmen einer Totalisierung des Ästhetischen, die auch noch das Hässliche in sich integrieren will, sondern es steht im Dienst einer veränderten, antiästhetischen Funktion von Literatur: Die inhaltliche Darstellung und formale Simulation des Hässlichen und Disharmonischen folgen in der Erschließung kulturell abgewerteter Bereiche des ›Lebens‹ vitalistischen Impulsen (s. S. 50ff.) und verstehen sich vor allem als Aufdeckung des schönen Scheins der Oberfläche zugunsten des ›Wesens‹ äußerer und innerer Realität (Eykman 1965, S. 109ff.). »Komm, hebe ruhig diese Decke auf. / Sieh [...]« (s. S. 91). Was in Benns Krebsbaracken-Gedicht von der Decke verborgen war, soll sichtbar werden. »Ist es möglich«, fragt sich Rilkes Malte, »daß man trotz Erfindungen und Fortschritten, trotz Kultur, Religion und Weltweisheit an der Oberfläche des Lebens geblieben ist?« (Rilke 1996, Bd. 3, S. 468). Malte, und mit ihm Rilke, versteht sein Schreiben als Versuch, diese Oberfläche zu durchdringen und das »Innere« der Dinge zu erfassen. Es ist oft hässlich und ekelerregend. So zum Beispiel eine Mauer, welche die Innenseite eines abgerissenen Hauses und die Außenseite des daneben stehenden, noch nicht abgerissenen Hauses ist – ein subtiles Bild, in dem fassadenhafte Oberfläche und ›wesenhafte‹ Innenseite zu einer Anschauungseinheit werden: »Neben den Zimmerwänden blieb die ganze Mauer entlang noch ein schmutzigweißer Raum, und durch diesen kroch in unsäglich widerlichen, wurmweichen, gleichsam verdauenden Bewegungen die offene, rostfleckige Rinne der Abortröhre« (ebd., S. 485).

Die negative Ästhetik des Hässlichen hat Anteil an den damals in Kunst, Philosophie, Wissenschaft und Technik gemeinsam, doch auf unterschiedlichem Terrain und mit divergierenden Methoden betriebenen Versuchen, **das unter einer Oberfläche Verborgene** zu entdecken, das Unsichtbare sichtbar zu machen: die (›schmutzige‹) Wahrheit des Unbewussten unter der Oberfläche des Bewusstseins (Psychoanalyse), das Verschüttete unter der Erdoberfläche (Archäologie), das ›Wesen‹ hinter den Erscheinungen (s. S. 159ff.; vgl. auch Öhlschläger 2005), das Innere des Körpers unter der äußeren Haut (Endoskopie und Röntgentechnik).

Iwan Golls Ästhetik eines »neuen Dramas« bedient sich 1919 analog zu solchen Denkformen der Metapher der Nacktheit unter der äußeren Verkleidung und des Vergrößerungsglases: »Die Menschen und die Dinge werden möglichst nackt gezeigt werden und, zur besseren Wirkung, immer durch das Vergrößerungsglas« (Goll 1919, S. 692). Den Surrealismus-Begriff der zwanziger Jahre antizipierend, nennt er die von ihm proklamierte Bühnenkunst »überreal‹, wo sie auch von den Dingen hinter den Dingen weiß.« Er grenzt sie damit sowohl vom »Realismus« ab, der »die größte Entgleisung aller Literaturen« (ebd., S. 693) war, als auch von den Wahrheitsansprüchen der Vernunft: »Die Wahrheit ist nicht in der Vernunft enthalten, der Dichter findet sie, nicht der Philosoph« (ebd., S. 692). Die Ästhetik des Hässlichen erhebt in der expressionistischen wie schon in der naturalistischen Moderne als eine Technik zur Desillusionierung des schönen Scheins Erkenntnisansprüche auf Wahrheit und Authentizität, die im Rahmen tradierter Verpflichtungen der Künste auf das Schöne nicht mehr einlösbar erschienen. Sie sucht das (Über-)Reale und richtet sich gegen das Imaginäre und Symbolische (vgl. auch Menninghaus 1999, S. 545f.). So rechtfertigte Kafka denn auch gegenüber seinem Verleger Kurt Wolff das Peinliche an seiner Erzählung *In der Strafkolonie* mit den Worten: »Zur Erklärung dieser letzten Erzählung füge ich nur hinzu, daß nicht nur sie peinlich ist, daß vielmehr unsere allgemeine und meine besondere Zeit gleichfalls sehr peinlich war und ist« (Kafka 1966, S. 150).

Das spezifische Mittel der Ästhetik des Hässlichen und Grotesken, solche Erkenntnis zu vermitteln, ist die **schockartige Emotionalisierung**. »Die Kunst«, fordert Goll, »muß den Alltagsmenschen erschlagen, ihn erschrecken, wie die Maske das Kind, wie Euripides die Athener, die nur taumelnd herausfanden. Die Kunst soll den Menschen wieder zum Kind machen. Das einfachste Mittel ist die Groteske« (Goll 1919, S. 693). Zum »Sinnbild« solcher Bühnenkunst erklärt Goll die Maske. »Die Kinder haben Angst vor ihr und sie schreien. Der Mensch, der selbstgefällige, der nüchterne, soll wieder zu schreien lernen. Dazu ist die Bühne da« (ebd., S. 692). Es sind starke Affekte, die von den »nicht mehr schönen Künsten« (Jauß 1968) der Moderne evoziert werden sollen: Angst und vor allem Ekel. Kafka, in dessen literarischen und autobiographischen Texten die notorische Assoziation von Sexualität und Schmutz, wie überhaupt seine Ästhetik des Ekelhaften, erst in jüngerer Zeit in ihrem ganzen Ausmaß aufgezeigt wurde (Menninghaus 1999, S. 333-484), hat dafür schon früh einprägsame Bilder gefunden. Sie sind zu kanonischen Zitaten geworden, wo immer man die negative Ästhetik der Moderne beschreibt:

Ich glaube, man sollte überhaupt nur solche Bücher lesen, die einen beißen und stechen. Wenn das Buch, das wir lesen, uns nicht mit einem Faustschlag auf den Schädel weckt, wozu lesen wir dann das Buch? [...] ein Buch muß die Axt sein für das gefrorene Meer in uns (Kafka 1999, S. 36).

Die literarisch hässliche Evokation von **Angst und Ekel** steht im Dienst solcher Forderungen. Die Untergangsvisionen beispielsweise, die Alfred Kubin in seinem Roman *Die andere Seite* ausmalte, sind symptomatisch für die Techniken der literarischen und künstlerischen Moderne, den Schrecken durch Ekel noch zu steigern: »Von dem hochgelegenen französischen Viertel schob sich langsam wie ein Lavastrom eine Masse von Schmutz, Abfall, geronnenem Blut, Gedärmen, Tier- und Menschkadavern. In diesem, in allen Farben der Verwesung schillernden Gemenge stapften die letzten Träumer herum« (Kubin 1952, S. 260f.).

Als hässlich disqualifiziert eine Kultur nicht nur begrifflich, sondern bis in ihre affektiven Dispositionen hinein, was sie verwirft. Aus dem lateinischen *abicere* (wegwerfen) und *abjectum* (weggeworfen) ist ein Begriff abgeleitet, der in jüngeren Ästhetiktheorien Karriere gemacht hat: das ›Abjekte‹ oder die ›Abjektion‹. Der Erfolg des Begriffs verdankt sich Julia Kristevas 1980 erschienener Schrift *Pouvoirs de l'Horreur. Essai sur l'abjection*. Kristevas **Theorie der Abjektion** richtet den Blick auf den von der symbolischen Ordnung verworfenen Körper der Mutter und ist eine eigenwillige Variante jener

Psychoanalyse der ›Verdrängung‹ und ›Wiederkehr des Verdrängten‹, die zu den kulturellen Kontexten der literarischen Moderne um und nach 1900 gehört. Darstellung des Hässlichen in der expressionistischen Moderne ist die Konfrontation mit dem öffentlich Verworfenen, Verdrängten und Verfemten, eine Konfrontation, wie sie zur gleichen Zeit die Psychoanalyse forciert. Als hässlich gelten der Ausdruck des Leidens, die Krankheit des Körpers und des Geistes, die Grimassen der Angst, die Entblößung der Triebsphäre. Ekelerregend hässlich ist das Innere des Körpers, was von ihm plötzlich sichtbar oder ausgeschieden wird. Zum Beispiel die Wunde eines jungen Patienten, die Kafka den Protagonisten seiner Erzählung *Ein Landarzt* mit der gleichen klinischen Sachlichkeit beschreiben lässt, mit der Gottfried Benn in den *Morgue*-Gedichten den Blick auf die kranken oder toten Körper lenkt: »Würmer, an Stärke und Länge meinem Finger gleich, rosig aus eigenem und außerdem blutbespritzt, winden sich, im Innern der Wunde festgehalten, mit weißen Köpfen, mit vielen Beinchen ans Licht« (Kafka 1994, S. 258).

In Döblins psychopathographischer Erzählung *Die Ermordung einer Butterblume* gehen die »Pouvoirs de l' Horreur«, die Mächte des Schreckens und des Ekels, von Ausscheidungen eines ›ermordeten‹ Pflanzenkörpers aus, der in den paranoiden Phantasien des ›Mörders‹ den Namen einer Frau (»Ellen«) trägt und später auch als »Mutter« imaginiert wird. Der um seine Autonomie besorgte »Herr« Michael Fischer war an der Blume mit seinem Stöckchen hängen geblieben, hatte ihr den Kopf abgeschlagen. Auf der Flucht vor der Erinnerung daran wird der Mann in verschiedenen Ekel- und Angstvisionen von ihr erneut eingeholt. Pflanze und Mensch, Frau und Mann, Vagina und Phallus, Ejakulation, Blut, Fäulnis und Erbrechen, genital und oral ausgeschiedene Flüssigkeiten assoziieren sich zu einem Ekelkonglomerat, mit dessen Schilderung Döblins literarische Ästhetik des Hässlichen sämtliche Sinne (in der Fiktion die des Protagonisten, in der Realität die des Lesers) zu überwältigen versucht:

Und von oben, aus dem Körperstumpf, tropfte es, quoll aus dem Halse weißes Blut, nach in das Loch, erst wenig, wie einem Gelähmten, dem der Speichel aus dem Mundwinkel läuft, dann in dickem Strom, rann schleimig, mit gelbem Schaum auf Herrn Michael zu, der vergeblich zu entfliehen suchte [...].
Und daneben im Rasen fault der Kopf. [...] Ein gelber stinkender Matsch wird aus ihm, grünlich, gelblich schillernd, schleimartig wie Erbrochenes. Das hebt sich lebendig, rinnt auf ihn zu, gerade auf Herrn Michael zu, will ihn ersäufen, strömt klatschend gegen seinen Leib an, spritzt an seine Nase (Döblin 2001, S. 57ff).

Michael Fischer ist nicht mehr »Herr« seiner selbst. Das Angst- und Ekelerregende in der expressionistischen Moderne destruiert zusammen mit Konzepten der klassischen Ästhetik ein damit verbundenes Bild vom Menschen und vom Künstler. Der ›schöne‹ Mensch und der, der Schönes schafft oder wahrnimmt, sind frei von äußeren und inneren Zwängen. **Autonomie und Schönheit** sind in der klassisch-idealistischen Ästhetik eng assoziiert. Die ehemals utopische Funktion der dahinter stehenden Humanitätsidee wird im Verlauf des 19. Jahrhunderts zunehmend zur ideologischen, insofern Schönheit und Autonomie als reale Gegebenheiten imaginiert werden. Die negative Ästhetik der Moderne disqualifiziert Schönheit der Kunst als Beschönigung, Harmonie als Harmonisierung. Kurt Hiller spricht 1913 abfällig von den »Harmonikern« (Hiller 1913c, Sp. 374). Ferdinand Hardekopf unterscheidet 1912 in einer Rezension zwei Typen von Dichtern: diejenigen, die den »Schwindel heutiger Weltanschauungsharmonie« reproduzieren, und die »Dichter, die um Leiden wissen«. Bei letzteren »heult die Presse auf«, wird sie »aufrichtig böse« (Hardekopf 1912, Sp. 367f.). Die empörten öffentlichen Reaktionen auf Benns *Morgue*-Gedichte liefern hierfür anschauliche Beispiele (vgl. Hohendahl 1971). Auf der anderen Seite stehen die Stimmen aus dem Umkreis des Expressionismus, die, wie beispielsweise Ernst Blass an Georg Heyms Lyrik, eben das begeisterte, was den Schönheitssinn des ›Bürgers‹ empörte: »Schön, gewiß, ist nicht, was er dargestellt hat, das Grauen, die Verwesung, die Irren, die Tauben, die blinden Frauen, die Somnambulen, die Morgue –, schön ist aber das strahlende Können, mit dem er es tat, die fortreissende Wucht, das mächtig Packende« (Blass 1912, Sp. 883).

Die provokative Destruktion etablierter Wahrnehmungs- und Sinngebungsmuster bedient sich in ihren Techniken der Emotionalisierung der **Stilmittel des Grotesken**. Konstitutiv für das Groteske sind antimimetische Verstöße gegen die Regeln der Wahrscheinlichkeit. In der nachnaturalistischen Moderne und insbesondere in der Zeit des Expressionismus erlangen Elemente des Grotesken derartige Dominanz und Verdichtung, dass ›die Groteske‹ zu einer eigenen Gattungsbezeichnung avanciert. In Carl Einsteins Nachlass findet sich im Zusammenhang mit seinem Roman *Bebuquin oder Die Dilettanten des Wunders* der Begriff »infinitesimale Groteske« (Einstein 1992, Bd. 4, S. 19). 1913 veröffentlicht der Philosoph und Schriftsteller Salomon Friedlaender unter dem Pseudonym Mynona (ein Anagramm von ›anonym‹) mit *Rosa, die schöne Schutzmannsfrau* den ersten Band einer ganzen Reihe von »Grotesken«-Sammlungen, die zum Teil in expressionistischen Verlagen erschienen. 1919 erklärte er in einer Selbstrezension, was »grotesk« bedeute und was das Ziel des

»Groteskenschreibers« sei. ›Grotesk‹ und ›hässlich‹ sind ihm dabei nahezu Synonyme:

»Grotesk« – das Wort und seine Bedeutung soll von den seltsamen, bizarren, phantastischen Formen hergenommen sein, welche die Kalksintersteine in den sogenannten Tropfsteinhöhlen annehmen. Damit man aber etwas als verzerrt, entstellt, verrenkt, als seltsam, anormal, häßlich empfinde und beurteile, muß es sich von einem normalen Muster abheben, das wir als schön, ordentlich, richtig proportioniert ansehen und einschätzen; es muß dagegen kontrastieren (in Anz/Stark 1982, S. 597).

Was wir gewöhnlich als ›schön‹ einschätzten, sei jedoch mit wahrer Schönheit nicht identisch. Die Verhässlichung des Normalen und nur scheinbar Schönen durch groteske Entstellungen und Übertreibungen folge dem Willen, »die Erinnerung an das göttlich geheimnisvolle Urbild des echten Lebens« (ebd., S. 598) zu beleben.

Hüte man sich also vor dem Missverständnis, als ob der Groteskenhumorist im Häßlichen an sich selber schwelge, sondern es ist ihm nur ein scharfes Mittel, um uns auch noch aus dem Häßlichen aufzuschrecken, das wir deswegen schon für schön, wahr, heilig und rein halten, weil wir uns daran gewöhnt haben (ebd., S. 599).

Arten und Funktionen des Grotesken divergieren in der expressionistischen Moderne erheblich. Mit der »rationalen Groteske«, so ein Differenzierungsversuch der Forschung, demonstriere der Erzähler sein über die Bedingungen der Wirklichkeit erhobenes Selbstbewusstsein. Dieser Art der Groteske, die in der Prosa Carl Einsteins, Paul Scheerbarts oder Mynonas dominiert, stehe eine »Groteske des Leidens« (Dimić 1960, S. 33) gegenüber, die den Triumph der Objektwelt über das Subjekt darstelle. Wie auch immer: Als ›grotesk‹ gelten neben übertreibenden Zuspitzungen des ›Wesentlichen‹ die Vermischungen dessen, was die symbolische Ordnung einer Kultur in einem Zeichensystem von Distinktionen voneinander abzugrenzen gewohnt ist: Mensch und Tier, Schönheit und Hässlichkeit, Gesundheit und Krankheit, Hohes und Niedriges, Wichtiges und Unwichtiges, Organisches und Anorganisches, Eckiges und Rundes, Großes und Kleines ... Mit Dekompositionen in Bereichen der »Sprachordnung, Verhaltensordnung, Erkenntnisordnung und Geschmacksordnung« beseitigt das Groteske »den dichotomischen Aufbau symbolisch kultureller Ordnungsstrukturen und ersetzt ihre Antagonismen durch Ambiguität« (Fuß 2001, S. 13).

Grotesk ist in Benns »Schöne Jugend« das Rattennest im Zwerchfell einer Mädchenleiche, insofern hier die Grenze zwischen tierischem und menschlichem, lebendigem und totem Körper verwischt ist. Grotesk ist Kafkas Figur Gregor Samsa, insofern sich hier der Körper eines Menschen in den eines Ungeziefers verwandelt hat. Grotesk ist der Untergang der Traumstadt Perle in Kubins Roman *Die andere Seite*, wenn hier die Welt des Menschen von Tieren besetzt wird: »Es war rätselhaft, woher dieser überschwengliche Reichtum an Tieren kam. Sie waren die eigentlichen Herren der Stadt und hielten sich augenscheinlich auch dafür« (Kubin 1952, S. 197). Kamele und wilde Esel durchwandern die Straßen. In der Stadt verbreitet sich ein warmer, sauer riechender Dunst. Ein Stier quetscht einen Metzger an der Wand zu Brei. Eine riesige Dogge zerreißt eine Frau in ihrem Schlafzimmer. Auf dem Dach seines Hauses sieht der Erzähler mit Entsetzen, wie ein riesiger Leopard einen Hasen zermalmt. In seinem Aschenbecher nistet tagelang ein Rotkehlchenpaar. Vor dem Zubettgehen macht er Jagd auf Skorpione und sonstiges Ungeziefer. – Die dem Menschen vertraute Lebenswelt verliert ihre menschliche Prägung; sie ist zu einer rätselhaft-bedrohlichen Macht geworden, die den Menschen gegenüber der von ihm selbst geschaffenen Umwelt zu Ohnmacht und Angst verurteilt.

Wolfgang Kayser resümiert in seiner grundlegenden Studie über das Groteske: »*das Groteske ist die entfremdete Welt*«, und er erläutert dies gleich anschließend im Rückgriff auf Freuds 1919 an E.T.A. Hoffmanns *Der Sandmann* illustrierter Definition des »Unheimlichen« so: »Man könnte die Welt des Märchenlands, wenn man von außen auf sie schaut, als fremd und fremdartig bezeichnen. Aber sie ist keine entfremdete Welt. Dazu gehört, daß, was uns vertraut und heimisch war, sich plötzlich als fremd und unheimlich enthüllt. [...] Das Grauen überfällt uns so stark, weil es eben unsere Welt ist, deren Verläßlichkeit sich als Schein erweist.« Bei der Darstellung des Grotesken gehe es »um Lebensangst«, insofern »die Kategorien unserer Weltorientierung versagen« (Kayser 1961, S. 198f.).

Michail M. Bachtin hat Kayser vorgeworfen, dass er mit dieser existentialistisch geprägten Definition ganz auf die Erscheinungsformen des Grotesken in der Romantik und der Moderne fixiert sei, die völlig anders gearteten vor der Zeit der Romantik jedoch ignoriere. »Die mittelalterliche und die Rennaissance-Groteske sind vom karnevalistischen Weltempfinden durchdrungen, sie befreien die Welt von allem Entsetzlichen und Furchterregenden, machen sie fröhlich und hell« (Bachtin 1985, S. 26). Die grotesken Elemente in der Literatur des Expressionismus zeigen, dass solche Grenzziehungen zwischen vorromantischer und moderner, zwischen lachen- und angsterregender Groteske fragwürdig sind. Sie evozieren oft nicht nur Angst oder Ekel, sondern ebenso Lachen. Auch was die Wirkung angeht, vermischt das Groteske, was als unvereinbar gilt: bedrückenden Ernst und befreienden Witz.

Der groteske Humor ist vielfach ein »schwarzer Humor«. André Bretons *Anthologie des Schwarzen Humors* hat 1939 sowohl auf Erzählungen von Kafka als auch auf Gedichte von Jakob van Hoddis zurückgegriffen. Schon in der Zeit des Expressionismus selbst jedoch war man sich des grotesken Zusammenspiels von Angst und Komik bewusst. Dem Schrecken der Verhaftung begegnet Joseph K. mit der Überlegung, dass man »das ganze als Spaß ansehn« könne. Vielleicht brauche er nur »den Wächtern ins Gesicht zu lachen und sie würden mitlachen«. Und »war es eine Komödie, so wollte er mitspielen« (Kafka 1990a, S. 11f.). Merkmale einer Komödie hat dieser Roman in der Tat. In ihm wird viel gelacht, und es wurde, wie Max Brod berichtet, auch über ihn gelacht, als Kafka seinen Freunden das erste Kapitel vorlas. Kafka »selbst lachte so sehr, daß er weilchenweise nicht weiterlesen konnte. – Erstaunlich genug, wenn man den fürchterlichen Ernst dieses Kapitels bedenkt« (Brod 1974, S. 156). Den Zusammenhang von existentieller Bedrohung und grotesker Komik haben Kafkas expressionistische Zeitgenossen in ihren Texten wiederholt reflektiert. Der Protagonist in einer grotesken Erzählung Albert Ehrensteins sagt über sich: »Man glaubt, ich sei lustig? Ja! Herzzerreißend lustig! Dies alles ist nichts als Galgenhumor. Und Furcht« (Ehrenstein 1989, Bd. 2, S. 58). Eine Figur aus Alfred Lichtensteins Erzählungen gibt den Rat: »Wenn die Traurigkeit in Verzweiflung ausartet, soll man grotesk werden. Man soll spasseshalber weiterleben. Soll versuchen, in der Erkenntnis, daß das Dasein aus lauter brutalen hundsgemeinen Scherzen besteht, Erhebung zu finden« (Lichtenstein 1966, S. 61).

In einer Selbstrezension, die vor allem das Gedicht »Die Dämmerung« behandelt, bemerkt Lichtenstein, man müsse sonderbar lachen, wenn man hier auf neue Weise »sehen lernt« (1913, Sp. 944). Durch »das Unausgeglichene, nicht Zusammengehörige der Dinge, das Zufällige, das Durcheinander«, so Lichtenstein, wirken Gedichte wie »Die Dämmerung« oder »Weltende« komisch, doch merkt Lichtenstein an: »das Komische wird tragisch empfunden. Die Darstellung ist ›grotesk‹« (ebd., Sp. 944).

Evoziert der Titel »Weltende« zunächst apokalyptische Ängste, so setzen die beiden Strophen solche Ängste mit grotesker Komik außer Kraft. Grotesk sind hier unter anderem die Vermischungen von Rundem und Eckigem (»spitzen Kopf«), von Wichtigem und Unwichtigem (Eisenbahnunglück und Schnupfen), Schwerem und Leichtem (»die Meere hupfen«), Mensch und Ding (»Dachdecker gehn entzwei«):

> Dem Bürger fliegt vom spitzen Kopf der Hut,
> In allen Lüften hallt es wie Geschrei.
> Dachdecker stürzen ab und gehn entzwei,
> Und an den Küsten – liest man – steigt die Flut.
>
> Der Sturm ist da, die wilden Meere hupfen
> An Land, um dicke Dämme zu zerdrücken.
> Die meisten Menschen haben einen Schnupfen.
> Die Eisenbahnen fallen von den Brücken.
> (Hoddis 1987, S. 408)

Ästhetik des Hässlichen: Eykman 1965 (Georg Heym, Georg Trakl, Gottfried Benn); Jauß 1968 (Sammelband über »Die nicht mehr schönen Künste«); Kristeva 1980 (Theorie der Abjektion); Anz/Stark 1982, S. 585-599; Schwall 1990 (Jugendstil und Frühexpressionismus); Läufer 1996 (van Hoddis) ; Menninghaus 1999 (Standardwerk über Ästhetik des Ekels); Metzler 2003 (Abjektion und Deformation).
Das Groteske: Kayser 1961, Bachtin 1985 und Fuß 2001 (allgemein); Dimič 1960 (Scheerbart, Mynona, Sternheim, Ehrenstein, Heym); Huber 1979 (Mythos und Groteske); Pathe 1990 (Barlachs Dramen).

5. Simultanität und Parataxe

Zu den charakteristischen Kennzeichen der expressionistischen Moderne und der Avantgardebewegungen des 20. Jahrhunderts gehören die vielfältigen Versuche, die (nahezu) gleichzeitige Wahrnehmung und sinnliche Präsenz räumlich, zeitlich oder auch semantisch ungleicher Phänomene mit neuen künstlerischen und literarischen Verfahrensweisen zu simulieren und zu reflektieren. Man reagierte damit auf Erfahrungen der Beschleunigung in der Abfolge von Umweltreizen und der Zunahme ihrer Komplexität in der zivilisatorischen Moderne (s. S. 106). Zu einem Schlüsselbegriff wurde in diesem Zusammenhang ›**Simultanität**‹. Er verdankt seine Karriere dem **Futurismus**. Theodor Däublers Aufsatz »Simultanität«, der 1916 in der expressionistischen Zeitschrift *Die weißen Blätter* und noch im gleichen Jahr in seiner Aufsatzsammlung *Der neue Standpunkt* erschien, skizziert die Geschichte des Begriffs so:

Das erste Bild, das sich ›Simultane Visionen‹ nannte, ist von Umberto Boccioni, der somit das Wort zuerst in dieser Auffassung gebraucht hat. Es sollte eine Feier der Geschwindigkeit, des modernen Großstadtbetriebes, einen neuen Fieberzustand, erweckt durch die wissenschaftlichen Errungenschaften, zusammenfassend bezeichnen. Simultanität, heißt es bald darauf in einem Futuristenmanifest, ist die Bedingung, unter der verschiedene Elemente, die den Dynamismus ausmachen, in Erscheinung treten. Marinetti schrieb darauf eine Abhandlung über Simultanität in der Dichtung (Däubler 1988, S. 38).

Der italienische Schriftsteller und Maler Boccioni präsentierte seine »Simultan-Visionen« 1911 der Öffentlichkeit. Und er war auch der Autor des von Däubler erwähnten »Futuristenmanifestes«, in dem »Simultaneität« zu einem Schlüsselbegriff avanciert. 1913 veröffentlichte *Der Sturm* seinen Aufsatz »Simultanéité futuriste«, der das Wort so explizierte:

> [...] *simultanéité*, qui est un des éléments essentiels de la nouvelle sensibilité futuriste (machinisme moderne, télégraphie, rapidité simultanée de communications, nouveau sens du tourisme, nouveau sens des sports, électricité et vie nocturne, intensité simultanée des affaires) (Nr. 190/191, S. 151).

Simultanität sei, so erklärte Boccioni in seiner 1914 in Mailand erschienenen Schrift *Pittura Scultura Futuriste*, die Däubler vermutlich im Auge hatte, »der lyrische Ausdruck der modernen Lebensauffassung, die auf der Schnelligkeit und Gleichzeitigkeit von Wissen und Mitteilung beruht« (in Baumgarth 1966, S. 216). Angeregt auch von Bergson knüpfte der italienische Futurismus das Begehren nach bewegtem Leben an die Dynamik der damals neuesten Verkehrs- und Kommunikationstechnologien, die rauschhafte Geschwindigkeitserlebnisse ermöglichten. Die Fülle heterogener Eindrücke, die das Subjekt in der modernen Zivilisation nahezu gleichzeitig apperzipiert, bringe eine, so Däubler anerkennend, »simultanistische Elastizität« hervor. »Simultanismus ist ein Zustand: Das wichtigste Element für die großzügig künftige Horizontale. Wir werden breitspurig, geschwind, geschmeidig, empfänglich für Einflüsse und Eingebungen bleiben« (Däubler 1988, S. 37). Die Dynamik im Wechsel der Eindrücke vermag jene fieberhafte Intensität des Erlebens hervorzubringen, die Däubler zur Bedingung auch des expressionistischen Stils erklärt:

> Der Volksmund sagt: wenn einer gehängt wird, so erlebt er im letzten Augenblick sein ganzes Leben nochmals. Das kann nur Expressionismus sein! Schnelligkeit, Simultanität, höchste Anspannung um die Ineinandergehörigkeiten des Geschauten sind Vorbedingung für den Stil (ebd., S. 110).

In Melchior Vischers *Sekunde durch Hirn* mit dem Untertitel »Ein unheimlich schnell rotierender Roman« findet diese Expressionismus-Definition 1920 eine literarische Umsetzung. Der Protagonist wird zwar nicht gehängt, doch stürzt er von einem Baugerüst vierzig Stockwerke tief auf die Straße und lässt dabei sein Leben Revue passieren.

Im Unterschied zum Futurismus reagiert der Expressionismus auf die Dynamisierung der Lebenswelt in der zivilisatorischen Moderne höchst ambivalent. Als Befreiung des »rasenden Lebens« (Edschmid 1915) aus stagnierenden Ordnungen wird diese Dynamik einerseits begrüßt, als krisenhafte Überforderung des gehetzten und dissoziierten Subjekts andererseits erlitten (s. S. 102). Ähnlich wie in Freuds Beschreibungen das »Es«, in dem sich nichts finde, »was der Zeitvorstellung entspricht, keine Anerkennung eines zeitlichen Ablaufs« (Freud 1969, Bd. 1, S. 511), entzieht sich in vitalistischer Perspektive, wie sie dem Futurismus vor allem durch Henri Bergson vermittelt wurde, der ständig bewegte »Fluß des Lebens« einer berechenbaren Abfolge von festen Zeitpunkten. Die »ununterbrochene Dynamik der Veränderung«, die sich nach den Postulaten Bergsons »endlos aus sich selber weiter gebiert« und damit »fortdauernde Schöpfung, ununterbrochenes Hervorbringen des Neuen« (Bergson 1993, S. 228f.) ist, findet in der literarischen Moderne eine ähnliche Wertschätzung wie der prälogische und der chronologischen Ordnung enthobene Primärprozess unbewusster Energieströme im Traum, im Wahn oder der freien Assoziation. In deren literarischer Imitation schafft sich die Moderne ihre Freiräume für formale Innovationen, die die disziplinierende Ordnung messbarer Zeitabläufe anarchisch unterlaufen.

Simultanität, das gleichzeitige Nebeneinander ungleicher Wahrnehmungsstimuli, stellt die Literatur, die wie die Musik und anders als die bildende Kunst an ein zeitliches Nacheinander optischer oder akustischer Zeichen gebunden ist, allerdings vor ein poetologisches Paradox. Zu lösen versucht es die in allen literarischen Gattungen wirksame **Poetik der Parataxe**: die semantisch und syntaktisch unkoordinierte Reihung miteinander austauschbarer Textsequenzen, Sätze, Wörter und Wahrnehmungspartikel, deren zeitliche Abfolge von nachrangiger Bedeutung ist (s. S. 107).

Schule macht im Expressionismus das parataktische **Reihungs**beziehungsweise **Simultangedicht**. Die letzten Strophen von Lichtensteins »Die Dämmerung« und von Trakls »Musik im Mirabell« zeigen mustergültig, wie es strukturiert ist:

> An einem Fenster klebt ein fetter Mann.
> Ein Jüngling will ein weiches Weib besuchen.
> Ein grauer Clown zieht sich die Stiefel an.
> Ein Kinderwagen schreit und Hunde fluchen.
> (Lichtenstein 1989, S. 43)

> Ein weißer Fremdling tritt ins Haus.
> Ein Hund stürzt durch verfallene Gänge.
> Die Magd löscht eine Lampe aus,

> Das Ohr hört nachts Sonatenklänge.
> (Trakl 1969, Bd. 1, S. 18)

Als stilanalytischer Begriff benennt ›Parataxe‹ ein syntaktisches Phänomen: die ›Nebenordnung‹ im Kontrast zur ›Überordnung‹ (Hypotaxe) von Sätzen. Statt einen Haupt- und einen Nebensatz hypotaktisch zu koordinieren (›Mir ist warm, weil die Sonne scheint.‹), können beide als Hauptsätze parataktisch gereiht werden (›Die Sonne scheint. Mir ist warm.‹). Das parataktische Nebeneinander von Hauptsätzen in den expressionistischen Simultangedichten, das durch die Übereinstimmung von Satz- und Versgrenzen sowie durch syntaktische Parallelismen noch pointiert wird, erreicht poetische Auffälligkeit zusätzlich dadurch, dass die Sätze auch semantisch unkoordiniert erscheinen. Zwischen den Sätzen fehlen syntagmatische Kontiguitätsbeziehungen: Keiner der Sätze berührt semantisch einen Bestandteil des jeweils vorangehenden Satzes. Die Sätze ließen sich allenfalls durch die Verwendung temporaler Nebensätze hypotaktisch koordinieren, die mit einem lediglich die Gleichzeitigkeit anzeigenden ›Während‹ beginnen (›Während die Magd eine Lampe auslöscht, hört das Ohr nachts Sonatenklänge.‹). Die Abfolge der Sätze ist dabei beliebig, ihr entspricht keine zeitliche oder kausal bedingte Abfolge von Ereignissen. Ein Zusammenhang zwischen allen Sätzen besteht nur insofern, als die von ihnen benannten Ereignisse alle von einem imaginierten Subjekt zu einem bestimmten Zeitpunkt (in der »Dämmerung« oder »nachts«) wahrgenommen werden.

In Jakob van Hoddis' »Weltende« (s. S. 175) ist dieses Subjekt durch die Parenthese »liest man« als Zeitungsleser angedeutet, der die zeitlich und räumlich heterogenen Realitätspartikel massenmedial vermittelt und ›vergleichzeitigt‹ wahrnimmt. Zwischen den parataktisch aneinander gereihten Sätzen besteht auch hier kein syntagmatischer Zusammenhang, sehr wohl jedoch ein paradigmatischer. Sie haben alle eines gemeinsam, insofern sie eine durch schlechtes Wetter bedingte Störung der Ordnung anzeigen. Die zeitliche Abfolge in der Präsentation oder Lektüre der Katastrophenmeldungen ist auch hier sekundär. Die beiden letzten Verse könnten, sieht man von den Vorgaben des Reimschemas einmal ab, ausgewechselt werden: »Die Eisenbahnen fallen von den Brücken. / Die meisten Menschen haben einen Schnupfen.« Die registrierten Ereignisse, und das ist der Effekt der parataktischen Reihung, erscheinen als gleichzeitige, lösen sich aus einer narrativen, Sinn stiftenden Ordnung. Für den »Bürger« ist das der Untergang, das »Weltende«, für die expressionistische Moderne eine Befreiung.

Von den parataktischen Simultangedichten der zitierten Art unterscheidet sich das von Richard Huelsenbeck, Tristan Tzara und

Marcel Janco im Zürcher Cabaret Voltaire kreierte »**poème simultan**« erheblich. Hier wird mit einer Form akustischer Poesie experimentiert, die von mehreren Stimmen gleichzeitig laut vorgetragen wird. Das »Simultangedicht« in diesem Sinn hat Hugo Ball als »ein kontrapunktisches Rezitativ, in dem drei oder mehrere Stimmen gleichzeitig sprechen, singen, pfeifen oder dergleichen« (zit. nach Riha 1982, S. 19), beschrieben. Ein offensichtlich an den parataktischen Reihungsgedichten des Frühexpressionismus angelehntes Konzept liegt hingegen der Forderung nach einem »simultanistischen Gedicht« zugrunde, die das »erste Dada-Manifest in deutscher Sprache« 1918 aus Berlin erhebt: Es »lehrt den Sinn des Durcheinanderjagens aller Dinge, während Herr Schulze liest, fährt der Balkanzug über die Brücke bei Nisch, ein Schwein jammert im Keller des Schlächters Nuttke« (Huelsenbeck 1920, S. 75f.). ›Simultanität‹ wird in der Zeit des Expressionismus zu einem Signalwort, unter dem ganz unterschiedliche Phänomene und Programme verhandelt werden.

Theodor Däubler verwendete den Begriff nicht nur im Hinblick auf künstlerische Verfahrensweisen, sondern auch zur Kennzeichnung einer kunst- und kulturhistorischen Symptomatik. Der Konkurrenz- und Innovationsdruck in der Moderne beschleunigte um und nach 1900 im kulturellen System die Abfolge sich gegenseitig versuchsweise überbietender Modernismen und Avantgardismen so sehr, dass schon etliche Zeitgenossen damals, wie in der jüngeren Forschung inzwischen üblich, die unterschiedlichen Stilrichtungen nicht mehr nach dem Modell einer diachronen Entwicklung, sondern als synchrones Nebeneinander, als **plurale Gleichzeitigkeit des Ungleichen** beschrieben. So auch Däubler. Mit ›Simultanität‹ bezeichnete er ein »modernes Phänomen« (Däubler 1988, S. 37), das gegen Ende des Jahrhunderts gerne auch ›postmodern‹ genannt wurde (s. S. 109-112). »Eigentümlich: in früheren, stileinheitlichen Zeiten gewährte der einzig herrschende Stil allen Temperamenten Obdach; nun aber ist es anders; jedes Temperament schließt sich an seinen Lieblingsstil an« (Däubler 1988, S. 34). In der Situation, wie Däubler sie beschreibt, gibt es keine allgemein verbindlichen Kunstnormen mehr; die europäischen Traditionen und außereuropäischen Kulturen stehen der freien Selbstbedienung zur Verfügung; jeder kann sie imitieren und zitieren, Bruchstücke aus ihnen nebeneinanderstellen oder vermischen. »Irgendeiner verkraust impressionistische Steinlaune mit gotischem Hierarchiegefühl. Oder renaissancehafte Ausgewogenheit einer Hausabsicht befenstert sich geschickt klein-erkerig maurisch« (ebd., S. 32).

Auf den Modernisierungsschock, der wesentlich ein Beschleunigungsschock ist, reagieren Literatur und Kunst um und nach 1900 sehr unterschiedlich. Theodor Däubler selbst verhält sich gegenüber dem von ihm beschriebenen Phänomen der Simultanität ambivalent. Die Faszination ist von Skepsis begleitet. Seine eigene Zeit charakterisiert er abwertend als eine »Zeit der Stilwirrnis, der Geschmacksverwilderung, künstlerischer Unsicherheit« (ebd., S. 35). Und er empfiehlt als Gegengewicht dazu die »klassische Überlieferung« als Mittel zur »Gesundung«, etwas dauerhaft Gültiges, das eine Art kompensatorischen Halt gegenüber dem raschen Wandel und der Ausdifferenzierung ästhetischer Normen zu garantieren vermag: »Sollte nicht Kunst gerade jetzt eine Sendung zur beruhigenden Überlieferung übernehmen können! Einer schnell dahinlebenden Zeit eine letzte Kunst: im Sinne von Ewigkeitswittern« (ebd., S. 36). Mit dem Plädoyer für einen neuen Klassizismus reiht sich Däubler in eine ganze Reihe ästhetisch antimoderner Strömungen um 1900 ein, die sich als Kompensationen damaliger Modernisierungs- und Dynamisierungsschäden begreifen lassen: die völkisch-nationale Literatur, die Heimatkunstbewegung, die katholische oder neuklassische Literaturbewegung.

Was den Expressionismus betrifft, so hat Däublers Beobachtung, dass es der Gegenwart an Einheit und Verbindlichkeit eines bestimmten Stils fehle, seine Berechtigung. Das kann abschließend ein skizzenhafter Blick auf die Gattungspoetik der expressionistischen Literatur demonstrieren.

Simultanität und Parataxe: Vietta 1974 (Großstadtwahrnehmung); Anz 1977, S. 71-85; Vollmer 1987, S. 81-148 (Simultanlyrik Lichtensteins); Becker 1993, S. 199-222 (Großstadt); Žmegač 1994.
Futurismusrezeption: Demetz 1990; Schmidt-Bergmann 1991 (*Sturm*-Kreis, Däubler, Einstein, Ball).

6. Gattungspoetik: Lyrik, Prosa, Drama

»Man höre endlich auf, von ›Lyrik‹ zu reden.« Mit diesem Aufruf eröffnete Kurt Hiller (in Anz/Stark 1982, S. 634) 1911 sein Pamphlet »Gegen Lyrik«. 1912 leitete Carl Einstein seine Anmerkungen »Über den Roman« mit dem Vorschlag ein, »bis auf weiteres die Bezeichnung Roman aufzugeben« (ebd., S. 656). »Das Drama ist tot«, beginnt ein Manifest von 1917 über »Das Drama« (ebd., S. 552). Die herkömmlichen Gattungsbegriffe werden, so zeigen solche Äußerungen, von Autoren der expressionistischen Moderne vielfach mit erheblicher Distanz gebraucht. Explizite Theorien der Lyrik, des Dramas oder der Prosa haben die Autoren seinerzeit allenfalls in punktuellen Ansätzen formuliert.

An gattungspoetologischen Fragestellungen zeigten sich die Autoren des Expressionismus weit weniger interessiert als die literaturwissenschaftliche Expressionismusforschung. Das ist zwar kein Argument gegen solche Forschungen, doch ist die hartnäckige Dominanz der Gattungspoetik in der Literaturgeschichtsschreibung auch in der Expressionismusforschung durchaus fragwürdig. Die systematische Auseinandersetzung mit gattungsübergreifenden Problemstellungen hat sie jedenfalls erheblich behindert. Themen und Motive wie Vater-Sohn-Konflikt oder Großstadt, Stilphänomene wie Parataxe oder elliptische Verknappung, die vitalistische Bildlichkeit, die Ästhetik des Hässlichen und Grotesken, Pathos, Abstraktion oder Simultanität im begrenzten Blick auf die Lyrik, das Drama oder die Prosa zu untersuchen, ist zwar nach wie vor üblich, doch in der Regel schlecht begründet und kontraproduktiv. Das meiste, was in gattungszentrierten Aufsätzen, Büchern, Buchkapiteln oder Einleitungen zu Anthologien ausgeführt wird, betrifft ganz ähnlich auch Texte, die anderen Gattungen zugehören. So wiederholt sich in Abhandlungen etwa zur expressionistischen Prosa, von den berücksichtigten Textbeispielen abgesehen, zu weiten Teilen das, was in Forschungsbeiträgen zum Drama oder zur Lyrik ebenfalls geschrieben steht. Systematische Gattungsvergleiche, wie sie Heidemarie Oehm (1993) im Blick auf das »Stationendrama« und die »Reflexionsprosa« vorgenommen hat, sind da erhellender.

Notwendig bleibt es für die Expressionismusforschung gleichwohl, gattungsspezifische Ausprägungen gattungsübergreifender Phänomene, gattungspoetische Vorlieben und Besonderheiten zu untersuchen. Dass solche Untersuchungen bislang nur begrenzte Erfolge hatten, wirft ein bezeichnendes Licht auf die Literatur des Expressionismus. Unter gattungspoetologischen Untersuchungsperspektiven zeigt sie sich nämlich als bemerkenswert uneinheitliches Phänomen.

»Den Blick auf die deutsche Lyrik seit 1910 richten, heißt seinen Blick auf das Chaos richten«, befand rückblickend der Herausgeber der 1924 erschienenen Anthologie *Verse der Lebenden* (Heinrich Eduard Jacob in Raabe 1965b, S. 194). Die **Lyrik** gilt heute in der Forschung als die zumindest im frühen Expressionismus dominierende Gattung. Die von Hiller herausgegebene Lyrik-Anthologie *Der Kondor* (1912), die Gedichtbände von Heym (*Der ewige Tag*, 1911; *Umbra vitae*, 1912), Werfel (*Der Weltfreund*, 1911; *Wir sind*, 1913), Trakl (*Helian*, 1912; *Sebastian im Traum*, 1912; *Gedichte*, 1913), Benn (*Morgue und andere Gedichte*, 1912; *Söhne*, 1913), Blass (*Die Straßen komme ich entlang geweht*, 1912) oder Lichtenstein (*Die Dämmerung*, 1913) prägten im ersten Drittel des Jahrzehnts maßgeblich das öffentliche Bild von der damals jüngsten Literatur.

Die **Vers-, Strophen- und Reimformen** dieser Lyrik sind vielfach von bemerkenswerter Einfachheit und Traditionalität. Außerordentlich beliebt bleibt die schon von der Lyrik um 1900 häufig aufgegriffene Form des Sonetts. Paul Zech und Theodor Däubler verwenden sie besonders gerne. Das alternierende Versmaß und die vierzeiligen Strophen mit gereimten Versenden dominieren in der Lyrik Georg Heyms (s. S. 105f.), werden jedoch auch von vielen anderen Autoren oft gebraucht. Die mit derartigen Formtraditionen assoziativ verbundenen Erwartungen der Leser an die Sprache, die Bildlichkeit und Thematik werden von dieser Lyrik durchaus evoziert, doch zugleich provokativ enttäuscht. Aus ihr sind, wie Hiller es 1911 forderte, die »Assoziationen von ›Lyrik‹« beseitigt und »auch die allerletzten Rudimente von Waldesgrün und Lerchengesang, von Herz und Schmerz und Lust und Brust, von Sinnigkeit und Innigkeit und Kühen auf der Weide verduftet« (in Anz/Stark 1982, S. 635).

Neben vers-, strophen- und reimtechnischen Regelmäßigkeiten stehen in der jungen Lyrik des Jahrzehnts Formen hymnischen Sprechens in hohem Stil und in freien Rhythmen (u.a. bei Johannes R. Becher und Theodor Däubler) oder auch freie, prosanahe Verse ohne Reim und geregelte Stropheneinteilung. Neben dem Zeilenstil der parataktischen Reihungs- oder Simultangedichte (s. S. 177f.) finden sich ausgiebige Verwendungen von hypotaktischen Satzbildungen und von Zeilen- wie Strophensprüngen. Gereimten Langversen zum Beispiel in Ernst Stadlers »Vorfrühling« oder »Zwiegespräch« stehen die oft nur aus einem Wort bestehenden Kurzverse August Stramms gegenüber. Mit der asyntaktischen Aneinanderreihung von Wörtern treiben seine Gedichte und deren Imitate, von den ›Lautgedichten‹ der Dadaisten abgesehen (s. S. 158), die **formzerstörenden Tendenzen** in der Lyrik dieses Jahrzehnts am weitesten.

Den vitalistischen Impuls, der dieser Formauflösung oft zugrunde liegt, hat Ernst Stadler paradoxerweise in alternierenden und gereimten Versen artikuliert: »Form will mich verschnüren und verengen, / Doch ich will mein Sein in alle Weite drängen« (s. S. 55). Das erklärte Unbehagen gegenüber formalen Zwängen bleibt hier für die Praxis der lyrischen Formgebung folgenlos. Oskar Loerke hat solche Widersprüche schon 1912 moniert:

Wenn man in einer Ode auf eine Postkutsche statt Postkutsche immer Aeroplan einsetzt und statt trabte flog sagt, so wird das Endergebnis doch wieder eine Postkutschenode sein. Umgekehrt gelingt bei manchem modernen Hymnus auf das Automobilfahren die Umwandlung nach rückwärts, indem man nur aus Motor Pferd und aus Hupe Posthorn macht (in Anz/Stark 1982, S. 640).

Die poetologische Heterogenität der damals jüngsten Lyrik ist von der Forschung auch hinsichtlich anderer Aspekte registriert worden: Expressionistische Lyrik kann, so fasst das 1998 erschienene »Lehrbuch« über *Avantgarde und Moderne 1890-1933* von Walter Fähnders zusammen, »das lyrische Ich zurücknehmen (wie Heym), exponieren (wie Lasker-Schüler) oder durch ein emphatisches ›Wir‹ ersetzen (Lotz, Werfel), kann kaum mehr dechiffrierbare Bilder und Metaphern finden (wie Trakl), Neologismen einsetzen, kann aber auch im ordinären Kasino-Slang daherkommen (wie Benn)« (Fähnders 1998/2010, S. 166).

Ein in formaler Hinsicht nicht weniger uneinheitliches Bild zeigt die **Prosa des expressionistischen Jahrzehnts**. Dass sie trotz ihrer quantitativen wie qualitativen Bedeutung in diesem Zeitraum von der Expressionismusforschung vernachlässigt worden sei, darüber scheint sich diese selbst einig zu sein (vgl. den Überblick in Fähnders 1998/2010, S. 178-186, und die Einleitung in Fähnders 2001). Es sind allerdings etliche Versuche unternommen worden, die Pluralität expressionistischer Prosaformen durch Typenbildungen in eine literaturwissenschaftliche Ordnung und Übersicht zu bringen. So hat Walter H. Sokel 1969 zwei für den Expressionismus typische Erzählformen unterschieden. Für sie stehen exemplarisch die poetologischen Programme und literarischen Praktiken Alfred Döblins auf der einen Seite und Carl Einsteins auf der anderen.

Während Döblin das Bewußtsein des Schreibenden völlig in dessen Produkt, den dargestellten Vorgang, verschwinden und es nur mittelbar in seiner Wirkung, dem Werk, erscheinen läßt, manifestiert sich in der Einsteinschen Richtung dieses Bewußtsein entweder unmittelbar in den Reflexionen des Erzählers – daher die Bevorzugung der Ich-Form – oder mittelbar in den Reflexionen einer Figur, die das Erzählte dauernd kommentiert und bedenkt, ja deren Reflexionen an die Stelle von Darstellung treten (Sokel 1969, S. 157).

Alfred Döblins »Berliner Programm« von 1913, im Titel adressiert »An Romanautoren und ihre Kritiker«, ist in der Tat ein Pamphlet gegen die Wiedergabe und »Analyse von Gedankengängen der Akteure« (Döblin 1989, S. 120). Der Erzähler habe sich auf das Beobachten und Registrieren des Tatsächlichen zu konzentrieren. »Man lerne von der Psychiatrie«, postuliert Döblins Programm in diesem Zusammenhang, denn sie »beschränkt sich auf die Notierung der Abläufe, Bewegungen, – mit einem Kopfschütteln, Achselzucken für das Weitere und das ›Warum‹ und ›Wie‹« (ebd., S. 120f.). Döblins Romantheorie entspricht damit den Lyrikvorstellungen Lichtensteins, der seinem Gedicht »Die Dämmerung« die Absicht zugrunde legte, »die Reflexe der Dinge unmittelbar – ohne *überflüssige* Reflexionen aufzunehmen« (Lichtenstein 1913, Sp. 943).

Carl Einsteins *Bebuquin oder Die Dilettanten des Wunders,* Franz Kafkas *Beschreibung eines Kampfes,* Reinhard Goerings Romandebüt *Jung Schuk,* Gustav Sacks Roman *Der verbummelte Student* und sein Romanfragment *Paralyse,* Ernst Barlachs *Seespeck* oder Gottfried Benns *Rönne*-Novellen sind dagegen dadurch gekennzeichnet, dass hier Ich-Erzähler oder Protagonisten denkend und sprechend exzessiv über Erkenntnis, Sprache, Wirklichkeit, über die Konstitution des eigenen Ichs oder die Identität des menschlichen Subjekts generell reflektieren. Im Blick auf solche Texte verwendete die Expressionismusforschung die Bezeichnungen »erkenntnistheoretische« oder auch »experimentelle Reflexionsprosa« (Vietta/Kemper 1975, S. 151; Oehm 1993, S. 190ff.). Von diesem Prosatypus hat sie diverse andere Typen von Erzähltexten abgegrenzt. Die selten systematisch reflektierten Kriterien und Gesichtspunkte, die solchen Unterscheidungen zugrunde liegen, führen jeweils zu anderen Ergebnissen. Differenziert man zwischen vitalistisch-utopischer Prosa (Beispiel: Kasimir Edschmids *Das rasende Leben*), einer von Krieg und Revolution geprägten Prosa des Aktivismus und der Gesellschaftskritik (Leonhard Franks ungemein erfolgreicher Erzählungsband *Der Mensch ist gut*) und dadaistischer Prosa (Krull 1984, S. 17ff.), so sind erzähltechnische Unterscheidungskriterien von untergeordneter Bedeutung.

Sogar Einsteins und Döblins Erzähltexte zeigen hinsichtlich ihrer Aversion gegen psychologisches Erzählen, gegen kausal erklärbare, auf ein bestimmtes Ende der Handlung hin organisierte Erzählzusammenhänge und **gegen auktoriale Erzählinstanzen** mehr Gemeinsamkeiten als Unterschiede. Eine die Motive des bewussten Denkens, Sprechens und Verhaltens der Figuren psychologisch erklärende Prosa gerät in der expressionistischen Moderne generell in Verruf. Auch da, wo Autoren wie Franz Kafka in den Texten Signale geben, dass sie mit den Problemen ihrer Figuren Probleme der eigenen Existenz reflektieren, treten sie als Erzähler hinter ihre Figuren bis zur Unkenntlichkeit zurück.

In dem Verzicht auf die epische Instanz eines vermittelnden Erzählers, in der, so Döblins Neologismen, »Entselbstung« oder »Depersonation« des Autors (Döblin 1989, S. 123) sieht Döblins Programm des modernen Romans diesen in der Nähe von Lyrik und vom Drama: »Der Autor verschwindet so total im Roman wie im Drama, in der Lyrik« (Döblin 1985, S. 227). Solche Annäherung der Gattungen lässt sich auch im Hinblick auf den Umfang der Erzähltexte bemerken.

Die Prosa des Expressionismus, nicht nur die fiktionale, ist gekennzeichnet durch die **Tendenz zur kleinen Form**. Sie ist zum Teil dadurch bedingt, dass den jungen Autoren zunächst das Publikationsmedium der Zeitschriften, Almanache und Jahrbücher offen stand, das die kleinen Formen begünstigte; sie entspricht jedoch zugleich dem expressionistischen Literaturprogramm der Verknappung (s. S. 157f.). »Weil wir das Essentielle lieben, sind wir knapp im Ausdruck und in der Form« (in Anz/Stark 1982, S. 654), befand Kurt Pinthus 1913 und begründete damit die auffällige Vorliebe für, so der Titel seines Beitrages, »Glosse, Aphorismus, Anekdote«:

Zusammenfassend sei nochmals gesagt: die Glosse ersetzt die Abhandlung, den Leitartikel; der Aphorismus die philosophischen Schriften; die Anekdote längere epische Erzeugnisse. Wir gebrauchen diese knappen Formen, nicht aus Faulheit, nicht aus Unfähigkeit, Größeres zu schreiben, sondern weil sie uns Erfordernis sind. Weder wir noch andere haben Zeit zu verlieren. Wenn wir zu viel und zu lang schreiben oder lesen, rinnt draußen zu viel von dem süßen, wehen Leben vorbei, das wir fressen müssen, um weiter leben zu können (ebd., S. 655).

Als kleine und relativ eigenständige Prosagattung etabliert sich in der ästhetischen Moderne und in den Avantgardebewegungen des 20. Jahrhunderts um 1910 das **Manifest** (Asholt/Fähnders 1995 und 1997; Berg/Grüttemeier 1998; Stark 1997 und 1998). Es tritt im Kunst- und Literatursystem zum Teil an die Stelle der längeren ästhetischen oder poetologischen Abhandlung. In Form von rhetorisch pointierten, gezielt provokativen Manifesten reflektiert sich die ästhetische Moderne permanent selbst, betreiben Autorengruppen oder auch einzelne Autoren in Konkurrenz mit anderen Werbung für die eigene Kunstpraxis, rechtfertigen das eben Publizierte oder stellen in Gedankenexperimenten Neues in Aussicht. Die öffentlichen Erklärungen setzen sich dabei oft selbst als künstlerische Akte in Szene.

In der **fiktionalen Prosa** zeigt sich die Tendenz zur Kürze in zahllosen Prosaskizzen, Erzählfragmenten, Erzählungen und Novellen. Eine Rezension zu Döblins Band *Die Ermordung einer Butterblume und andere Erzählungen* (1913) postuliert: »Schriftsteller, die zeitraubende Romane schreiben, sollte man unter Kuratel stellen [...]. Man möchte den Verschwendern zurufen: Seid kurz wie Döblin« (*Der Sturm* 4, 1913/14, Juli 1913, S. 71). Noch nicht wissen konnte der Rezensent, dass gerade Döblin in diesem Jahrzehnt drei umfangreiche Romane schreiben und veröffentlichen würde: *Die drei Sprünge des Wang-lun* (1912/13 entstanden und 1915 erschienen), *Wadzeks Kampf mit der Dampfturbine* (1918) und in zwei Bänden mit insgesamt 876 Seiten *Wallenstein* (1920).

Döblins Schreib- und Erzähltempo entsprach allerdings durchaus den damaligen Forderungen nach Verknappung, die er sogar selbst in seinen Appellen an Romanautoren erhoben hatte. Und seinem Bild entsprechend, wonach ein guter Roman »wie ein Regenwurm in zehn Stücke geschnitten werden kann und jeder Teil bewegt sich selbst« (s. S. 107), lassen sich die großen Romane als Aneinanderreihung kleinerer, relativ selbständiger Erzählepisoden lesen. Wenn er Döblin 1917 in Bemerkungen »Über Roman und Prosa« gegen den »Zielroman«, den »Spannungsroman«, der »notwendig dramatisch fortschreitend« ist (Döblin 1985, S. 226), wendet, dann ist damit eine Form von Romanen gemeint, in denen die Textteile diese Selbständigkeit nicht haben, sondern im Hinblick auf den Romanausgang und somit auf den ganzen Text organisiert sind.

Symptomatisch für die Selbständigkeit der Romanteile gegenüber dem Romanganzen ist die damalige Praxis, Romanfragmente oder -entwürfe separat zu veröffentlichen. Vier Kapitel von Carl Einsteins *Bebuquin oder Die Dilettanten des Wunders* (1912) erschienen bereits 1907. Kafkas Romane *Der Verschollene, Der Proceß* und *Das Schloß* sind Fragmente geblieben und wurden erst nach seinem Tod veröffentlicht, doch Teile davon sind bereits früher als selbständige Erzähltexte erschienen: *Der Heizer* 1913 in der den Expressionismus repräsentierenden Buchreihe *Der jüngste Tag* und *Vor dem Gesetz* in seinem 1920 von Kurt Wolff verlegten Erzählungsband *Ein Landarzt*.

Die Buchveröffentlichung *Der Heizer* hat den Untertitel »Ein Fragment«. Ein 1911 erschienenes Prosastück Alfred Lichtensteins heißt »Das Fragment«. Der Titel ist für die damaligen Probleme und Möglichkeiten literarischer Produktivität symptomatisch. **Das Fragment und das Fragmentarische** sind als literarische Krisenphänomene oder auch als Befreiung von alten Einheitszwängen für die literarische Moderne konstitutiv. Beides wird in den Erzähltexten wiederholt selbstreflexiv aufgegriffen.

In Goerings Roman *Jung Schuk* hat es der Ich-Erzähler in seinen literarischen Bemühungen nur zu Anfängen und flüchtigen Versuchen gebracht, »in denen er etwas hatte festhalten wollen, was ihm nicht gelungen war, festzuhalten, etwas auszuspinnen, wozu der Faden ihm ausgegangen war« (Goering 1961, S. 206). Rilkes 1910 erschienener ›Roman‹ *Die Aufzeichnungen des Malte Laurids Brigge* steht der expressionistischen Moderne nicht nur zeitlich nahe. Ein Roman in der herkömmlichen Bedeutung des Gattungsbegriffs ist der Text nicht. Er besteht, wie der Titel unmissverständlich sagt, aus »Aufzeichnungen«, aus einer tagebuchartigen Aneinanderreihung relativ isolierter und eigenständiger Großstadteindrücke, Kindheits-

Gattungspoetik: Lyrik, Prosa, Drama 187

erinnerungen und Lektüreerfahrungen. Den Charakter des Fragmentarischen und Ungeordneten beschrieb Rilke selbst 1910 in einem Brief so:

es hätten immer noch Aufzeichnungen hinzukommen können; was nun das Buch ausmacht, ist durchaus nichts Vollzähliges. Es ist nur so, als fände man in einem Schubfach ungeordnete Papiere und fände eben vorderhand nicht mehr und müßte sich begnügen. Das ist, künstlerisch betrachtet, eine schlechte Einheit (in Engelhardt 1974, S. 82).

Dass der Tagebuchroman den Einheitsvorstellungen der klassischen Ästhetik widerspricht, steht im Zusammenhang mit den im Text mehrfach angesprochenen **Schwierigkeiten des Erzählens**: »Daß man erzählte, wirklich erzählte, das muß vor meiner Zeit gewesen sein. Ich habe nie jemanden erzählen hören« (Rilke 1996, Bd. 3, S. 557), behauptet Malte an einer Stelle, und die Tatsache, dass sein Arzt ihn nicht verstanden hat, erklärt er mit dem Satz: »Es war ja auch schwer zu erzählen« (ebd., S. 492). Dass die »Aufzeichnungen« dennoch nicht, wie es zunächst den Anschein hat, ganz ohne kompositorische Einheit sind, darüber ist sich die Rilke-Forschung schon länger einig. Der Zusammenhang von Auflösung tradierter Erzählformen und neuen, experimentellen Kompositionstechniken, der dem von Krise und Erneuerung entspricht, hat Ulrich Fülleborn in einer Weise beschrieben, die nicht nur Rilkes *Malte* und nicht nur die Prosa dieser Zeit betrifft. Zur »Dekomposition« gehöre »unlösbar die Rekomposition«.

Der gültige Roman der Moderne baut sich bereits im Akt der Destruierung der alten Formgesetze neu auf, und zwar meistens mit Hilfe einer assoziativen Sprache der Motive und einer kunstvollen Verschlingung der Themen, die sich [...] nach musikalischen Kompositionsprinzipien [...] zusammenfügen (Fülleborn 1974, S. 189).

Eine Arbeit *Zur Theorie des modernen Romans* formuliert den gleichen Sachverhalt in dem Kapitel »Simultanität« so: »an die Stelle von linearen Entwicklungszusammenhängen sind im modernen Roman simultane Verweisungszusammenhänge getreten« (Schramke 1974, S. 137).

Zu den damals häufig verwendeten Techniken der literarischen Rekomposition des Fragmentierten durch paradigmatische Verweisungszusammenhänge gehört die **Zyklus-Bildung**. Am 4. April 1913 schrieb Kafka dem Verleger Kurt Wolff, dass »Der Heizer«, »Die Verwandlung« und »Das Urteil« zusammen vielleicht »ein ganz gutes Buch ergeben, das ›die Söhne‹ heißen könnte« (Kafka 1966, S. 115). Eine Woche später kommt er noch einmal darauf zurück:

»Wäre es nun möglich, daß ›der Heizer‹ [...] mit den anderen zwei Geschichten verbunden in ein eigenes Buch aufgenommen wird [...]? Mir liegt eben an der Einheit der drei Geschichten nicht weniger als an der Einheit einer von ihnen« (ebd., S. 116). Gut zwei Jahre danach ersetzt Kafka »Der Heizer« durch »In der Strafkolonie« und möchte die drei Erzählungen unter dem Titel »Strafen« veröffentlicht sehen. Diese Versuche sind symptomatisch: Die große Form wird in der Zeit des Expressionismus vielfach ersetzt durch den Zyklus, der es erlaubt, kleinere Texte in einen umfassenderen, doch nur locker zusammengefügten Textverbund zu stellen und ihnen zugleich ihre Eigenständigkeit zu belassen. Die kleineren Texte knüpfen, der »Poetik der Parataxe« entsprechend (s. S. 177f.), nicht aneinander an, aber sie haben thematische und formale Gemeinsamkeiten, einen gemeinsamen Figurentypus (»Söhne«) oder eine Figur gleichen Namens als Protagonisten. Im Zentrum von Gottfried Benns Novellenzyklus *Gehirne* (1916) steht der Arzt Rönne. In mehreren Erzählungen Alfred Lichtensteins heißt der Protagonist Kuno Kohn. Zyklus-Bildung ist im Übrigen nicht nur im Bereich der Prosa, sondern auch im Drama dieser Zeit und vor allem in der Lyrik beliebt. Carl Sternheims Dramenverbund »Aus dem bürgerlichen Heldenleben« oder Georg Kaisers *Gas*-Trilogie sind prominente Beispiele dafür. Eingehender untersucht wurde die Zyklus-Bildung in Gedichtbänden Ernst Stadlers, Georg Heyms, Franz Werfels und August Stramms (Gerhard 1986).

Eine Art Zyklus können auch Texte bilden, die nicht zusammen veröffentlicht werden. Robert Walser, dessen Erzähltexte von der Expressionismusforschung bislang weitgehend vernachlässigt oder aber von Walser-Philologen ohne ihre expressionistischen Kontexte untersucht wurden, verglich seine Prosaskizzen mit Kapiteln eines imaginären Ich-Romans ohne zusammenhängende Handlung. Sie seien »Teile einer langen, handlungslosen, realistischen Geschichte«,

Skizzen, die ich dann und wann hervorbringe, kleinere oder umfangreichere Romankapitel. Der Roman, woran ich weiter und weiter schreibe, bleibt immer derselbe und dürfte als ein mannigfaltig zerschnittenes oder zertrenntes Ich-Buch bezeichnet werden können (Walser 1966, Bd. 10, S. 323).

Für Kafkas im wörtlichen Sinn »kleine Literatur« (vgl. Deleuze/Guattari 1976), die damals manchem Rezensenten der von Walser zum Verwechseln ähnlich erschien, ließe sich das Gleiche sagen. Kafka, dessen Prosa die Expressionismusforschung inzwischen mit überzeugenden Argumenten (vgl. Vogl 2000, S. 478) in ihren Gegenstandsbereich fest einbezieht, veröffentlichte zu Lebzeiten, vielfach in expressionistischen Zeitschriften und Verlagen, ausschließlich

Erzähltexte von kurzer oder mittlerer Länge. Er selbst nannte sie oft »Geschichten« und gelegentlich »Novellen« (Kurz 1980, S. 10). Die **Bezeichnung »Novelle«** verwendeten die jungen Autoren, die mit Gattungsbegriffen insgesamt sehr frei und unbekümmert umgingen, damals gerne (vgl. das »Gattungsrepertorium« in Raabe 1985, S. 713f.). An den Verlag Kurt Wolff schrieb Kafka am 15. Oktober 1915: »Mein Wunsch wäre es eigentlich gewesen, ein größeres Novellenbuch herauszugeben« (Kafka 1966, S. 134), und er benannte als »Novelle« ausdrücklich »Das Urteil«, »Die Verwandlung« und »In der Strafkolonie«. Die oft noch kürzeren Prosatexte Kafkas haben die zeitgenössische Literaturkritik und später vor allem die Kafka-Philologie in Verlegenheit gebracht, was die Verwendung angemessener Gattungsbezeichnungen angeht. Von »Novelletten«, »Parabeln«, »Gleichnissen«, »Skizzen« oder »Arabesken« ist da die Rede.

Aufschlussreich und symptomatisch für die **Auflösung der Grenzen zwischen den Gattungen** in der ästhetischen Moderne und für die Unverbindlichkeit des tradierten Gattungssystems überhaupt ist, was der Kafka-Forscher Gerhard Kurz beobachtet hat: In Kafkas kleinen Geschichten manifestiere sich eine Eigentümlichkeit zeitgenössischer Literatur. Die »Prosa der Epoche assimiliert die Lyrik – so wie umgekehrt die Lyrik der Epoche die Prosa assimiliert. Die Prosa übernimmt lyrische, die Lyrik narrative Strukturen schon in ihren Umfängen« (Kurz 1980, S. 11). Kafka selbst und seine Rezensenten charakterisierten seine Erzähltexte wiederholt als »lyrisch« (vgl. ebd. und Kurz 1995, S. 343-347). Kurz plädiert im Anschluss an andere Kafka-Forscher dafür, eine Reihe von Kafkas Texten in ihren Affinitäten zum »**Prosagedicht**« zu analysieren.

Im Prosagedicht macht die poetische Dichte des Textes wett, was ihm an epischer Breite fehlt. Auch die längeren Texte sind »mehr Gedicht als Erzählung«, wie Kafka 1916 an seinen Verleger Kurt Wolff über *Das Urteil* schreibt, »es braucht freien Raum um sich und es ist auch nicht unwert ihn zu bekommen«. Elemente dieser poetischen Dichte sind Wiederholungen, Assonanzen, Alliterationen, Rhythmisierungen, Evokationen, Allusionen, Mehrdeutigkeiten, Metaphorisierungen. Diese Geschichten sollen, wie eine Tagebucheintragung lautet, ein »Orchester von Assoziationen« ins Spiel bringen (Kurz 1995, S. 346; vgl. auch Bunzel 2005, S. 347-364).

Das »Orchester von Assoziationen« in Kafkas literarischen Phantasien folgt eher der Logik von Träumen als der des wachen Bewusstseins. Als »Darstellung meines traumhaften innern Lebens« (Kafka 1990, S. 546) hat er seine Literatur charakterisiert. Das Interesse an den **Affinitäten von Literatur und Traum** teilte Kafka mit seinen literarischen Zeitgenossen und mit der Psychoanalyse (vgl. Alt 2005).

Die von Einstein, Benn, Döblin, Kafka und vielen anderen Autoren der Zeit auch in poetologischen Schriften artikulierte Kritik an der Psychologie des Bewusstseins ging mit der Faszination durch die **Psychoanalyse des Unbewussten** einher. Die literarische Moderne hat mit ihr kooperiert und konkurriert (Worbs 1983; Kyora 1992; Anz/Kanz 1999 und Anz 2000). Die Prosa des Expressionismus hat nicht nur häufig Träume dargestellt, sondern die Mechanismen des Träumens oder vielmehr das, was man damals darüber zu wissen glaubte, formal simuliert. Was sie mit ihren Verstößen gegen die Regeln der Wahrscheinlichkeit, mit ihren antimimetischen Elementen des Phantastischen und Grotesken, mit ihren assoziativen und sprunghaften Techniken der Verknüpfung von Textteilen, mit ihrer Bildlichkeit und in ihrer Lautgebung dem psychoanalytischen Wissen über Träume verdankt, wieweit sie mit diesem Wissen übereinstimmt oder von ihm abweicht, ist jedoch bislang nur in Ansätzen untersucht worden (vgl. die Hinweise bei Kurz 1980, S. 13f.; Stern 1984). Auch für solche Untersuchungen ist allerdings die Beschränkung auf eine literarische Gattung nicht sinnvoll.

August Strindbergs Dramen *Nach Damaskus* (1898 bis 1904) und *Ein Traumspiel* (1901) gelten als **Vorbilder des expressionistischen Dramas** (vgl. den Forschungsüberblick in Oehm 1993, S. 129-137). In seinen Beobachtungen über »Expressionismus und Schauspiel« befand der Dresdener Expressionist Walter Rheiner: »Der Titel des Strindbergschen Bühnenwerkes, ›Traumspiel‹, ist symptomatisch« (in *Die neue Schaubühne* 1919, S. 17). Strindberg, zwischen 1914 und 1916 meistgespielter Autor auf deutschen Bühnen, hatte sein *Traumspiel* in einer Vorbemerkung ausdrücklich als Versuch beschrieben, die Form des Traumes poetisch zu simulieren. Was er hier über die Dramaturgie dieser Simulation ausgeführt hatte, wurde zehn Jahre später in wesentlichen Aspekten kennzeichnend für die **Poetik expressionistischer Stationendramen**:

> Der Verfasser hat in diesem Traumspiel im Anschluß an sein früheres Stück »Nach Damaskus« versucht, die unzusammenhängende, aber scheinbar logische Form des Traumes nachzuahmen. Alles kann geschehen, alles ist möglich und wahrscheinlich. Zeit und Raum existieren nicht; auf einem unbedeutenden wirklichen Grunde spinnt die Einbildung weiter und webt neue Muster: eine Mischung von Erinnerungen, Erlebnissen, freien Einfällen, Ungereimtheiten und Improvisationen. Die Personen teilen sich, verdoppeln sich, dublieren sich, verdunsten, verdichten sich, zerfließen, sammeln sich (zit. nach Brauneck 1982, S. 207f.).

Traumartig sind schon die von Horst Denklers grundlegender Arbeit über das *Drama des Expressionismus* von 1967 als »Vorläuferdramen«

angeführten **Einakter**: Alfred Döblins *Lydia und Mäxchen* (1906), Wassily Kandinskys Bühnenkomposition *Der gelbe Klang* (1912) und Oskar Kokoschkas *Mörder Hoffnung der Frauen* (zuerst 1910 in *Der Sturm*). Das von Strindberg vorgegebene Muster der Dramaturgie findet jedoch erst in dem 1912 erschienenen und von Richard Dehmel mit dem Kleist-Preis ausgezeichneten Drama *Der Bettler* von Reinhard Johannes Sorge seine früheste und für das expressionistische Drama richtungsweisende Entsprechung. Walter Hasenclevers *Der Sohn* (1914) verhalf dem Stationendrama zum Durchbruch. Beide Dramen sind zwar noch, den Konventionen des klassischen Dramas entsprechend, in fünf »Aufzüge« beziehungsweise »Akte« segmentiert, doch unterläuft die auf den Protagonisten hin zentrierte, ›offene‹ Aneinanderreihung einzelner, gleichgewichtiger und voneinander relativ unabhängiger Szenen und Bilder die geschlossene Ordnung des klassischen Fünf-Akte-Dramas in einer Weise, wie sie Ernst Tollers Dramentext *Die Wandlung* 1919 ganz explizit macht. Das Stück ist in sechs »Stationen« eingeteilt, die der Protagonist auf dem Weg seiner Wandlung durchläuft. Sie wiederum bestehen aus insgesamt dreizehn »Bildern«. Diese sind in unregelmäßigem Wechsel mal auf der »vorderen«, mal auf der »hinteren Bühne« situiert und spielen auf zwei Realitätsebenen. Die Bilder auf der hinteren Bühne sind, so lautet die Regieanweisung, »schattenhaft wirklich, in innerlicher Traumferne gespielt zu denken« (Toller 1978, Bd. 2, S. 12). Strindbergs Poetologie des Traumspiels ist hier zitathaft in Erinnerung gerufen.

Dass der literarische Expressionismus auch im Bereich seiner Dramen keineswegs ein einigermaßen einheitliches Erscheinungsbild bietet, hatte Horst Denkler zu einer differenzierten Dramentypologie veranlasst. Im Zentrum der meisten expressionistischen Dramen steht das Motiv der Wandlung (s. S. 48), doch gehen die Autoren des Jahrzehnts verschieden mit ihm um. Denklers Typologie trägt den erheblichen Unterschieden etwa zwischen Sorges Drama, den Komödien Sternheims, Ludwig Rubiners *Die Gewaltlosen* oder Reinhard Goerings *Seeschlacht* angemessen Rechnung. Doch mit Recht stellt er das Stationendrama in den Mittelpunkt seiner Untersuchung. Insofern hier das Motiv der Wandlung auf einen vereinzelten Protagonisten hin zugeschnitten ist, dessen Stationen auf dem Weg seiner Wandlung der Dramentext in Szene setzt, hat Denkler dafür die Bezeichnung »**einpoliges Wandlungsdrama**« vorgeschlagen.

Wie im parataktischen Reihungsgedicht dem Leser die heterogenen Wirklichkeitsfragmente über ein wahrnehmendes lyrisches Ich und in den meisten Erzähltexten über die personale Perspektive eines Ich-Erzählers oder einer im Zentrum stehenden Figur vermittelt werden, so werden dem Rezipienten dieses Dramentyps die einzelnen Situationen über die Perspektive des Protagonisten vermittelt. Dessen sprunghafte Wandlungen sind weniger das Resultat eines von ihm unabhängigen Geschehens als das seiner eigenen, ›einsamen‹ Entscheidungen.

Die namenlosen, zu Typen stilisierten Titelfiguren (s. S. 160) in *Der Bettler*, *Der Sohn* oder *Der Einsame* haben keine gleichberechtigten Mit- oder Gegenspieler. Sie stehen jeweils im Mittelpunkt locker aneinander gereihter Handlungsepisoden, die nicht durch die klassischen Einheiten der Zeit, des Ortes und der Handlung miteinander koordiniert sind, sondern nur noch durch die allerdings gleichfalls problematisch gewordene Identität der Hauptperson. Die **Dialogführung** tendiert zur Selbstaufhebung. Da die Stationentechnik eine Figur so stark in das Zentrum rückt, kann ein Dialog zwischen zwei gleichgewichtigen Sprechpartnern nicht zustande kommen (s. S. 77f.). Die stilisierte Sprache, die in Sorges *Bettler* gelegentlich eine in Versen gesprochene ist und den antimimetischen Tendenzen des ganzen Textes entspricht, verliert zusammen mit ihrer dialogischen Funktion auch die, den Sprecher als individuelles Subjekt zu charakterisieren.

Die schon vor dem Krieg geschriebenen Dramen des Expressionismus fanden erst seit 1916/17, als sie mit oft erheblicher Verzögerung in Form von ›Bühnenkunstwerken‹ (s. S. 154) zur Aufführung gelangten, größere Resonanz, trugen dann aber, wie später auch die expressionistischen Filme, umso nachdrücklicher dazu bei, den Expressionismus überhaupt in breiteren Kreisen populär zu machen. Um 1920, auf der Höhe seines Erfolges, häuften sich jedoch schon die Zeichen der Distanzierung von ihm, auch im Bereich des Dramas. Jüngere Autoren wie Brecht, der mit seinem vitalistischen Stationendrama *Baal* dem Expressionismus durchaus verpflichtet war, suchten ihm gegenüber ein eigenes Profil. Sein erstes Drama entstand 1917/18 unter dem Eindruck einer Aufführung von Hanns Johsts Grabbe-Drama *Der Einsame*. Dem idealistischen Pathos dieses Stückes setzte Brecht ein vitalistisches entgegen, das mit seiner Reminiszenz an die Baal-Figur in Heyms Gedicht »Der Gott der Stadt« (s. S. 105) einem anderen Expressionismus verbunden bleibt. Über Ernst Toller notierte Brecht damals: »Gedichtete Zeitung, bestenfalls. Flache Visionen, sofort zu vergessen. Kosmos dünn. [...] Der abstrahierte Mensch, der Singular von Menschheit. Seine Sache liegt in schwachen Händen« (Brecht 1988, Bd. 21, S. 89). Doch auch die Autoren der expressionistischen Generation selbst und ihre älteren Sympathisanten gaben um 1920 zunehmend Signale, die auf eine partielle Abwendung von dominierenden Tendenzen ihrer eigenen

Texte aus dem vergangenen Jahrzehnt hinwiesen. Im Bereich des Dramas macht sich dies in der **Wendung von der Tragödie zur Komödie** besonders bemerkbar.

So wie (groteske) Komik (s. S. 174) überhaupt ist auch die Komödie in der Literatur des expressionistischen Jahrzehnts durchaus etabliert (vgl. das Gattungsrepertorium in Raabe 1985, S. 706f.). Der Komödien-Autor Sternheim ist in diesem Jahrzehnt kein singuläres Phänomen. Neben Sternheim, Kaiser und Johst ist vor allem Hermann Essig, dem der gewitzte Schlüsselroman *Der Taifun* über den *Sturm*-Kreis zu verdanken ist, mit Lustspielen hervorgetreten. Dennoch wurde das tragische Drama mit einiger Berechtigung als »Domäne des Bühnenexpressionismus« (Žmegač 1981, S. 512) eingeschätzt. Strindberg, Ibsen, Hofmannsthal oder Wedekind waren gerade auch mit ihren tragischen Dramen Vorbilder der expressionistischen Dramatiker. An der Adaption antiker Tragödienstoffe in der ästhetischen Moderne, die vielfach mit psychoanalytischen Interessen konvergierte, hat sich der Expressionismus beteiligt (Müller-Seidel 1994a). Zwei Jahre vor Hasenclevers *Antigone* veröffentlichte Franz Werfel *Die Troerinnen des Euripides*. Man kann annehmen, dass Walter Benjamin davon zu seiner 1916 entworfenen Abhandlung über den *Ursprung des deutschen Trauerspiels* mit angeregt wurde. In dem Abschnitt »Barock und Expressionismus« des 1925 als Habilitationsschrift abgelehnten und 1927 veröffentlichten Buches merkt Benjamin an: »1915 erschienen als Auftakt des expressionistischen Dramas die ›Troerinnen‹ von Werfel. Nicht zufällig begegnet der gleiche Stoff bei Opitz im Beginn des Barockdramas« (Benjamin 1963, S. 41). Für Benjamin war das ein Symptom für vielfältige Affinitäten zwischen **Barock und Expressionismus**. Im Umgang mit tragischer Schuld, mit der Figur des Märtyrers und dem Motiv des Opfertodes stehen etliche tragische Dramen des Expressionismus dem barocken Trauerspiel in der Tat nahe, näher jedenfalls als der Tragödie aus dem Umkreis der klassischen Ästhetik.

Schon vor 1920 beginnt sich Franz Werfel, damals das kaum umstrittene Idol der expressionistischen Generation, von dieser und damit auch von sich selbst zu distanzieren: In seiner Novelle *Nicht der Mörder, der Ermordete ist schuldig* (s. S. 82f.) bekennt der vormals rebellische Sohn am Ende, dass er heiraten, selber Vater eines Sohnes werden und ein Haus kaufen will. Die Ideen von Otto Gross, mit denen Werfel sympathisiert hatte, werden in diesem Text – wie dann etwas später auch in dem Drama *Schweiger* – kriminalisiert (Anz 2000a). 1920 erscheint in drei Akten *Der Spiegelmensch*. Hier deutet sich der Bruch mit der eigenen Vergangenheit nicht zuletzt in parodistischen und satirischen Stilelementen an, die das vormalige

Pathos seiner Werke hinter sich lassen. In pointierter Vereinfachung, doch insgesamt plausibel hat Hans Jörg Knobloch 1976 anhand des Werdegangs von Hanns Johst, Paul Kornfeld, Ernst Toller, Walter Hasenclever und Friedrich Wolf die **Wende vom Expressionismus zur Neuen Sachlichkeit** als Weg von der Tragödie zur Komödie beschrieben. Abgeschlossen war dieser Weg mit der triumphalen Uraufführung von Carl Zuckmayers Lustspiel *Der fröhliche Weinberg* am 22. Dezember 1925 im Berliner Schiffbauerdamm-Theater. Der Autor erhielt dafür, dreizehn Jahre nach Sorge, den Kleist-Preis. Im *Berliner Tageblatt* las man am 23. Dezember die Besprechung Alfred Kerrs mit der süffisanten Bemerkung: »Sic transit gloria expressionismi.«

Lyrik: Lohner 1969; Denkler 1971; Ziegler 1972 (Gedichtstruktur im frühen Expressionismus); Knapp 1979, S. 70-91; Gerhard 1986 (Zyklus-Bildung); Esselborn 1994.
Prosa: Liede 1960 (A. Döblin, C. Sternheim, K. Edschmid, G. Heym, G. Benn); Kahler 1965; Sokel 1969; Arnold 1972; Knapp 1979, S. 91-102; Rietzschel 1979 (zur lyrischen Tendenz expressionistischen Erzählens); Krull 1982 (politische Prosa); Scheffer 1982; Krull 1984; Martini 1986; Jens 1997 (Novelle); Klingelhöfer 1998 (Georg Trakl, Georg Heym und Kasimir Edschmid); Fähnders 1998/2010, S. 178f. (zu Roman und ›Reflexionsprosa‹); Wallas 2000 (Novellen und Kurzprosa); Korte 2000 (Autobiographik); Fähnders 2001 (Aufsatzsammlung); Steutermann 2004 (Raumkonzeptionen und Simultaneität).
Manifeste: Asholt/Fähnders 1995; Fähnders 1997; Stark 1998 (die Avantgarde und das Utopische).
Drama: Denkler 1967; Pörtner 1969; Viviani 1970; Knapp 1979, S. 52-70; Durzak 1978, 1979 und 1982; Ritchie 1980 (Georg Kaiser); Žmegač 1981 (grundlegender Aufsatz); Siebenhaar 1982 (Gesellschaftskritik und Utopismus); Benson 1987 (Ernst Toller, Georg Kaiser); Vietta 1990 (Themen und Motive); Oehm 1993 (Drama und Prosa); Fähnders 1998/2010, S. 172-178 (knapper Überblick); Bayerdörfer 2000; Kafitz 2006.

IV. Ausblicke: Expressionismusrezeption und Bilanz

Die Suche nach einem geeigneten »Stich- oder Schlagwort« zur Kennzeichnung der entscheidenden »künstlerischen Zeitfrage« um 1920 hielt Wilhelm Worringer damals in einem Vortrag für nicht weiter schwierig: »Es bietet sich von selbst an. Es heißt: Krise des Expressionismus. In diskreten Klammern dahinter: **Ende des Expressionismus**« (Worringer 1921, S. 7). Zu einem Zeitpunkt, als der Expressionismus seine größte öffentliche Resonanz hatte, als sich die Dramen der jüngsten Autorengeneration auch die etablierten Theaterbühnen eroberten, die Ausstellungen moderner Kunst einen vorher nicht gekannten Besucherzustrom verzeichnen konnten und das expressionistische Kino seine Erfolge noch vor sich hatte, sprachen besonders die Programmatiker und Kritiker, die sich schon seit Jahren für die jüngste Kunst eingesetzt hatten, bereits von der »Krise«, vom »Tod«, vom »Ende« oder »Ausgang« des Expressionismus, zogen ihre Bilanzen oder gaben rückschauende Überblicke (vgl. die Dokumentation in Raabe 1966). Schon 1918 konstatierte der renommierte Kunstkritiker Wilhelm Hausenstein: »Der Expressionismus ist bereits in dem Moment seiner historischen und sachlichen Vollendung angekommen; der Pendel hat durchgeschwungen; das Positive der Zukunft liegt offenbar in einer neuen und frommen Bescheidung auf die Natur« (Hausenstein 1918, S. 927).

Mit der Rede vom »Ende des Expressionismus« versuchte die ambitionierte Kunstkritik weiterhin ihre fortschrittliche Position zu behaupten. Ein etablierter Expressionismus vermochte nicht mehr dem avantgardistischen Rollenselbstverständnis der künstlerischen Intelligenz zu entsprechen. Wenn mittlerweile so viele am Expressionismus Geschmack fanden, dann war es nicht mehr angeraten, sich zu ihm zu bekennen, und nicht mehr nötig, für ihn publizistisch zu kämpfen. In der Tat setzte nach Kriegsende mit der Flut neuer expressionismusfreundlicher Zeitschriften ein Prozess der Konventionalisierung und Automatisierung ehemals innovativer und provokativer Denk- und Stilformen ein. Er wurde von denen, die den Expressionismus maßgeblich repräsentiert hatten, nicht zu Unrecht als »Mode«, »Geschäft« und »Verbürgerlichung« kritisiert. Der Expressionismus lebte zwar bis weit in die zwanziger Jahre hinein weiter, doch als ›fortschrittliche‹, ›avantgardistische‹, ›innovatorische‹ Bewegung war er um 1920 tot. »Es gibt wenige, denen etwas einfällt, und viele Expressionisten!« meinte schon 1918 Walter Hasenclever (*Neue Blätter für Kunst und Dichtung* 1918, H. 2, S. 40). Und Worringer stellte in dem erwähnten Vortrag 1920 fest:

> Was viele von uns als den kaum erhofften erlösenden Durchbruch einer neuen Elementarität und einer zweiten Naivität in unserer ermüdeten Intellektualität zu spüren glaubten, das gibt sich jetzt bei der Bilanz zu erkennen als ein bloßer neuer Antrieb zu einem gesteigerten Raffinement der kunstgewerblichen Mache (Worringer 1921, S. 9f.).

Das so genannte Ende des Expressionismus war jedoch nicht nur das Resultat eines quasi eigengesetzlichen Verlaufs avantgardistischer Kunstbewegungen von der Innovation hin zur Konvention und zu deren erneuten Destruktion. Es hatte auch real- und psychohistorische Gründe. Nach dem Scheitern der Revolution und der Etablierung der ersten Republik schlug der utopische Elan bei vielen Expressionisten in Resignation um, bei anderen führte er zur politischen Radikalisierung und zum Anschluss an die organisierte Arbeiterbewegung. Auf Dauer indes versuchte sich zumindest der linksbürgerliche Teil der literarischen Intelligenz, wenn auch mit skeptischer Distanz gegenüber den Relikten des alten Obrigkeitsstaates, mit der demokratisch-parlamentarischen Regierungsform zu arrangieren.

Angesichts der wachsenden Resignation nach den Enttäuschungen revolutionärer Hoffnungen wirkte das messianische Pathos, wo es noch weiter gepflegt wurde, auf viele unglaubwürdig. Das war jedenfalls der Eindruck, den Worringer in seinem Vortrag vermittelte:

> Immer mehr wurde die Gestikulation des Expressionismus zu einem gespenstischen Spiel mit leeren Gesten; immer drohender tat sich darunter der Hohlraum des Vergeblichkeitsbewußtseins auf und immer deutlicher klang aus der gewaltsamen Sicherheit die betäubte Angst heraus und der Kampf gegen eine schon halbbewußte Leere. Da brauchte nur in die Zeitstimmung ein so unheimliches Wort wie das vom Untergang des Abendlandes zu fallen und die Katastrophe der veränderten Blickrichtung war da: man sah den Expressionismus auf einmal von hinten, sah ihm auf den Rücken – und da sah er auf einmal wie eine große Torschlußpanik der an sich selbst verzweifelnden Kunst aus (Worringer 1921, S. 9f.).

Das erste Manifest des **Dadaismus**, von Richard Huelsenbeck verfasst und von vielen Berliner Dadaisten unterschrieben, wurde am 12. April 1918 in Berlin vorgetragen und zunächst in Form eines Faltblattes verbreitet. Es ist ein Pamphlet gegen den Expressionismus oder besser: gegen ein selbst geschaffenes Zerrbild von ihm. Das Dada-Manifest beerbt den provozierend frechen Stil vieler expressi-

Ausblicke: Expressionismusrezeption und Bilanz

onistischer Manifeste, wendet die Bürgerkritik des Expressionismus gegen diesen selbst und versucht ihn, mit durchaus selbstironischen Tönen, zu überbieten:

Unter dem Vorwand der Verinnerlichung haben sich die Expressionisten in der Literatur und in der Malerei zu einer Generation zusammengeschlossen, die heute schon sehnsüchtig ihre literatur- und kunsthistorische Würdigung erwartet und für eine ehrenvolle Bürger-Anerkennung kandidiert. Unter dem Vorwand, die Seele zu propagieren, haben sie im Kampfe gegen den Naturalismus zu den abstrakt-pathetischen Gesten zurückgefunden, die ein inhaltloses, bequemes und unbewegtes Leben zur Voraussetzung haben (in Anz/Stark 1982, S. 75).

Der vitalistische Impuls des Expressionismus bleibt in dieser Expressionismuskritik erhalten. Kritisiert werden vor allem Abstraktion und Pathos der expressionistischen Kunst und Literatur. Diese Tendenz setzt sich in der Expressionismuskritik der zwanziger Jahre fort. Als dominanter Gegenbegriff zu ›Expressionismus‹, der als solcher noch heute von der Literaturgeschichtsschreibung verwendet wird, etablierte sich ›**Neue Sachlichkeit**‹. Der Titel einer Mannheimer Ausstellung von 1925 hat dazu maßgeblich beigetragen: *Neue Sachlichkeit. Deutsche Malerei seit dem Expressionismus*. Die Diskurse, die seither die Kritik am Expressionismus im Namen einer ›Neuen Sachlichkeit‹ formulieren oder rekonstruieren, operieren mit einer Fülle von oppositionellen Begriffspaaren, die eher assoziativ als systematisch aufeinander bezogen sind:

Expressionismus	versus	**Neue Sachlichkeit**
pathetisch		nüchtern, kalt
emotional		rational
einfühlend		beobachtend
emphatisch		distanziert
jugendlich		erwachsen
feminin		maskulin
dramatisch		episch
tragisch		komisch
lyrisch		prosaisch
subjektzentriert		objektbezogen
nach innen gerichtet		nach außen gerichtet
von innen gelenkt		von außen gelenkt
abstrakt		konkret
idealistisch		materialistisch
utopisch		realistisch, pragmatisch
revolutionär		evolutionär
prophetisch		aufklärend
zukunftsorientiert		gegenwartsbezogen

zeitenthoben	aktuell
zivilisationskritisch	zivilisationsfreundlich
elitär	egalitär
geistesaristokratisch	demokratisch
bohemehaft-antibürgerlich	proletarisch-antibürgerlich

Solche polarisierenden Konstrukte stimmten mit der Pluralität und Komplexität der Kunstprogramme und -praktiken der 1910er und 1920er Jahren nur zum Teil überein. Sie entfalteten jedoch in verschiedenen Mischungen und Akzentuierungen eine nachhaltige diskursive Wirksamkeit. Die Disqualifizierung des Expressionismus innerhalb dieser Diskursmuster als rationalitäts- und realitätsfern wiederholte sich in der vehementen Expressionismuskritik, die in den dreißiger Jahren aus marxistischer Perspektive zuerst von Georg Lukács und dann aus aktuellem Anlass von etlichen anderen Autoren in der Exilzeitschrift *Das Wort* vorgebracht wurde. Sie blieb nicht unwidersprochen.

»Form der extremen Abstraktion« (Lukács 1934, S. 125), »Leere und Inhaltslosigkeit« (S. 143), »fanfarenhafte Pathetik« (S. 145), »hysterisch überspannt« (S. 146), »Entfernung von den konkreten Problemen der Wirtschaft« (S. 115), »subjektive[r] Idealismus« (S. 112), »romantischer Antikapitalismus« (S. 126) – das sind die ständig variierten Verdikte, mit denen Lukács vom Standpunkt des sozialistischen Realismus aus den Expressionismus kritisierte. Sein Aufsatz über »›Größe‹ und ›Verfall‹ des Expressionismus« erschien 1934. Anlass der **Expressionismusdebatte in den Jahren 1937 und 1938** war der damals freilich schon über drei Jahre zurückliegende **Fall Gottfried Benn**. Benn hatte sich 1933 kurzfristig mit dem Nationalsozialismus identifiziert. Sein »Fall« wiederum hatte eine öffentliche Vorgeschichte und stand in nicht ganz leicht durchschaubaren Kontexten. Denn vor der marxistischen und linksintellektuellen Expressionismus-Debatte gab es, wenn auch auf ungleich niedrigerem Niveau, **Ansätze einer nationalsozialistischen Expressionismusdebatte**, die heute weniger bekannt sind (vgl. Brenner 1963, S. 63-86; Sauermann 2008 zu Literaturgeschichten der NS-Zeit). Nicht zuletzt auf sie reagierte etwa zeitgleich mit Benn, doch ohne von seinem Fall schon zu wissen, auch Georg Lukács. Die letzten Seiten seines Aufsatzes mit Hinweisen auf Goebbels, Rosenberg und die »Richtungskämpfe innerhalb des Nationalsozialismus« belegen das (1934, S. 148).

Als Hitler im September 1934 auf dem Nürnberger Reichsparteitag von der Gefahr sprach, die der deutschen Kunst durch »Kubisten, Futuristen, Dadaisten u.s.w.« (zit. nach Demetz 1990, S. 151) drohe, beendete er eine kunstpolitische Auseinandersetzung

Ausblicke: Expressionismusrezeption und Bilanz

über die ästhetische Moderne, die auch in nationalsozialistischen Kreisen eine Zeit lang offener war, als es heute bekannt ist. Noch wenige Monate zuvor hatte sich Alfred Rosenberg darüber beklagt, dass sein verhasster Konkurrent Goebbels die Schirmherrschaft über eine »futuristische Ausstellung von Berliner Kunstbolschewisten« übernommen hatte. Es sei ihm sicher nicht bekannt gewesen, dass der Eröffner dieser Ausstellung ein viele Jahre lang in Berlin tätig gewesener ›kunstbolschewistischer‹ Redner von der Gruppe »Der Sturm« war. Gemeint war Rudolf Blümner, der als Theoretiker des expressionistischen *Sturm*-Kreises eine bedeutende Rolle gespielt hatte. 1933 gehörte er wie Gottfried Benn zu jener kleinen Minderheit unter den Intellektuellen, die versuchte, die Kunst der Moderne für das nationalsozialistische Deutschland akzeptabel zu machen. »Die Idee des Futurismus und also der gesamten ihm so nah verwandten radikalen Kunst Europas war in völliger Uebereinstimmung mit der Idee des Faschismus« (zit. nach Demetz 1990, S. 146).

Diese Behauptung Blümners entsprach Gottfried Benns Rede, mit der er am 29. März 1934, am Abend nach der Ausstellungseröffnung, bei einem offiziellen Empfang den prominentesten Futuristen Italiens begrüßte: Filippo Tommaso Marinetti. »Wir freuen uns [...], daß Sie nach Deutschland gekommen sind in einer Zeit, in der das neue Reich entsteht, an dem mitzuarbeiten der Führer, den wir alle ausnahmslos bewundern, auch die Schriftsteller berufen hat« (Benn 1982, Bd. 3, S. 491).

Eine »gespenstische Fete« nennt Demetz (1990, S. 149) die von ihm rekonstruierte Feier. Die Versammelten passten ganz und gar nicht zusammen: Marinetti und der sizilianische Futurist Ruggero Vasari; eine Gruppe von NS-Funktionären, die dem *Völkischen Beobachter* nahe stand und gegen die ›undeutschen‹ Entartungen moderner Asphaltliteratur zu Felde zog; eine Gegengruppe nationalsozialistischer Kulturrevolutionäre, die die Kunst der Moderne gegen den völkischen Heimatkitsch verteidigten. Auf sie, die in der von Goebbels bis 1935 geduldeten Zeitschrift *Die Kunst der Nation* ihr Forum hatten, setzten Benn und Blümner (der seine jüdische Frau zu Hause gelassen hatte) einige Hoffnungen. Anwesend war auch Kurt Schwitters, der zu später Stunde sein Dada-Gedicht »Anna Blume« rezitierte.

Worum es bei der umstrittenen Ausstellung und an diesem merkwürdigen Abend vor allem ging, dürfte den Versammelten bewusst gewesen sein: weniger um den Futurismus als um die Überlebenschancen der deutschen Moderne in der NS-Diktatur. Dass sie keine hatte, war eigentlich schon damals klar. Die Behauptung über die Verwandtschaft der deutschen Moderne mit dem italienischen Futurismus war eine dem kunstpolitischen Kalkül entsprungene Halbwahrheit. Der Rede auf Marinetti war wenige Monate vorher, in einem Zeitungsartikel vom 5. November 1933, Benns »Bekenntnis zum Expressionismus« vorangegangen. Auch dieser Artikel steht ganz in den Kontexten des noch offenen Machtkampfes zwischen Rosenberg und Goebbels um die moderne Kunst. Ausdrücklich bezieht der Artikel sich auf ein Pamphlet des Balladendichters Börries von Münchhausen gegen den Expressionismus (Weisstein 1972). Ein »berühmter deutscher Dichter«, schreibt Benn, »steht nicht an, sich dahin zu äußern, daß Deserteure, Zuchthäusler und Verbrecher das Milieu dieser Generation bildeten, daß sie mit enormem Spektakel ihre Ware heraufgetrieben hätte wie betrügerische Börsianer eine faule Aktie, er nennt sie von einer völlig zuchtlosen Unanständigkeit und er führt Namen an und darunter auch den meinen« (Benn 1982, Bd. 3, S. 262). Der Artikel beginnt mit einer achtungsvollen Verbeugung vor der »Führung des neuen Deutschlands«. Ihr Interesse an Fragen der Kunst sei »außerordentlich«: »Ihre ersten Geister sind es, die sich darüber unterhalten, ob in der Malerei Barlach und Nolde als deutsche Meister gelten dürfen« (ebd., S. 261). Ironie war das gewiss nicht, ein Signal an die »Führung« und ein Versuch, mit dieser Hymne auf die gesamteuropäische Moderne in Kunst und Literatur Einfluss auf sie zu nehmen, sehr wohl. Von der »Führung« wünschte Benn sich hier ein ähnliche Überwindung der bestehenden Ressentiments gegenüber der Moderne wie zuvor in seiner berüchtigten Rundfunkrede vom 24. April 1933, »Der neue Staat und die Intellektuellen«, von den Repräsentanten der Moderne gegenüber dem NS-Regime. »Der neue Staat ist gegen die Intellektuellen entstanden«, konstatierte Benn hier und appellierte an die Intellektuellen »und in ihrem Namen«, es nicht mehr als »intellektuelle Ehre« zu betrachten, »die Revolution vom Nationalen her als unmoralisch, wüst, gegen den Sinn der Geschichte gerichtet anzusehen« (Benn 1982, Bd. 3, S. 457).

Klaus Mann reagierte prompt darauf, und er war es dann 1937 auch, der mit seinem Beitrag »Gottfried Benn. Die Geschichte einer Verirrung« die **Expressionismusdebatte in der Exil-Zeitschrift Das Wort** (vgl. Schmitt 1987; Schiller 2001 u. 2002) eröffnete. Für ihn war der »Fall« Benn singulär, »weil es sich bei ihm um den einzigen – den einzigen! – deutschen Schriftsteller von Rang handelt, der sich allen Ernstes und mit einiger geistiger Konsequenz in den Nationalsozialismus verirrt hat« (in Schmitt 1987, S. 39f.). Der in diesem Zeitschriftenheft daran gleich anschließende Beitrag von Bernhard Ziegler (alias Alfred Kurella) wertete den Fall hingegen als symptomatisch für den ganzen Expressionismus. Heute lasse sich »klar erkennen, wes Geistes Kind der Expressionismus war, und wohin dieser Geist, ganz befolgt, führt: in den Faschismus« (in ebd., S. 50).

Einige vormals dem Expressionismus nahe stehende Autoren zeigten sich ihm in ihren Repliken weiterhin verbunden. Herwarth Walden kehrte Zieglers These in ihr Gegenteil um: »*Gegen* den Expressionismus kämpfte alles, was später zum Faschismus führte« (in Schmitt 1987, S. 78). Und wie Walden machte Ernst Bloch auf eine Koinzidenz zweier Ereignisse aufmerksam, deren kulturpolitische Symbolkraft erheblich ist. Bloch nannte den Artikel Zieglers einen »chronologischen Unfall«. Denn nur wenige Wochen vor dieser marxistischen Aburteilung des Expressionismus war in München die Ausstellung *Entartete Kunst* mit vornehmlich expressionistischen Werken eröffnet worden. Die »Übereinstimmung, in der sich Ziegler, zu seinem Schreck, mit Hitler befand« (ebd., S. 180), wertete Bloch als tödliches »Mißgeschick«. Sie war mehr als ein Missgeschick. Denn sogar die ›Argumente‹, mit denen beide Seiten den Expressionismus disqualifizierten, standen sich nahe. Schon Lukács hatte den Expressionismus als »hysterisch« disqualifiziert. Ziegler entdeckte beim Wiederlesen eines Prosatextes von Benn Ähnlichkeiten mit dem »Gefasel eines Paranoikers« (ebd., S. 52). In München wurden neben die Bilder der Expressionisten zum Beweis ihrer pathologischen »Entartung« Bilder von ›Geisteskranken‹ gehängt.

Die Expressionismusrezeption in Deutschland stand bis 1945 und zum Teil noch weit in die zweite Hälfte des Jahrhunderts hinein im Zeichen von deutschnationalen Entartungs- und sozialistischen Dekadenzverdikten. Wo die Literatur und die Literaturwissenschaft der Nachkriegszeit den verloren gegangenen Anschluss an die ästhetische Moderne suchten, entdeckten sie auch den Expressionismus wieder.

Die **Expressionismusrezeption in der Literatur seit 1945** ist noch nicht zusammenhängend untersucht worden. Eine solche Untersuchung hätte die Benn-Begeisterung der fünfziger Jahre ebenso zu berücksichtigen wie das Pathos und die Stationentechnik Wolfgang Borcherts, den ›Döblinismus‹ von Günter Grass, Arno Schmidts Begeisterung für August Stramm und etliche andere Expressionisten, die Simultantechnik in Wolfgang Koeppens *Tauben im Gras* und seine Hommage an den Expressionismus in *Jugend*. Was Dieter Wellershoff für Benn, Peter Rühmkorf für die expressionistische Lyrik, Tankred Dorst für Toller oder Franz Fühmann (in der DDR) für Trakl getan hat, ist bekannt. Weniger bekannt ist, was jüngere Autoren aus der DDR wie Uwe Kolbe oder Stefan Schütz, der 1984 ein Otto-Gross-Stück vorlegte (*Die Seidels*), dem Expressionismus verdanken. »Alles hat für mich mit der ›Menschheitsdämmerung‹

angefangen«, bekannte Uwe Kolbe. »Ich komme immer wieder auf die Expressionisten zurück« (zit. von Uwe Wittstock in der FAZ vom 23.4.1988). Ein lesender Blick zum Beispiel auf den Lyriker Michael Wildenhein (*Das Ticken der Steine*, 1989) kann im Übrigen bestätigen, was Peter von Matt mit sympathievoller Ironie in einer Rezension des Gedichtbandes *Der Anfang der Vergangenheit* von Ludwig Fels bemerkte: »So wenig Dauerhaftes der literarische Expressionismus aufs Ganze geliefert hat, in seine Schule geht doch immer wieder, was ein deutscher Dichter werden will« (FAZ, 8.12.1984). Auch bei jüngeren Autoren wie Rainald Goetz oder Thomas Kling lässt sich das Interesse am Expressionismus nachweisen.

Wie die **Literaturwissenschaft nach 1945** mit dem Expressionismus umgegangen ist, darüber hat sie sich selbst in diversen Forschungsberichten umfassend informiert (vor allem Brinkmann 1961 und 1980). Der bislang letzte, außerordentlich instruktive Bericht umfasst die Expressionismusforschung der 1980er Jahre (Korte 1994).

Als 1961 Richard Brinkmanns erster Bericht über die Expressionismusforschung erschien, steckte diese noch in ihren Anfängen. Gerade erst war Walter H. Sokels Epochendarstellung *The Writer in Extremis* (1959, dt. 1960) erschienen, hatte Kurt Pinthus seine *Menschheitsdämmerung* (1959) neu als Rowohlt Taschenbuch herausgegeben, hatten Paul Pörtners Dokumentenbände eine umfangreiche Materialgrundlage bereitgestellt. Und nur ein Jahr zuvor, 1960, konnte man in Marbach jene berühmte Expressionismus-Ausstellung besichtigen, die mit ihrem begehrten Katalog (Raabe/Greve 1960) der literarhistorischen Erkundung der 1910er Jahre die stärksten Impulse gab. In den sechziger Jahren versorgten dann vor allem die Arbeiten Paul Raabes (u.a. 1964, 1964b, 1965a, 1965b), die er zunächst mit dem 1972 in 18 Bänden erschienenen *Index Expressionismus* abschloss, die Expressionismus-Philologie mit einer soliden und wahrhaft umfassenden bibliographischen und dokumentarischen Basis.

Bald wurde manchem Literaturwissenschaftler die Forschungsliteratur zum Expressionismus, die – man muss daran schon erinnern – eigentlich eine Hilfe sein sollte, zur Plage. Die Bibliographie, die Brinkmann zur Vorbereitung seines zweiten, weit umfassenderen Forschungsberichts von 1980 erarbeitet hatte, ging, wie er schreibt, »ohne auf Lückenlosigkeit pochen zu können, in die Tausende von Titeln« (Brinkmann 1980, S. IX). Der Ton des Berichts ist denn auch von Skepsis und Überdruss geprägt. Wie ein erschreckter Akt der Notwehr eines von germanistischer Überproduktion gequälten Berichterstatters nimmt sich sein Widerspruch gegen die Bemerkung Wolfgang Rothes aus, die Expressionismusforschung befinde sich noch immer in ihren Anfängen (Rothe 1977, S. 9). Da, so Brinkmann, »kann man allerdings das Fürchten lernen angesichts der Vorstellung, welche Dimension eine Expressionismusforschung angenommen haben sollte, die nicht mehr in den Kinderschuhen steckt, sondern sich auf der Höhe ihrer Leistungskraft befindet. Nur in grauen Mausoleen von Computern könnte sie noch beigesetzt und zu besonderem Bedarfe partikelweise reviviziert werden« (Brinkmann 1980, S. X). Widerspruch gegen Rothes provozierende Bemerkung erhob auch Paul Raabe in der Einleitung seines tausendseitigen bibliographischen Handbuches *Die Autoren und Bücher des literarischen Expressionismus* und sprach von einer »eindrucksvollen Forschungslage« (Raabe 1985, S. 3).

Die Basisarbeiten zur Expressionismusforschung von Raabe sind seither im Rahmen bibliographischer, editorischer und monographischer Bemühungen um einzelne Autoren und Autorengruppen aus dem Umkreis des Expressionismus wesentlich ergänzt worden. Es gibt bislang allerdings erst wenige Beiträge zum Expressionismus, die sich den »Index Expressionismus« ausgiebig und sichtbar zu Nutze gemacht haben. Von den 347 Autoren und ihren rund 2300 Buchveröffentlichungen aus der Zeit des Expressionismus, die Raabes biobibliographisches Handbuch verzeichnet, kennen selbst gute Kenner nur einen kleinen Teil. Da bleibt der Forschung noch viel zu entdecken und erheblicher Spielraum für Umorientierungen.

Literaturwissenschaftliche Forschungsentwicklungen folgen allerdings nur begrenzt einer Logik des Fortschritts und des Zuwachses an Wissen. Sie stehen in einem Dialog mit literarischen und gesamtkulturellen Entwicklungen ihrer Zeit. Signalcharakter für das forcierte und zugleich gewandelte Interesse am Expressionismus seit Mitte der siebziger Jahre hatte die Anthologie expressionistischer Gedichte, die, herausgegeben von dem Schriftsteller Peter Rühmkorf, 1976 in dem politisch als links geltenden Wagenbach Verlag erschien. Hatte Eva Kolinsky 1970 mit ihrer Arbeit *Engagierter Expressionismus. Politik und Literatur zwischen Weltkrieg und Weimarer Republik* noch ganz der intellektuellen Interessenlage im Umkreis der antiautoritären 68er Bewegung entsprochen, so entsprach Rühmkorf 1976 mit seiner Textauswahl und Kommentierung, die sich bewusst auf die vergleichsweise unpolitische Frühphase des Expressionismus konzentrierte, der ›Neuen Subjektivität‹ in der damaligen Literaturszene. In der frühexpressionistischen Lyrik suchte er die gesellschaftlichen Konflikte der Zeit nicht als direkte Widerspiegelung und Thematisierung, sondern vermittelt über ihre persönlichkeitsspaltenden Auswirkungen. »Wahrheitsgewinn«, so schrieb er, sei »jeder Schritt in die eigene Düsternis hinein«, sei er noch so hilflos und von noch so begrenzter Einsichtsmöglichkeit. Kein pädagogisches oder agitatorisches Instrument politischer Aufklärung suchte Rühmkorf in der expressionistischen Lyrik, sondern eine existentielle Authentizität der »beinah körperliche[n] Beteiligung an den Entfremdungen und Harmonieeinbußen der Zeit« (Rühmkorf 1976, S. 14). In Deutschland verschoben sich in den siebziger Jahren die Interessen der literarischen Intelligenz von Marx auf Freud, Nietzsche und Kierkegaard, von Brecht zu Benn; die Kapitalismuskritik wurde ersetzt durch eine allgemeine Zivilisationskritik. Das kam der Rezeption des Expressionismus spürbar zugute. Die Expressionismusforschung der 1970er Jahre ist von diesen Tendenzen deutlich geprägt worden. Symptomatisch dafür ist Viettas und Kempers Monographie von 1975, die sich wie etliche andere Arbeiten im Rekurs unter anderem auf Nietzsche vornehmlich für die zivilisations- und rationalitätskritischen Aspekte des Expressionismus interessierte und für die damit verknüpften psychischen Krisenerfahrungen (vgl. auch Anz 1977).

Vorbereitet wurden dadurch jene Forschungen, auch solche von Vietta (1992 und 2001) selbst, die im mehr oder weniger expliziten Dialog mit den Postmoderne-Diskussionen der 1980er Jahre stehen (s. S. 109ff.). Diese Diskussionen haben wesentlich dazu beigetragen, die Auseinandersetzungen mit der Moderne erneut aufzunehmen und zu intensivieren. In sie wurde auch die Expressionismusforschung involviert. Manche Spuren davon finden sich in diesem Buch.

In den 1990er Jahren haben nach dem Zusammenbruch des totalitären Sozialismus postmoderne Vorbehalte gegenüber utopischen Großentwürfen jedweder Art und gegenüber dem Typus des kritischen Intellektuellen, den der Expressionismus maßgeblich mit geprägt hat (Stark 1982), zusätzliche Motive und eine veränderte politische Tonlage erhalten. Eine neue Expressionismusdebatte ist daraus nicht erwachsen. Doch stellte die vielfach intellektuellenfeindliche Rede vom Ende der Utopien, die sich namentlich gegen Ernst Bloch, den Philosophen des Expressionismus, richtete, wichtige Bestandteile und Repräsentanten der literarischen Moderne unter Totalitarismusverdacht (vgl. Stark 1994). In den Verdikten über das angebliche Versagen der Intellektuellen angesichts der totalitären Bewegungen des 20. Jahrhunderts und ihrer katastrophalen Folgen tauchten Töne auf, die ihre eigenen Affinitäten zu totalitären Traditionen der Intellektuellenfeindschaft offensichtlich nicht bemerkten.

Bei aller möglichen Kritik am Expressionismus sollte man sich bewusst sein: Die expressionistische Moderne stand mit ihren dominant anarchisch-libertären und mit ihren skeptizistischen Tendenzen beiden großen totalitären Bewegungen des 20. Jahrhunderts

Ausblicke: Expressionismusrezeption und Bilanz

politisch wie ästhetisch fern. Und beide Bewegungen hielten ihrerseits den Expressionismus von sich fern, verbal und mit physischer Gewalt.

Politisch und ideologisch gefährdet war die expressionistische Moderne allerdings durchaus. Das von ihr vielfältig thematisierte Sinnvakuum angesichts einer sich rapide verändernden Welt, das die ›Krisenwissenschaft‹ Soziologie um 1900 als Zustand der ›Anomie‹, der Regel- und Normlosigkeit, gekennzeichnet hatte (Durkheim 1897), übte, zumal im August 1914, einen Sog auch auf fragwürdige Sinngebungen aus. Das im Prozess der Zivilisation und unter einer überalterten politischen und sozialen Ordnung zunehmende Leiden an unausgelebten Affekten war anfällig dafür, sich in Phantasien destruktiver Gewalt zu entladen; Ohnmachtserfahrungen wechselten mit politischen wie ästhetischen Allmachtsphantasien, die mit forcierten Individualisierungsansprüchen einhergehende Isolation der literarischen Intelligenz verringerte die Widerstandskraft auch gegenüber problematischen Gemeinschaftserlebnissen und Integrationsangeboten.

Die psychischen Symptome eines ›anomischen‹ Zustandes beschreibt ein Lexikon der Soziologie so: »Zustand, der vor allem durch Gefühle der Einsamkeit, der Isoliertheit, der Fremdheit, der Orientierungslosigkeit sowie der Macht- und Hilflosigkeit gekennzeichnet ist« (Fuchs 1973, S. 38). Damit ist eine charakteristische Seite der expressionistischen Moderne treffend umrissen. Es ist eine Seite, der das fehlt, was Niklas Luhmann 1968 in einer seiner frühen sozialphilosophischen Arbeiten zur Bedingung für die Funktionsfähigkeit personaler und sozialer Systeme erklärte: »Vertrauen«. Dieses sei nur möglich auf der Basis einer »vertrauten Welt«, das heißt eines intersubjektiv konstituierten und fraglos-selbstverständlichen Sinns dieser Welt.

Mit der anonym und latent bleibenden Konstitution von Sinn und Welt wird das volle Potential der an sich gegebenen Erlebnismöglichkeiten, die extreme Komplexität der Welt, dem Bewußtsein entzogen. Die vertraute Welt ist dann relativ einfach und wird in dieser Einfachheit durch ziemlich enge Grenzen gesichert. Die Komplexität ihrer Möglichkeiten erscheint gleichwohl, und zwar als Schnitt zwischen dem Vertrauten und dem Unvertrauten, dem Fremden, dem Unheimlichen, das bekämpft oder mystifiziert wird. Erst in dem Maße, als der andere Mensch nicht nur als Gegenstand in der Welt, sondern als alter ego ins Bewußtsein tritt, als Freiheit, die Dinge anders zu sehen und sich anders zu verhalten, wird die traditionelle Selbstverständlichkeit der Welt erschüttert, wird ihre Komplexität in einer ganz neuen Dimension sichtbar (Luhmann 1973, S. 1 und 19).

Die »Freiheit, die Dinge anders zu sehen« und dadurch »die traditionelle Selbstverständlichkeit der Welt« zu erschüttern, nahm sich die expressionistische Moderne in ihrem Misstrauen gegenüber etablierten Normen und Sinngebungen nachdrücklich heraus. Weder bekämpfte oder verdrängte sie das Fremde und Unheimliche, noch mystifizierte sie es. Sie versuchte es vielmehr ins öffentliche Bewusstsein zu heben und rührte damit an Grundlagen des sozialen Systems; sie wurde in ihm zu einem disfunktionalen Element. Die öffentliche Artikulation von Erfahrungen der Angst, Ohnmacht und Orientierungslosigkeit unterstellte, dass die bestehenden gesellschaftlichen Normen und Sinngebungsmuster, die dem Einzelnen für seine Realitätsbewältigung Halt und Vertrauen zu geben imstande sind, nicht mehr fraglos gültig sind.

Die Literatur des Expressionismus lässt sich als symbolischer Ausdruck kollektiver Krisenerfahrungen lesen, die von den jungen Autoren dieses Jahrzehnts einerseits als Möglichkeit zur Befreiung von überalterten und nur noch zwanghaft aufrecht erhaltenen Orientierungsangeboten wahrgenommen, andererseits jedoch auch als Verlust begriffen wurden. Nachdem Kafkas K. sich im achten Kapitel des *Schloß*-Romans in einem Akt der Auflehnung gegen die Macht und die ihr hörige Dorfgemeinschaft dem Befehl zum Verhör entzieht, indem er das Haus und die Menschen in ihm verlässt und sich allein ins Freie begibt, folgt abschließend ein signifikanter Satz, der die ganze Gespaltenheit dieses modernen Helden zum Ausdruck bringt:

da schien es K. als habe man nun alle Verbindung mit ihm abgebrochen und als sei er nun freilich freier als jemals und [...] habe sich diese Freiheit erkämpft wie kaum ein anderer es könnte und niemand dürfe ihn anrühren oder vertreiben, ja kaum ansprechen, aber – diese Überzeugung war zumindest ebenso stark – als gäbe es gleichzeitig nichts Sinnloseres, nichts Verzweifelteres als diese Freiheit, dieses Warten, diese Unverletzlichkeit (Kafka 1982, S. 169).

Die expressionistische Generation litt unter den zweifelhaften Autoritäten ihrer Zeit ebenso wie unter dem Verlust an Orientierung und Geborgenheit, wenn sie sich von ihnen und der durch sie geprägten Gesellschaft frei zu machen versuchte. Unter dem Druck der Väter suchte sie die anarchische Ungebundenheit der Vaterlosigkeit und als vaterlose wiederum einen Vater.

Innerhalb der sich um und nach 1900 zuspitzenden, doch in der Entwicklungsdynamik moderner Gesellschaften chronisch bleibenden Spannungen zwischen ökonomischem und wissenschaftlich-technischem Fortschritt einerseits und politischer, sozialer und kultureller Rückständigkeit andererseits (vgl. Werner 1985) nahm die expressionistische Moderne Positionen ein, die sich beiden Seiten verweigerte und in ihren Ambivalenzen offen blieben für unterschiedlichste Zukunftsentwürfe. Mit ihnen zeigte sie sich durchaus verführbar, doch in vieler Hinsicht auch wegweisend für Konzepte, auf die sich noch heute mit Gewinn zurückgreifen lässt.

Kanonische ›Meisterwerke‹ hat die junge Literatur des expressionistischen Jahrzehnts nur wenige hinterlassen. Als Walter Benjamin in seinem Trauerspielbuch »die Aktualität des Barock nach dem Zusammenbruch der deutschen klassizistischen Kultur« mit Hinweisen auf augenfällige Analogien zum Expressionismus begründete, räumte er ein, dass Barock wie Expressionismus dem Ideal des in sich abgeschlossenen Kunstwerkes nicht hätten genügen können, fügte jedoch die Bemerkung bei: »Zu Zeiten aber bleibt das runde Werk allein dem Epigonen erreichbar« (Benjamin 1963, S. 42). Mit Maßstäben von ›Meisterwerken‹ ist die Literatur des Expressionismus in der Tat nicht angemessen zu bewerten. Ihren Rang, so urteilte Walter Müller-Seidel Mitte der 1990er Jahre in impliziter Distanz zu Tendenzen postmoderner Literatur des vorangegangenen Jahrzehnts, erhalte sie nicht zuletzt durch ihren existentiellen Ernst. »Ob es in Zukunft eine Literatur ohne diesen Ernst und Leidensdruck gibt und geben kann, eine solche, die es vornehmlich mit dem Spielerischen und Ästhetischen hält, darf man bezweifeln« (Müller-Seidel 1994, S. 39).

Literaturverzeichnis

Die Auswahlbibliographie besteht aus besonders wichtigen Titeln des nachfolgenden Literaturverzeichnisses. Dieses Hauptverzeichnis enthält alle in dem Buch in Kurzform angeführten Texte und Forschungsbeiträge und darüber hinaus eine Auswahl von Sekundärliteratur sowie Hinweise auf einschlägige Werkausgaben und Monographien zu einzelnen Autoren. In der Autorenbibliographie sind auch Texte von Wissenschaftlern vor und aus der Zeit des expressionistischen Jahrzehnts verzeichnet.

1. Kleine Auswahlbibliographie zum Expressionismus
2. Allgemeine Forschung, Anthologien und Dokumentensammlungen
3. Autoren: Werkausgaben, Einzeltexte, Forschungsbeiträge

1. Kleine Auswahlbibliographie zum Expressionismus

Einführungen, umfassende Darstellungen und Sammelbände

Anz, Thomas u. Michael Stark (Hg.): *Die Modernität des Expressionismus*. Stuttgart 1994.
Arnold, Arnim: *Die Literatur des Expressionismus. Sprachliche und thematische Quellen*. Stuttgart 1966.
–: *Die Prosa des Expressionismus. Herkunft, Analyse, Inventar*. Stuttgart 1972.
Bogner, Ralf Georg: *Einführung in die Literatur des Expressionismus*. Darmstadt 2005 [2. Aufl. 2009].
Fähnders, Walter: *Avantgarde und Moderne 1890-1933*. Stuttgart, Weimar 1998 [2., aktualisierte und erw. Aufl. 2010].
Krause, Frank: *Literarischer Expressionismus*. Paderborn 2008.
Krull, Wilhelm: *Prosa des Expressionismus*. Stuttgart 1984.
Mix, York-Gothart (Hg.): *Naturalismus, Fin de siècle, Expressionismus 1890-1918*. München 2000 (= Hansers Sozialgeschichte der deutschen Literatur, 7).
Paulsen, Wolfgang: *Deutsche Literatur des Expressionismus*. Bern, Frankfurt a.M. 1983.
Rothe, Wolfgang (Hg.): *Expressionismus als Literatur. Gesammelte Studien*. Bern, München 1969[a].
–: *Der Expressionismus. Theologische, soziologische und anthropologische Aspekte einer Literatur*. Frankfurt a.M. 1977.
–: *Tänzer und Täter. Gestalten des Expressionismus*. Frankfurt a.M. 1979.

Rötzer, Hans Gerd (Hg.): *Begriffsbestimmung des literarischen Expressionismus.* Darmstadt 1976.
Soergel, Albert: *Dichtung und Dichter der Zeit. Eine Schilderung der deutschen Literatur der letzten Jahrzehnte. Neue Folge. Im Banne des Expressionismus.* Leipzig 1925.
Sokel, Walter H.: *Der Literarische Expressionismus. Der Expressionismus in der deutschen Literatur des 20. Jahrhunderts.* München o.J. [1960].
Vietta, Silvio u. Hans-Georg Kemper: *Expressionismus.* München 1975 [6. Aufl. 1997].

Anthologien und Dokumentensammlungen

Anz, Thomas u. Michael Stark (Hg.): *Expressionismus. Manifeste und Dokumente zur deutschen Literatur 1910-1920.* Stuttgart 1982.
Asholt, Wolfgang u. Walter Fähnders (Hg.): *Manifeste und Proklamationen der europäischen Avantgarde 1909-1938.* Stuttgart, Weimar 1995.
Best, Otto F. (Hg.): *Theorie des Expressionismus.* Stuttgart 1976.
Pinthus, Kurt (Hg.): *Menschheitsdämmerung. Ein Dokument des Expressionismus.* Hamburg 1959.
Pörtner, Paul (Hg.): *Literaturrevolution 1910-1925. Dokumente, Manifeste, Programme.* 2 Bde. Neuwied 1960 u. 1961.
Raabe, Paul u. H. Lutz Greve (Hg.): *Expressionismus. Literatur und Kunst, 1910-1923. Eine Ausstellung des Deutschen Literaturarchivs im Schiller-Nationalmuseum Marbach a.N. vom 8. Mai-31.Oktober 1960.* Marbach a.N. 1960.
Raabe, Paul (Hg.): *Expressionismus. Aufzeichnungen und Erinnerungen der Zeitgenossen.* Olten 1965[a].
– (Hg.): *Expressionismus. Der Kampf um eine literarische Bewegung.* München 1965[b] [Neuaufl. Zürich 1987].
– (Hg.): *Der literarische Expressionismus Online / German Literary Expressionism Online. Zeitschriften, Jahrbücher, Sammelwerke, Anthologien / Journals, Yearbooks, Collections, Anthologies.* [Berlin u.a.] 2009.
Schmidt-Bergmann, Hansgeorg (Hg.): *Lyrik des Expressionismus.* Stuttgart 2003.
Vietta, Silvio (Hg.): *Lyrik des Expressionismus.* München, Tübingen 1976.

Forschungsberichte

Brinkmann, Richard: *Expressionismus. Internationale Forschung zu einem internationalen Problem.* Stuttgart 1980.
Korte, Hermann: »Abhandlungen und Studien zum literarischen Expressionismus 1980-1990«. In: *Internationales Archiv für Sozialgeschichte der deutschen Literatur* 19 (1994), Sonderheft 6, S. 225-279.

Biobibliographische Grundlagen

Raabe, Paul: *Die Zeitschriften und Sammlungen des literarischen Expressionismus. Repertorium der Zeitschriften, Jahrbücher, Anthologien, Sammelwerke, Schriftenreihen und Almanache 1910-1921.* Stuttgart 1964.
– (Hg.): *Index Expressionismus. Bibliographie der Beiträge in den Zeitschriften und Jahrbüchern des literarischen Expressionismus, 1910-1923.* 18 Bde. Nendeln, Lichtenstein 1972.

–: *Die Autoren und Bücher des literarischen Expressionismus. Ein bibliographisches Handbuch in Zusammenarbeit mit Ingrid Hannich-Bode.* Stuttgart 1985.

2. Allgemeine Forschung, Anthologien und Dokumentensammlungen

Adams, Marion: »›Volk‹, ›Masse‹ und ›Pöbel‹ im frühexpressionistischen Sprachgebrauch«. In: *Akten des 6. Internationalen Germanisten-Kongresses*. Teil 2. Bern u.a. 1980, S. 275-281.
–: »Der Expressionismus und die Krise der deutschen Frauenbewegung«. In: Hüppauf 1983, S. 105-130.
Adorno, Theodor W.: »Thesen zur Kunstsoziologie«. In: Ders.: *Ohne Leitbild. Parva Aesthetica*. Frankfurt a.M. 1967, S. 94-103.
Ajouri, Philip: *Literatur um 1900. Naturalismus – Fin de Siècle – Expressionismus.* Berlin 2009.
Allen, Roy F.: *Literary life in german expressionism and the Berlin circles.* Göppingen 1974.
–: *German expressionist poetry.* Boston 1979.
Almai, Frank: *Expressionismus in Dresden. Zentrenbildung der literarischen Avantgarde zu Beginn des 20. Jahrhunderts in Deutschland.* Dresden 2005.
Amann, Klaus u. Armin A. Wallas (Hg.): *Expressionismus in Österreich. Symposium des Instituts für Germanistik, Universität Klagenfurt, 1.-5. Juni 1992; Tagungsbroschüre.* Klagenfurt 1992.
– u. Armin A. Wallas (Hg.): *Expressionismus in Österreich. Die Literatur und die Künste.* Wien u.a. 1994.
Anglet, Andreas: »Schrift und Schrei in der deutschen expressionistischen Kriegslyrik. Nebst Anmerkungen zur ästhetischen Emanzipation des Schreis in der deutschsprachigen Literatur«. In: *Macht Text Geschichte. Lektüren am Rande der Akademie.* Hg. v. Markus Heilmann u. Thomas Wägenbaur. Würzburg 1997, S. 184-203.
Anz, Thomas: *Literatur der Existenz. Literarische Psychopathographie und ihre soziale Bedeutung im Frühexpressionismus.* Stuttgart 1977.
– (Hg.): *Phantasien über den Wahnsinn. Expressionistische Texte.* München 1980.
–: »Entfremdung und Angst. Expressionistische Psychopathographie und ihre sozialwissenschaftliche Interpretierbarkeit«. In: Meixner u. Vietta 1982, S. 15-29.
– u. Michael Stark (Hg.): *Expressionismus. Manifeste und Dokumente zur deutschen Literatur 1910-1920.* Stuttgart 1982.
– u. Josph Vogl (Hg.): *Die Dichter und der Krieg. Deutsche Lyrik 1914-1918.* München, Wien 1982.
–: »Between expansion and stagnation. Some reflections on the current state of research into expressionism«. In: Sheppard 1987, S. 7-26.
–: *Gesund oder krank? Medizin, Moral und Ästhetik in der deutschen Gegenwartsliteratur.* Stuttgart 1989.
–: »Berlin, Hauptstadt der Moderne. Expressionismus und Dadaismus im Prozeß der Zivilisation«. In: *Das poetische Berlin. Metropolenkultur zwischen Gründerzeit und Nationalsozialismus.* Hg. v. Klaus Siebenhaar. Wiesbaden 1992, S. 85-104.

- u. Michael Stark (Hg.): *Die Modernität des Expressionismus*. Stuttgart 1994.
- -: »Gesellschaftliche Modernisierung, literarische Moderne und philosophische Postmoderne. Fünf Thesen«. In: Anz u. Stark 1994, S. 1-8.
- -: »Der Sturm ist da. Die Modernität des literarischen Expressionismus«. In: Grimminger u.a. 1995, S. 257-283.
- -: »Vitalismus und Kriegsdichtung«. In: Mommsen 1996, S. 235-247.
- (Hg.) in Zusammenarbeit mit Christine Kanz: *Psychoanalyse in der modernen Literatur. Kooperation und Konkurrenz*. Würzburg 1999.
- -: »Die Seele als Kriegsschauplatz – Psychoanalyse und literarische Moderne«. In: Mix 2000, S. 492-508.
- -: »Expressionismus, Sturm und Drang. Zur Affinität literarischer Jugendbewegungen«. In: *Grenzgänge. Studien zur Literatur der Moderne*. Fs. Hans-Jörg Knobloch. Hg. v. Helmut Koopmann u. Manfred Misch. Paderborn 2002, S. 101-112.
- -: Anz, Thomas: »Erkenntnistheorie als Erlebnis- und Einfühlungstheorie in Wissenschaft, Philosophie und Ästhetik um 1900. Hinweise zu einem vernachlässigtem Phänomen«. In: *Littérature et théorie de la connaissance 1890-1935 / Literatur und Erkenntnistheorie 1890-1935. Études réunies par.* Hg. von Christine Maillard. Strasbourg 2004, S. 161-166.
- -: »Über einige Missverständnisse und andere Fragwürdigkeiten in Anke-Marie Lohmeiers Aufsatz ›Was ist eigentlich modern?‹«. In: *IASL* 33 (2008), H. 1, S. 227-232.
- Arnold, Arnim: *Die Literatur des Expressionismus. Sprachliche und thematische Quellen*. Stuttgart 1966.
- -: *Die Prosa des Expressionismus. Herkunft, Analyse, Inventar*. Stuttgart 1972.
- Arntzen, Helmut: *Karl Kraus und die Presse*. München 1975.
- Asholt, Wolfgang u. Walter Fähnders (Hg.): *Manifeste und Proklamationen der europäischen Avantgarde 1909-1938*. Stuttgart, Weimar 1995.
- u. Walter Fähnders (Hg.): *Die ganze Welt ist eine Manifestation. Die europäische Avantgarde und ihre Manifeste*. Darmstadt 1997.
- Bachtin, Michail: *Literatur und Karneval. Zur Romantheorie und Lachkultur*. München 1985.
- Balász, Béla: *Der sichtbare Mensch*. 2. Aufl., Halle 1924.
- Barron, Stephanie (Hg.): *Entartete Kunst. Das Schicksal der Avantgarde im Nazi-Deutschland*. München 1992.
- Baßler, Moritz: *Die Entdeckung der Textur. Unverständlichkeit in der Kurzprosa der emphatischen Moderne 1910-1916*. Tübingen 1994.
- /Brecht, Christoph/Niefanger, Dirk u. Gotthart Wunberg: *Historismus und literarische Moderne*. Tübingen 1996.
- -: »Absolute Prosa«. In: Fähnders 2001, S. 59-78.
- Baucken, Rudolf: *Bürgerlichkeit, Animalität und Existenz im Drama Wedekinds und des Expressionismus*. Kiel 1950.
- Bauer-Pickar, Gertrud u. Karl Eugene Webb (Hg.): *Expressionism reconsidered. Relationship and affinities*. München 1979.
- Baumeister, Ursula Walburga: *Die Aktion. 1911-1932. Publizistische Opposition und literarischer Aktivismus der Zeitschrift im restriktiven Kontext*. Erlangen 1996.
- Baumgarth, Christa: *Geschichte des Futurismus*. Reinbek bei Hamburg 1966.
- Bayerdörfer, Hans-Peter: »Dramatik des Expressionismus«. In: Mix 2000, S. 537-554.
- Becker, Sabina: *Urbanität und Moderne. Studien zur Großstadtwahrnehmung in der deutschen Literatur 1900-1930*. St. Ingbert 1993.

Literaturverzeichnis

- u. Helmuth Kiesel (Hg.): *Literarische Moderne. Begriff und Phänomen*. Berlin u.a. 2007.
Belentschikow, Valentin: »Rußlands ›Neuer Mensch‹ in der Deutung der deutschen Expressionisten. Der Kreis um Pfemfert und Rubiner«. In: *Die Welt der Slaven* 38 (1993), S. 201-213.
Benson, Renate: *Ernst Toller and Georg Kaiser*. London 1984.
–: *Deutsches expressionistisches Theater. Ernst Toller und Georg Kaiser*. Bern u.a. 1987.
Berg, Christian/Durieux, Frank u. Geerd Lernout (Hg.): *The Turn of the Century. Modernism and Modernity in Literature and the Arts*. Berlin u.a. 1995.
Berg, Hubert van den u. Ralf Grüttemeier (Hg.): *Manifeste: Intentionalität*. Amsterdam u.a. 1998.
–: *Avantgarde und Anarchismus. Dada in Zürich und Berlin*. Heidelberg 1999.
- u. Walter Fähnders (Hg.): *Metzler Lexikon Avantgarde*. Stuttgart, Weimar 2009.
Berghahn, Cord F. (Hg.): *Bausteine der Moderne. Eine Recherche*. Heidelberg 2007.
Bergner, Klaus-Dieter: *Natur und Technik in der Literatur des frühen Expressionismus. Dargestellt an ausgewählten Prosabeispielen von Alfred Döblin, Gottfried Benn und Carl Einstein*. Frankfurt a.M. u.a. 1998.
Best, Otto F. (Hg.): *Theorie des Expressionismus*. Stuttgart 1976.
- (Hg.): *Expressionismus und Dadaismus*. Stuttgart 1986.
Beßlich, Barbara: »L'Empereur zwischen Expressionismus und Exil. Napoleon-Dramen von Hermann Essig, Fritz von Unruh, Walter Hasenclever und Georg Kaiser«. In: *Jahrbuch der Deutschen Schillergesellschaft* 46 (2002), S. 250-278.
Bevilaqua, Guiseppe: »Futurismo ed expressionismo«. In: Lämmert u. Culatelli 1995, S. 69-74.
Billeter, Nicole: *»Worte machen gegen die Schändung des Geistes!« Kriegsansichten von Literaten in der Schweizer Emigration 1914/1918*. Bern u.a. 2005.
Bode, Dietrich (Hg.): *Gedichte des Expressionismus*. Stuttgart 1966.
Böhringer, Hannes: »Avantgarde – Geschichte einer Metapher«. In: *Archiv für Begriffsgeschichte* 1978, Bd. 22, S. 90-114.
Bogner, Ralf Georg: »Hermann Hesse und der Expressionismus«. In: *Hermann Hesse und die literarische Moderne*. Hg. v. Andreas Solbach. Frankfurt a.M. 2004, S. 101-117.
–: *Einführung in die Literatur des Expressionismus*. Darmstadt 2005 [2. Aufl. 2009].
Bollenbeck, Georg: *Tradition, Avantgarde, Reaktion. Deutsche Kontroversen um die kulturelle Moderne 1880-1945*. Frankfurt a.M. 1999.
Borchmeyer, Dieter u. Viktor Žmegač (Hg.): *Moderne Literatur in Grundbegriffen*. 2., neu bearb. Aufl., Tübingen 1994.
Bourdieu, Pierre: *Die Regeln der Kunst. Genese und Struktur des literarischen Feldes*. Frankfurt a.M. 1999.
Brauneck, Manfred: *Theater im 20. Jahrhundert. Programmschriften, Stilperioden, Reformmodelle*. Reinbek bei Hamburg 1982.
- u. Christine Müller (Hg.): *Naturalismus. Manifeste und Dokumente zur deutschen Literatur 1880-1900*. Stuttgart 1987.
Braungart, Georg: *Leibhafter Sinn. Der andere Diskurs der Moderne*. Tübingen 1995.
Bredow, Wilfried von u. Thomas Noetzel: *Politische Theorie für das 19. Jahrhundert*. Bd. 3: *Zombies*. Münster 1996.
Brenner, Hildegard: *Die Kunstpolitik des Nationalsozialismus*. Reinbek bei Hamburg 1963.

Brincken, Jörg von: *Verbale und non-verbale Gestaltung in vor-expressionistischer Dramatik. August Stramms Dramen im Vergleich mit Oskar Kokoschkas Frühwerken.* Frankfurt a.M. u.a. 1997.

Brinker-Gabler, Gisela: »Weiblichkeit und Moderne«. In: Mix 2000, S. 243-256.

Brinkmann, Richard: *Expressionismus. Forschungsprobleme 1952-1960.* Stuttgart 1961.

–: *Expressionismus. Internationale Forschung zu einem internationalen Problem.* Stuttgart 1980.

Brockington, Joseph L.: *Vier Pole expressionistischer Prosa. Kasimir Edschmid, Carl Einstein, Alfred Döblin, August Stramm.* New York 1987.

Bronner, Stephen Eric u. Douglas Kellner: *Passion and rebellion. The expressionist heritage.* South Hadley, Massachusetts 1983.

Brunn, Clemens: *Der Ausweg ins Unwirkliche. Fiktion und Weltmodell bei Paul Scheerbart und Alfred Kubin.* Oldenburg 2000.

Bucher, Max u.a. (Hg.): *Realismus und Gründerzeit. Manifeste und Dokumente zur deutschen Literatur 1848-1880.* 2 Bde. Stuttgart 1975.

Buchholz, Kai (Hg.): *Die Lebensreform. Entwürfe zur Neugestaltung von Leben und Kunst um 1900.* 2 Bde. Darmstadt 2001.

Bunzel, Wolfgang: »Kaffeehaus und Literatur im Wien der Jahrhundertwende«. In: Mix 2000, S. 287-299.

–: *Das deutschsprachige Prosagedicht. Theorie und Geschichte einer literarischen Gattung der Moderne.* Tübingen 2005.

Bürger, Peter: *Theorie der Avantgarde.* Frankfurt a.M. 1974.

–: »Moderne«. In: *Fischer Lexikon Literatur.* Hg. v. Ulfert Ricklefs. Bd. 2. Frankfurt a.M. 1996, S. 1287-1319.

Cases, Cesare: »Die deutschen Intellektuellen und die Expressionismusdebatte«. In: Ders.: *Ade, ihr Zöpfe der Loreley. Über Deutschland, die Deutschen und die deutsche Literatur.* Übers. u. hg. v. Dagmar Reichard. Hamburg 1996, S. 71-92 [zuerst 1977].

Châtellier, Hildegard: »›Revolution aus mystischer Gesinnung‹? Zur Rezeption des Religiösen in Literatur und Kunst des Expressionismus«. In: Nowak u.a. 1999, S. 280-287.

Chiarini, Paolo: *Caos e Geometria. Per un regesto delle poetiche espressioniste.* Firenze 1964.

– (Hg.): *Expressionismus. Una enciclopedia interdisciplinare.* Rom 1986.

Chick, Jean M.: *Form as Expression. A Study of the lyric Poetry written between 1910 and 1915 by Lasker-Schüler, Stramm, Stadler, Benn, and Heym.* New York 1988.

Colombat, Rémy: »Expressionismus und französischer Symbolismus im Zusammenhang der lyrischen Moderne«. In: Krause 2008, S. 45-58.

Conrad, Ulrich (Hg.): *Programme und Manifeste zur Architektur des 20. Jahrhunderts.* Frankfurt a.M., Berlin 1964.

Cosentino, Christine: *Tierbilder in der Lyrik des Expressionismus.* Bonn 1972.

Cossart, Axel von: *Kino-Theater des Expressionismus. Das literarische Resümée einer Besonderheit.* Essen 1985.

Daniels, Karlheinz: »Expressionismus und Technik«. In: Rothe 1969[a], S. 171-193.

Delabar, Walter: *Moderne-Studien. Beiträge zur literarischen Verarbeitung gesellschaftlicher Modernisierungen im frühen 20. Jahrhundert.* Berlin 2005.

–: *Klassische Moderne. Deutschsprachige Literatur 1918-33.* Berlin 2009.

Demetz, Peter (Hg.): *Worte in Freiheit. Der italienische Futurismus und die deutsche literarische Avantgarde 1912-1934.* Mit einer ausführlichen Dokumentation. München, Zürich 1990.

Literaturverzeichnis

Denkler, Horst: *Drama des Expressionismus. Programm, Spieltext, Theater.* München 1967 [2., verb. u. erw. Aufl. 1979].
– (Hg.): *Einakter und kleine Dramen des Expressionismus.* Stuttgart 1968.
– (Hg.): *Gedichte der »Menschheitsdämmerung«. Interpretationen expressionistischer Lyrik.* Mit einer Einleitung v. Kurt Pinthus. München 1971.
Diebold, Bernhard: *Anarchie im Drama.* Frankfurt a.M. 1921 [Nachdruck der 4., neu erw. Aufl. Berlin 1928. Mit einer Einführung v. Klaus Kilian. New York, London 1972].
Dierick, Augustinus P.: *German Expressionist Prose. Theory and Practice.* Toronto u.a. 1987.
Dimič, Colette: *Das Groteske in den Erzählungen des Expressionismus (Scheerbart, Mynona, Sternheim, Ehrenstein und Heym).* Freiburg 1960.
Donahue, Neil H. (Hg.): *A Companion to the Literature of German Expressionism.* Rochester 2005.
Dörner, Klaus: *Bürger und Irre. Zur Sozialgeschichte und Wissenschaftssoziologie der Psychiatrie.* Frankfurt a.M. 1975.
Drews, Jörg (Hg.): *Das Tempo dieser Zeit ist keine Kleinigkeit. Zur Literatur um 1918.* München 1981.
Durzak, Manfred: *Das expressionistische Drama.* Bd. 1: *Carl Sternheim, Georg Kaiser.* Bd. 2: *Ernst Barlach, Ernst Toller, Fritz von Unruh.* München 1978 u. 1979.
–: »Expressionistisches Drama«. In: Glaser 1982, S. 327-339.
Eberhard, Hans-Joachim: *Intellektuelle der Kaiserzeit. Ein sozialpsychologischer Streifzug durch Naturalismus, Antinaturalismus und Frühexpressionismus.* Frankfurt a.M. 1991.
Eibl, Karl: »Expressionismus«. In: *Geschichte der deutschen Lyrik vom Mittelalter bis zur Gegenwart.* Hg. v. Walter Hinderer. Stuttgart 1983, S. 420-438.
Eicher, Thomas u. Ulf Bleckmann (Hg.): *Intermedialität. Vom Bild zum Text.* Bielefeld 1994.
Eisner, Lotte H.: *L'écran démoniaque. Les influences de Max Reinhardt et de l'Expressionisme.* Ed. nouvelle enrichie d'illustr. et de textes. Paris 1981.
Elwood, William R.: »Expressionism and deconstructionism. A critical comparison«. In: *Text and presentation.* Hg. v. Karelisa Hartigan. Lanham, Maryland 1990, S. 19-25.
Emrich, Wilhelm: »Literatur-Revolution 1910-1925«. In: Ders.: *Protest und Verheißung.* Berlin 1960, S. 148-154.
Erhart, Claus: »›Schreien‹... ›Gesteigertes Schreien‹... ›Ekstase‹. Anmerkungen zur Sprachlosigkeit im expressionistischen Drama«. In: *cahiers d'études germaniques* 20 (1991), S. 79-85.
Erhart, Walter: »Facing Modernism – German Expressionism: Fulfillment or Escape?« In: *The Turn of the Century. Modernism and Modernity in Literature and the Arts / Le Tournant du siecle. Le Modernisme et modernite dans la litterature et les arts.* Hg. v. Christian Berg u.a. Berlin 1995, S. 302-316.
–: *Familienmänner. Über den literarischen Ursprung moderner Männlichkeit.* München 2001.
Erken, Günther: »Der Expressionismus – Anreger, Herausgeber, Verleger«. In: *Handbuch der Gegenwartsliteratur.* Hg. v. Hermann Kunisch. München 1965, S. 647-676.
Eschenbacher, Walter: *Fritz Mauthner und die deutsche Literatur um 1900. Ein Beitrag zur »Sprachskepsis« der Jahrhundertwende.* München 1976.
Esselborn, Hans: »Die expressionistische Lyrik«. In: *Die literarische Moderne in Europa.* Bd. 2. Hg. v. Hans Joachim Piechotta. Opladen 1994, S. 204-213.

—: »Die ›verrückte‹ Perspektive. Der Wahn in Literatur und Film des Expressionismus«. In: *Wirkendes Wort* 48 (1998) 1, S. 91-108.
—: »Der literarische Expressionismus als Antwort auf die kulturelle Krise der Jahrhundertwende«. In: *Crise et conscience du temps. Des lumières à Auschwitz. Actes du colloque de Nancy, 19, 20, et 21 juin 1997*. Sous la direction de Jean-Marie Paul. Nancy 1998[a], S. 183-197.
Eykman, Christoph: *Die Funktion des Häßlichen in der Lyrik Georg Heyms, Georg Trakls und Gottfried Benns. Zur Krise der Wirklichkeitserfahrung im deutschen Expressionismus.* Bonn 1965 [3., erg. Aufl. Bonn 1985].
—: *Denk- und Stilformen des Expressionismus.* München 1974.
Fähnders, Walter: *Anarchismus und Literatur. Ein vergessenes Kapitel deutscher Literaturgeschichte zwischen 1890 und 1910.* Stuttgart 1987.
—: »›Vielleicht ein Manifest‹. Zur Entwicklung des avantgardistischen Manifests«. In: Asholt u. Fähnders 1997, S. 18-38.
— u. Helga Karrenbrock: »›Ich sage nämlich das Gegenteil, aber nicht immer‹. Die Avantgarde-Manifeste von Kurt Schwitters«. In: Berg u. Grüttemeier 1998, S. 57-90.
—: *Avantgarde und Moderne 1890 -1933.* Stuttgart, Weimar 1998 [2., akt. u. erw. Aufl. 2010].
—: *Expressionistische Prosa. Ein Studienbuch.* Bielefeld 2001.
Falk, Walter: *Leid und Verwandlung – Rilke, Kafka, Trakl und der Epochenstil des Impressionismus und Expressionismus.* Salzburg 1961.
—: *Der kollektive Traum vom Krieg. Epochale Strukturen der deutschen Literatur zwischen Naturalismus und Expressionismus.* Heidelberg 1977.
Fellmann, Ferdinand: *Phänomenologie und Expressionismus.* Freiburg i.Br., München 1982.
Fiala-Fürst, Ingeborg: *Der Beitrag der Prager deutschen Literatur zum deutschen literarischen Expressionismus. Relevante Topoi ausgewählter Werke.* St. Ingbert 1996.
Finger, Anke: *Das Gesamtkunstwerk der Moderne.* Göttingen 2007.
Fischer, Ernst u. Wilhelm Haefs (Hg.): *Hirnwelten funkeln. Literatur des Expressionismus in Wien.* Salzburg 1988.
—: »Expressionismus – Aktivismus – Revolution. Die österreichischen Schriftsteller zwischen Geistpolitik und Roter Garde«. In: Amann u. Wallas 1994, S. 19-48.
Foucault, Michel: *Wahnsinn und Gesellschaft. Eine Geschichte des Wahns im Zeitalter der Vernunft.* Frankfurt a.M. 1973.
—: *Überwachen und Strafen.* Frankfurt a.M. 1976.
Friedmann, Hermann u. Otto Mann (Hg.): *Expressionismus. Gestalten einer literarischen Bewegung.* Heidelberg 1956.
Fritz, Horst: »Ästhetik des Films im Kontext von Expressionismus und Neuer Sachlichkeit«. In: *Drama und Theater der europäischen Avantgarde.* Hg. v. Franz Norbert Mennemeier. Tübingen 1994, S. 387-410.
Froehlich, Jürgen: *Liebe im Expressionismus. Eine Untersuchung der Lyrik in den Zeitschriften »Die Aktion« und »Der Sturm« von 1910-1914.* New York u.a. 1990.
Frühwald, Wolfgang: »Kunst als Tat und Leben. Über den Anteil deutscher Schriftsteller an der Revolution in München 1918/1919«. In: *Sprache und Bekenntnis.* Hg. v. W. Frühwald u. G. Niggl. Berlin 1971, S. 361-389.
Fuchs, Werner u.a. (Hg.): *Lexikon zur Soziologie.* Opaden 1973.
Fuß, Peter: *Das Groteske. Ein Medium des kulturellen Wandels.* Köln 2001.
Gassmann, Arno A.: *Lieber Vater, lieber Gott? Der Vater-Sohn-Konflikt bei den Autoren des engeren Prager Kreises (Max Brod – Franz Kafka – Oskar Baum – Ludwig Winder).* Oldenburg 2002.

Gay, Peter: *Freud, Juden und andere Deutsche. Herren und Opfer in der modernen Kultur.* München 1989.
Geerken, Hartmut (Hg.): *Die goldene Bombe. Expressionistische Märchendichtungen und Grotesken.* Darmstadt 1970.
– (Hg.): *Märchen des Expressionismus.* Darmstadt 1975.
– (Hg.): *»Dich süße Sau nenn ich die Pest von Schmargendorf«. Eine Anthologie erotischer Gedichte des Expressionismus geordnet nach Positionen, Situationen, Körperteilen, Organen und Perversionen.* Riemerling b. München 2003.
Gehrke, Manfred: *Probleme der Epochenkonstituierung des Expressionismus. Diskussion von Thesen zur epochenspezifischen Qualität des Utopischen.* Frankfurt a.M. u.a. 1990.
Gerhard, Cordula: *Das Erbe der »großen Form«. Untersuchung zur Zyklus-Bildung in der expressionistischen Lyrik.* Frankfurt a.M., Bern 1986.
Gerhards, Claudia: *Apokalypse und Moderne. Alfred Kubins »Die andere Seite« und Ernst Jüngers Frühwerk.* Würzburg 1999.
Germanese, Donatella: *Pan (1910-1915). Schriftsteller im Kontext einer Zeitschrift.* Würzburg 2000.
Giesing, Michaela: »Dekomposition und Illusion. Expressionistische Bühnenbilder«. In: *Der Deutschunterricht* 42 (1990) 2, S. 18-37.
Glaser, Albert (Hg.): *Deutsche Literatur. Eine Sozialgeschichte.* Bd. 8. Reinbek bei Hamburg 1982.
Gliksohn, Jean-Michel: *L'expressionisme littéraire.* Paris 1990.
Göbel, Klaus Jürgen: *Drama und dramatischer Raum im Expressionismus. Eine Entwicklungslinie des modernen Dramas von R. Wagner bis R.J. Sorge.* Köln 1971.
Göbel, Wolfram: *Der Kurt-Wolff-Verlag 1913-1930. Expressionismus als verlegerische Aufgabe. Mit einer Bibliographie des Kurt-Wolff-Verlags und der ihm angeschlossenen Unternehmen 1910-1930.* Frankfurt a.M. 1977.
Gray, Richard T.: »Metaphysical mimesis. Nietzsche's ›Geburt der Tragödie‹ and the aesthetics of literary expressionism«. In: Donahue 2005, S. 39-65.
Greve, Ludwig u.a. (Hg.): *Hätte ich das Kino! Die Schriftsteller und der Stummfilm.* Eine Ausstellung des Deutschen Literaturarchivs im Schiller-Nationalmuseum Marbach a.N. München 1976.
Grimm, Reinhold u. Jost Hermand (Hg.): *Faschismus und Avantgarde.* Königstein/Ts. 1980.
Grimminger, Rolf; Jurij Murašov u. Jörn Stückrath (Hg.): *Literarische Moderne. Europäische Literatur im 19. und 20. Jahrhundert.* Reinbek bei Hamburg 1995.
Großklaus, Goetz u. Eberhard Lämmert (Hg.): *Literatur in einer industriellen Kultur.* Stuttgart 1989.
Gumbrecht, Hans Ulrich: »Modernität, Moderne«. In: *Geschichtliche Grundbegriffe. Historisches Lexikon zur politisch-sozialen Sprache in Deutschland.* Hg. v. Otto Brunner. Bd. 4. Stuttgart 1978, S. 93-131.
Habermas, Jürgen: *Kultur und Kritik. Verstreute Aufsätze.* Frankfurt 1973.
–: »Die Moderne – ein unvollendetes Projekt«. In: Ders.: *Kleine philosophische Schriften (I-IV).* Frankfurt a.M. 1981, S. 444-464.
–: *Der philosophische Diskurs der Moderne. Zwölf Vorlesungen.* Frankfurt a.M. 1985.
Haefs, Wilhelm: »Zentren und Zeitschriften des Expressionismus«. In: Mix 2000, S. 437-453.
Halbe, Verena: *Zyklische Dichtung im Expressionismus. Gottfried Benns »Gehirne« und Ernst Stadlers »Der Aufbruch«. Exemplarische Untersuchung einer charakteristischen Kompositionsform der literarischen Moderne.* Siegen 2000.

Hamann, Richard u. Jost Hermand: *Stilkunst um 1900*. München 1973.
- u. Jost Hermand: *Expressionismus*. München 1976.
Heering, Kurt-Jürgen (Hg.): *Das Wiener Kaffeehaus*. Frankfurt a.M., Leipzig 1993.
Heimböckel, Dieter: »›Zermatscht, verschmiert muß eine Menschheit werden, die in Maschinen denkt‹. Literatur- und bewußtseinsgeschichtliche Aspekte expressionistischer Technik-Kritik«. In: *Literatur für Leser* 21 (1998) 2, S. 207-223.
Heinritz, Reinhard: »Das Drehbuch als literarische Form? Experimente im Umkreis des Expressionismus«. In: *Literatur für Leser* 21 (1999) 1, S. 1-10.
Heißenbüttel, Helmut: »Thesen zum Sprachgebrauch des deutschen Expressionismus«. In: Meixner u. Vietta 1982, S. 41-43.
Helbig, Jörg (Hg): *Intermedialität. Theorie und Praxis eines interdisziplinären Forschungsgebiets*. Berlin 1998.
Helduser, Urte: *Geschlechterprogramme. Konzepte der literarischen Moderne um 1900*. Köln u.a. 2005.
Hermand, Jost: »Expressionismus als Revolution«. In: Ders.: *Von Mainz nach Weimar (1793-1919). Studien zur deutschen Literatur*. Stuttgart 1969, S. 298-355.
–: »Das Bild der ›großen Stadt‹ im Expressionismus«. In: *Die Unwirklichkeit der Städte. Großstadtdarstellungen zwischen Moderne und Postmoderne*. Hg. v. Klaus R. Scherpe. Reinbek bei Hamburg 1988, S. 61-79.
Heselhaus, Clemens (Hg.): *Die Lyrik des Expressionismus. Voraussetzungen, Ergebnisse und Grenzen, Nachwirkungen*. Tübingen 1956.
Hillebrand, Bruno: »Expressionismus als Anspruch. Zur Theorie der expressionistischen Lyrik«. In: *Zeitschrift für deutsche Philologie* 96 (1977), S. 234-269.
Hohendahl, Peter Uwe: *Das Bild der bürgerlichen Welt im expressionistischen Drama*. Heidelberg 1967.
Holtz, Günter: »Expressionismuskritik als antifaschistische Publizistik? Die Debatte in der Zeitschrift ›Das Wort‹«. In: *Monatshefte für deutschsprachige Literatur und Kultur* 92 (2000), H. 2, S. 164-183.
Horch, Hans Otto: »Expressionismus und Judentum. Zu einer Debatte in Martin Bubers Zeitschrift *Der Jude*«. In: Anz u. Stark 1994, S. 120-141.
Hradil, Stefan (Hg.): *Zwischen Bewußtsein und Sein. Die Vermittlung »objektiver« Lebensbedingungen und »subjektiver« Lebensweisen*. Opladen 1992.
Huber, Ottmar: *Mythos und Groteske. Die Problematik des Mythischen und ihre Darstellung in der Dichtung des Expressionismus*. Meisenheim am Glan 1979.
Hubert, René R.: »Kokoschka, Kandinsky and the art of the expressionist book«. In: *Forum for modern language studies* 32 (1996) 2, S. 165-181.
Hucke, Karl-Heinz: *Utopie und Ideologie in der expressionistischen Lyrik*. Tübingen 1980.
Hüppauf, Bernd (Hg.): *Expressionismus und Kulturkrise*. Heidelberg 1983.
Ihekweazu, Edith: »Wandlung und Wahnsinn. Zu expressionistischen Erzählungen von Döblin, Sternheim, Benn und Heym«. In: *Orbis litterarum* 37 (1982), S. 327-344.
–: *Verzerrte Utopie. Bedeutung und Funktion des Wahnsinns in expressionistischer Prosa*. Frankfurt a.M., Bern 1982[a].
Ingold, Felix Philipp: *Literatur und Aviatik. Europäische Flugdichtung 1909-1927*. Stuttgart, Basel 1987.
Jäger, Georg: »Die Avantgarde als Ausdifferenzierung des bürgerlichen Literatursystems«. In: *Modelle des literarischen Strukturwandels*. Hg. v. Michael Titzmann. Tübingen 1991, S. 221-244.

–: »Avantgarde«. In: *Reallexikon der deutschen Literaturwissenschaft.* Bd. 1. Hg. v. Klaus Weimar. Berlin 1997, S. 183-187.
Jäger, Hans-Wolf: »Zwischen Décadence und Expressionismus. ›Revolution‹ bei Schnitzler, Heym, Heinrich Mann und Klabund«. In: *Schreckensmythen – Hoffnungsbilder. Die Französische Revolution in der deutschen Literatur. Essays.* Hg. v. Harro Zimmermann. Frankfurt a.M. 1989, S. 222-250.
Jähn, Karl-Heinz (Hg.): *Das Prager Kaffeehaus. Literarische Tischgesellschaften.* Berlin 1988.
Jauß, Hans Robert (Hg.): *Die nicht mehr schönen Künste. Grenzphänomene des Ästhetischen.* München 1968.
Jens, Inge: *Die expressionistische Novelle. Studien zu ihrer Entwicklung.* Tübingen 1997 [zuerst 1954].
Jurkat, Angela: *Apokalypse. Endzeitstimmung in Kunst und Literatur des Expressionismus.* Alfter 1993.
Kabel, Rainer: »Die verzerrte Welt. Zur grotesken Prosa des Expressionismus«. In: *Deutsche Rundschau* 89 (1963), S. 40-45.
Kaes, Anton: *Expressionismus in Amerika. Rezeption und Innovation.* Tübingen 1975.
– (Hg.): *Kino-Debatte. Texte zum Verhältnis von Literatur und Film 1909-1929.* Tübingen 1978.
–: »The expressionist in vision and cinema«. In: Bauer-Pickar u. Webb 1979, S. 89-98.
Kafitz, Dieter: »Drama und Bühnenkunstwerk im Expressionismus«. In: *Mein Drama findet nicht mehr statt.* Hg. v. Benedikt Descourvières. Frankfurt a.M. 2006, S. 61-78.
Kahler, Erich von: »Die Prosa des Expressionismus«. In: Ders.: *Untergang und Übergang. Essays.* München 1970, S. 198-220. Auch in: Steffen 1965, S. 157-178.
Kaiser, Herbert: »O jüngster Tag. Jüdische Dichter des deutschen Expressionismus«. In: *Das doppelte Antlitz. Zur Wirkungsgeschichte deutsch-jüdischer Künstler und Gelehrter.* Hg. v. Rolf Schörken u. Dieter-Jürgen Löwisch. Paderborn u.a. 1990, S. 139-155.
Kanz, Christine: »Geschlecht und Psyche in der Zeit des Expressionismus«. In: Fähnders 2001, S. 101-132.
–: *Maternale Moderne. Männliche Gebärphantasien zwischen Kultur und Wissenschaft (1890-1933).* Paderborn 2009.
Kayser, Wolfgang: *Das Groteske. Seine Gestaltung in Malerei und Dichtung.* 2. Aufl., Oldenburg, Hamburg 1961 [zuerst 1957].
Keith-Smith, Brian: *German expressionism in the United Kingdom and Ireland.* London, Bristol 1986.
Kiesel, Helmuth: *Geschichte der literarischen Moderne. Sprache, Ästhetik, Dichtung im zwanzigsten Jahrhundert.* München 2004.
Kindt, Werner (Hg.): *Grundschriften der deutschen Jugendbewegung.* Düsseldorf, Köln 1963.
Kleinschmidt, Christoph: *Intermaterialität. Zum Verhältnis von Schrift, Bild, Film und Bühne im Expressionismus.* (Diss. masch. Noch unveröff.) 2010.
Kleinschmidt, Erich: »Der Tanz, die Literatur und der Tod. Zu einer poetologischen Motivkonstellation des Expressionismus«. In: *Tanz und Tod in Kunst und Literatur.* Hg. v. Franz Link. Berlin 1993, S. 369-385.
Klingelhöfer, Markku: *Frühe Prosa expressionistischer Dichter. Georg Trakl, Georg Heym und Kasimir Edschmid.* Wuppertal 1998.

Klinger, Cornelia: »Modern / Moderne / Modernismus«. In: *Ästhetische Grundbegriffe*. Bd. 4. Hg. v. Karlheinz Barck u. Friedrich Wolfzettel. Stuttgart, Weimar 2002, S. 121-167.
Knapp, Gerhard: *Die Literatur des deutschen Expressionismus. Einführung, Bestandsaufnahme, Kritik*. München 1979.
Knobloch, Hans-Jörg: *Das Ende des Expressionismus. Von der Tragödie zur Komödie*. Bern, Frankfurt a.M. 1975.
–: »Zwischen Revolution und Utopie. Der ›neue Mensch‹ des Expressionismus«. In: *Begegnung mit dem »Fremden«. Grenzen – Traditionen – Vergleiche. Akten des VIII. Internationalen Germanisten-Kongresses, Tokyo 1990*. Bd. 11. Hg. v. Eijiro Iwasaki. München 1991, S. 261-266.
–: »Krieg, Revolution, Inflation. Epochenschwelle zwischen Expressionismus und Neuer Sachlichkeit«. In: *Acta Germanica* 46 (1996), S. 107-202.
Knopf, Jan: »›Expressionismus‹. Kritische Marginalien zur neueren Forschung«. In: Hüppauf 1983, S. 55-83.
Koebner, Thomas u. Gerhart Pickerodt (Hg.): *Die andere Welt. Studien zum Exotismus*. Frankfurt a.M. 1987.
Koester, Eckart: *Literatur und Weltkriegsideologie. Positionen und Begründungszusammenhänge des publizistischen Engagements deutscher Schriftsteller im Ersten Weltkrieg*. Kronberg/Ts. 1977.
Kohlschmidt, Werner: »Zu den soziologischen Voraussetzungen des literarischen Expressionismus in Deutschland«. In: Ders.: *Konturen und Übergänge. Zwölf Essays zur Literatur unseres Jahrhunderts*. München, Bern 1977, S. 147-165.
Kolinsky, Eva: *Engagierter Expressionismus. Politik und Literatur zwischen Weltkrieg und Weimarer Republik. Eine Analyse expressionistischer Zeitschriften*. Stuttgart 1970.
Konstantinovic, Zoran (Hg.): *»Expressionismus« im europäischen Zwischenfeld*. Innsbruck 1978.
Korte, Hermann: *Der Krieg in der Lyrik des Expressionismus. Studien zur Evolution eines literarischen Themas*. Bonn 1981.
–: »Expressionismus und Jugendbewegung«. In: *Internationales Archiv für Sozialgeschichte der deutschen Literatur* 13 (1988), S. 70-106.
–: »Abhandlungen und Studien zum literarischen Expressionismus 1980-1990«. In: *Internationales Archiv für Sozialgeschichte der deutschen Literatur* 19 (1994), Sonderheft 6, S. 225-279.
–: »Literarische Autobiographik im Expressionismus«. In: Mix 2000, S. 509-521.
Koslowski, Peter, Robert Spaemann u. Reinhard Löw (Hg.): *Moderne oder Postmoderne? Zur Signatur des gegenwärtigen Zeitalters*. Weinheim 1986.
Krause, Frank: *Sakralisierung unerlöster Subjektivität. Zur Problemgeschichte des zivilisations- und kulturkritischen Expressionismus*. Frankfurt a.M. 2000.
–: *Klangbewußter Expressionismus. Moderne Techniken des rituellen Ausdrucks*. Berlin 2006.
–: *Literarischer Expressionismus* [2008a]. Paderborn 2008.
–: (Hg.): *Frankreich und der deutsche Expressionismus*. Göttingen 2008.
– (Hg.): *Expressionism and Gender / Expressionismus und Geschlecht*. Göttingen 2010.
Kreiler, Kurt: *Die Schriftstellerrepublik. Zum Verhältnis von Literatur und Politik in der Münchner Räterepublik*. Berlin 1978.
Kreuzer, Helmut: *Die Boheme. Beiträge zu ihrer Beschreibung*. Stuttgart 1968.
–: »Boheme«. In: *Reallexikon der deutschen Literaturwissenschaft*. Bd. 1. Hg. v. Klaus Weimar. Berlin 1997, S. 241-245.

Krispyn, Egbert: *Style and Society in German Literary Expressionism*. Gainesville 1964.
Kristeva, Julia: *Pouvoirs de l'Horreur. Essai sur l'abjection*. Paris 1980.
Krull, Wilhelm: *Politische Prosa des Expressionismus. Rekonstruktion und Kritik*. Frankfurt a.M., Bern 1982.
–: *Prosa des Expressionismus*. Stuttgart 1984.
Küenzlen, Gottfried: *Der neue Mensch. Eine Untersuchung zur säkularen Religionsgeschichte der Moderne*. München 1994.
Kuhns, David Frederick: *German Expressionist Theatre. The Actor and the Stage*. Cambridge 1997.
Kurtz, Rudolf: *Expressionismus und Film*. Hg. v. Christian Kiening u. Ulrich Johannes Beil. Zürich 2007 [zuerst 1926].
Kyora, Sabine: *Psychoanalyse und Prosa im 20. Jahrhundert*. Stuttgart 1992.
–: *Eine Poetik der Moderne. Zu den Strukturen modernen Erzählens*. Würzburg 2007.
Lämmert, Eberhard: »Das expressionistische Verkündigungsdrama«. In: *Das deutsche Drama vom Expressionismus bis zur Gegenwart. Interpretationen*. Hg. v. Manfred Brauneck. 2. Aufl., Bamberg 1977, S. 21-35.
–: »Visionen des Maschinenmenschen auf den Bühnen der zwanziger Jahre«. In: Anz u. Stark 1994, S. 62-75.
– u. Giorgo Cusatelli (Hg.): *Avantgarde, Modernität, Katastrophe. Letteratura, arte e scienza fra Germania e Italia nel primo '900*. Florenz 1995.
Lamping, Dieter: *Moderne Lyrik*. Göttingen 2008 [zuerst 1991].
Lang, Lothar: *Expressionistische Buchillustration in Deutschland 1907-1927*. Luzern, Frankfurt a.M. 1975.
–: *Expressionismus und Buchkunst in Deutschland 1907-1927*. 2., verb. und erg. Aufl., Leipzig 1993.
Larcati, Arturo: »Zolas Erbe im Expressionismus. Ein Beitrag zur Rekonstruktion der Revolutionsdebatte im expressionistischen Jahrzehnt«. In: *Weimarer Beiträge* 48, (2002), H. 2, S. 181-201.
Leipelt-Tsai, Monika: *Aggression in lyrischer Dichtung. Georg Heym – Gottfried Benn – Else Lasker-Schüler*. Bielefeld 2008.
Lepp, Nicola, Martin Roth u. Klaus Vogel (Hg.): *Der Neue Mensch. Obsessionen des 20. Jahrhunderts. Katalog zur Ausstellung des deutschen Hygiene Museums Dresden, 22.4.-8.8.1999*. Dresden 1999.
Leschonski, Henrik: *Der Kristall als expressionistisches Symbol. Studien zur Symbolik des Kristallinen in Lyrik, Kunst und Architektur des Expressionismus (1910-1925)*. Frankfurt a.M. 2008.
Lethen, Helmut: *Verhaltenslehren der Kälte. Lebensversuche zwischen den Kriegen*. Frankfurt a.M. 1994.
Liede, Helmut: *Stiltendenzen expressionistischer Prosa. Untersuchungen zu Novellen von Alfred Döblin, Carl Sternheim, Kasimir Edschmid, Georg Heym und Gottfried Benn*. Freiburg 1960.
Linse, Ulrich: »Die Anarchisten und die Münchner Novemberrevolution«. In: *Bayern im Umbruch. Die Revolution von 1918, ihre Voraussetzungen, ihr Verlauf und ihre Folgen*. Hg. v. K. Bosl. München, Wien 1969, S. 37-73.
Lloyd, Jill: *German expressionism. Primitivism and modernity*. New Haven 1991.
Lohmeier, Anke-Marie: »Was ist eigentlich modern? Vorschläge zur Revision literaturwissenschaftlicher Modernebegriffe«. In: *IASL* 32, H. 1, S. 1-15.
Lohner, Edgar: »Die Lyrik des Expressionismus«. In: Rothe 1969[a], S. 107-126.
Loquai, Franz: »Geschwindigkeitsphantasien im Futurismus und im Expressionismus«. In: Anz u. Stark 1994, S. 76-94.

Luhmann, Niklas: *Vertrauen. Ein Mechanismus zur Reduktion von sozialer Komplexität*. 2. erw. Aufl. Stuttgart 1973 [zuerst 1968].

Luhr, Geret: *Ästhetische Kritik der Moderne. Über das Verhältnis Walter Benjamins und der jüdischen Intelligenz zu Stefan George*. Marburg 2002.

Luserke-Jaqui, Matthias (Hg.): *Deutschsprachige Romane der klassischen Moderne*. Berlin u.a. 2008.

Luther, Gisela: *Barocker Expressionismus? Zur Problematik der Beziehungen zwischen der Bildlichkeit expressionistischer und barocker Lyrik*. The Hague, Paris 1969.

Lyotard, Jean-François: »Beantwortung der Frage: Was ist postmodern?«. In: Welsch 1988, S. 193-203.

Mahr, Johannes: »›Tausend Eisenbahnen hasten ... Um Mich. Ich nur bin die Mittel‹ Eisenbahngedichte aus der Zeit des Deutschen Kaiserreiches«. In: Segeberg 1987[a], S. 132-173.

Maier, Dieter: *Absolute Wortkunst im Zeitraum des Expressionismus. Theorie, Gestaltung, Gründe*. Innsbruck 1967.

Maier-Metz, Harald: *Expressionismus, Dada, Agitprop. Zur Entwicklung des Malik-Kreises in Berlin 1912-24*. Frankfurt a.M. u.a. 1984.

Martens, Gunter: *Vitalismus und Expressionismus. Ein Beitrag zur Genese und Deutung expressionistischer Stilstrukturen und Motive*. Stuttgart u.a. 1971.

Martens, Wolfgang: *Lyrik kommerziell. Das Kartell lyrischer Autoren 1902-1933*. München 1975.

Martini, Fritz: »Prosa des Expressionismus. Ein Überblick«. In: Chiarini 1986, S. 109-198.

Mayer, Hans: *Außenseiter*. Frankfurt a.M. 1995.

Mazellier-Grünbeck, Catherine: *Le théâtre expressionniste et le sacré. Georg Kaiser, Ernst Toller, Ernst Barlach*. Bern u.a. 1994.

Menninghaus, Winfried: *Ekel. Theorie und Geschichte einer starken Empfindung*. Frankfurt a.M. 1999.

Meixner, Horst u. Silvio Vietta (Hg.): *Expressionismus. Sozialer Wandel und künstlerische Erfahrung. Mannheimer Kolloquium*. München 1982.

Metzler, Jan Christian: *De/Formationen. Autorschaft, Körper und Materialität im expressionistischen Jahrzehnt*. Bielefeld 2003.

Milfull, John: »Marginalität und Messianismus. Die Situation der deutsch-jüdischen Intellektuellen als Paradigma der Kulturkrise 1910-1920«. In: Hüppauf 1983, S. 147-158.

Mittelmann, Hanni: »Expressionismus und Judentum«. In: *Conditio Judaica. Judentum, Antisemitismus und deutschsprachige Literatur. Interdisziplinäres Symposion der Werner-Reimers-Stiftung Bad Homburg*. Bd. 3 (*Vom ersten Weltkrieg bis 1933/1938*). Hg. v. Hans Otto Horch u. Horst Denkler. Tübingen 1993, S. 251-259.

–: »Jüdische Expressionisten. Identität im Aufbruch – Leben ›im Aufschub‹«. In: *Jüdische Selbstwahrnehmung*. Hg. v. Hans Otto Horch u. Charlotte Wardi. Tübingen 1997, S. 181-194.

Mittler, Elmar (Hg.): *Aktion und Sturm. Holzschneidekunst und Dichtung der Expressionisten. Ein Ausstellungskatalog*. Göttingen 2003.

Mittner, Ladislao: *L'espressionismo*. Bari 1965.

Mitzmann, Arthur: »Anarchism, expressionism and psychoanalysis«. In: *New German critique* 10 (1977), S. 77-104.

Mix, York-Gothart: *Die Schulen der Nation. Bildungskritik in der Literatur der Moderne*. Stuttgart, Weimar 1995.

Literaturverzeichnis

- (Hg.): *Naturalismus, Fin de siècle, Expressionismus 1890-1918*. München 2000 (=Hansers Sozialgeschichte der deutschen Literatur, 7).
- –: »Kulturelles Kapital für 20, 30 oder 80 Pfennige. Medialisierungsstrategien Leipziger Verleger in der frühen Moderne am Beispiel der ›Universalbibliothek‹, der ›Insel Bücherei‹ und der Sammlung ›Der jüngste Tag‹«. In: *Archiv für Kulturgeschichte* 82 (2000[a]) 1, S. 191-210.
- –: »Generations- und Schulkonflikte in der Literatur des Fin de siècle und des Expressionismus« [2000b]. In: Mix 2000, S. 314-322.

Mönig, Roland: *Franz Marc und Georg Trakl. Ein Beitrag zum Vergleich von Malerei und Dichtung des Expressionismus*. Münster 1996.

Möser, Kurt: *Literatur und die »Große Abstraktion«. Kunsttheorien, Poetik und »abstrakte Dichtung« im »Sturm« 1910-1930*. Erlangen 1983.

Mommsen, Wolfgang J. (Hg.): *Kultur und Krieg. Die Rolle der Intellektuellen, Künstler und Schriftsteller im Ersten Weltkrieg*. München 1996.

Müller, Jürgen E.: *Intermedialität. Formen moderner kultureller Kommunikation*. Münster 1996.

Müller-Seidel, Walter: »Antigone im deutschen Expressionismus. Tragik im Verständnis Hegels und der Moderne«. In: *Genio huius loci. Dank an Leiva Petersen*. Hg. v. Dorothea Kuhn u. Bernhard Zeller. Wien u.a. 1982, S. 363-389.
- –: »Ästhetik und Ideologie des Kampfes. Ein Kapitel zur deutschen Literatur zwischen 1900 und 1933«. In: *Runa-Lisboa* 13/14 (1990), S. 9-29.
- –: »Wissenschaftskritik und literarische Moderne. Zur Problemlage des frühen Expressionismus«. In: Anz u. Stark 1994, S. 21-43.
- –: »Tragödie« [1994a]. In: Borchmeyer u. Žmegač 1994, S. 436-445.
- –: *Arztbilder im Wandel. Zum literarischen Werk Arthur Schnitzlers*. Vorgetragen am 3. November 1995. München 1997.
- –: »Zeitbewußtsein um 1900. Zur literarischen Moderne im wissenschaftsgeschichtlichen Kontext«. In: *Berichte zur Wissenschaftsgeschichte* 22 (1999), S. 147-179.
- –: »Literarische Moderne und Erster Weltkrieg. Arthur Schnitzler in dieser Zeit«. In: Schneider u. Schumann 2000, S. 13-37.

Müller-Tamm, Jutta: *Abstraktion als Einfühlung. Zur Denkfigur der Projektion in Psychophysiologie, Kulturtheorie, Ästhetik und Literatur der frühen Moderne*. Freiburg i.Br. 2005.

Münch, Richard: *Die Kultur der Moderne*. 2 Bde. Frankfurt a.M. 1986.

Murphy, Richard: »The Poetics of Hysteria. Expressionist Drama and the Melodramatic Imagination«. In: *Germanisch-Romanische Monatsschrift* 40 (1990), S. 156-170.
- –: *Theorizing the Avant-Garde. Modernism, Expressionism, and the Problem of Postmodernity*. Cambridge 1999.

Neumann, Gerhard: »Der Blick des Anderen. Zum Motiv des Hundes und des Affen in der Literatur«. In: *Jahrbuch der Deutschen Schillergesellschaft* 50 (1996), S. 87-122.

Noe, Helga: *Die literarische Kritik am I. Weltkrieg in der Zeitschrift »Die weißen Blätter«. René Schickele, Annette Kolb, Max Brod, Andreas Latzko, Leonhard Frank*. Zürich 1986.

Nowak, Cornelia; Kai Uwe Schierz u. Justus H. Ulbricht (Hg.): *Expressionismus in Thüringen. Facetten eines kulturellen Aufbruchs. Galerie am Fischmarkt*. Jena 1999.

Oehm, Heidemarie: *Subjektivität und Gattungsform im Expressionismus*. München 1993.

–: »Sensibilità futurista della Potsdamplatz di Berlino«. Zur Rezeption des italienischen Futurismus durch den literarischen Expressionismus in der Zeitschrift ›Der Sturm‹ von 1912 bis zum ersten Weltkrieg«. In: *Scrittori a Berlino nel Novecento*. Hg. v. Giulia Cantarutti. Bologna 2000, S. 53-73.

Öhlschläger, Claudia: *Abstraktionsdrang. Wilhelm Worringer und der Geist der Moderne*. Paderborn 2005.

Pachter, Henry: »Expressionism and Café culture«. In: Ders.: *Weimar études*. With a foreword by Walter Laqueur. New York 1982, S. 93-108.

Padberg, Martina: »Der ›apokalyptische Ton‹. Anmerkungen zu einem expressionistischen Bildmotiv«. In: *Krieg und Utopie*. Hg. v. Gertrude Cepl-Kaufmann. Essen 2006, S. 194-204.

Paech, Joachim (Hg.): *Film, Fernsehen, Video und die Künste. Strategien der Intermedialität*. Stuttgart, Weimar 1994.

Paris-Berlin 1900-1933. Übereinstimmungen und Gegensätze Frankreich-Deutschland [im Centre National d'Art et de Culture Georges Pompidou vom 12. Juli-6. November 1978]. München 1979.

Paulsen, Wolfgang: »Die deutsche expressionistische Dichtung und ihre Erforschung«. In: *Universitas* 17 (1962), S. 411-422.

– (Hg.): *Aspekte des Expressionismus. Periodisierung, Stil, Gedankenwelt. Vorträge des 1.Kolloquiums in Amherst/Massachusetts*. Heidelberg 1968.

–: *Deutsche Literatur des Expressionismus*. Bern, Frankfurt a.M. 1983.

– u. Helmut G. Hermann (Hg.): *Sinn aus Unsinn. Dada International*. Bern, München 1982.

Perkins, Geoffrey C.: *Expressionismus. Eine Bibliographie zeitgenössischer Dokumente 1910-1925*. Zürich 1971.

– : *Contemporary Theory of Expressionism*. Bern, Frankfurt a.M. 1974.

Peter, Lothar: *Literarische Intelligenz und Klassenkampf. »Die Aktion« 1911-1932*. Köln 1972.

Petereit, Heike: *Die Zeitschrift »Menschen« im Umfeld des Dresdner Expressionismus. Programme, Konzepte und Positionen im Spannungsfeld von Literatur und Politik*. Leipzig 1991.

Pirsich, Volker: *»Der Sturm«. Eine Monographie*. Herzberg 1985.

Ponzi, Mauro (Hg.): *Klassische Moderne. Ein Paradigma des 20. Jahrhunderts*. Würzburg 2010.

Pörtner, Paul (Hg.): *Literaturrevolution 1910-1925. Dokumente, Manifeste, Programme. Zwei Bände*. Neuwied 1960 u. 1961.

Raabe, Paul u. H. Lutz Greve (Hg.): *Expressionismus. Literatur und Kunst, 1910-1923. Eine Ausstellung des Deutschen Literaturarchivs im Schiller-Nationalmuseum Marbach a.N. vom 8. Mai-31.Oktober 1960*. Marbach a.N. 1960.

–: *Die Zeitschriften und Sammlungen des literarischen Expressionismus. Repertorium der Zeitschriften, Jahrbücher, Anthologien, Sammelwerke, Schriftenreihen und Almanache 1910-1921*. Stuttgart 1964.

–: »Das literarische Leben im Expressionismus. Eine historische Skizze« [1964a]. In: Raabe 1964, S. 1-22.

– (Hg.): *Ich schneide die Zeit aus. Expressionismus und Politik in Franz Pfemferts »Aktion« 1911-1918*. München 1964[b].

–: »Der Expressionismus als historisches Phänomen«. In: *Der Deutschunterricht* 17 (1965) 5, S. 5-20.

– (Hg.): *Expressionismus. Aufzeichnungen und Erinnerungen der Zeitgenossen*. Olten 1965[a].

- (Hg.): *Expressionismus. Der Kampf um eine literarische Bewegung.* München 1965[b] [Neuaufl. Zürich 1987].
- –: *Der Ausgang des Expressionismus.* Biberach an der Riss 1966.
- –: »Expressionismus und Theater«. In: Rothe 1969, S. 169-181.
- (Hg.): *Index Expressionismus. Bibliographie der Beiträge in den Zeitschriften und Jahrbüchern des literarischen Expressionismus, 1910-1923.* 18 Bände. Nendeln, Lichtenstein 1972.
- –: *Die Autoren und Bücher des literarischen Expressionismus. Ein bibliographisches Handbuch in Zusammenarbeit mit Ingrid Hannich-Bode.* Stuttgart 1985.
- –: »Expressionismus und Barock«. In: *Europäische Barock- Rezeption. Vorträge und Referate gehalten anläßlich des 6. Jahrestreffens des Internationalen Arbeitskreises für Barockliteratur vom 22.-25. August 1988.* Teil 1. Hg. v. Klaus Garber. Wiesbaden 1991, S. 675-682.
- –: »Alfred Richard Meyer. Ein Verleger des frühen Expressionismus«. In: *Eulenspiegel-Jahrbuch* 47 (2007), S. 57-78.
- (Hg.): *Der literarische Expressionismus Online / German Literary Expressionism Online. Zeitschriften, Jahrbücher, Sammelwerke, Anthologien / Journals, Yearbooks, Collections, Anthologies.* Berlin u.a. 2009.

Raddatz, Fritz J.: »Die Expressionismus-Debatte. Der Streit um den Realismus zwischen Georg Lukács und Bertolt Brecht«. In: Ders.: *Revolte und Melancholie. Essays zur Literaturtheorie.* Hamburg 1979, S. 127-148 u. S. 303-306.

Rademacher, Gerhard: *Das Technik-Motiv in der Literatur und seine didaktische Relevanz. Am Beispiel des Eisenbahngedichtes im 19. und 20. Jahrhundert.* Frankfurt a.M. 1981.

Rajewsky, Irina O.: *Intermedialität.* Tübingen 2002.

Ramin, Jutta: *Der I. Weltkrieg im Drama seiner Zeit. Formen engagierter Literatur im Zeitraum des Expressionismus.* John Hopkins University 1977.

Rasch, Wolfdietrich: »Was ist Expressionismus«. In: *Akzente* 3 (1956), S. 368-373. Auch in: Ders.: *Zur deutschen Literatur der Jahrhundertwende.* Stuttgart 1967, S. 221-227.

Rehage, Georg Philipp: »*Wo sind Worte für das Erleben*«. *Die lyrische Darstellung des Ersten Weltkrieges in der französischen und deutschen Avantgarde (G. Apollinaire, J. Cocteau, A. Stramm, W. Klemm).* Heidelberg 2003.

Reif, Wolfgang: *Zivilisationsflucht und literarische Wunschträume. Der exotistische Roman im ersten Viertel des 20. Jahrhunderts.* Stuttgart 1975.

Requadt, Paul: *Unbürgerliche Dichterportraits des Expressionismus.* Würzburg 1985.

Richard, Lionel (Hg.): *Lexikon des Expressionismus.* Übers. v. Inge Hanneforth u. Rainer Rochlitz. Köln 1978.

Richter, Karl und Jörg Schönert (Hg.): *Klassik und Moderne. Die Weimarer Klassik als historisches Ereignis und Herausforderung im kulturgeschichtlichen Prozeß. Walter Müller-Seidel zum 65. Geburtstag.* Stuttgart 1983.

–: »Emotionalisierung durch Sachlichkeit. Ein wirkungsästhetisches Paradigma der Moderne«. In: Richter u. Schönert 1983, S. 433-453.

Riedel, Walter: *Der neue Mensch. Mythos und Wirklichkeit.* Bonn 1970.

Rietzschel, Thomas: »›Prosa wird wieder Dichtung‹. Die lyrische Tendenz expressionistischen Erzählens«. In: *Weimarer Beiträge* 25 (1979) 12, S. 74-99.

Riha, Karl (Hg.): *113 dada Gedichte.* Berlin 1982.

Ritchie, James McPherson: *German expressionist drama.* New York 1976.

Rittich, Werner: *Kunsttheorie, Wortkunsttheorie und lyrische Wortkunst im »Sturm«.* –: Greifswald 1933.

Roh, Franz: *Entartete Kunst. Kunstbarbarei im Dritten Reich*. Hannover 1962.
Roland, Hubert: »Die deutsche literarische ›Kriegskolonie‹ in Belgien 1914-1918«. In: *Germanistische Mitteilungen* 45 (1997) 46, S. 51-66.
–: *Die deutsche literarische »Kriegskolonie« in Belgien 1914-1918. Ein Beitrag zur Geschichte der deutsch-belgischen Literaturbeziehungen 1900-1920*. Bern u.a. 1999.
Rothe, Wolfgang (Hg.): *Der Aktivismus 1915-1920*. München 1969.
– (Hg.): *Expressionismus als Literatur. Gesammelte Studien*. Bern, München 1969[a].
–: »Der Mensch vor Gott: Expressionismus und Theologie« [1969b]. In: Rothe 1969[a], S. 37-66.
–: »Der Geisteskranke im Expressionismus«. In: *Confinia Psychiatrica* 15 (1972), S. 195-211.
– (Hg.): *Deutsche Großstadtlyrik vom Naturalismus bis zur Gegenwart*. Stuttgart 1973.
–: *Der Expressionismus. Theologische, soziologische und anthropologische Aspekte einer Literatur*. Frankfurt a.M. 1977.
–: *Tänzer und Täter. Gestalten des Expressionismus*. Frankfurt a.M. 1979.
Rötzer, Hans Gerd (Hg.): *Begriffsbestimmung des literarischen Expressionismus*. Darmstadt 1976.
Rühmkorf, Peter (Hg.): *131 expressionistische Gedichte*. Berlin 1976.
Runge, Erika: *Vom Wesen des Expressionismus im Drama und auf der Bühne*. München 1963.
Ruprecht, Erich u. Dieter Bänsch (Hg.): *Literarische Manifeste der Jahrhundertwende 1890-1910*. Stuttgart 1981.
Salyámosy, Miklós: »Expressionismus, Präfaschismus oder (linke) Revolution«. In: *Kontroversen, alte und neue. Akten des VII. Internationalen Germanisten-Kongresses, Göttingen 1985*. Hg. v. Albrecht Schöne. Bd. 2. Tübingen 1986, S. 224-228.
Samuel, Richard u. Richard Hinton Thomas: *Expressionism in German Life, Literature and the Theatre (1910-1924)*. Cambridge 1939.
Sauder, Gerhard (Hg.): *Die Bücherverbrennung. Zum 10. Mai 1933*. München, Wien 1983.
Sauermann, Eberhard: »Expressionismus als Signum der ›Moderne‹ in den Literaturgeschichten der NS-Zeit«. In: *Jahrbuch für internationale Germanistik* 40 (2008), H. 1, 135-180.
Schacherl, Lillian: *Die Zeitschriften des Expressionismus. Versuch einer zeitungswissenschaftlichen Strukturanalyse*. München 1957.
Scheffer, Bernd: »Expressionistische Prosa«. In: Glaser 1982, S. 297-312.
Scherl, Adolf: »Das expressionistische Theater auf Prager deutschen und tschechischen Bühnen 1914-1925«. In: *Deutschsprachiges Theater in Prag*. Hg. v. Alena Jakubcová, Jitka Ludvová u. Václav Maidl. Prag 2001, S. 273-285.
Schiller, Dieter: »Die Expressionismus-Debatte. Eine ›wirkliche, nicht dirigierte Diskussion‹?« In: *Exil* 21 (2001), H. 1, S. 77-90.
–: *Die Expressionismus-Debatte 1937-1939. Aus dem redaktionellen Briefwechsel der Zeitschrift »Das Wort«*. Berlin 2002.
Schmidt-Bergmann, Hansgeorg: *Die Anfänge der literarischen Avantgarde in Deutschland. Über Anverwandlung und Abwehr des italienischen Futurismus. Ein literarhistorischer Beitrag zum expressionistischen Jahrzehnt*. Stuttgart 1991.
–: *Futurismus. Geschichte, Ästhetik, Dokumente*. Reinbek bei Hamburg 1993.

–: »Futurismus und Expressionismus«. In: Mix 2000, S. 470-477.
– (Hg.): *Lyrik des Expressionismus*. Stuttgart 2003.
Schmitt, Hans-Jürgen (Hg.): *Die Expressionismusdebatte. Materialien zu einer marxistischen Realismuskonzeption*. Frankfurt a.M. 1987 [zuerst 1973].
Schneider, Karl Ludwig: *Der bildhafte Ausdruck in den Dichtungen Georg Heyms, Georg Trakls und Ernst Stadlers. Studien zum lyrischen Sprachstil des deutschen Expressionismus*. Heidelberg 1954.
–: *Zerbrochene Formen. Wort und Bild im Expressionismus*. Hamburg 1967.
Schneider, Uwe u. Andreas Schumann (Hg.): *»Krieg der Geister«. Erster Weltkrieg und Literarische Moderne*. Würzburg 2000.
Schönert, Jörg: »Gesellschaftliche Modernisierung und Literatur der Moderne«. In: *Zur Terminologie der Literaturwissenschaft*. Akten des IX. Germanistischen Symposions der Deutschen Forschungsgemeinschaft, Würzburg 1986. Hg. v. Christian Wagenknecht. Stuttgart 1989, S. 393-413.
Schönfeld, Christiane: *Dialektik und Utopie. Die Prostituierte im deutschen Expressionismus*. Würzburg 1996.
Schramke, Jürgen: *Zur Theorie des modernen Romans*. München 1974.
Schünemann, Peter: »Rückkehr in die Zukunft. Skizzen zum Expressionismus«. In: *Neue Rundschau* 102 (1991), S. 159-169.
Schuhmann, Klaus: *Walter Hasenclever, Kurt Pinthus und Franz Werfel im Leipziger Kurt-Wolff-Verlag (1913-1919). Ein verlags- und literaturgeschichtlicher Exkurs ins expressionistische Jahrzehnt*. Leipzig 2000.
Schumann, Detlev W.: »Expressionism and Post-Expressionism in German Lyrics«. In: *Germanic Review* 9 (1934), S. 54-66 u. S. 115-129.
Schumann, Thomas B.: »Ein auch für gewiegte Abenteurer des Geistes etwas ungewöhnliches Unternehmen. Über den ›Neuen Club‹ und das »Neopathetische Cabaret««. In: Ders.: *Asphaltliteratur. 45 Aufsätze und Hinweise zu im Dritten Reich verfemten und verfolgten Autoren*. Berlin 1983, S. 181-206.
Schutte, Jürgen u. Peter Sprengel (Hg.): *Die Berliner Moderne 1885-1914*. Stuttgart 1987.
Schwall, Hedwig: »Spuk im Park. Der Übergang vom Ästhetizismus des Jugendstils über die Ästhetik des Häßlichen in den (Früh-) Expressionismus«. In: *Duitse Kroniek* 40 (1990) 3/4, S. 47-65.
Schwendter, Rolf: *Theorie der Subkultur*. Frankfurt a.M. 1981.
Segeberg, Harro: *Literarische Technik-Bilder. Studien zum Verhältnis von Technik- und Literaturgeschichte im 19. und frühen 20. Jahrhundert*. Tübingen 1987.
– (Hg.): *Technik in der Literatur*. Frankfurt a.M. 1987[a].
–: »Technische Konkurrenzen. Film und Tele-Medien im Blick der Literatur«. In: Mix 2000, S. 422-436.
Shearier, Stephen: *Das Junge Deutschland, 1917-1920. Expressionist theatre in Berlin*. Bern u.a. 1988.
Sheppard, Richard W.: »Dada and expressionism«. In: *Publications of the English Goethe Society* 49 (1979), S. 45-83.
– (Hg.): *Die Schriften des Neuen Clubs 1908-1914*. 2 Bde. Hildesheim 1980 u. 1983.
–: »The expressionist cabaret GNU (1911-1914). An analysis and documentation«. In: *Deutsche Vierteljahrsschrift für Literaturwissenschaft und Geistesgeschichte* 56 (1982), S. 431-446.
–: »Unholy families. The Oedipal Psychopathology of four Expressionist Ich-Dramen«. In: *Orbis litterarum* 41 (1986), S. 355-385.

- (Hg.): *Expressionism in focus. Proceedings of the first UEA symposium on German studies*. Organized with the support of the Goethe-Institut (London). Blairgowrie 1987.
-: »Georg Lukács, Wilhelm Worringer and German expressionism«. In: *Journal of European Studies* 25 (1995) 3, S. 241-282.
Siebenhaar, Klaus: *Klänge aus Utopia. Zeitkritik, Wandlung und Utopie im expressionistischen Drama*. Berlin, Darmstadt 1982.
Siemes, Isabelle: *Die Prostituierte in der literarischen Moderne. 1890-1933*. Düsseldorf 2000.
Snow, Charles P.: *Die zwei Kulturen. Literarische und naturwissenschaftliche Intelligenz*. Stuttgart 1967.
Soergel, Albert: *Dichtung und Dichter der Zeit. Eine Schilderung der deutschen Literatur der letzten Jahrzehnte. Neue Folge. Im Banne des Expressionismus*. Leipzig 1925.
- u. Curt Hohoff: *Dichtung und Dichter der Zeit. Vom Naturalismus bis zur Gegenwart*. 2. Bd. Düsseldorf 1963.
Sokel, Walter H.: »Dialogführung und Dialog im expressionistischen Drama. Ein Beitrag zur Bestimmung des Begriffs ›expressionistisch‹ im deutschen Drama«. In: Paulsen 1968, S. 59-84.
-: »Die Prosa des Expressionismus«. In: Rothe 1969[a], S. 153-170.
-: *Der Literarische Expressionismus. Der Expressionismus in der deutschen Literatur des 20. Jahrhunderts*. München o.J. [1960] [Paperback-Ausgabe 1970; zuerst: *The Writer in Extremis. Expressionism in the twentieth century German literature*. Stanford 1959].
Sorge, Giselher: *Die literarischen Zeitschriften des Expressionismus in Wien*. Wien 1967.
Söring, Jürgen: »Gesamtkunstwerk«. In: *Reallexikon der deutschen Literaturwissenschaft*. Bd. 1. Hg. v. Klaus Weimar. Berlin 1997, S. 710-712.
Sprengel, Peter: »Von der Baukunst zur Wortkunst. Sachlichkeit und Expressionismus im Sturm«. In: *Deutsche Vierteljahresschrift für Literaturwissenschaft und Geistesgeschichte* 64 (1990), S. 680-706.
-: *Geschichte der deutschsprachigen Literatur 1900-1918. Von der Jahrhundertwende bis zum Ende des Ersten Weltkriegs*. München 2004.
-: »Expressionismus und Anarchismus. Gewalt und Gemeinschaft in Dramen Hasenclevers, Bronnens, Rubiners und Jahnns«. In: *Anarchismus und Utopie in der Literatur um 1900*. Hg. v. Jaap Grave. Würzburg 2005, S. 98-107.
Spörl, Uwe: *Gottlose Mystik in der deutschen Literatur um die Jahrhundertwende*. Paderborn u.a. 1997.
Stanley, Jones Malcolm: *»Der Sturm«. A focus of Expressionism*. Columbia, South Carolina 1984.
Stark, Michael: *Für und wider den Expressionismus. Die Entstehung der Intellektuellendebatte in der deutschen Literaturgeschichte*. Stuttgart 1982.
-: »›Uns ist die Klassik ein Muster ohne Wert‹. Zur expressionistischen Provokation der autoritären Aneignung von Tradition«. In: Richter u. Schönert 1983, S. 356-378.
-: »›The murder of modernism‹. Some observations on research into expressionism and post-modernism debate«. In: Sheppard 1987, S. 27-45.
-: »Ungeist der Utopie? Zur Intellektuellenrolle in Expressionismus und Postmoderne«. In: Anz u. Stark 1994, S. 151-170.
- (Hg.): *Der »Kondor-Krieg«. Ein deutscher Literaturstreit*. Bamberg 1996.

–: »›Werdet politisch!‹ Expressionistische Manifeste und historische Avantgarde«. In: Asholt u. Fähnders 1997, S. 238-255.
–: »Manifeste des ›neuen Menschen‹. Die Avantgarde und das Utopische«. In: Berg u. Grüttemeier 1998, S. 91-118.
–: »Literarischer Aktivismus und Sozialismus«. In: Mix 2000, S. 566-576.
Steffen, Hans (Hg.): *Der deutsche Expressionismus. Formen und Gestalten.* Göttingen 1965.
Steinle, Robert: »Zum österreichischen Expressionismus. Nachfrage und Überlegungen zu einer (immer noch) nicht geführten Debatte«. In: *»Millionen Welten«.* Hg. v. Márta Gaál-Baróti. Budapest 2001, S. 252-262.
Stephan, Inge u. Sigrid Weigel (Hg.): *Weiblichkeit und Avantgarde.* Berlin, Hamburg 1987.
Stern, Martin: *Expressionismus in der Schweiz.* 2 Bde. Bd. 1: *Erzählende Prosa, Mischformen, Lyrik.* Bd. 2: *Dramen, Essayistik.* Bern, Stuttgart 1981.
–: »Der Traum in der Dichtung des Expressionismus bei Strindberg, Trakl und Kafka«. In: *Traum und Träumen. Traumanalysen in Wissenschaft, Religion und Kunst.* Hg. v. Therese Wagner-Simon u. Gaetano Benedetti. Göttingen 1984, S. 113-132.
Steutermann, Jens: *Zur Gänze zerfallen. Destruktion und Neukonzeption von Raum in expressionistischer Prosa.* Frankfurt a.M. 2004.
Stöckmann, Ingo: »Erkenntnislogik und Narrativik der Moderne. Einige Bemerkungen zu Anke-Marie Lohmeiers Aufsatz ›Was ist eigentlich modern?‹ und Thomas Anz' Kritik«. In: *IASL* 34 (2009), H. 1, S. 224-231.
Storck, Joachim W.: »Rilkes ›Wendung‹ und die Anfänge des literarischen Expressionismus um 1910«. In: *Wende, Bruch, Kontinuum.* Hg. v. Renata Cornejo. Wien 2006, S. 167-181.
Strack, Friedrich: »›Aber das Fleisch ist stark!‹. Zur erotischen Lyrik des Expressionismus«. In: *Annäherungsversuche. Zur Geschichte und Ästhetik des Erotischen in der Literatur.* Hg. v. Horst Albert Glaser. Bern 1993, S. 279-300.
Streim, Gregor: »Das neue Pathos und seine Vorläufer: Beobachtungen zum Verhältnis von Frühexpressionismus und Symbolismus«. In: *Zeitschrift für deutsche Philologie* 117 (1998) 2, S. 239-254.
Strohmeyer, Klaus: *Zur Ästhetik der Krise. Die Konstitution des bürgerlichen Subjekts in der Aufklärung und seine Krise im Expressionismus. Eine theoretische Skizze, gestützt durch Interpretationen ausgewählter Literaturbeispiele.* Frankfurt a.M. u.a. 1984.
Stuyver, Wilhelmina: *Deutsche expressionistische Dichtung im Lichte der Philosophie der Gegenwart.* Amsterdam 1939.
Szondi, Peter: *Theorie des modernen Dramas.* 5. Aufl., Frankfurt a.M. 1968.
Terpin, Sara: *Die Rezeption des italienischen Futurismus im Spiegel der deutschen expressionistischen Prosa.* München 2009.
Thomé, Horst: »Modernität und Bewußtseinswandel in der Zeit des Naturalismus und des Fin de siècle«. In: Mix 2000, S. 15-27.
Thomke, Hellmut: *Hymnische Dichtung im Expressionismus.* Bern, München 1972.
Thompson, Kristin: »Dr. Caligari at the Folies-Bergere. Or, The Successes of an Early Avant-Garde Film«. In: *The Cabinet of Dr. Caligari. Texts, Contexts, Histories.* Hg. v. Mike Budd. New Brunswick, New Jersey 1990, S. 121-169.
Titzmann, Michael: »Das Drama des ›Expressionismus‹ im Kontext der ›Frühen Moderne‹ und die Funktion dargestellter Delinquenz«. In: *Verbrechen – Justiz – Medien. Konstellationen in Deutschland von 1900 bis zur Gegenwart.* Hg. v. Joachim Linder. Tübingen 1999, S. 217-272.

Tramer, Hans: »Der Expressionismus. Bemerkungen zum Anteil der Juden an einer Kunstepoche«. In: *Bulletin für die Mitglieder der »Gesellschaft der Freunde des Leo Baeck Instituts«* 5 (1958), S. 33-56.

–: »Der Beitrag der Juden zu Geist und Kultur«. In: *Deutsches Judentum in Krieg und Revolution 1916-1923.* Hg. v. W.E. Mosse. Tübingen 1971. S. 317-385.

Ubans, Mara Isaks: *Expressionist drama and film. Filmic elements in dramas and film scripts by selected expressionist authors.* University of Southern California 1975.

Van Dyke, David Alan: *The »snowfields of the heart«. Narcissistic trauma in German expressionist drama.* Minneapolis 2002.

Vaskovics, Laszlo: »Subkulturen – ein überholtes analytisches Konzept?« In: *Kultur und Gesellschaft.* Hg. v. Max Haller u.a. Frankfurt a.M. 1989, S. 587-599.

Venturelli, Aldo: »Avantgarde und Postmoderne. Beobachtungen zur Krise des Expressionismus«. In: *Recherches germaniques* 22 (1992), S. 103-121.

Viesel, Hansjörg (Hg.): *Literaten an der Wand. Die Münchner Räterepublik und die Schriftsteller.* Frankfurt a.M. 1980.

Viesel, Hansjörg (Hg.): *Der Verleger F.S. Bachmair. 1889-1960. Expressionismus, Revolution und Literaturbetrieb.* Berlin 1989.

Vietta, Silvio: »Großstadtwahrnehmung und ihre literarische Darstellung. Expressionistischer Reihungsstil und Collage«. In: *Deutsche Vierteljahresschrift für Literaturwissenschaft und Geistesgeschichte* 48 (1974), S. 354-373.

– u. Hans-Georg Kemper: *Expressionismus.* München 1975, [6. Aufl 1997].

– (Hg.): *Lyrik des Expressionismus.* München, Tübingen 1976.

–: »Erkenntniszweifel im Expressionismus«. In: Meixner u. Vietta 1982, S. 44-57.

–: »Das expressionistische Drama«. In: *Der Deutschunterricht* 42 (1990), H. 2, S. 38-54.

–: *Die literarische Moderne. Eine problemgeschichtliche Darstellung der deutschsprachigen Literatur von Hölderlin bis Thomas Bernhard.* Stuttgart 1992.

– u. Dirk Kemper (Hg.): *Ästhetische Moderne in Europa. Grundzüge und Problemzusammenhänge seit der Romantik.* München 1998.

–: *Ästhetik der Moderne.* München 2001.

–: »Das Berlin der Expressionisten«. In: *Literarische Orte – Orte der Literatur.* Hg. v. Hans-Herbert Wintgens. Hildesheim 2005.

Viviani, Annalisa: *Das Drama des Expressionismus. Kommentar zu einer Epoche.* München 1970.

–: *Dramaturgische Elemente im expressionistischen Drama.* Bonn 1970.

–: »Der expressionistische Raum als verfremdete Welt«. In: *Zeitschrift für deutsche Philologie* 91 (1972), S. 498-527.

Vogl, Joseph: »Krieg und expressionistische Literatur« [2000a]. In: Mix 2000, S. 555-565.

Vollmer, Hartmut (Hg.): *»In roten Schuhen tanzt die Sonne sich zu Tod«. Lyrik expressionistischer Dichterinnen.* Zürich 1993.

– (Hg.): *Die rote Perücke. Prosa expressionistischer Dichterinnen.* Paderborn 1996.

–: »›Rote Sehnsucht rinnt in meinen Adern‹. Dichterinnen des Expressionismus. Versuch einer literarischen Standortbestimmung«. In: *Autorinnen der Weimarer Republik.* Hg. v. Walter Fähnders. Bielefeld 2003 [2. Aufl. 2008], S. 39-57.

Vondung, Klaus: *Die Apokalypse in Deutschland.* München 1988.

–: »Mystik und Moderne. Literarische Apokalypse in der Zeit des Expressionismus«. In: Anz u. Stark 1994, S. 142-150.

– (Hg.): *Kriegserlebnis. Der erste Weltkrieg in der literarischen Gestaltung und symbolischen Deutung der Nationen.* Göttingen 1980.

Vos, Jaak de: »›Kerker und Erlösung‹. Ideologische, dramatische und dramaturgische Aspekte des Gefangenschaftsmotivs in der expressionistischen Bühnendichtung«. In: *Germanistentreffen Belgien – Niederlande – Luxemburg – Deutschland, 29.9.-3.10.1991. Dokumentation der Tagungsbeiträge*. Bonn 1992, S. 91-121.
Wagner, Heinrich: *Matriarchat und Gemeinschaft im Drama des Expressionismus*. Mannheim 1984.
Wagner-Egelhaaf, Martina: *Mystik der Moderne*. Stuttgart 1989.
Wallas, Armin A. (Hg.): *Texte des Expressionismus. Der Beitrag jüdischer Autoren zur österreichischen Avantgarde*. Linz, Wien 1988.
–: *Zeitschriften und Anthologien des Expressionismus in Österreich*. Bd. 1: *Analytische Bibliographie*. Bd. 2: *Register*. München 1995.
–: »Expressionistische Novelle und Kurzprosa«. In: Mix 2000, S. 522-536.
–: »Seelenaufschlitzer und Gottsucher. Die Krisen jüdischer Identität im österreichischen Expressionismus«. In: *Les écrivains juifs autrichiens*. Hg. v. Jürgen Doll. Poitiers 2000, S. 185-216.
Wehler, Hans-Ulrich: *Das Deutsche Kaiserreich 1871-1918*. Göttingen 1975.
–: *Modernisierungstheorie und Geschichte*. Göttingen 1975[a].
Wehling, Peter: *Die Moderne als Sozialmythos. Zur Kritik sozialwissenschaftlicher Modernisierungstheorien*. Frankfurt a.M. 1992.
Weinstein, Joan: *The end of Expressionism. Art and the November Revolution in Germany, 1918-1919*. Chicago 1990.
Weisbach, Reinhard: *Wir und der Expressionismus. Studien zur Auseinandersetzung der marxistisch-leninistischen Literaturwissenschaft mit dem Expressionismus*. Berlin 1972.
Welsch, Wolfgang (Hg.): *Wege aus der Moderne. Schlüsseltexte der Postmoderne-Diskussion*. Weinheim 1988.
–: *Die Geburt der postmodernen Philosophie aus dem Geist der modernen Kunst*. In: Ders.: *Ästhetisches Denken*. Stuttgart 1990, S. 79-113.
Werner, Renate: »Das Wilhelminische Zeitalter als literarhistorische Epoche. Ein Forschungsbericht«. In: *Wege der Literaturwissenschaft*. Hg. von Jutta Kolkenbrock-Netz u.a. Bonn 1985, S. 211-231.
Wichner, Ernest u. Herbert Wiesner (Hg.): *Prager deutsche Literatur vom Expressionismus bis zu Exil und Verfolgung*. Ausstellungsbuch. Berlin 1995.
Worbs, Michael: *Nervenkunst. Literatur und Psychoanalyse im Wien der Jahrhundertwende*. Frankfurt a.M. 1983.
Wright, Barbara D.: »›New Man‹, Eternal Woman: Expressionist Responses to German Feminism«. In: *The German Quarterly* 60 (1987) 4, S. 582-599.
–: »Intimate strangers. Women in German expressionism«. In: Donahue 2005, S. 287-319.
Wunberg, Gotthart (Hg.): *Die literarische Moderne. Dokumente zum Selbstverständnis der Literatur um die Jahrhundertwende*. Frankfurt a.M. 1971.
– (Hg.): *Die Wiener Moderne. Literatur, Kunst und Musik zwischen 1890 und 1910*. Stuttgart 1981.
– u. Stephan Dietrich (Hg.): *Die literarische Moderne. Dokumente zum Selbstverständnis der Literatur um die Jahrhundertwende*. Freiburg i.Br. 1998.
Zapf, Wolfgang: *Die Modernisierung moderner Gesellschaften. Verhandlungen des 25. Deutschen Soziologentages in Frankfurt a.M. 1990*. Frankfurt a.M. 1991.
Ziegler, Jürgen: *Form und Subjektivität. Zur Gedichtstruktur im frühen Expressionismus*. Bonn 1972.

Zima, Peter V.: *Moderne – Postmoderne. Gesellschaft, Philosophie, Literatur.* Tübingen 1997.
Zimmermann, Verena: *Das gemalte Drama. Die Vereinigung der Künste im Bühnenbild des deutschen Expressionismus.* Aachen 1987.
Žmegač, Viktor: »Zur Poetik des expressionistischen Dramas«. In: *Deutsche Dramentheorien II. Beiträge zu einer historischen Poetik des Dramas in Deutschland.* Hg. v. Reinhold Grimm. 3. Aufl., Wiesbaden 1981, S. 154-180.
–: »Simultanismus«. In: Borchmeyer u. Žmegač 1994, S. 398-400.
Zuschlag, Christoph: *Entartete Kunst. Ausstellungsstrategien im Nazi-Deutschland.* Worms 1995.

3. Autoren: Werkausgaben, Einzeltexte, Forschungsbeiträge

Adler, Paul (4.4.1878-8.6.1946)
–: *Nämlich.* Dresden-Hellerau 1915 [Reprint: Nendeln 1973].
Abicht, Ludo: *Paul Adler, ein Dichter aus Prag.* Wiesbaden, Frankfurt a.M. 1972.
Altmann, Bruno: »Die leblose Gegenwart«. In: *Der neue Merkur* 1 (1914), Bd. 1, S. 440-448.
Arp, Hans (16.9.1887-7.6.1966)
–: *Gesammelte Gedichte.* 3 Bde. In Zusammenarbeit mit dem Dichter hg. v. Marguerite Arp-Hagenbach u. Peter Schifferli. Wiesbaden 1963-1984.
Döhl, Reinhard: *Das literarische Werk Hans Arps 1903-1930. Zur poetischen Vorstellungskraft des Dadaismus.* Stuttgart 1967.
Winkelmann, Judith: *Abstraktion als stilbildendes Prinzip in der Lyrik von Hans Arp und Kurt Schwitters.* Frankfurt a.M. u.a. 1995.
Baader, Johannes (21.6.1875- April 1955)
–: *Oberdada. Schriften, Manifeste, Flugblätter, Billets, Werke und Taten.* Hg. u. mit einem Nachw. vers. v. Hanne Bergius, Norbert Miller u. Karl Riha. Gießen 1977.
–: *Ich segne die Hölle! Gedichte 1915-1933.* Mit einem Nachw. hg. v. Dieter Scholz. Siegen 1995.
–: *Das Epos und der Mythos der Weltwende.* Siegen 2007.
Forster, Stephen C.: »Johannes Baader: Kunst und Kulturkritik«. In: Paulsen u. Hermann 1982, S. 153-176.
Bacon, Francis: *Neu-Atlantis.* Hg. v. Beate Behrens. 2., durchges. Aufl., Berlin 1984.
Bäumer, Ludwig (1.9.1888-29.8.1928)
–: *Das jüngste Gericht.* Berlin-Wilmersdorf 1918 [Reprint: Nendeln 1973].
Ball, Hugo (22.2.1886-14.9.1927)
–: *Der Künstler und die Zeitkrankheit. Ausgewählte Schriften.* Hg. v. Hans Burghard Schlichting. Frankfurt a.M. 1984.
–: *Kandinsky.* Vortrag gehalten in der Galerie Dada. Zürich, 7. April 1917. Nachdrucke in: Anz u. Stark 1982, S. 124-127; Ball 1984, S. 41-53.
–: *Zur Kritik der deutschen Intelligenz.* Bern 1919.
–: *Die Flucht aus der Zeit.* Luzern 1946.
–: *Sämtliche Werke und Briefe.* Hg. v. der Hugo-Ball-Gesellschaft, Pirmasens. Göttingen 2003ff.

Hübner, Eberhard: »Christus oder Jehova. Zu einigen antisemitischen Motiven in Hugo Balls ›Kritik der deutschen Intelligenz‹«. In: *Literatur für Leser* 27 (2004), H. 3, S. 153-166.
Korol, Martin: *Deutsches Präexil in der Schweiz 1916-1918. Hugo Balls Dadaismus und Ernst Blochs Opposition von außen gegen die deutsche Politik in der Schweiz während des Ersten Weltkrieges.* Bremen 1999.
Rechner-Zimmermann, Claudia: *Die Flucht in die Sprache. Hugo Balls »Phantastenroman« im kulturgeschichtlichen Kontext zwischen 1914 und 1920.* Marburg 1992.
Schmidt, Christoph: *Die Apokalypse des Subjekts. Ästhetische Subjektivität und politische Theologie bei Hugo Ball.* Bielefeld 2003.
Süllwold, Erika: *Das gezeichnete und ausgezeichnete Subjekt. Kritik der Moderne bei Emmy Hennings und Hugo Ball.* Stuttgart, Leipzig 1999.
Wacker, Bernd (Hg.): *Dionysius DADA Areopagita. Hugo Ball und die Kritik der Moderne.* Paderborn u.a. 1996.
Zehetner, Cornelius: *Hugo Ball. Portrait einer Philosophie.* Wien 2000.

Ball-Hennings, Emmy (17.1.1885-10.8.1948)
–: *Frühe Texte.* Hg. v. Bernhard Merkelbach. 2., erw. Aufl., Siegen 1985.
–: *Betrunken taumeln alle Litfaßsäulen. Frühe Texte und autobiographische Schriften 1913-1922.* Mit einem Nachw. hg. v. Bernhard Merkelbach. Hannover 1990.
–: *Ruf und Echo. Mein Leben mit Hugo Ball.* Mit einem Nachw. v. Christian Döring. Frankfurt a.M. 1990.
–: *Hugo Ball. Sein Leben in Briefen und Gedichten.* Mit einem Vorw. v. Hermann Hesse. Frankfurt a.M. 1991.
Behrmann, Nicola u. Bernhard Echte (Hg.): *Emmy Ball-Hennings 1885-1948. »Ich bin so vielfach...«. Texte, Bilder, Dokumente.* Frankfurt a.M., Basel 1999.
Reetz, Bärbel: *Emmy Ball-Hennings. Leben im Vielleicht. Eine Biographie.* Frankfurt a.M. 2001.

Barlach, Ernst (2.1.1870-24.10.1938)
–: *Sämtliche Werke. Kritische Ausgabe.* Hg. v. Ulrich Bubrowski. Leipzig 1998ff.
Beutin, Wolfgang: *Barlach oder den Zugang zum Unbewußten. Eine kritische Studie.* Würzburg 1994.
Deppert, Fritz: *Schuld und Überwindung der Schuld in den Dramen Ernst Barlachs.* Egelsbach u.a. 1993.
Kleberger, Ilse: *Ernst Barlach. Eine Biographie.* Leipzig 1998.
Krahmer, Catherine: *Ernst Barlach mit Selbstzeugnissen und Bilddokumenten.* 8. Aufl., Reinbek bei Hamburg 2002.
Mayr, Gudula: *Ernst Barlach als Illustrator eigener Texte. Die Druckgrafiken zu den Dramen »Der arme Vetter« und »Der Findling«.* Weimar 2006.
Pathe, H.R. Winfried: *Das Groteske in den Dramen Ernst Barlachs.* Frankfurt a.M. u.a. 1990.
Richter, Jochen H.: *Die Konzeption des »Neuen Menschen« in Ernst Barlachs dramatischem Schaffen.* New York u.a. 1992.

Becher, Johannes R. (22.5.1891-11.10.1958)
–: *Gesammelte Werke.* 18 Bde. Berlin, Weimar 1966-1981.
–: *Gedichte 1911-1918.* Ausgew. und hg. v. Paul Raabe. München 1973.
–: *Briefe. 1909-1958.* Hg. v. Rolf Harder. Berlin u.a. 1993.
–: *Briefe an Johannes R. Becher. 1910-1958.* Hg. v. Rolf Harder. Berlin u.a. 1993.
Behrens, Alexander: *Johannes R. Becher. Eine politische Biographie.* Köln 2003.
Dwars, Jens-Fietje: *Abgrund des Widerspruchs. Das Leben des Johannes R. Becher.* Berlin 1998.

–: *Johannes R. Becher: Triumph und Verfall. Eine Biographie.* Berlin 2003.
Rohrwasser, Michael: *Der Weg nach oben. Johannes R. Becher. Politik des Schreibens.* Basel, Frankfurt a.M. 1980.
Weber, Hermann: »Juristensöhne als Dichter. Hans Fallada und Johannes R. Becher und ihr Konflikt mit der Welt ihrer Väter«. In: *Sinn und Form* 60 (2008), H. 6, S. 821-848.

Benjamin, Walter (15.7.1892-26.9.1940)
–: *Ursprung des deutschen Trauerspiels.* Rev. Ausg., bes. v. Rolf Tiedemann. Frankfurt a.M. 1963.

Benn, Gottfried (2.5.1886-7.7.1956)
–: *Gesammelte Werke in der Fassung der Erstdrucke.* 4 Bde. Textkrit. durchges. und hg. v. Bruno Hillebrand. Frankfurt a.M. 1982ff.
–: *Sämtliche Werke.* Hg. v. Gerhard Schuster. Stuttgart 1986ff.
–: *Briefe. Bd. VI: Briefe an Astrid Claes. 1951-1956.* Stuttgart 2002.
–: *Briefe. Bd. VII: Briefwechsel mit dem MERKUR. 1948-1956.* Stuttgart 2004.
–: *Briefe. Bd. VIII: Briefe an den Limes Verlag. 1948-1956.* Stuttgart 2006.
– u. Thea Sternheim: *Briefwechsel und Aufzeichnungen. Mit Briefen und Tagebuchauszügen Mopsa Sternheims.* Hg. v. Thomas Ehrsam. Göttingen 2004.
Anacker, Regine: *Aspekte einer Anthropologie der Kunst in Gottfried Benns Werk.* Würzburg 2004.
Anz, Thomas: »Benns Bekenntnisse zur expressionistischen Moderne und zum Nationalsozialismus«. In: *Gottfried Benns Modernität.* Hg. v. Friederike Reents. Göttingen 2007, S. 11-23.
Arnold, Heinz Ludwig (Hg.): *Gottfried Benn.* München 2006.
Böhme, Gernot u. Gisbert Hoffmann: *Benn und wir. Existenzielle Interpretationen zu Gedichten von Gottfried Benn.* Berlin 2008.
Bürger, Jan: *Benns Doppelleben oder Wie man sich selbst zusammensetzt.* Marbach a.N. 2006.
Decker, Gunnar: *Gottfried Benn. Genie und Barbar.* Biographie. Berlin 2006.
Delabar, Walter (Hg.): *Gottfried Benn (1886-1956). Studien zum Werk.* Bielefeld 2007.
Doktor, Thomas u. Carla Spies: *Gottfried Benn – Rainald Goetz. Literatur zwischen Pathologie und Poetologie.* Opladen 1997.
Dyck, Joachim: *Der Zeitzeuge. Gottfried Benn 1929-1949.* Göttingen 2006.
Emmerich, Wolfgang: *Gottfried Benn.* Reinbek bei Hamburg 2006.
Haller, Elmar: *Die Entwicklung der Weltanschauung Gottfried Benns in seinem frühen Werk. Die Geschichte einer Kunsttheorie.* Dornbirn 1965.
Hoffmann, Dieter: »Totalität und totalitär. Gottfried Benn und die Expressionismusdebatte«. In: Delabar 2007, S. 37-50.
Hohendahl, Peter Uwe (Hg.): *Benn – Wirkung wider Willen. Dokumente zur Wirkungsgeschichte Benns.* Frankfurt a.M. 1971.
Kapraun, Carolina: »›O gieb in Giftempfängnis das Ich, dem Ich vorbei‹. Das poetologische Konzept des ›Rausches‹ bei Gottfried Benn.« In: Delabar 2007, S. 63-83.
Kirchdörfer-Boßmann, Ursula: »*Eine Pranke in den Nacken der Erkenntnis*«. Zur Beziehung von Dichtung und Naturwissenschaft im Frühwerk Gottfried Benns. St. Ingbert 2003.
Lethen, Helmut: *Der Sound der Väter. Gottfried Benn und seine Zeit.* Berlin 2006.
Loose, Gerhard: *Die Ästhetik Gottfried Benns.* Frankfurt a.M. 1961.
Martínez, Matias (Hg.): *Gottfried Benn – Wechselspiele zwischen Biographie und Werk.* Göttingen 2007.

Meyer, Theo: *Kunstproblematik und Wortkombinatorik bei Gottfried Benn.* Köln 1971.
Reents, Friederike (Hg.): *Gottfried Benns Modernität.* Göttingen 2007.
–: »*Ein Schauern in den Hirnen*«. *Gottfried Benns* »*Garten von Arles*« *als Paradigma der Moderne.* Göttingen 2009.
Riedel, Wolfgang: »Endogene Bilder. Anthropologie und Poetik bei Gottfried Benn«. In: *Poetik der Evidenz.* Hg. v. Helmut Pfotenhauer. Würzburg 2005, S. 163-201.
Weisstein, Ulrich: »Vor Tische las man's anders. Eine literar-politische Studie über die beiden Fassungen (1933 und 1955) von Gottfried Benns Expressionismus-Aufsatz«. In: *Dichter und Leser. Studien zur Literatur.* Hg. v. Ferdinand van Ingen u.a. Groningen 1972, S. 9-27 [Nachdruck in: Rötzer 1976, S. 106-134].
Wellershoff, Dieter: *Gottfried Benn. Phänotyp dieser Stunde.* Köln 1958.
Wübben, Yvonne: »›Ein Bluff für den Mittelstand‹. Gottfried Benn und die Hirnforschung«. In: Arnold 2006, S. 71-82.
Bergson, Henri (18.10.1859-4.1.1941)
–: »Denken und schöpferisches Werden«. In: *Klassiker der modernen Zeitphilosophie.* Hg. v. Walter Ch. Zimmerli u. Mike Sandbothe. Darmstadt 1993, S. 223-238.
Blass, Ernst (17.10.1890-23.1.1939)
–: *Die Straßen komme ich entlang geweht. Sämtliche Gedichte.* Hg. u. mit einem Nachw. v. Thomas B. Schumann. München, Wien 1980.
–: »Georg Heym«. In: *Die Aktion* 2 (1912), Sp. 882-885.
–: »Geist der Utopie«. In: *Das jungeDeutschland* 2 (1919) 3, S. 63-67. Nachdruck in Anz u. Stark 1982, S. 238-243.
–: *Werkausgabe in drei Bänden.* Hg. v. Thomas B. Schumann. Hürth bei Köln 2009.
Reinthal, Angela: »*Wo Himmel und Kurfürstendamm sich berühren*«. *Studien und Quellen zu Ernst Blass (1890-1939).* Oldenburg 2000.
Blei, Franz (18.1.1871-10.7.1942)
–: *Gesammelte Werke.* Hg. v. Rolf-Peter Baacke. Hamburg 1994-1998.
–: »Carl Einstein«. In: *Die Aktion* 2 (1912), Sp. 1424-1425.
–: »Aus dieser Zeit«. In: *Die neue Rundschau* 25 (1914) 10 (Oktober), S. 1421-1428.
–: »Philosophie und Gemeinschaft«. In: *Zeit-Echo* 2 (1915/16), H. 6, S. 83-85.
–: *Briefe an Carl Schmitt. 1917-1933.* Hg. und erl. v. Angela Reinthal. Heidelberg 1995.
–: *Erzählung eines Lebens.* Wien 2004.
Eisenhauer, Gregor: *Franz Blei – der Literat.* Berlin 2004.
Harth, Dietrich (Hg.): *Franz Blei. Mittler der Literaturen.* Hamburg 1997.
Bleuler, Eugen (30.4.1857-15.7.1939)
–: *Dementia praecox oder die Gruppe der Schizophrenien.* Leipzig, Wien 1911.
–: *Lehrbuch der Psychiatrie.* Berlin 1916.
Bloch, Ernst (8.7.1885-4.8.1977)
–: *Geist der Utopie.* München, Leipzig 1918.
–: »Diskussionen über Expressionismus«. In: *Das Wort* 6 (1938), S. 103-112 [Nachdruck in: Schmitt 1973, S. 180-191; Raabe 1965, S. 283-293; Rötzer 1976, S. 94-105].
Blüher, Hans (17.2.1888-4.2.1955)
–: »Die Jugendbewegung vor der geistigen Entscheidung«. In: *Neue Jugend* 1 (1916/17), S. 124-126.

Blümner, Rudolf (19.8.1873-3.9.1945)
–: *Ango laïna und andere Texte.* Hg. v. Karl Riha u. Marcel Beyer. München 1993.
–: *Der Sturm. Eine Einführung.* Berlin 1918.
Bluth, Karl Theodor (5.5.1892-5.3.1964)
–: »Der Begriff der Geistigkeit«. In: *Die Rettung* 2 (1920) 4/5, S. 45-49.
Boldt, Paul (31.12.1885-16.3.1921)
–: *Junge Pferde! Junge Pferde! Das Gesamtwerk.* Hg. v. Wolfgang Minaty. Olten, Freiburg i.Br. 1979.
–: »Impression du soir«. In: *Die Aktion* 3 (1913), Sp. 304.
Minaty, Wolfgang: *Paul Boldt und die »Jungen Pferde« des Expressionismus. Erotik, Gesellschaftskritik und Offenbarungseid.* Stuttgart 1976.
Brecht, Bertolt (10.2.1898-14.8.1956)
–: *Werke. Große kommentierte Berliner und Frankfurter Ausgabe.* Hg. v. Werner Hecht u.a. Berlin, Weimar, Frankfurt a.M. 1988-2000.
Brod, Max (27.5.1884-20.12.1968)
–: *Streitbares Leben. Autobiographie.* München 1960.
–: *Der Prager Kreis.* Stuttgart 1966.
–: *Über Franz Kafka.* Frankfurt a.M. 1974.
Dolezal, Pavel: *Tomás G. Masaryk, Max Brod und das Prager Tagblatt (1918-1938). Deutsch-tschechische Annäherung als publizistische Aufgabe.* Frankfurt a.M. u.a. 2004.
Pazi, Margarita: *Max Brod. Werk und Persönlichkeit.* Bonn 1970.
– Hg.): *Max Brod 1884-1984. Untersuchungen zu Max Brods literarischen und philosophischen Schriften.* New York 1987.
Wessling, Wilhelm: *Max Brod. Ein Portrait.* Stuttgart 1969.
Bronnen, Arnolt (19.8.1895-12.10.1959)
–: *Werke. Mit Zeugnissen zur Entstehung und Wirkung.* 5 Bde. Hg. v. Friedbert Aspetsberger. Klagenfurt 1989.
Aspetsberger, Friedbert: *Arnolt Bronnen. Biographie.* Wien u.a. 1995.
Klinger, Edwin: *Arnolt Bronnen. Werk und Wirkung. Eine Personalbibliographie.* Hildesheim 1974.
Krüger, Michael: *Studien zu Arnolt Bronnens Dramen.* Frankfurt a.M. u.a. 1989.
Münch, Ursula: *Weg und Werk Arnolt Bronnens. Wandlungen seines Denkens.* Frankfurt a.M. u.a. 1985.
Obernosterer, Uli: *Auf der Suche nach a.b. Eine motivgeschichtliche Werk- und Charakteranalyse Bronnens aus psychoanalytischer Sicht.* Klagenfurt 1994.
Süselbeck, Jan: »Wenn große Jungs Indianer spielen. Thesen zur Emotionalisierung und Sexualisierung der Kriegsdarstellung in Arnolt Bronnens Skandalroman ›O. S.‹« (1929). In: *Literatur als Lust.* Hg. v. Lutz Hagestedt. München 2008, S. 309-315.
Brust, Alfred (15.6.1891-22.2.1934)
–: *Dramen. 1917-1924.* Hg. v. Horst Denkler. München 1971.
Buber, Martin (8.2.1878-13.6.1965)
–: »Gemeinschaft«. In: *Neue Erde* 1 (1919) 1 (Januar), S. 6-8. Nachdruck in: Anz u. Stark 1982, S. 260-262.
Cassirer, Ernst (28.7.1874-13.4.1945)
–: *Philosophie der symbolischen Formen.* Berlin 1923.
Corrinth, Curt (20.2.1894-27.8.1960)
Schmidt, Karl-Wilhelm: *Revolte, Geschlechterkampf und Gemeinschaftsutopie. Studien zur expressionistischen Prosa Franz Jungs und Curt Corrinths.* Frankfurt a.M. u.a. 1988.

Csokor, Franz Theodor (6.9.1885-5.1.1969)
Klauhs, Harald: *Franz Theodor Csokor. Leben und Werk bis 1938 im Überblick.* Stuttgart 1988.
Strelka, Joseph P. (Hg.): *Immer ist Anfang. Der Dichter Franz Theodor Csokor.* Frankfurt a.M. u.a. 1990.
Däubler, Theodor (17.8.1876-13.6.1934)
–: *Gesammelte Werke* [in 7 Bänden]. Dresdner Ausgabe. Hg. v. Paolo Chiarini u.a. Dresden 2004ff.
–: *Im Kampf um die moderne Kunst und andere Schriften*. Hg. v. Friedhelm Kemp u. Friedrich Pfäfflin. Darmstadt 1988.
–: *Der neue Standpunkt*. Leipzig 1919 [zuerst 1916].
Dilthey, Wilhelm (19.11.1833-1.10.1911)
–: *Der Aufbau der geschichtlichen Welt in den Geisteswissenschaften*. Frankfurt a.M. 1990 [zuerst Berlin 1910].
Döblin, Alfred (10.8.1878-26.6.1957)
–: *Ausgewählte Werke in Einzelbänden*. In Verbindung mit den Söhnen hg. v. Walter Muschg. Weitergeführt v. Heinz Graber u. Anthony W. Riley. Olten, Freiburg i.Br. [ab 1996 Düsseldorf, Zürich] 1960ff.
–: *Die drei Sprünge des Wang-lun. Chinesischer Roman*. Hg. v. Walter Muschg. Olten, Freiburg i.Br. 1960.
–: *Briefe*. Hg. v. Heinz Graber. Olten, Freiburg i.Br. 1970.
–: *Jagende Rosse, Der schwarze Vorhang und andere frühe Erzählwerke*. Hg. v. Anthony W. Riley. Olten, Freiburg i.Br. 1981.
–: *Wadzeks Kampf mit der Dampfturbine. Roman*. Hg. v. Anthony W. Riley. Olten, Freiburg i.Br. 1982.
–: *Kleine Schriften I (1902-1921)*. Hg. v. Anthony W. Riley. Olten, Freiburg i.Br. 1985.
–: *Schriften zu Leben und Werk*. Hg. v. Erich Kleinschmidt. Olten, Freiburg i.Br. 1986.
–: *Schriften zu Ästhetik, Poetik und Literatur*. Hg. v. Erich Kleinschmidt. Olten, Freiburg i.Br. 1989.
–: *Berlin Alexanderplatz. Die Geschichte vom Franz Biberkopf*. Hg. v. Werner Stauffacher. Düsseldorf, Zürich 1996.
–: *Wallenstein. Roman*. Hg. v. Erwin Kobel. Düsseldorf, Zürich 2001.
–: *Die Ermordung einer Butterblume. Sämtliche Erzählungen*. Hg. v. Christina Althen. Düsseldorf, Zürich 2001.
–: »Reims«. In: *Die neue Rundschau* 25 (1914) 12 (Dezember), S. 1717-1722 [Auch in: Ders.: *Schriften zur Politik und Gesellschaft*. Olten, Freiburg i.Br. 1972, S. 17-25].
–: »Von der Freiheit eines Dichtermenschen«. In: *Die neue Rundschau* 29 (1918), Bd. 2, S. 843-850. Nachdruck in: Anz u. Stark 1982, S. 69-74.
–: *Die Ermordung einer Butterblume. Sämtliche Erzählungen*. Hg. v. Christina Althen. Düsseldorf 2001.
–: *Kleine Schriften IV*. Hg. v. Anthony W. Riley. Olten u.a. 2005.
–: *Berge, Meere und Giganten. Roman*. Hg. v. Gabriele Sander. Düsseldorf 2006.
–: *Gedächtnisstörungen bei der Korsakoffschen Psychose*. Mit einem Nachw. v. Susanne Mahler. Berlin 2006.
–: *Die drei Sprünge des Wang-Lun. Chinesischer Roman*. Hg. v. Gabriele Sander. Mit einem Nachwort v. Andreas Solbach. Düsseldorf 2007.
Anz, Thomas: »›Modérn wird módern‹. Zivilisatorische und ästhetische Moderne im Frühwerk Alfred Döblins«. In: *Internationale Alfred-Döblin-Kolloquien*

Münster 1989, Marbach a.N. 1991. Hg. v. Werner Stauffacher. Bern 1993, S. 26-35.
Becker, Sabina: »Zwischen Frühexpressionismus, Berliner Futurismus, ›Döblinismus‹ und ›neuem Naturalismus‹. Alfred Döblin und die expressionistische Bewegung«. In: Fähnders 2001, S. 21-44.
– (Hg.): »*Tatsachenphantasie*«. *Alfred Döblins Poetik des Wissens im Kontext der Moderne. Internationales Alfred-Döblin-Kolloquium Emmendingen 2007.* Bern u.a. 2008.
Dollinger, Roland (Hg.): *A companion to the works of Alfred Döblin.* Rochester, New York u.a. 2004.
Eggert, Hartmut (Hg.): *Alfred Döblin und die Künstlerische Avantgarde in Berlin. Internationales Alfred-Döblin-Kolloquium Berlin 2001.* Bern u.a. 2003.
Emig, Christine: »Butterblume – Mutterblume. Psychiatrischer und ›naturphilosophischer‹ Diskurs in Alfred Döblins ›Die Ermordung einer Butterblume‹«. In: *Scientia poetica* 9 (2005), S. 195-215.
Erhart, Walter (Hg.): *Wolfgang Koeppen & Alfred Döblin. Topographien der literarischen Moderne.* München 2005.
Fuechtner, Veronika: *Alfred Döblin and the Berlin Psychoanalytic Institute.* Chicago 2003.
Hahn, Torsten (Hg.): *Internationales Alfred-Döblin-Kolloquium Bergamo 1999.* Bern u.a. 2002.
Keck, Annette: »*Avantgarde der Lust*«. *Autorschaft und sexuelle Relation in Döblins früher Prosa.* München 1998.
Lorf, Ira: *Maskenspiele. Wissen und kulturelle Muster in Alfred Döblins Romanen »Wadzeks Kampf mit der Dampfturbine« und »Die drei Sprünge des Wang-lun«.* Bielefeld 1999.
Müller-Salget, Klaus: *Alfred Döblin. Werk und Entwicklung.* Bonn 1972.
Prangel, Matthias: *Alfred Döblin.* Stuttgart 1973 [2. Aufl. 1987].
Ribbat, Ernst: *Die Wahrheit des Lebens im frühen Werk Alfred Döblins.* Münster 1970.
Sander, Gabriele: *Alfred Döblin.* Stuttgart 2001.
–: »Bibliographie der Neuerscheinungen zum Werk Alfred Döblins«. In: Becker 2008, S. 321-328.
Weyembergh-Boussart, Monique: *Alfred Döblin. Seine Religiosität in Persönlichkeit und Werk.* Bonn 1970.
Wübben, Yvonne: »Tatsachenphantasien. Alfred Döblins ›Die Ermordung einer Butterblume‹ im Kontext von Experimentalpsychologie und psychiatrischer Krankheitslehre«. In: Becker 2008, S. 83-99.

Drahn, Ernst u. Ernst Friedegg (Hg.): *Deutscher Revolutions-Almanach für das Jahr 1919 über die Ereignisse des Jahres 1918.* Hamburg, Berlin 1919.
Durkheim, Émile: *Le Suicide.* Paris 1897 [deutsche Übersetzung Neuwied 1973].
Edschmid, Kasimir (5.10.1890-31.8.1966)
–: *Gesammelte Werke in Einzelausgaben.* Wien u.a. 1960ff.
–: *Die frühen Erzählungen. Die sechs Mündungen. Das rasende Leben. Timur.* Neuwied, Berlin 1965.
–: *Frühe Schriften.* Hg. v. Ernst Johann. Neuwied, Berlin 1970.
–: »Expressionismus in der Dichtung«. In: *Die neue Rundschau* 29 (1918), Bd. 1 (Märzheft), S. 359-374. Nachdruck in: Anz u. Stark 1982, S. 42-55.
–: *Lebendiger Expressionismus. Auseinandersetzungen, Gestalten, Erinnerungen.* Wien u.a. 1961.

- (Hg.): *Briefe der Expressionisten.* Frankfurt a.M., Berlin 1964.
Cepl, Esther Marie: *Konstruktion von Lebenssinn und Lebensstil. Paradigmenwechsel in der Prosa Kasimir Edschmids.* Aachen 2005.
Schlösser, Hermann: *Kasimir Edschmid. Expressionist, Reisender, Romancier. Eine Werkbiographie.* Bielefeld 2007.

Ehrenstein, Albert (23.12.1886-8.4.1950)
–: *Werke.* 5 Bde. Hg. v. Hanni Mittelmann. München 1989ff.
Drews, Jörg: »Trostlosigkeit durch Kalauer unerträglich gemacht. Albert Ehrensteins ›Tubutsch‹«. In: Fähnders 2001, S. 45-57.
Huff, Matthias: *Selbstkasteiung als Selbstvergewisserung. Zum literarischen Ich im Werk Albert Ehrensteins.* Stuttgart 1994.
Laugwitz, Uwe: *Albert Ehrenstein. Studien zu Leben, Werk und Wirkung eines deutsch-jüdischen Schriftstellers.* Frankfurt a.M. 1987.
Wallas, Armin A.: *Albert Ehrenstein. Mythenzerstörer und Mythenschöpfer.* München 1994.

Einstein, Carl (26.4.1885-3.7.1940)
–: *Werke.* Berliner Ausgabe. 5 Bde. Hg. v. Hermann Haarmann u. Klaus Siebenhaar. Berlin 1992-1996.
–: »Paul Adler. Nämlich«. In: *Die Aktion* 6 (1916), Sp. 208.
Braun, Christoph: *Carl Einstein. Zwischen Ästhetik und Anarchismus. Zu Leben und Werk eines expressionistischen Schriftstellers.* München 1987.
Fleckner, Uwe: *Carl Einstein und sein Jahrhundert. Fragmente einer intellektuellen Biographie.* Berlin 2006.
Kiefer, Klaus H.: *Diskurswandel im Werk Carl Einsteins. Ein Beitrag zur Theorie und Geschichte der europäischen Avantgarde.* Tübingen 1994.
Kyora, Sabine: »Carl Einsteins ›Bebuquin‹«. In: Fähnders 2001, S. 79-91.
Sabel, Johannes: *Text und Zeit. Versuche zu einer Verhältnisbestimmung, ausgehend von Carl Einsteins Roman »Bebuquin oder die Dilettanten des Wunders«.* Frankfurt a.M. u.a. 2002.
Scholvin, Nikolaus: »›Die Wirklichkeit der Dichtung ist die Wortfolge‹. Eine Analyse des ersten Kapitels von Carl Einsteins Roman ›Bebuquin‹«. In: *Literatur für Leser* 29 (2006), H. 2, S. 129-146.

Essig, Hermann (28.8. 1878-21.6.1918)
–: *Der Taifun.* Roman. Hg. u. mit einem Nachw. v. Rolf-Bernhard Essig. Bonn 1997.
Essig, Rolf-Bernhard: *Hermann Essig 1878-1918. Vom Volksstück zum Großstadtroman – ein schwäbischer Schriftsteller im Berlin des Expressionismus.* [Katalog] Wiesbaden 1993.
Pinto, Annemarie: *Hermann Essig. Sudien zu seiner Person und zu seinem Werk.* Bern 1977.

Flake, Otto (29.10.1880-10.11.1963)
–: *Werke.* Hg. v. Rolf Hochhuth u. Peter Härtling. Frankfurt a.M. 1973ff.
Farin, Michael u. Raoul Schrott (Hg.): *Otto Flake und Dada. 1918-1921.* Siegen 1993.
Graf, Sabine: »*Als Schriftsteller leben*«. *Das publizistische Werk Otto Flakes der Jahre 1900 bis 1933 zwischen Selbstverständigung und Selbstinszenierung.* St. Ingbert 1992.
Stockebrand, Gerd: *Otto Flake und der literarische Expressionismus.* Würzburg 1988.

Flesch-Brunningen, Hans von (5.2.1895-1.8.1981)
–: »Die Revolution der Erotik«. In: *Wiecker Bote* 1 (1914) 11/12 (Juli), S. 5-12.

–: *Die verführte Zeit. Lebenserinnerungen.* Hg. v. Manfred Mixner. Wien 1988.
Frank, Leonhard (4.9.1882-18.8.1961)
–: *Gesammelte Werke. In sechs Bänden.* Berlin 1957-1959.
–: *Links wo das Herz ist.* München 1952.
–: *Der Mensch ist gut. Novellen.* München 1964.
Dettelbacher, Werner: *Leonhard Franks Zürcher Exil. 1915-1918.* Würzburg 1993.
Fähnders, Walter: »›Der Mensch ist gut‹. Leonhard Franks Anti-Kriegs-Erzählung«. In: Fähnders 2001, S. 187-209.
Grobmann, Ralph: *Gefühlssozialist im 20. Jahrhundert. Leonhard Frank 1882-1961.* Frankfurt a.M. u.a. 2004.
Schild, Wolfgang: *Schuld und Unfreiheit. Gedanken zu Strafjustiz und Psychoanalyse in Leonhard Franks »Die Ursache«.* Baden-Baden 1996.
Steidle, Hans: *Von ganzem Herzen links. Die politische Dimension im Werk Leonhard Franks.* Würzburg 2005.
Freud, Sigmund (6.5.1856-23.9.1939)
–: *Gesammelte Werke. Chronologisch geordnet.* Hg. v. Anna Freud u.a. London 1948-1955 [Reprint Frankfurt a.M. 1999].
–: *Studienausgabe.* Hg. v. Alexander Mitscherlich u.a. Frankfurt a.M. 1969ff.
Goering, Reinhard (23.6.1887-14.11.1936)
–: *Prosa Dramen Verse.* München 1961.
Fäth, Dagmar: *Probleme der Weltorientierung in den Dramen Reinhard Goerings.* Frankfurt a.M. u.a. 1999.
Pommer, Frank U.: *Variationen über das Scheitern des Menschen. Reinhard Goerings Werk und Leben.* Frankfurt a.M. u.a. 1996.
Solomon, Janis Little: *Die Kriegsdramen Reinhard Goerings.* Bern 1985.
Stenzig, Bernd: »›Wo hast du so schöne Gleichnisse und Bilder her?‹ ›Seeschlacht‹ von Reinhard Goering«. In: *Literarische Trans-Rationalität.* Hg. v. Wolfgang Wirth u. Franz Wegner. Würzburg 2003, S. 415-453.
Goll, Iwan (29.3.1891-27.2.1950)
–: *Gefangen im Kreise. Dichtungen, Essays und Briefe.* Hg. v. Klaus Schuhmann. Leipzig 1982.
–: *Dichtungen. Lyrik, Prosa, Drama.* Hg. v. Claire Goll. Übersetzt v. Claire Goll, Georg Goyert, Friedhelm Kemp u. Lothar Klünner. Nachw. v. Helmut Uhlig u. Richard Exner. Darmstadt u.a. 1960.
–: »Vom Geistigen«. In: *Die Aktion* 7 (1917), 29. Dez., Sp. 677-679. Nachdruck in: Anz u. Stark 1982, S. 220-222.
–: »Das Überdrama«. In: *Die neue Schaubühne* 1 (1919), 9. Heft, 1. September, S. 265-267. Nachdruck in: Anz u. Stark 1982, S. 692-693.
–: »Der Expressionismus stirbt«. In: *Zenit* 1 (1921) 8, S. 8-9. Nachdruck in: Anz u. Stark 1982, S. 108-109.
Knauf, Michael: *Yvan Goll. Ein Intellektueller zwischen zwei Ländern und zwei Avantgarden.* Bern u.a. 1996.
Müller-Lentrodt, Matthias: *Poetik für eine brennende Welt. Zonen der Poetik Yvan Golls im Kontext der europäischen Avantgarde. Mit einem Rückblick auf 50 Jahre Forschungsliteratur zu Yvan Goll.* Bern u.a. 1997.
Pleiner, Christoph M.: *»Du übtest mit mir das feuerfeste Lied«. Eros und Intertextualität bei Claire und Iwan Goll.* Frankfurt a.M. u.a. 1999.
Graf, Oskar Maria (22.7.1894-28.6.1967)
–: *Werkausgabe.* 13 Bde. Hg. v. Wilfried F. Schoeller. München 1994.
Bauer, Gerhard: *Oskar Maria Graf. Ein rücksichtslos gelebtes Leben.* München 1994.

Bollenbeck, Georg: *Oskar Maria Graf. Mit Selbstzeugnissen und Bilddokumenten.* Reinbek bei Hamburg 1989.
Dittmann, Ulrich: »Oskar Maria Graf. ›Der Schandfleck der ganzen bayrischen Armee‹«. In: Schneider u. Schumann 2000, S. 293-307.
Mohr, Joachim: *Hunde wie ich. Selbstbild und Weltbild in den autobiographischen Schriften Oskar Maria Grafs.* Würzburg 1999.
Schoeller, Wilfried F.: *Oskar Maria Graf. Odyssee eines Einzelgängers. Texte, Bilder, Dokumente.* Frankfurt a.M., Wien 1994.

Gross, Otto (17.3.1877-13.2.1920)
–: *Von geschlechtlicher Not zur sozialen Katastrophe.* Mit einem Essay von Franz Jung zu Werk und Leben von Otto Gross sowie einem Nachw. v. Raimund Dehmlow. Hamburg 2000.
Berg, Hubert van den: »Psychoanalyse und Dada in Berlin. Otto Gross, ›die Freie Strasse‹ und die dadaistische Programmatik Franz Jungs, Raoul Hausmanns und Richard Huelsenbecks«. In: *Dada Berlin.* Hg. v. Françoise Lartillot. Paris 2005, S. 61-106.
Dehmlow, Raimund u. Gottfried Heuer: *Otto Gross. Werkverzeichnis und Sekundärschrifttum.* Hannover 1999.
– (Hg.): *Du Kreuz des Südens über meiner Fahrt. Briefe von Otto Gross an Frieda Weekley.* Hannover 2000.
– u. Gottfried Heuer (Hg): *1. Internationaler Otto Gross Kongress. Bauhaus Archiv, Berlin 1999.* Marburg, Hannover 2000.
– u. Gottfried Heuer (Hg.): *Bohème, Psychoanalyse & Revolution. 3. Internationaler Otto Gross Kongress.* Marburg 2003.
– /Ralf Rother u. Alfred Springer (Hg.): *6. Internationaler Otto Gross Kongress. Wien, 8.-10. September 2006.* Marburg 2008.
Dienes, Gerhard/Götz von Olenhusen, Albrecht/Heuer, Gottfried u. Gernot Kocher (Hg.): *Gross gegen Gross. Hans & Otto Gross. Ein paradigmatischer Generationskonflikt.* Marburg 2005.
Erich-Mühsam-Gesellschaft (Hg.): *Anarchismus und Psychoanalyse zu Beginn des 20. Jahrhunderts. Der Kreis um Erich Mühsam und Otto Gross.* Lübeck 2000.
Felber, Werner/Götz von Olenhusen, Albrecht/Heuer, Gottfried Maria u. Bernd Nitzschke (Hg.): *Psychoanalyse & Expressionismus. 7. Internationaler Otto Gross Kongress. Dresden, 3. bis 5. Oktober 2008.* Marburg 2010.
Götz von Olenhusen, Albrecht u. Gottfried Heuer (Hg): *Die Gesetze des Vaters. 4. Internationaler Otto Gross Kongress. Robert Stolz-Museum, Karl-Franzens-Universität Graz, 24.-26. Oktober 2003.* Marburg 2005.
Green, Martin: *Otto Gross. Freudian Psychoanalyst, 1877-1920. Literature and Ideas.* Lewiston u.a. 1999.
Heuer, Gottfried (Hg.): *2. Internationaler Otto Gross Kongress. Burghölzli,* Zürich 2000. Marburg 2002.
– (Hg.): *Utopie & Eros. Der Traum von der Moderne. 5. Internationaler Otto Gross Kongress, cabaret voltaire / Dada-Haus, Zürich 2005.* Marburg 2006.
Hurwitz, Emanuel: *Otto Gross. Paradiessucher zwischen Freud und Jung. Leben und Werk.* Zürich, Frankfurt a.M. 1979.
Jung, Christina u. Thomas Anz (Hg.): *Der Fall Otto Gross. Eine Pressekampagne deutscher Intellektueller im Winter 1913/14.* Marburg 2002.
Michaels, Jennifer E.: *Anarchy and eros. Otto Gross' impact on German expressionist writers: Leonhard Frank, Franz Jung, Johannes R. Becher, Karl Otten, Curt Corinth, Walter Hasenclever, Oskar Maria Graf, Franz Kafka, Franz Werfel, Max*

Brod, Raoul Hausmann and Berlin Dada. With an appendix containing »Von geschlechtlicher Not zur sozialen Katastrophe«, a previously unpublished manuscript by Franz Jung. New York u.a. 1983.

Raub, Michael: *Opposition und Anpassung. Eine individualpsychologische Interpretation von Leben und Werk des frühen Psychoanalytikers Otto Gross.* Frankfurt a.M. u.a. 1994.

Gütersloh, Paris von (5.2.1887-16.5.1973)

–: *Die tanzende Törin. Ein Roman des Märchens.* Berlin 1911 [Neuausgabe (mit einem Nachw. v. Wolfdietrich Rasch): München 1973].

Mayrhofer, Reinhard: *Essayismus im Romanwerk Albert Paris Gütserslohs. Distanz und Integration nicht-fiktionaler Strukturen im Roman.* Frankfurt a.M. u.a. 2006.

Thurner, Felix: *Albert Paris Gütersloh. Studien zu seinem Romanwerk.* Bern 1970.

Hardekopf, Ferdinand (15.12.1876-24.3.1954)

–: *Gesammelte Dichtungen.* Hg. v. Emmy Moor-Wittenbach. Zürich 1963.

–: *Dichtungen.* Hg. v. Ingrid Henrich-Jost. Zürich 1989.

–: »Stanislaw Przybyzewski: ›Das goldene Vließ‹«. In: *Die Aktion 2* (1912), Sp. 367f.

–: *Die Äternisten. Erste Proklamation des Äternismus* [Prospekt, April 1916]. Nachdruck in: Anz u. Stark 1982, S. 518f.

Hardenberg, Henriette (5.2.1894-26.10.1993)

–: *Dichtungen.* Hg. v. Hartmut Vollmer. Zürich 1988.

–: *Südliches Herz. Nachgelassene Dichtungen.* Hg. v. Hartmut Vollmer. Zürich 1994.

Krug, Marina: *Imaginationen im Gedichtzyklus »Neigungen« von Henriette Hardenberg.* Freiburg i.Br. 1994.

Hasenclever, Walter (8.7.1890-21.6.1940)

–: *Sämtliche Werke.* 5 Bde. Hg. v. Dieter Breuer u. Bernd Witte. Mainz 1990ff.

–: *Briefe. In zwei Bänden. 1907-1940.* Bearb. u. hg. v. Bert Kasties. Mainz 1994.

–: »Kunst und Definition«. In: *Neue Blätter für Kunst und Dichtung* 1 (1918), H. 2, S. 40.

–: *Der politische Dichter.* Berlin 1919.

–: *Ausgewählte Werke in fünf Bänden.* Hg. u. mit Erl. v. Bert Kasties. Aachen 2003ff.

Kasties, Bert: *Walter Hasenclever. Eine Biographie der deutschen Moderne.* Tübingen 1994.

Reiter, Bernhard F.: *Walter Hasenclevers mystische Periode. Die Dramen der Jahre 1917-1925.* Frankfurt a.M. u.a. 1997.

Schommers-Kretschmer, Barbara: *Philosophie und Poetologie im Werk von Walter Hasenclever.* Aachen 2000.

Wilder, Ania: *Die Komödien Walter Hasenclevers. Ein Beitrag zur Literatur der Zwanziger Jahre.* Frankfurt a.M. 1983.

Hatvani, Paul (16.8.1892-9.11.1975)

–: »Versuch über den Expressionismus«. In: *Die Aktion 7* (1917), Sp. 146-150. Nachdruck in: Anz u. Stark 1982, S. 38-42.

Haubach, Theodor (15.9.1896-23.1.1945)

–: »Wider die Politik«. In: *Das Tribunal* 1 (1919), S. 51-52.

Hauptmann, Gerhart (15.11.1862-6.6.1946)

–: *Sämtliche Werke.* Hg. v. H.-E. Hass. Frankfurt a.M., Berlin 1962ff.

Hausenstein, Wilhelm (17.6.1882-3.6.1957)

–: »Für die Kunst«. In: *Die weißen Blätter* 2 (1915), Januar-März, S. 37-47.

–: »Vom Expressionismus in bildender Kunst«. In: *Die neue Rundschau* 29 (1918), 2, S. 913-930.
Werner, Johannes: *Wilhelm Hausenstein. Ein Lebenslauf.* München 2005.
Hausmann, Raoul (12.7.1886-1.2.1971)
–: *Bilanz der Feierlichkeit. Texte bis 1933.* Bd. 1. Hg. v. Michael Erlhoff. München 1982.
–: *Sieg, Triumph, Tabak mit Bohnen. Texte bis 1933.* Bd. 2. Hg. v. Michael Erlhoff. München 1982.
–: *Scharfrichter der bürgerlichen Seele. Raoul Hausmann in Berlin 1900-1933.* Unveröffentlichte Briefe, Texte, Dokumente aus den Künstler-Archiven der Berlinischen Galerie. Hg. u. kommentiert v. Eva Züchner. Berlin 1998.
–: »Zur Weltrevolution«. In: *Die Erde* 1 (1919) 12 (15. Juni), S. 368-371.
Bartsch, Kurt (Hg.): *Raoul Hausmann.* Graz u.a. 1996.
Frenkel, Cornelia: *Raoul Hausmann. Künstler, Forscher, Philosoph.* St. Ingbert 1996.
Hille, Karoline: *Hannah Höch und Raoul Hausmann. Eine Berliner Dada-Geschichte.* Berlin 2000.
Petersen, Jes/Hausmann, Raoul u. Franz Jung: *Strontium. Briefwechsel.* Berlin 2001.
Wagener, Silke: *Geschlechterverhältnisse und Avantgarde. Raoul Hausmann und Hannah Höch.* Königstein/Ts. 2008.
Züchner, Eva (Hg.): *Raoul Hausmann. Der deutsche Spießer ärgert sich. 1886-1971.* Berlin 1994.
Hentig, Hans (9.6.1887-6.7.1974)
–: »Bei den Neopathetischen«. In: *Münchener Allgemeine Zeitung,* 16. Juli 1910, S. 559-560. Nachdruck in: Anz u. Stark 1982, S. 83-85.
Herrmann-Neiße, Max (23.5.1886-8.4.1941)
–: *Gesammelte Werke.* 10 Bde. Hg. v. Klaus Völker. Frankfurt a.M. 1986-1988.
Kepser, Jutta: *Utopie und Satire. Die Prosadichtung von Max Herrmann-Neiße.* Würzburg 1996.
Schuhmann, Klaus: *»Ich gehe wie ich kam: arm und verachtet«. Leben und Werk Max Hermann-Neisses (1886-1941).* Bielefeld 2003.
Herzog, Wilhelm (12.1.1884-18.8.1960)
–: »Klärungen. Kultur und Zivilisation.« In: *Das Forum* 1 (1914/15) 11 (Februar 1915), S. 553-558.
Müller-Feyen, Carla: *Engagierter Journalismus. Wilhelm Herzog und Das Forum (1914-1929). Zeitgeschehen und Zeitgenossen im Spiegel einer nonkonformistischen Zeitschrift.* Frankfurt a.M. u.a. 1996.
Müller-Stratmann, Claudia: *Wilhelm Herzog und »Das Forum«. Literatur-Politik« zwischen 1910-1915. Ein Beitrag zur Publizistik des Expressionismus.* Frankfurt a.M. 1997.
Heuß, Theodor (31.1.1884-12.12.1963)
–: »Die Politisierung des Literaten«. In: *Das literarische Echo* 18 (1916) 11 (1. März), Sp. 657-664.
Heym, Georg (30.10.1887-16.1.1912)
–: *Gedichte 1910-1912. Historisch-kritische Ausgabe aller Texte in genetischer Darstellung.* 2 Bde. Hg. v. Günter Dammann, Gunter Martens u. Karl Ludwig Schneider. Tübingen 1993.
–: *Dichtungen und Schriften. Gesamtausgabe.* 4 Bde. Hg. v. Karl Ludwig Schneider. Hamburg 1960ff.
Bridgwater, Patrick: *Poet of Expressionist Berlin. The life and work of Georg Heym.* London 1991.

Heitkamp, Helmut: *Poesie der Depression. Untersuchungen zur Raum- und Zeitdarstellung Georg Heyms.* Frankfurt a.M. 1989.
Korte, Hermann: *Georg Heym.* Stuttgart 1982.
Mautz, Kurt: *Georg Heym. Mythologie und Gesellschaft im Expressionismus.* 2. Aufl., Frankfurt a.M. 1972.
Schönert, Jörg: »›Der Irre‹ von Georg Heym. Verbrechen und Wahnsinn in der Literatur des Expressionismus«. In: *Der Deutschunterricht* 42 (1990), S. 84-94.
Heymann, Walther (19.5.1882-8./9.1.1915)
—: *Gedichte, Prosa, Essays, Briefe.* Hg. v. Leonhard M. Fiedler u. Renate Heuer. Frankfurt a.M., New York 1998.
—: »Berliner Sezession 1911. IV«. In: *Der Sturm* 2 (1911/12), Nr. 68 (Juli 1911), S. 543.
Heynicke, Kurt (20.9.1891-18.3.1985)
—: *Jeder Tag. Das lyrische Gesamtwerk.* Herdecke 2000.
—: *Das lyrische Werk.* 3 Bde. Worms 1974-1981.
Hiller, Kurt (17.8.1885-1.10.1972)
—: »Die Jüngst-Berliner«. In: *Literatur und Wissenschaft.* Monatliche Beilage der *Heidelberger Zeitung,* Nr. 7, 22. Juli 1911, Sonderabdruck, S. 2-6. Nachdruck in: Anz u. Stark 1982, S. 33-36.
—: *Die Weisheit der Langeweile. Eine Zeit- und Streitschrift.* Erster Band. Leipzig 1913.
—: »Expressionismus« [1913a]. In: Hiller 1913, S. 103. Nachdruck in: Anz u. Stark 1982, S. 37.
—: »Zur Frage der Verständlichkeit (Eine Predikt für Laien); und: Zur Frage der Verständlichkeit, zusätzlich für Kenner« [1913b]. In: Hiller 1913, S. 209-216, 217-218.
—: »Kolleg in Ophir«. In: *Die Aktion* 3 (1913[c]), Sp. 371-76.
—: *Das Ziel. Aufrufe zu tätigem Geist.* München, Berlin 1916.
—: »Philosophie des Ziels« [1916a]. In: Hiller 1916. Nachdruck in Rothe 1969, S.29-54.
— (Hg.): *Das Ziel. Jahrbücher für geistige Politik. Jahrbuch III.* Leipzig 1919.
— (Hg.): »Kongreßbericht (über den zweiten Aktivistenkongreß vom 15.-22. Juni 1919 in Berlin)«. In: *Das Ziel. Jahrbücher für geistige Politik.* Hg. v. Kurt Hiller. Bd. 4. München 1920, S. 207-216.
—: *Leben gegen die Zeit.* 2 Bde. Reinbek bei Hamburg 1969/1973.
Beutin, Wolfgang u. Rüdiger Schütt: *»Zu allererst antikonservativ«. Kurt Hiller (1885-1972).* Hamburg 1998.
Habereder, Juliane: *Kurt Hiller und der literarische Aktivismus. Zur Geistesgeschichte des politischen Dichters im frühen 20. Jahrhundert.* Frankfurt a.M., Bern 1981.
Hitler, Adolf (20.4.1889-30.4.1945)
—: *Mein Kampf.* Zwei Bde. in einem Bd. 143.-144. Aufl., München 1935 [zuerst Bd. 1: 1925; Bd. 2: 1927].
Hoddis, Jakob van (16.5.1887- Mai oder Juni 1942)
—: *Dichtungen und Briefe.* Hg. v. Regina Nörtemann. Zürich 1987.
—: *Gedichte.* Hg. v. Regina Nörtemann. Frankfurt a.M. 1990.
—: *Dichtungen und Briefe.* Hg. v. Regina Nörtemann. Göttingen 2007 [überarbeitete und im Kommentar gekürzte Fassung der Ausgabe von 1987].
Bremer, Fritz: *In allen Lüften hallt es wie Geschrei. Jakob van Hoddis – Fragmente einer Biographie.* Neuaufl., Neumünster 2001.
Buchholz, Michael: »Jakob van Hoddis in der Freien Wissenschaftlichen Vereini-

gung. Neue biographische Details und zwei unbekannte Texte«. In: *Jahrbuch der Deutschen Schillergesellschaft* 52 (2008), S. 89-108.
Hornbogen, Helmut: *Jakob van Hoddis. Die Odyssee eines Verschollenen*. Hg. v. Wolfdietrich Müller. 2., überarb. Aufl., München 2001 [zuerst 1986].
Läufer, Bernd: *Jakob van Hoddis: Der »Varieté«-Zyklus. Ein Beitrag zur Erforschung der frühexpressionistischen Großstadtlyrik*. Frankfurt a.M. u.a. 1992.
–: *Entdecke dir die Häßlichkeit der Welt. Bedrohung, Deformation, Desillusionierung und Zerstörung bei Jakob van Hoddis*. Frankfurt a.M. u.a. 1996.
Nau, Anne-Christin: *Schizophrenie als literarische Wahrnehmungsstruktur am Beispiel der Lyrik von Jakob Michael Reinhold Lenz und Jakob van Hoddis*. Frankfurt a.M. u.a. 2003.
Stratenwerth, Irene (Hg.): *All meine Pfade rangen mit der Nacht. Jakob van Hoddis 1887-1942*. Frankfurt a.M. 2001.

Hofmannsthal, Hugo von (1.2.1874-15.7.1929)
–: *Sämtliche Werke. Kritische Ausgabe*. Hg. v. Rudolf Hirsch, Christoph Perels u. Heinz Rölleke. Frankfurt a.M. 1975ff.
–: *Gesammelte Werke in zehn Einzelbänden*. Hg. v. Bernd Schoeller in Beratung mit Rudolf Hirsch. Frankfurt a.M. 1986.
–: *Briefe 1890-1901*. Berlin 1935.

Holzer, Marie (1877-1924)
–: »Das Automobil«. In: *Die Aktion* 2 (1912), Nr. 34 (21. Aug.), Sp. 1072-1073. Nachdruck in: Anz u. Stark 1982, S. 205.

Huebner, Friedrich Markus (12.4.1886-24.5.1964)
–: [Der Expressionismus in Deutschland]. In: Ders.: *Europas neue Kunst und Dichtung*. Berlin 1920, S. 80-95. Nachdruck in Anz u. Stark 1982, S. 3-13.
Roland, Hubert: *Leben und Werk von Friedrich Markus Huebner (1886-1964). Vom Expressionismus zur Gleichschaltung*. Münster u.a. 2009.

Huelsenbeck, Richard (23.4.1892-20.4.1974)
–: »Dadaistisches Manifest« [vorgetragen auf der großen Dada-Soirée im April 1918]. In: *Dada-Almanach*. Im Auftrag des Zentralamts der deutschen Dada-Bewegung. Hg. v. Richard Huelsenbeck. Berlin 1920, S. 36-41. Nachdruck in: Anz u. Stark 1982, S. 75-77.
–: »Was wollte der Expressionismus?« [1920a] In: *Dada-Almanach* [wie oben], S. 35-36. Nachdruck in: Anz u. Stark 1982, S. 127.
– (Hg.): *Dada. Eine literarische Dokumentation*. Reinbek bei Hamburg 1994.
–: *Wozu Dada. Texte 1916-1936*. Hg. v. Herbert Kapfer. Gießen 1994.
Kapfer, Herbert u. Lisbeth Exner (Hg.): *Weltdada Huelsenbeck. Eine Biographie in Briefen und Bildern*. Innsbruck 1996.
Nenzel, Reinhard: *Der frühe Richard Huelsenbeck. Kleinkarierte Avantgarde. Zur Neubewertung des deutschen Dadaismus. Sein Leben und sein Werk bis 1916 in Darstellung und Interpretation*. Bonn 1994.

Husserl, Edmund (8.4.1859-27.4.1938)
–: *Logische Untersuchungen*. Tübingen 1980 [zuerst 2 Bde Halle 1900-1901; überarb. Fassung in 3 Bdn. 1913-1921].

Jentzsch, Robert (4.11.1890-21.3.1918)
–: »Die Gefangenen«. In: *Die Aktion* 1 (1911), Sp. 911.

Johst, Hanns (8.7.1890-23.11.1978)
–: *Der Einsame. Ein Menschenuntergang*. München 1917.
Düsterberg, Rolf: *Hanns Johst: »Der Barde der SS«. Karrieren eines deutschen Dichters*. Paderborn u.a. 2004.

Pfanner, Helmut: *Hanns Johst. Vom Expressionismus zum Nationalsozialismus.* The Hague 1970.

Jung, Franz (26.11.1888-21.1.1963)
–: *Werke in Einzelausgaben.* Hg. v. Lutz Schulenburg. Hamburg 1981-1992.
Fähnders, Walter u. Andreas Hansen (Hg.): *Vom »Trottelbuch« zum »Torpedokäfer«. Franz Jung in der Literaturkritik 1912-1963.* Bielefeld 2003
Karrenbrock, Helga: »Sprung aus der Welt. Zu Franz Jungs expressionistischer Prosa«. In: Fähnders 2001, S. 165-185.
Mierau, Fritz: *Das Verschwinden von Franz Jung. Stationen einer Biographie.* Hamburg 1998.

Kafka, Franz (3.7.1883-3.6.1924)
–: *Historisch-kritische Ausgabe sämtlicher Handschriften, Drucke, Typoskripte.* Hg. v. Roland Reuß u. Peter Staengle. Basel, Frankfurt a.M. 1995ff.
–: *Schriften, Tagebücher, Briefe. Kritische Ausgabe.* Hg. v. Jürgen Born, Gerhard Neumann, Malcolm Pasley u. Jost Schillemeit. Frankfurt a.M. 1982ff.
–: *Das Schloß. Kritische Ausgabe.* Hg. v. Malcolm Pasley. Frankfurt a.M. 1982.
–: *Der Verschollene. Kritische Ausgabe.* Hg. v. Jost Schillemeit. Frankfurt a.M. 1983.
–: *Tagebücher. Kritische Ausgabe.* Hg. v. Hans-Gerd Koch u.a. Frankfurt a.M. 1990.
–: *Der Proceß. Kritische Ausgabe.* Hg. v. Malcolm Pasley. Frankfurt a.M. 1990[a].
–: *Nachgelassene Schriften und Fragmente I. Kritische Ausgabe.* Hg. v. Malcolm Pasley. Frankfurt a.M. 1993.
–: *Drucke zu Lebzeiten. Kritische Ausgabe.* Hg. v. Wolf Kittler u.a. Frankfurt a.M. 1994.
–: *Briefe 1900-1912. Kritische Ausgabe.* Hg. v. Hans-Gerd Koch. Frankfurt a.M. 1999.
–: *Gesammelte Werke in zwölf Bänden.* Nach der kritischen Ausgabe hg. v. Hans-Gerd Koch. Frankfurt a.M. 1994[a].
–: *Briefe 1902-1924.* Hg. v. Max Brod. Frankfurt a.M. 1966.
–: *Briefe an Felice und andere Korrespondenz aus der Verlobungszeit.* Hg. v. E. Heller u. J. Born. Mit einer Einleitung v. E. Heller. New York 1967.
–: *Amtliche Schriften.* Mit einem Essay v. Klaus Hermsdorf. Berlin 1984.
Alt, Peter-André: *Franz Kafka. Der ewige Sohn. Eine Biographie.* München 2005 [2. Aufl. 2008].
–: *Kafka und der Film. Über kinematographisches Erzählen.* München 2009.
Anz, Thomas: *Franz Kafka.* München 1989[a] [2. Aufl. 1992; Neue Ausgabe 2009].
–: »Kafka, der Krieg und das größte Theater der Welt« [2000b]. In: Schneider u. Schumann 2000, S. 247-262.
Auerochs, Bernd u. Manfred Engel (Hg.): *Kafka-Handbuch. Leben – Werk – Wirkung.* Stuttgart 2010.
Binder, Hartmut: *Kafka in neuer Sicht.* Stuttgart 1976.
– (Hg.): Kafka-Handbuch in zwei Bänden. Stuttgart 1979
–: *Wo Kafka und seine Freunde zu Gast waren. Prager Kaffeehäuser und Vergnügungsstätten in historischen Bilddokumenten.* Prag 2000.
Deleuze, Gilles und Félix Guattari: *Kafka. Für eine kleine Literatur.* Frankfurt a.M. 1976.
Derlien, Hans-Ulrich: »Bürokratie in der Literatur und Soziologie der Moderne. Über Kafka und Max Weber«. In: Anz u. Stark 1994, S. 44-61.
Emrich, Wilhelm: *Franz Kafka.* Bonn 1958.

Fingerhut, Karl-Heinz: *Die Funktion der Tierfiguren im Werke Franz Kafkas. Offene Erzähl-gerüste und Figurenspiele.* Bonn 1969.
Koch, Hans-Gerd u. Klaus Wagenbach (Hg.): *Kafkas Fabriken.* Marbach a.N. 2003.
Krusche, Dietrich: *Kafka und Kafka-Deutung. Die problematisierte Interaktion.* München 1974.
Kurz, Gerhard: *Traum-Schrecken. Kafkas literarische Existenzanalyse.* Stuttgart 1980.
–: »Nachwort«. In: Franz Kafka: *Erzählungen.* Hg. v. Michael Müller. Stuttgart 1995, S. 343-366.
Lange-Kirchheim, Astrid: »Franz Kafka: ›In der Strafkolonie‹ und Alfred Weber: ›Der Beamte‹«. In: *Germanisch-Romanische Monatsschrift* 27 (1977), S. 202-221.
Müller-Seidel, Walter: *Die Deportation des Menschen. Kafkas Erzählung »In der Strafkolonie« im europäischen Kontext.* Stuttgart 1986.
–: »Franz Kafkas Brief an den Vater. Ein literarischer Text der Moderne«. In: *Orbis litterarum* 42 (1987), S. 353-374.
Raabe, Paul: »Franz Kafka und der Expressionismus«. In: *Zeitschrift für deutsche Philologie* 86 (1967), S. 161-175.
Stach, Reiner: *Kafka. Die Jahre der Entscheidungen.* Frankfurt a.M. 2002.
–: *Kafka. Die Jahre der Erkenntnis.* Frankfurt a.M. 2008.
Tomberg, Friedrich: »Kafkas Tiere und die bürgerliche Gesellschaft«. In: *Das Argument* 6 (1964), H. 1, S. 1-13.
Vogl, Joseph: »Kafka und die Mächte der Moderne«. In: Mix 2000, S. 478-491.
Zischler, Hanns: *Kafka geht ins Kino.* Reinbek bei Hamburg 1996.

Kaiser, Georg (25.11.1878-4.6.1945)
–: *Werke.* 6 Bde. Hg. v. Walther Huder. Frankfurt a.M., Berlin 1970ff.
Chu, Mikyung: *Natur und Modernität. Untersuchungen zu den Frauengestalten in den Dramen Georg Kaisers.* Marburg 2002.
Krause, Frank (Hg.): *Georg Kaiser and modernity.* Göttingen 2005.
Pietsch, Stephanie: *»Noli me tangere«. Liebe als Notwendigkeit und Unmöglichkeit im Werk Georg Kaisers.* Bielefeld 2001.
Ritchie, James McPherson: »Georg Kaiser und das Drama des Expressionismus«. In: *Handbuch des deutschen Dramas.* Hg. v. Walter Hinck. Düsseldorf 1980, S. 386-400.
Sander, Marcus: *Strukturwandel in den Dramen Georg Kaisers 1910-1945.* Frankfurt a.M. u.a. 2004.
Segeberg, Harro: »Simulierte Apokalypsen. Georg Kaisers ›Gas‹-Dramen im Kontext expressionistischer Technik-Debatten«. In: Großklaus u. Lämmert 1989, S. 294-313.

Kandinsky, Wassily (4.12.1866-13.12.1944)
–: »Über Kunstverstehen«. In: *Der Sturm* 3 (1912/13), S. 157-158.
–: »Malerei als reine Kunst«. In: *Der Sturm* 4 (1913/14), S. 98-99.
– u. Franz Marc (Hg.): *Der blaue Reiter.* Dok. Neuausg. v. Klaus Lankheit. München 1965.
– u. Franz Marc (Hg.): *Der blaue Reiter.* 9. Aufl., Bern 1970.
–: *Über das Geistige in der Kunst.* 9. Aufl., Bern 1970.
–: *Gesammelte Schriften. 1889-1916. Farbensprache, Kompositionslehre und andere unveröffentlichte Texte.* Hg. v. Helmut Friedel u.a. München 2007.
Zimmermann, Reinhard: *Die Kunsttheorie von Wassily Kandinsky.* Bd. 1: Darstellung. Berlin 2002.
Emmert, Claudia: *Bühnenkompositionen und Gedichte von Wassily Kandinsky im Kontext eschatologischer Lehren seiner Zeit. 1896-1914.* Frankfurt a.M. 1998.

Riedl, Peter Anselm: *Wassily Kandinsky mit Selbstzeugnissen und Bilddokumenten*. 9. Aufl., Reinbek bei Hamburg 2001.
Kanehl, Oskar (5.10.1888-28.5.1929)
–: »Werdet politisch!« In: *Wiecker Bote* 1 (1914) 10 (Juni), S. 1-4.
–: »Geistrevolution – Weltrevolution«. In: *Die Erde* 1 (1919) 8, 15. April, S. 230-232.
Druvins, Ute: *Oskar Kanehl. Ein politischer Lyriker der expressionistischen Generation*. Bonn 1977.
Kayser, Rudolf (28.11.1889-5.2.1964)
–: »Der Sohn. Anmerkungen zur Neu-Aufführung«. In: *Das junge Deutschland* 1 (1918), S. 315-316.
Kellermann, Bernhard (4.3.1879-17.10.1951)
–: »Der Schriftsteller und die deutsche Republik«. In: Drahn u. Friedegg 1919, S. 114-116.
Kellermann, Hermann (Hg.): *Der Krieg der Geister. Eine Auslese deutscher und ausländischer Stimmen zum Weltkriege 1914*. Weimar 1915.
Kerr, Alfred (25.12.1867-12.10.1948)
–: *Werke in Einzelausgaben*. Hg. von Hermann Haarmann und Günther Rühle. Frankfurt a.M. [früher: Berlin] 1989ff.
–: »Aus dem Kriegstagebuch eines Hirnwesens«. In: *Die neue Rundschau* 25 (1914) 9 (September), S. 1308-1315.
Schneider, Hubertus: Alfred Kerr als Theaterkritiker. Untersuchung zum Wertsystem des Kritikers. Rheinfelden 1984.
Kersten, Hugo (12.12.1892-5.10.1919)
–: *Impertinenter Expressionismus. Texte*. Hg., kommentiert und mit einem Nachw. vers. v. Michael Stark. Stuttgart 1980.
–: »Der Leser und der Schreiber«. In: *Die Aktion* 4 (1914), Sp. 145-146.
–: »Über die Effemination in der jüngst-deutschen Literatur«. In: *Die Aktion* 4 (1914[a]), Sp. 269-72.
–: »Über Kunst, Künstler und Idioten«. In: *Die Aktion* 4 (1914[b]), Sp. 491-94.
Kersten, Kurt (19.4.1891-18.5.1962)
–: »Strömungen der expressionistischen Periode«. In: Schmitt 1987, S. 95-103 [zuerst in: *Das Wort* 3 (1938), S. 75-81].
Kessler, Harry Graf (23.4.1868-30.11.1937)
–: *Das Tagebuch. 1880-1937*. Bd. 6. 1916-1918. Hg. v. Günter Riederer unter Mitarbeit v. Christoph Hilse. Stuttgart 2006.
Kirchner, Ernst Ludwig (6.5.1880-15.6.1938)
– : *Programm der »Brücke«* [1906]. Nachdruck in: Anz u. Stark 1982, S. 18.
Klabund [Henschke, Alfred] (4.11.1898-14.8.1928)
–: *Sämtliche Werke*. Leitung der Ed. Hans-Gert Roloff. Amsterdam u.a. 1998ff.
–: *Werke in acht Bänden*. Hg. v. Christian von Zimmermann. Heidelberg 1998ff.
Kaulla, Guido: *Brennendes Herz Klabund. Legende und Wirklichkeit*. Zürich, Stuttgart 1971.
Klemm, Wilhelm (15.5.1881-23.1.1968)
–: *Ich lag in fremder Stube. Gesammelte Gedichte*. Hg. u. mit einem Nachw. v. Hanns-Josef Ortheil. München 1981.
Ortheil, Hanns-Josef: *Wilhelm Klemm. Ein Lyriker der »Menschheitsdämmerung«*. Stuttgart 1979.
Kölwel, Gottfried (16.10.1889-21.3.1958)
–: *Prosa. Dramen. Verse*. 3 Bde. München u. Wien 1962-1964.

Girlinger, Ingrid: *Gottfried Kölwel. Studien zu seinem erzählerischen und dramatischen Werk.* Frankfurt a.M. u.a. 1991.
Kokoschka, Oskar (1.3.1886-22.2.1980)
–: *Das schriftliche Werk.* 4 Bde. Hg. v. Heinz Spielmann. Hamburg 1973-1976.
–: *Schriften 1907-1955.* Zusammengest. u. mit Erläuterungen u. bibliographischen Angaben hg. v. Hans Maria Wingler. München 1956.
–: *Briefe.* 4 Bde. Hg. v. Olda Kokoschka u. Heinz Spielmann. Düsseldorf 1984-1988.
Anglet, Andreas: »Das frühexpressionistische ›Gesamtkunstwerk‹ als Traumspiel bei Kokoschka, Pappenheim und Schönberg«. In: *Arcadia* 37 (2002), H. 2, S. 269-288.
Cernuschi, Claude: »Oskar Kokoschka and Sigmund Freud. Parallel logics in the exegetical and rethorical strategies of Expressionism and psychoanalysis«. In: *Word & Image* 15 (1999), N. 4, 351-380.
Jäger, Georg: »›Mörder Hoffnung der Frauen‹. Die Geburt des Theaters der Grausamkeit aus dem Geist der Wiener Jahrhundertwende«. In: *Germanisch-Romanische Monatsschrift* 32 (1982), S. 215-233.
Lischka, Gerhard Johann: *Oskar Kokoschka. Maler und Dichter. Eine literarästhetische Untersuchung zu seiner Doppelbegabung.* Bern 1972.
Kornfeld, Paul (11.12.1889-25.1.1942)
–: »Der beseelte und der psychologische Mensch. Kunst, Theater und Anderes«. In: *Das junge Deutschland* 1 (1918) 1, S. 1-13. Nachdruck in: Anz u. Stark 1982, S. 222-238.
Haumann, Wilhelm: *Paul Kornfeld. Leben – Werk – Wirkung.* Würzburg 1996.
Maren-Grisebach, Manon: *Weltanschauung und Kunstform im Frühwerk Paul Kornfelds.* Hamburg 1960.
Weber, Markus: *Expressionismus und Neue Sachlichkeit. Paul Kornfelds literarisches Werk.* Frankfurt a.M. u.a. 1997.
Krell, Max (24.9.887-11.6.1962)
–: (Hg.): *Manifeste des brüderlichen Geistes.* Berlin 1920 [Reprint: Nendeln 1973].
Kronfeld, Arthur (9.1.1886-16.10.1941)
Kittel, Ingo-Wolf: *Arthur Kronfeld 1886-1941. Ein Pionier der Psychologie, Sexualwissenschaft und Psychotherapie.* Als Ausstellungskatalog Nr. 17 hg. v. der Bibliothek der Universität Konstanz. Konstanz 1988.
Kubin, Alfred (10.4.1877-20.8.1959)
–: *Die andere Seite. Ein phantastischer Roman.* Mit 52 Federzeichnungen und einem Plan. Wien u.a. 1952.
Berners, Jürgen: *Der Untergang des Traumreiches. Utopie, Phantastik und Traum in Alfred Kubins Roman »Die andere Seite«.* Wetzlar 1998.
Freund, Winfried (Hg.): *Der Demiurg ist ein Zwitter. Alfred Kubin und die deutschsprachige Phantastik.* München 1999.
Geyer, Andreas: *Träumer auf Lebenszeit. Alfred Kubin als Literat.* Wien 1995.
Neuhäuser, Renate: *Aspekte des Politischen bei Kubin und Kafka. Eine Deutung der Romane »Die andere Seite« und »Das Schloß«.* Würzburg 1998.
Simonis, Linda: »Bildende Kunst als Movens der literarischen Avantgarde. Text-Bild-Beziehungen im Werk Alfred Kubins«. In: *Avantgarden in Ost und West.* Hg. v. Hartmut Kircher 2002, S. 249-270.
Landauer, Gustav (7.4.1870-2.5.1919)
–: *Aufruf zum Sozialismus.* Revolutionsausgabe. Berlin 1919.

—: »Vorwort zur neuen Ausgabe« [1919a]. In: Landauer 1919, S. VII-XVII. Nachdruck in: Anz u. Stark 1982, S. 343-349.
—: *Zeit und Geist. Kulturkritische Schriften 1890-1919*. Hg. v. Rolf Kauffeldt u. Michael Matzigkeit. München 1997.
Fiedler, Leonhard u.a. (Hg.): *Gustav Landauer (1870-1919). Eine Bestandsaufnahme zur Rezeption seines Werkes*. Frankfurt a.M., New York 1995.
Hinz, Thorsten: *Mystik und Anarchie. Meister Eckhart und seine Bedeutung im Denken Gustav Landauers*. Berlin 2000.

Lasker-Schüler, Else (11.2 1869-22.1.1945)
—: *Werke und Briefe. Kritische Ausgabe*. Hg. v. Norbert Oellers, Heinz Rölleke u. Itta Shedletzky. Frankfurt a.M. 1996ff.
Bauschinger, Sigrid: *Else Lasker-Schüler. Ihr Werk und ihre Zeit*. Heidelberg 1980.
—: *Else Lasker-Schüler. Biographie*. Göttingen 2004.
Hallensleben, Markus: *Else Lasker-Schüler. Avantgardismus und Kunstinszenierung*. Tübingen u.a. 2000.
Hamburger, Andreas: »Erinnerter Abschied. Zur psychoanalytischen Interpretation des Trakl-Epitaphs von Else Lasker-Schüler nebst Anmerkungen zum Übertragungsangebot der Lyrik«. In: *Trauer*. Hg. v. Wolfram Mauser und Joachim Pfeiffer. Würzburg 2003, S. 185-226.
Hammer, Almuth: *Erwählung erinnern. Literatur als Medium jüdischen Selbstverständnisses. Mit Fallstudien zu Else Lasker-Schüler und Joseph Roth*. Göttingen 2004.
Henneke-Weischer, Andrea: *Poetisches Judentum. Die Bibel im Werk Else Lasker-Schülers*. Mainz 2003.
Klüsener, Erika: *Else Lasker-Schüler mit Selbstzeugnissen und Bilddokumenten*. 10. Aufl., Reinbek bei Hamburg 2002.
Schönert, Jörg: »Else Lasker-Schüler: ›Mein blaues Klavier‹«. In: *Lyrik und Narratologie*. Hg. v. Jörg Schönert, Peter Hühn u. Malte Stein. Berlin u.a. 2007, S. 241-251.

Lauckner, Rolf (15.10.1887-27.4.1954)
—: *Gesammelte Werke*. 6 Bde. Darmstadt 1952-1953.

Leonhard, Rudolf (27.10.1889-19.12.1953)
—: *Ausgewählte Werke in Einzelausgaben*. Hg. v. der Deutschen Akademie der Künste zu Berlin. Berlin 1961-1970.
—: »Verkehr und Gemeinschaft«. In: *Tätiger Geist!* Zweites der Ziel-Jahrbücher. Hg. v. K. Hiller. 1917/18. München, Berlin 1918, S. 290-293.
Jentzsch, Bernd: *Rudolf Leonhard. ›Gedichteträumer‹. Ein biographischer Essay.* Dokumente und Bibliographie. München, Wien 1984.

Lichtenstein, Alfred (23.8.1889-25.9.1914)
—: *Gesammelte Prosa*. Hg. v. Klaus Kanzog. Zürich 1966.
—: *Dichtungen*. Hg. v. Klaus Kanzog u. Hartmut Vollmer. Erw. und rev. Fassung der 1962 und 1966 hg. kritischen Edition der Gesammelten Gedichte und der Gesammelten Prosa. Zürich 1989.
—: »Die Verse des Alfred Lichtenstein«. In: *Die Aktion* 3 (1913), Sp. 942-44.
Ansel, Michael: »Alfred Lichtensteins ›Skizzen‹. Frühexpressionistische Rollendichtung im Kontext der Kurzprosa der Moderne«. In: *Kleine Prosa*. Hg. v. Thomas Althaus. Tübingen 2007, S. 139-156.
Vollmer, Hartmut: *Alfred Lichtenstein – Zerrissenes Ich und verfremdete Welt. Ein Beitrag zur Erforschung der Literatur des Expressionismus*. Aachen 1987.

Literaturverzeichnis

Loerke, Oskar (13.3.1884-24.2.1941)
–: *Gedichte und Prosa.* 2 Bde. Hg. v. Peter Suhrkamp. Frankfurt a.M. 1958.
Gebhard, Walter: *Oskar Loerkes Poetologie.* München 1968.
Jung, Roswitha: *Das Problem des Dialogischen bei Oskar Loerke. Untersuchungen zur frühen Lyrik.* Würzburg 1971.
Neumann, Gerhard: »Oskar Loerke«. In: Rothe 1969[a].
Loewenson, Erwin (31.8.1888-22.1.1963)
–: Georg Heym oder vom Geist des Schicksals. Hamburg, München 1962.
–: Der Weg zum Menschen. Philosophische Fragmente. Aus dem Nachl. ausgew. V. Carl Frankenstein. Hildesheim 1970.
Siehe auch Sheppard 1980!
Bleitner, Thomas: »Ästhet und ›Eth‹. Erwin Loewenson, Kurt Hiller und die Eskalation eines literaturästhetischen Konflikts – eine literarhistorische Studie, verbunden mit Überlegungen zur Vermittlungsproblematik der Literaturwissenschaften«. In: *Literarische Trans-Rationalität.* Hg. v. Wolfgang Wirth. Würzburg 2003, S. 399-413.
Lukács, Georg (13.4.1885-4.6.1971)
–: *Werke.* 17 Bde. Neuwied, Berlin 1960-1986.
–: »›Größe und Verfall‹ des Expressionismus« [1934]. In: Lukács 1960, Bd. 4, S. 109-149.
–: »Es geht um den Realismus«. In: *Das Wort* 6 (1938), S. 112-138 [Auch in: Lukács 1960, Bd. 4, S. 313-343 / Schmitt 1987, S. 192-230].
Dürr, Josef: *Die Expressionismusdebatte. Untersuchungen zum Werk von Georg Lukács.* München 1982.
Mann, Heinrich (27.3.1871-12.3.1950)
–: *Gesammelte Werke in Einzelbänden.* Hg. v. Peter-Paul Schneider. Frankfurt a.M. 1994ff.
–: »Geist und Tat«. In: *Pan* 1 (1910/11) 5 (1. Januar 1911), S. 137-143. Nachdruck in: Anz u. Stark 1982, S. 269-273.
–: »Der französische Geist«. In: *Die Aktion* 2 (1912), Sp. 1607-1611.
–: »Zola«. In: *Die weißen Blätter* 2 (1915), S. 1312-1382.
Mann, Thomas (6.6.1875-12.8.1955)
–: *Gesammelte Werke in dreizehn Bänden.* Frankfurt a.M. 1974.
–: »Gedanken im Krieg«. In: *Die neue Rundschau* 25 (1914), H. 11 (November), S. 1471-1484 [Auch in: Mann 1974, Bd. 13., S. 527-545].
–: *Große Kommentierte Frankfurter Ausgabe. Werke – Briefe – Tagebücher.* Hg. v. Heinrich Detering, Eckhard Heftrich, Hermann Kurzke u.a. Frankfurt a.M. 2001ff.
Hoffmann, Fernand: »Die Beziehung zwischen Kunst und Krankheit im Werke Thomas Manns«. In: *Academia* (Luxemburg 1965), S. 253-86.
Noble, Cecil Arthur M.: *Krankheit, Verbrechen und künstlerisches Schaffen bei Thomas Mann.* Bern 1970.
Marc, Franz (8.2.1880-4.3.1916)
–: »Die ›Wilden‹ Deutschlands«. In: *Der Blaue Reiter.* Hg. v. Franz Marc u. Wassily Kandinsky. München 1912, S. 4-7. Nachdruck in: Anz u. Stark 1982, S. 27-28.
Marinetti, Filippo Tommaso (22.12.1876-2.12.1944)
–: »Das Variété«. In: *Daily Mail* vom 21. November 1913; dt. Übersetzung in: *Der Futurismus. Manifeste und Dokumente einer künstlerischen Revolution 1909-1918.* Hg. v. Umbro Apollonio. Köln 1972, S. 170-177.
–: »Manifest des Futurismus«. Dt. in: Demetz 1990, S. 172-178.

—: »Die futuristische Literatur. Technisches Manifest« [1990a]. Dt. in: Demetz 1990, S. 193-200.
Meidner, Ludwig (18.4.1884-14.5.1966)
—: »Anleitung zum Malen von Großstadtbildern«. In: *Ludwig Meidner. Zeichner, Maler, Literat 1884-1966.* 2 Bde. Hg. v. Gerda Breuer u. Ines Wagemann. Stuttgart 1991. Bd. 2, S. 290-292.
Hartmann, Idis B.: »Der schlesische Maler und Dichter Ludwig Meidner. Vom Propagandisten des Expressionismus zum bekennenden Juden«. In: *Jüdische Autoren Ostmitteleuropas im 20. Jahrhundert.* Hg. v. Hans Henning Hahn. Frankfurt a.M. u.a. 2000, S. 77-112.
Michel, Wilhelm
—: »Rede über die Metaphysik des Bürgers«. In: *Das Tribunal. Hessische radikale Blätter* 1 (1919) 1, S. 13-14. Nachdruck in: Anz u. Stark 1982, S. 170-171.
Mierendorff, Carlo (24.3.1897-4.12.1943)
—: »Hätte ich das Kino!!«. Berlin 1920 [Reprint: Nendeln 1973].
Usinger, Fritz (Hg.): *Carlo Mierendorff. Eine Einführung in sein Werk und eine Auswahl.* Wiesbaden 1965.
Morgenstern, Christian (6.5.1871-31.3.1914)
—: *Stufen. Eine Entwicklung in Aphorismen und Tagebuch-Notizen.* München 1918.
Morgenthaler, Walter (15.4.1882-1.4.1965)
—: *Ein Geisteskranker als Künstler.* Bern 1921.
Mühsam, Erich (6.4.1878-10.7.1934)
—: *Ausgewählte Werke.* Hg. v. Christlieb Hirte unter Mitarbeit v. Roland Links u. Dieter Schiller. Berlin 1978.
—: »Bohème«. In: *Die Fackel* 8 (1906) 202 (30. April), S. 4-10. Nachdruck in: Anz u. Stark 1982, S. 390-394.
—: »Appell an den Geist«. In: *Kain* 1 (1911) 2, S. 17-21.
—: [Georg Hirth]. In: *Kain* 1 (1911[a]) 3, S. 47-48.
—: »Revolution«. In: *Revolution* 1 (1913) 1 (15. Oktober), S. 2. Nachdruck in: Anz u. Stark 1982, S. 130.
Erich-Mühsam-Gesellschaft (Hg.): *Anarchismus und Psychoanalyse zu Beginn des 20. Jahrhunderts. Der Kreis um Erich Mühsam und Otto Gross.* 11. Erich-Mühsam-Tagung in Malente, 2.-4. Juni 2000. Lübeck 2000.
Hirte, Chris: *Erich Mühsam. »Ihr seht mich nicht feige«.* Biographie. Berlin 1985.
Kauffeldt, Rolf: *Erich Mühsam. Literatur und Anarchie.* München 1983.
Köhnen, Diana: *Das literarische Werk Erich Mühsams. Kritik und utopische Antizipation.* Würzburg 1988.
Shepherd, David A.: *From bohemia to barricades. Erich Mühsam and the development of a revolutionary drama.* New York u.a. 1993.
Müller, Robert (29.10.1887-27.8.1924)
—: *Werkausgabe in Einzelbänden.* Hg. v. Günter Helmes. Paderborn 1990-1997.
—: »Apologie des Krieges«. In: *Der Ruf* (1912) 3, Sondertitel »Krieg«, S. 1-8.
—: »Die Zeitrasse. Als Conférence gesprochen anläßlich der am 11. November 1917 in der ›Neuen Wiener Bühne‹ abgehaltenen Matinee ›Das junge Wien‹«. In: *Der Abbruch* 1 (1917/18) 1 (15. Dez. 1917), [S. 2]; Nr. 2 (15. Jan. 1918), [S. 2]. Nachdruck in: Anz u. Stark 1982, S. 135-138.
Dietrich, Stephan: *Poetik der Paradoxie. Zu Robert Müllers fiktionaler Prosa.* Siegen 1997.
Helmes, Günter: *Robert Müller. Themen und Tendenzen seiner publizistischen Schriften. Mit Exkursen zur Biographie und zur Interpretation der fiktionalen Texte.* Frankfurt a.M. 1986.

Köster, Thomas: *Bildschrift der Großstadt. Studien zum Werk Robert Müllers.* Paderborn 1995.
Kreuzer, Helmut u. Günter Helmes (Hg.): *Expressionismus – Aktivismus – Exotismus. Studien zum literarischen Werk Robert Müllers.* Göttingen 1981.
Liederer, Christian: *Der Mensch und seine Realität. Anthropologie und Wirklichkeit im poetischen Werk des Expressionisten Robert Müller.* Würzburg 2004.
Pflaum, Bettina: *Politischer Expressionismus. Aktivismus im fiktionalen Werk Robert Müllers.* Hamburg 2008.
Schwarz, Thomas: *Robert Müllers Tropen. Ein Reiseführer in den imperialen Exotismus.* Heidelberg 2006.
Musil, Robert (6.11.1880-15.4.1942)
–: *Gesammelte Werke.* Hg. v. Adolf Frisé. Reinbek bei Hamburg 1978.
–: »Europäertum, Krieg, Deutschtum«. In: *Die neue Rundschau* 25 (1914) 9 (September), S. 1303-1305.
Bausinger, Wilhelm: »Robert Musil und die Ablehnung des Expressionismus«. In: Chiarini 1986, S. 199-203.
Cambi, Fabrizio: »Musil und der Expressionismus«. In: *Robert Musil und die kulturellen Tendenzen seiner Zeit.* Hg. v. Josef Strutz u. Paul Michael Lützeler. Stuttgart 1983, S. 59-73.
Corino, Karl: *Robert Musil. Eine Biographie.* Reinbek bei Hamburg 2003.
Pfohlmann, Oliver: »›Ein Mann von ungewöhnlichen Eigenschaften‹. Robert Musil, die ›Neue Rundschau‹, der Expressionismus und das ›Sommererlebnis im Jahre 1914‹«. In: *Weimarer Beiträge* 49 (2003), H. 3, S. 325-360.
Mynona [Friedlaender, Salomo] (4.5.1871-9.9.1946)
–: *Prosa.* 2 Bde. Hg. v. Hartmut Geerken. München 1980.
– / Alfred Kubin: *Briefwechsel.* Hg. v. Hartmut Geerken u. Sigrid Hauff. Wien, Linz 1986.
–: *Das magische Ich. Elemente des kritischen Polarismus / Salomo Friedländer / Mynona.* Aus dem Nachlaß hg. v. Hartmut Geerken. Mit einem Vorw. v. Claudio Naranjo u. einf. Essays v. Sigrid Hauff u. Detlef Thiel. Bielefeld 2001.
Exner, Lisbeth: *Fasching als Logik. Über Salomo Friedländer / Mynona.* München 1996.
Hoffmann, Ines: *Sinnlichkeit und Abstraktion. Versuch, einen expressionistischen Text zu lesen.* Würzburg 2001.
Kiefer, Klaus H.: *Avantgarde – Weltkrieg – Exil. Materialien zu Carl Einstein und Salomo Friedländer / Mynona.* Frankfurt a.M. u.a. 1986.
Kuxdorf, Manfred (Hg.): *Die Lyrik Salomo Friedländers / Mynonas. Traum, Parodie und Weltverbesserung.* Frankfurt a.M. u.a. 1990.
–: *Der Schriftsteller Salomo Friedländer, Mynona. Kommentator einer Epoche. Eine Monographie.* Frankfurt a.M. u.a. 1990[a].
Natonek, Hans (28.10.1892-23.10.1963)
–: »Der Literat als Revolutionär«. In: *Das Literarische Echo* 21 (1918/19), Sp. 385-386.
Nicolai, Georg Friedrich (6.2.1874-8.10.1964)
–: *Die Biologie des Krieges. Betrachtungen eines Naturforschers den Deutschen zur Besinnung.* Zürich 1917 [Nachdr. der 2. Aufl. von 1919, Darmstadt 1983].
Zuelzer, Wolf: *Der Fall Nicolai.* Frankfurt a.M. 1981.
Nietzsche, Friedrich (15.10.1844-25.8.1900)
–: *Sämtliche Werke. Kritische Studienausgabe in 15 Einzelbänden.* Hg. v. Giorgio Colli u. Mazzino Montinari. München 1988.

Hogh, Alexander: *Nietzsches Lebensbegriff.* Stuttgart 2000.
Martens, Gunter: »Nietzsches Wirkung im Expressionismus«. In: *Nietzsche und die deutsche Literatur.* Bd. 2: *Forschungsergebnisse. Mit einer weiterführenden Bibliographie.* Hg. v. Bruno Hillebrand. München, Tübingen 1978, S. 35-82.
Stücheli, Peter: *Poetisches Pathos. Eine Idee bei Friedrich Nietzsche und im deutschen Expressionismus.* Berlin u.a. 1999.
Vietta, Silvio: »Zweideutigkeit der Moderne. Nietzsches Kulturkritik, Expressionismus und literarische Moderne«. In: Anz u. Stark 1994, S. 9-20.

Nordau, Max (29.7.1849-22.1.1923)
–: *Entartung.* 2 Bde. Billige Ausgabe. Berlin 1903 [erste Aufl. 1892/93].
Fischer, Jens Malte: »Dekadenz und Entartung. Max Nordau als Kritiker des Fin de siècle«. In: *Fin de siècle.* Hg. v. Roger Bauer u.a. Frankfurt a.M. 1977, S. 93-111.
Schulte, Christoph: *Psychopathologie des Fin de siècle. Der Kulturkritiker, Arzt und Zionist Max Nordau.* Frankfurt a.M. 1997.
Zudrell, Petra: *Der Kulturkritiker und Schriftsteller Max Nordau. Zwischen Zionismus, Deutschtum und Judentum.* Würzburg 2003.

Otten, Karl (29.7.1889-20.3.1963)
–: »Adam«. In: *Neue Blätter für Kunst und Dichtung* 1 (1918), S. 79-81. Nachdruck in: Pörtner 1960/61, Bd. 2, S. 228-232 und in: Best 1976, S. 119-124.
– (Hg.): *Ahnung und Aufbruch. Expressionistische Prosa.* Darmstadt u.a. 1957.
– (Hg.): *Prosa jüdischer Dichter.* Stuttgart 1959.
– (Hg.): *Schrei und Bekenntnis. Expressionistisches Theater.* Darmstadt u.a. 1959[a].
– (Hg.): *Ego und Eros. Meistererzählungen des Expressionismus.* Mit einem Nachw. v. Heinz Schöffler. Stuttgart 1963.
Zeller, Bernhard u. Ellen Otten: *Karl Otten. Werk und Leben. Texte – Berichte – Bibliographie.* Mainz 1981.

Pfemfert, Franz (20.11.1879-26.5.1954)
–: *Pfemfert. Erinnerungen und Abrechnungen. Texte und Briefe.* Hg. v. Lisbeth Exner u. Herbert Kapfer. München 1999.
–: »Die Presse«. In: *Die Aktion* 2 (1912), Nr. 15 (10. April), Sp. 453-454. Nachdruck in: Anz u. Stark 1982, S. 464f.
–: »Schlußbemerkung für Fernstehende«. In: *Das Aktions-Buch.* Hg. v. Franz Pfemfert. Berlin-Wilmersdorf 1917, S. 342.

Picard, Max (5.6.1888-3.10.1965)
–: »»Expressionismus«. Ein Vortrag«. In: *Die Erhebung. Jahrbuch für neue Dichtung und Wertung.* Hg. v. Alfred Wolfenstein. Berlin 1919, S. 329-338. Nachdruck in: Anz u. Stark 1982, S. 568-572.

Pinthus, Kurt (29.4.1886-16.7.1975)
–: »Zur jüngsten Dichtung« [1915]. In: Raabe 1965[b], S. 68-79.
–: »Rede an junge Dichter«. In: *Die neue Dichtung. Ein Almanach.* Leipzig 1918, S. 137-157. Nachdruck in: Otten 1957, S. 41-54.
–: »Rede für die Zukunft«. In: *Die Erhebung. Jahrbuch für neue Dichtung und Erhebung.* Hg. v. Alfred Wolfenstein. Berlin 1919, S. 398-422. Nachdruck in: Rothe 1969, S. 116-133.
– (Hg.): *Menschheitsdämmerung. Symphonie jüngster Dichtung.* Berlin 1920.
– (Hg.): *Menschheitsdämmerung. Ein Dokument des Expressionismus.* Hamburg 1959.
– (Hg.): *Das Kinobuch. Dokumentarische Neuausgabe des »Kinobuchs« von 1913/14.* Zürich 1963.

Knickmann, Hanne: »Ein Leben für Literatur, Theater und Film«. In: Dies. (Hg.): *Kurt Pinthus. Filmpublizist.* Mit Aufsätzen, Kritiken u. einem Filmskript v. K.P. München 2008, S. 11-114.
Plessner, Helmuth (4.9.1892-12.6.1985)
–: *Grenzen der Gemeinschaft. Eine Kritik des sozialen Radikalismus.* Mit einem Nachw. v. Joachim Fischer. Frankfurt a.M. 2002 [zuerst 1924].
Prinzhorn, Hans (8.6.1886-14.6.1933)
–: *Bildnerei der Geisteskranken. Ein Beitrag zur Psychologie und Psychopathologie der Gestaltung.* Berlin 1922.
Rilla, Walther (22.8.1899-21.11.1980)
–: »Der Bürger«. In: *Die Erde* 1 (1919) 11 (1. Juni), S. 321-329. Nachdruck in: Anz u. Stark 1982, S. 172-179.
Rilke, Rainer Maria (4.12.1875-29.12.1926)
–: *Werke.* Kommentierte Ausgabe in vier Bänden. Hg. v. Manfred Engel u.a. Frankfurt a.M., Leipzig 1996.
David, Claude: »Rilke et l'expressionisme«. In: *Études germaniques* 17 (1962), S. 144-157.
Engel, Manfred (Hg.): *Rilke-Handbuch. Leben, Werk, Wirkung.* Stuttgart u.a. 2004.
Engelhardt, Hartmut (Hg.): *Materialien zu Rainer Maria Rilke »Die Aufzeichnungen des Malte Laurids Brigge«.* Frankfurt a.M. 1974.
Fingerhut, Karl-Heinz: *Das Kreatürliche im Werke Rainer Maria Rilkes. Untersuchungen zur Figur des Tieres.* Bonn 1970.
Fülleborn, Ulrich: »Form und Sinn der Aufzeichnungen des Malte Laurids Brigge. Rilkes Prosabuch und der moderne Roman« [1961]. In: Engelhardt 1974, S. 175-198.
Rubiner, Ludwig (12.7.1881-27.2.1920)
–: *Der Dichter greift in die Politik. Ausgewählte Werke 1908-1919.* Hg. u. mit einem Nachw. v. Klaus Schuhmann. Leipzig 1976.
–: *Künstler bauen Barrikaden. Texte und Manifeste 1908-1919.* Hg. v. Wolfgang Haug. Original-Ausgabe. Darmstadt 1988.
–: »Der Dichter greift in die Politik«. In: *Die Aktion* 2 (1912), Sp. 645-652; 709-715.
–: »Die Änderung der Welt«. In: Hiller 1916, S. 99-120; Nachdruck in: Rothe 1969, S. 54-72.
–: *Der Mensch in der Mitte.* Berlin-Wilmersdorf 1917.
–: »Der Kampf mit dem Engel«. In: *Die Aktion* 7 (1917[a]), Sp. 211-232. Abdruck des Aufsatzes auch in: Rubiner 1917, S. 155 -190.
–: »Heinrich Mann und Stefan George«. In: *Die Aktion* 8 (1918), Sp. 29-39.
– (Hg.): *Die Gemeinschaft. Dokumente der geistigen Weltwende.* Als Jahrbuch des Verlages Gustav Kiepenheuer. Potsdam 1919.
–: »Die Erneuerung« [1919a],. In: Rubiner 1919, S. 71-77.
Petersen, Klaus: *Ludwig Rubiner. Eine Einführung mit Textauswahl und Bibliographie.* Bonn 1980.
Sachs, Hanns (10.1.1881-10.1.1947)
–: »*Der Sohn.* Ein Drama in fünf Akten von Walter Hasenclever. Verlag Kurt Wolff, Leipzig [1914]«. In: *Imago. Zeitschrift für Anwendung der Psychoanalyse auf die Geisteswissenschaften* 5 (1917), H. 1, S. 43-48. Nachdruck in: Anz u. Stark 1982, S. 154-158.
Sack, Gustav (28.10.1885-5.12.1916)
–: *Prosa, Briefe, Verse.* München, Wien 1962.

Eibl, Karl: *Die Sprachskepsis im Werk Gustav Sacks*. München 1970.
Sack, Paula: *Der verbummelte Student. Gustav Sack – Archivbericht und Werkbiographie*. München 1971.
Scheerbart, Paul (8.1.1863-15.10.1915)
–: *Gesammelte Werke*. 10 Bde. Hg. v. Thomas Bürk u.a. Linkenheim u.a. 1986-1996.
–: *Dichterische Hauptwerke*. Im Auftrage v. Hellmut Draws-Tychsen hg. u. mit Anm. vers. v. Else Harke. Stuttgart 1962.
–: *Das graue Tuch und zehn Prozent Weiß. Ein Damenroman*. Hg. v. Mechthild Rausch. Korr. Nachdr. der Ausg. München 1914. München 1986.
Brunn, Clemens: *Der Ausweg ins Unwirkliche. Fiktion und Weltmodell bei Paul Scheerbart und Alfred Kubin*. Oldenburg 2000.
Wolff, Eva: *Utopie und Humor. Aspekte der Phantastik im Werk Paul Scheerbarts*. Frankfurt a.M. 1982.
Scheffler, Karl (27.2.1869-25.10.1951)
–: »Berliner Sezession. Die zweiundzwanzigste Ausstellung 1911«. In: *Kunst und Künstler* 9 (1911), S. 471-490.
Scheler, Max (22.8.1874-9.5.1928)
–: »Der Bourgeois«. In: *Die weißen Blätter* 1 (1913/14), S. 580-602.
Schickele, René (4.8.1883-31.1.1940)
–: *Werke in drei Bänden*. Hg. v. Hermann Kesten unter Mitarbeit von Anna Schickele. Köln 1959ff.
–: »Der Konvent der Intellektuellen«. In: *Die weißen Blätter* 5 (1918) 3 (August), S. 96-105.
–: »Revolution, Bolschewismus und das Ideal. Der 9. November«. In: *Die weißen Blätter* 6 (1919) 3 (März), S. 97-130.
Bentmann, Friedrich (Hg.): *René Schickele. Leben und Werk in Dokumenten*. Nürnberg 1974.
Debrunner, Albert M.: *»Freunde es war eine elende Zeit!« René Schickele in der Schweiz*. 1915-1919. Frauenfeld u.a. 2004.
Meyer, Julie: *Vom elsässischen Kunstfrühling zur utopischen Civitas Hominum. Jugendstil und Expressionismus bei René Schickele (1900-1920)*. München 1981.
Wagener, Hans: *René Schickele. Europäer in neun Monaten*. Gerlingen 2000.
Schreyer, Lothar (19.8.1886-18.6.1966)
–: »Der neue Mensch«. In: *Der Sturm* 10 (1919) 2, S. 18-20 [Nachdruck in: Anz u. Stark 1982, S. 140-144].
–: *Theateraufsätze*. Mit einer Einleitung v. Brian Keith-Smith. Lewiston u.a. 2001.
–: *Veröffentliche Aufsätze 1. 1912-1928*. Mit einer Einleitung v. Brian Keith-Smith. Lewiston u.a. 2006.
Schücking, Lewin Ludwig (29.5.1878-12.10.1964)
–: »Literaturgeschichte und Geschmacksgeschichte. Ein Versuch zu einer neuen Problemstellung«. In: *Germanisch-Romanische Monatszeitschrift* 5 (1913), S. 561-577. Nachdruck in: *Materialien zur Ideologiegeschichte der deutschen Literaturwissenschaft*. Hg. v. Gunter Reiß. Bd. 1: *Von Wilhelm Scherer bis 1945*. Tübingen 1973, S. 92-110.
Schüller, Hermann
–: »Naivität und Gemeinschaft«. In: *Die Erhebung. Jahrbuch für neue Dichtung und Wertung*. Hg. v. A. Wolfenstein. Zweites Buch. Berlin 1920, S. 289-295. Nachdruck in: Rothe 1969, S. 139-144.

Schwitters, Kurt (20.6.1887-8.1.1948)
–: *Das literarische Werk.* 5 Bde. Hg. v. Friedhelm Lach. Köln 1973-1981.
–: »Eile ist des Witzes Weile«. Eine Auswahl aus den Texten Kurt Schwitters. Hg. v. Christina Weiss und Karl Riha [Nachdruck]. Stuttgart 1997.
–: *Anna Blume und andere. Literatur und Grafik.* Hg. v. Joachim Schreck. Köln 1997[a].
Elger, Dietmar: *Der Merzbau von Kurt Schwitters. Eine Werkmonographie.* 2. Aufl., Köln 1999.
Erlhoff, Michael (Hg.): *Kurt Schwitters Almanach.* Hannover 1982ff.
Homayr, Ralph: *Montage als Kunstform. Zum literarischen Werk von Kurt Schwitters.* Opladen 1991.
Lach, Friedhelm: *Der Merz Künstler Kurt Schwitters.* Köln 1971 [Nachdruck 1998].
Nündel, Ernst: *Kurt Schwitters. In Selbstzeugnissen und Bilddokumenten.* 5. Aufl., Reinbek bei Hamburg 2004 [zuerst Reinbek 1981].
Schaub, Gerhard (Hg.): *Kurt Schwitters. »Bürger und Idiot«. Beiträge zu Werk und Wirkung eines Gesamtkünstlers.* Mit unveröffentlichten Briefen an Walter Gropius. Berlin 1993.
Webster, Gwendolen: *Kurt Merz Schwitters. A biographical study.* Cardiff 1997.
Wiesing, Lambert: *Stil statt Wahrheit. Kurt Schwitters und Ludwig Wittgenstein über ästhetische Lebensformen.* München 1991.
Serner, Walter (15.1.1889- nach 20.8.1942)
–: *Gesammelte Werke. In zehn Bänden.* Hg. v. Thomas Milch. München 1988-1990.
–: »Die neue Sezession«. In: *Die Aktion* 2 (1912), 5. Februar, Sp. 173-176.
–: »Kunst und Gegenwart«. In: *Die Aktion* 3 (1913), Sp. 613f.
Peters, Jonas: »*Dem Kosmos einen Tritt!«. Die Entwicklung des Werks von Walter Serner und die Konzeption seiner dadaistischen Kulturkritik.* Frankfurt a.M. u.a. 1995.
Simmel, Georg (1.3.1858-26.9.1918)
–: *Gesamtausgabe in 24 Bänden.* Hg. v. Otthein Rammstedt. Frankfurt a.M. 1989ff.
–: *Gesammelte Werke.* Berlin 1958ff.
–: *Philosophie des Geldes.* Leipzig 1900.
–: »Die Krisis der Kultur«. Rede, gehalten in Wien, Januar 1916. In: Ders.: *Der Krieg und die geistigen Entscheidungen. Reden und Aufsätze.* München, Leipzig 1917, S. 43-64.
–: *Der Konflikt der modernen Literatur.* München, Leipzig 1918.
–: »Die Großstädte und das Geistesleben« [Erstdruck 1903]. Gekürzter Abdruck in Schutte u. Sprengel 1987, S. 124-130.
Sonnenschein, Hugo (25.5.1890-1953)
–: *Die Fesseln meiner Brüder. Gesammelte Gedichte.* Auswahl u. Nachw. v. Karl-Markus Gauß u. Josef Haslinger. München 1984.
Wilde, Dieter: *Der Aspekt des Politischen in der frühen Lyrik Hugo Sonnenscheins.* Frankfurt a.M. u.a. 2002.
Sorge, Reinhard Johannes (29.1.1892-20.7.1916)
–: *Werke in drei Bänden.* Eingeleitet u. hg. v. Hans Gerd Rötzer. Nürnberg 1962-1967.
Lincoln, Peter: »Aspects of Sorge's imagery. A reappraisal of his position within Expressionism«. In: *German Life and Letters* 34 (1980/81), S. 374-384.
Rötzer, Hans Gerd: *Reinhard Johannes Sorge. Theorie und Dichtung.* Erlangen, Nürnberg 1961.

Stadler, Ernst (11.8.1883-30.10.1914)
–: *Dichtungen, Schriften, Briefe. Kritische Ausgabe.* Hg. v. Klaus Hurlebusch u. Karl Ludwig Schneider. München 1983.
–: *Dichtungen. Gedichte und Übertragungen mit einer Auswahl der kleinen kritischen Schriften und Briefe.* Eingel., textkrit. durchges. u. erl. v. Karl Ludwig Schneider. Hamburg o.J. [1954].
Halbe, Verena: *Zyklische Dichtung im Expressionismus. Gottfried Benns »Gehirne« und Ernst Stadlers »Der Aufbruch«. Exemplarische Untersuchung einer charakteristischen Kompositionsform der literarischen Moderne.* Siegen 2000.
Schmitt, Götz: *Aufbruch und Ende. Die Dichtungen Ernst Stadlers.* Hamburg 2000.
Steegemann, Paul (3.10.1894-21.1.1956)
Meyer, Jochen: *Der Paul Steegemann Verlag 1919-1935 und 1949-1960. Geschichte, Programm, Bibliographie.* Stuttgart 1975.
Sternheim, Carl (1.4.1878-3.11.1942)
–: *Gesamtwerk.* 10 Bde. Hg. v. Wilhelm Emrich. Neuwied u.a. 1963-1976.
–: *Briefe.* 2 Bde. Hg. v. Wolfgang Wendler. Darmstadt 1988.
–: »Kampf der Metapher!« In: *Berliner Tagblatt*, 21.7.1917; Ergänzung dazu in: Ders.: *Prosa.* Berlin-Wilmersdorf: Verlag der Wochenschriften Die Aktion 1918, S. 12-14. Nachdruck in: Anz u. Stark 1982, S. 64-68.
–: »Die deutsche Revolution«. In: *Die Aktion* 8 (1918[a]), H. 47/48 (30. November), Sp. 613-620.
Czucka, Eckehard: *Idiom der Entstellung. Auffaltung des Satirischen in Carl Sternheims »Aus dem bürgerlichen Heldenleben«.* Münster 1982.
Dedner, Burghard: »Aufklärungskomödien im ›Massenzeitalter‹. Über Carl Sternheims Beziehungen zum Publikum«. In: *Schiller-Jahrbuch* 19 (1975), S. 254-305.
Durzak, Manfred (Hg.): *Zu Carl Sternheim.* Stuttgart 1982.
Freund, Winfried: *Die Bürgerkomödien Carl Sternheims.* München 1976.
Linke, Manfred: *Carl Sternheim. In Selbstzeugnissen und Bilddokumenten.* Dargest. v. Manfred Linke. Reinbek bei Hamburg 1979.
Rogal, Andreas u. Dugald Sturges (Hg.): *Carl Sternheim 1878-1942. Londoner Symposium.* Stuttgart 1995.
Schönert, Jörg (Hg.): *Carl Sternheims Dramen. Zur Textanalyse, Ideologiekritik und Rezeptionsgeschichte.* Heidelberg 1975.
Stramm, August (29.7.1874-1.9.1915)
–: *Die Dichtungen. Sämtliche Gedichte, Dramen, Prosa.* Hg. u. mit einem Nachw. v. Jeremy Adler. München, Zürich 1990.
–: *Alles ist Gedicht. Briefe, Gedichte, Bilder, Dokumente.* Hg. v. Jeremy Adler. Zürich 1990[a].
–: *Gedichte, Dramen, Prosa, Briefe.* Hg. v. Jörg Drews. Stuttgart 1997.
–: *Briefe an Nell und Herwarth Walden.* Hg. v. Michael Trabitzsch. Berlin 1988.
Anz, Thomas: »Hunger nach Leben. August Stramm und der Expressionismus«. In: *August Stramm. Beiträge zu Leben, Werk und Wirkung.* Hg. v. Lothar Jordan. Bielefeld 1995[a], S. 53-60.
Jordan, Lothar: »Zum Verhältnis traditioneller und innovativer Elemente in der Kriegslyrik August Stramms«. In: Drews 1981, S. 112-127.
Maier, Thomas: »Die Kriegslyrik August Stramms und das Problem der expressionistischen Abstraktion«. In: *Literatur für Leser* (1990), S. 155-170.
Sheppard, Richard W.: »The Poetry of August Stramm. A suitable case for deconstruction«. In: *Journal for European Studies* 15 (1985), S. 261-294.

Sydow, Eckart: »Das religiöse Bewußtsein des Expressionismus«. In: *Neue Blätter für Kunst und Dichtung* 1 (1918/19), Januar, S. 193-194, 199. Nachdruck in: Anz u. Stark 1982, S. 243-247.
Tagger, Theodor [Bruckner, Ferdinand] (26.8.1891-5.12.1958)
–: *Dramatische Werke.* Wien 1947-1948 [Berlin 1948].
–: *Die Vollendung eines Herzens. 2 Erzählungen (Ferdinand Bruckner).* Nachw. v. Rotraud Krönig. Bergisch Gladbach 1988.
–: *Dramen (Ferdinand Bruckner).* Hg. v. Hansjörg Schneider. Wien u.a. 1990.
–: *Werke, Tagebücher, Briefe.* Hg. v. Hans-Gert Roloff. Berlin 2003ff.
Hörner, Karin: *Möglichkeiten und Grenzen der Simultandramatik. Unter besonderer Berücksichtigung der Simultandramen Ferdinand Bruckners.* Frankfurt a.M. u.a. 1986.
Reul, Ingrid: *Aktualität und Tradition. Studien zu Ferdinand Bruckners Werk bis 1930.* Hamburg 1999.
Toller, Ernst (1.12.1893-22.5.1939)
–: *Gesammelte Werke.* 5 Bde. Hg. v. John M. Spalek u. Wolfgang Frühwald. München 1978.
Bebendorf, Klaus: *Tollers expressionistische Revolution.* Frankfurt a.M. u.a. 1990.
Distl, Dieter: *Ernst Toller. Eine politische Biographie.* Schrobenhausen 1993.
Frühwald, Wolfgang u. John M. Spalek (Hg.): *Der Fall Toller. Kommentar und Materialien.* München, Wien 1979.
Grunow-Erdmann, Cordula: *Die Dramen Ernst Tollers im Kontext ihrer Zeit.* Heidelberg 1994.
Neuhaus, Stefan u.a. (Hg.): *Ernst Toller und die Weimarer Republik. Ein Autor im Spannungsfeld von Literatur und Politik.* Würzburg 1999.
Rothe, Wolfgang: *Ernst Toller in Selbstzeugnissen und Bilddokumenten.* Dargest. v. Wolfgang Rothe. Reinbek bei Hamburg 1997.
Rothstein, Sigurd: *Der Traum von der Gemeinschaft. Kontinuität und Innovation in Ernst Tollers Dramen.* Frankfurt a.M. u.a. 1987.
Trakl, Georg (3.2.1887-3.11.1914)
–: *Sämtliche Werke und Briefwechsel. Innsbrucker Ausgabe. Historisch-kritische Ausgabe mit Faksimiles der handschriftlichen Texte Trakls.* 6 Bde. Hg. v. Eberhard Sauermann u. Hermann Zwerschina. Basel, Frankfurt a.M. 1995ff.
–: *Dichtungen und Briefe. Historisch-kritische Ausgabe.* 2 Bde. Hg. v. Walter Killy u. Hans Szklenar. Salzburg 1969 [2. erg. Aufl. 1987].
–: *Werke, Entwürfe, Briefe.* Hg. v. Hans-Georg Kemper u. Frank Rainer Max. Nachw. u. Bibliographie v. Hans-Georg Kemper. Stuttgart 1984 [Nachdruck 1995].
–: *Das dichterische Werk. Aufgrund der historisch-kritischen Ausgabe von Walther Killy und Hans Szklenar.* Redaktion sowie Zusammenstellung u. Bearbeitung des Anhangs durch Friedrich Kur. 13. Aufl., München 1992.
Esselborn, Hans: *Georg Trakl. Die Krise der Erlebnislyrik.* Köln, Wien 1981.
Fühmann, Franz: *Der Sturz des Engels. Erfahrung mit Dichtung.* 2. Aufl., Hamburg 1982.
Gerber-Wieland, Laura: *Textur in Wort und Klang. Die Lyrik Georg Trakls und die Trakl-Lieder Anton Weberns im Spannungsfeld von Sprache und Musik.* Freiburg i. Br. 2002.
Hammer, Anette: *Lyrikinterpretation und Intertextualität. Studie zu Georg Trakls Gedichten »Psalm I« und »De Profundis II«.* Würzburg 2006.
Kemper, Hans-Georg: »Georg Trakls ›Schwester‹. Überlegungen zum Verhältnis

von Person und Werk«. In: *Zur Ästhetik der Moderne*. Für Richard Brinkmann zum 70. Geburtstag. Tübingen 1992, S. 77-105.

Matt, Peter von: »Die Dynamik von Trakls Gedicht. Ich-Dissoziation als Zerrüttung der erotischen Identität«. In: Meixner u. Vietta 1982, S. 59-72.

Wetzel, Heinz: *Konkordanz zu den Dichtungen Georg Trakls*. Salzburg 1971.

Unger, Erich (25.10.1887-25.11.1950)

–: *Politik und Metaphysik*. Hg. v. Manfred Voigts. Würzburg 1989.

–: *Vom Expressionismus zum Mythos des Hebräertums. Schriften 1909-1931*. Hg. v. Manfred Voigts. Würzburg 1992.

Unruh, Fritz von (10.5.1885-28.11.1970)

–: *Sämtliche Werke. Endgültige Ausgabe*. Hg. im Einvernehmen mit dem Autor (ab Bd. VIII mit Kurt von Unruh) v. Hanns Martin Elster [Erscheinen mit Bd. 17 (1979) eingestellt]. Berlin 1970ff.

Durzak, Manfred: »Nachgeholter Expressionismus? Zur Vollendung von Fritz von Unruhs Dramen-Trilogie ›Ein Geschlecht‹«. In: *Schiller-Jahrbuch* 18 (1974/75), S. 559-605.

Götz, Ina: *Tradition und Utopie in den Dramen Fritz von Unruhs*. Bonn 1975.

Kasang, Dieter: *Wilhelminismus und Expressionismus. Das Frühwerk Fritz von Unruhs 1904-1921*. Stuttgart 1980.

Vagts, Alfred (1.12.1892-1986)

–: *Hüben und Drüben. Autobiographische Schriften*. Hg. v. Peter Schütt. Neumünster 2010.

Vock, Petra Jenny: »›Kritikwürdige Lyrik aus dem Kriege, dokumentarisch vielleicht wichtig‹. Die Gedichte des ›Aktions‹-Lyrikers Alfred Vagts aus dem Ersten Weltkrieg«. In: *Jahrbuch der Deutschen Schillergesellschaft* 48 (2004), S. 231–266.

Viertel, Berthold (28.6.1885-24.9.1953)

–: *Studienausgabe. In vier Bänden* [Bd. 4 nicht mehr erschienen]. Hg. v. Konstantin Kaiser. Wien 1989-1994.

–: *Dichtungen und Dokumente. Gedichte. Prosa. Autobiographische Fragmente*. Ausgew. u. hg. v. Ernst Ginsberg. München 1956.

–: *»Daß ich in dieser Sprache schreibe«. Gesammelte Gedichte*. Hg. v. Günther Fetzer. München 1981.

Vischer, Melchior (7.1.1895-21.4.1975)

–: *Sekunde durch Hirn. Der Teemeister. Der Hase und andere Prosa*. Hg. v. Hartmut Geerken. 2. Aufl., München 1983 [zuerst München 1976].

–: *Sekunde durch Hirn*. Hg. u. mit einem Nachw. vers. v. Peter Engel. Frankfurt a.M. 1988.

Walden, Herwarth (16.9.1878-31.10.1941)

Avery, George C. (Hg.): *Feinde in Scharen. Ein wahres Vergnügen dazusein. Karl Kraus – Herwarth Walden. Briefwechsel 1909-1912*. Göttingen 2002.

Berg, Hubert van den: »›… wir müssen mit und durch Deutschland in unserer Kunst weiterkommen‹. Jacoba van Heemskerck und das geheimdienstliche ›Nachrichtenbüro ›Der Sturm‹«. In: *»Laboratorium Vielseitigkeit«. Zur Literatur der Weimarer Republik*. Hg. v. Petra Josting u. Walter Fähnders. Bielefeld 2005, S. 67-87.

Brühl, Georg: *Herwarth Walden und »Der Sturm«*. Köln 1983.

Godé, Maurice: »Herwarth Waldens Werdegang von der ›autonomen Kunst‹ zum Kommunismus«. In: *Études germaniques* 46 (1991), S. 335-347.

Hodonyi, Robert: *Herwarth Waldens Sturm und die Architektur. Eine Analyse zur Konvergenz der Künste in der Berliner Moderne*. Bielefeld 2010.

Pirsich, Volker: *Der Sturm. Eine Monographie*. Herzberg 1985.

Vock, Petra Jenny: »*Der Sturm muß brausen in dieser toten Welt*«. *Herwarth Waldens »Sturm« und die Lyriker des »Sturm«-Kreises in der Zeit des Ersten Weltkriegs. Kunstprogrammatik und Kriegslyrik einer expressionistischen Zeitschrift im Kontext.* Trier 2006.
Winskell, Kate: »The Art of Propaganda. Herwarth Walden and ›Der Sturm‹, 1914-1919«. In: *Art History* 18 (1995), Nr. 3, S. 315-344.
Walden, Nell (29.12.1887-21.10.1975)
– u. Lothar Schreyer: *Der Sturm. Ein Erinnerungsbuch an Herwarth Walden und die Künstler aus dem Sturmkreis.* Baden-Baden 1954.
Walser, Robert (15.4.1878-15.12.1956)
–: *Sämtliche Werke in Einzelausgaben.* Hg. v. Jochen Greven. Zürich, Frankfurt a.M. 1985ff.
–: *Das Gesamtwerk.* 12 Bde. Hg. v. Jochen Greven. Genf, Hamburg 1966-1975.
–: *Aus dem Bleistifigebiet.* Im Auftr. des Robert-Walser-Archivs der Carl-Seelig-Stiftung/Zürich entziffert u. hg. v. Werner Morlang u. Bernhard Echte. Frankfurt a.M. 1985ff.
Weber, Alfred (30.7.1868-2.5.1958)
–: »Der Beamte«. In: *Die neue Rundschau* 21 (1910), S. 1321-1334.
Weber, Max (21.4.1864-14.6.1920)
–: *Wirtschaft und Gesellschaft.* 4., neu hg. Aufl., bes. v. Johannes Winkelmann. Tübingen 1956.
Wegner, Armin T. (16.10.1886-17.5.1978)
–: *Odyssee der Seele. Ausgewählte Werke.* Hg. v. Ronald Steckel. Wuppertal 1976 [Reprint der Ausgabe von 1976; mit aktualisiertem Vorw. u. Übernahme des Fototeils aus »Fällst du, umarme auch die Erde« (1973) Wuppertal 2001].
Nickisch, Reinhard M. G.: *Armin T. Wegner. Ein Dichter gegen die Macht. Grundlinien einer Biographie des Expressionisten und Weltreporters Armin T. Wegner (1886 – 1978).* Hg. in Zusammenarbeit mit der Stadtbibliothek Wuppertal. Wuppertal 1982.
Wernicke-Rothmeyer, Johanna: *Armin T. Wegner. Gesellschaftserfahrung und literarisches Werk.* Frankfurt a.M., Bern 1982.
Weiß, Ernst (28.8.1882-15.6.1940)
–: *Gesammelte Werke.* 16 Bde. Hg. v. Peter Engel u. Volker Michels. Frankfurt a.M. 1982.
Adler, Sabine: *Vom »Roman expérimental« zur Problematik des wissenschaftlichen Experiments. Untersuchungen zum literarischen Werk von Ernst Weiss.* Frankfurt a.M. u.a. 1990.
Arnold, Heinz Ludwig: *Ernst Weiss.* München 1982.
Engel, Peter u. Hans-Harald Müller (Hg.): *Ernst Weiss. Seelenanalytiker und Erzähler von europäischem Rang. Beiträge zum Ersten Internationalen Ernst-Weiss-Symposium aus Anlass des 50. Todestages, Hamburg 1990.* Bern u.a. 1992.
Kindt, Tom: »Expressionismus als ›Literatur der Existenz‹. Ernst Weiß, Søren Kierkegaard und die ›Angst vor dem Guten‹«. In: *Literatur als Lust.* Hg. v. Lutz Hagestedt. München 2008, S. 155-162.
–: *Unzuverlässiges Erzählen und literarische Moderne. Eine Untersuchung der Romane von Ernst Weiß.* Tübingen 2008.
Mielke, Rita: *Das Böse als Krankheit. Entwurf einer neuen Ethik im Werk von Ernst Weiss.* Frankfurt a.M. u.a. 1986.
Pazi, Margarita: *Ernst Weiss. Schicksal und Werk eines jüdischen mitteleuropäischen Autors in der ersten Hälfte des 20. Jahrhunderts.* Frankfurt a.M. u.a. 1993.

—: »Franz Kafka und Ernst Weiß«. In: *Staub und Sterne*. Hg. v. Sigrid Bauschinger. Göttingen 2001, S. 64-98.
Steinke, Angela: Ontologie der Lieblosigkeit. Untersuchungen zum Verhältnis von Mann und Frau in der frühen Prosa von Ernst Weiss. Frankfur a.M., Berlin u.a. 1994.
Streuter, Manuel: *Das Medizinische im Werk von Ernst Weiss*. Herzogenrath 1990.
Werfel, Franz (10.9.1890-26.8.1945)
—: *Gesammelte Werke in Einzelbänden*. Hg. v. Knut Beck. Frankfurt a.M. 1990ff.
—: *Die Erzählungen I: Die schwarze Messe*. Frankfurt a.M. 1990[a].
—: »Aphorismus zu diesem Jahr«. In: *Die Aktion* 4 (1914), Sp. 902-905.
—: »Brief an einen Staatsmann«. In: Hiller 1916, S. 91-98.
—: »Die christliche Sendung. Ein offener Brief an Kurt Hiller«. In: *Die Neue Rundschau* 28 (1917), Bd. 1, S. 92-105.
Abels, Norbert: *Franz Werfel. Mit Selbstzeugnissen und Bilddokumenten*. Dargest. v. Norbert Abels. 2. Aufl. Reinbek bei Hamburg 1993.
Anz, Thomas: »Früher Verrat an der expressionistischen Generation. Franz Werfels Diffamierung von Otto Gross in der Novelle *Nicht der Mörder, der Ermordete ist schuldig*« [2000a]. In: Dehmlow u. Heuer 2000, S. 132-141.
Jungk, Peter Stephan: *Franz Werfel. Eine Lebensgeschichte*. Frankfurt a.M. 1987.
Klaghofer, Wolfgang: *Mensch und Gott im Schatten. Franz Kafka und Franz Werfel – Konturen des Exodus*. Bern u.a. 2000.
Wolf, Friedrich (23.12.1888-5.10.1953)
—: *Ausgewählte Werke in Einzelausgaben*. 14 Bde. Berlin 1951-1960.
Berger, Christel: *Friedrich Wolf 1953. Eine unvollständige Biographie rückwärts*. Berlin 2006.
Neitzert, Lutz: *Verzeiht, daß ich ein Mensch bin. Die Kunst dem Tage. Leben und Werk des Arztes und Dramatikers Friedrich Wolf*. Neuwied 1998.
Pollatschek, Walther: *Friedrich Wolf. Eine Biographie*. Berlin 1963.
Wolfenstein, Alfred (28.12.1883-22.1.1945)
—: *Werke*. 5 Bde. Hg. v. Hermann Haarmann und Günter Holtz. Mainz 1982-1993.
—: »Jüdisches Wesen und Dichtertum (Aus einer größeren Arbeit)«. In: *Der Jude* 6 (1922) 7 (April), S. 428-440. Nachdruck in: Anz u. Stark 1982, S. 382-386.
Fischer, Peter: *Alfred Wolfenstein. Der Expressionismus und die verendende Kunst*. München 1968.
Hartung, Günter: »Der Lyriker Alfred Wolfenstein«. In: *Juden und deutsche Literatur*. Hg. v. Günter Hartung. Leipzig 2006, S. 423-435.
Wolff, Kurt (3.3.1887-24.10.1963)
—: *Autoren, Bücher, Abenteuer. Betrachtungen und Erinnerungen eines Verlegers*. Berlin 1965.
– u. Karl Kraus: *Zwischen Jüngstem Tag und Weltgericht. Briefwechsel 1912-1921*. Göttingen 2007.
Siehe auch Göbel 1977!
Weidle, Barbara (Hg.): *Kurt Wolff – ein Literat und Gentleman*. Bonn 2007.
Worringer, Wilhelm (13.1.1881-29.3.1965)
—: »Entwicklungsgeschichtliches zur modernsten Kunst. Im Kampf um die Kunst. Die Antwort auf den ›Protest deutscher Künstler‹«. München 1911, S. 92-99. Nachdruck in: Anz u. Stark 1982, S. 19-23.
—: *Künstlerische Zeitfragen*. Vortrag gehalten am 19. Oktober 1920 in der Ortsgruppe München der Deutschen Goethegesellschaft. München 1921.

Literaturverzeichnis 263

–: *Abstraktion und Einfühlung. Ein Beitrag zur Stilpsychologie.* München 1959 [zuerst 1909].
Öhlschläger, Claudia: *Abstraktionsdrang. Wilhelm Worringer und der Geist der Moderne.* München 2005.
Zech, Paul (19.2.1881-7.9.1946)
–: *Vom schwarzen Revier zur neuen Welt. Gesammelte Gedichte.* Hg. v. Henry A. Smith. München 1983 [Frankfurt a.M. 1990].
–: *Ausgewählte Werke.* In Zusammenarbeit mit Dieter Breuer hg. u. bearb. v. Bert Kasties. Aachen 1998ff.
Hübner, Alfred: *Das Weltbild im Drama Paul Zechs.* Bern 1975.
Zweig, Arnold (10.11.1887-26.11.1968)
–: *Berliner Ausgabe.* Wissenschaftliche Leitung: Frank Hörnigk, in Zusammenarbeit mit Julia Bernhard. Hg. v. der Humboldt-Universität zu Berlin. Berlin 1996ff.
–: *Ausgewählte Werke in Einzelausgaben.* 16 Bde. Berlin 1957-1967.
Arnold, Heinz Ludwig: *Arnold Zweig.* München 1989.
Bernhard, Julia (Hg.): *Deutscher, Jude, Europäer im 20. Jahrhundert. Arnold Zweig und das Judentum.* Bern u.a. 2004.
Hermand, Jost: *Engagement als Lebensform. Über Arnold Zweig.* Berlin 1992.
Hilscher, Eberhard: *Arnold Zweig. Leben und Werk.* 8. Aufl., Berlin 1985 [zuerst Berlin 1968].
Sternburg, Wilhelm von: *»Um Deutschland geht es uns«. Arnold Zweig, die Biographie.* Berlin 1998.
Wenzel, Georg (Hg.): *Arnold Zweig 1887-1968. Werk und Leben in Dokumenten und Bildern.* Mit unveröffentlichten Manuskripten und Briefen aus dem Nachlaß. Berlin, Weimar 1978.
Wiznitzer, Manuel: *Arnold Zweig. Das Leben eines deutsch-jüdischen Schriftstellers.* Vom Autor durchges. u. korr. Ausgabe. Frankfurt a.M. 1987.
Zweig, Stefan (28.11.1881-23.2.1943)
–: »Das neue Pathos«. In: Raabe 1965[b], S.15-22 [zuerst in: Das literarische Echo 11 (1908/09, Sp. 1701-1709; gekürzter Nachdruck auch in: Anz u. Stark 1982, 575-578].

Personenregister

von Katrin Fehlberg, Petra Porto, Stefan Jäger und Charlotte Lamping.
Nicht erfasst sind die Personennamen im Vorwort, in den Literaturhinweisen und im Literaturverzeichnis.

Adler, Paul 89
Adler, Sabine 165
Adorno, Theodor W. 38
Alt, Peter-André 189
Altmann, Bruno 55
Andreas-Salomé, Lou 34
Appia, Adolphe 154
Arnold, Arnim 3, 57
Arntzen, Helmut 36
Asholt, Wolfgang 14, 185

Bachmair, Heinrich F.S. 27
Bachtin, Michail 173
Bacon, Francis 114
Bahr, Hermann 6, 13, 81
Bakunin, Michail 131
Balász, Béla 155f.
Ball, Hugo 21, 27, 108-111, 120, 134, 143, 153, 179
Ball-Hennings, Emmy 27, 34, 43, 143
Bänsch, Dieter 13, 16
Barbusse, Henri 145
Barlach, Ernst 98, 150, 184, 200
Baßler, Moritz 39
Baumgarth, Christa 176
Bebel, August 17
Becher, Johannes R. 27, 43, 47, 83, 96, 101, 119, 131, 135, 143, 158, 182
Beckmann, Max 41
Beethoven, Ludwig van 146
Benjamin, Walter 193, 207
Benn, Gottfried 20, 28, 31, 39, 42f., 57, 59, 90-92, 95f., 112-116, 118, 165, 167, 170-172, 183f., 188, 190, 198-201, 204

Berg, Hubert van den 141, 185
Bergson, Henri 52-55, 116, 130, 176f.
Bessmertny, Alexander 2
Binder, Hartmut 30, 83
Blass, Ernst 5, 28, 30, 64f., 69, 103f., 107, 110, 171, 181
Bleckmann, Ulf 152
Blei, Franz 28, 38, 74, 134
Bleuler, Eugen 88
Bloch, Ernst 8, 46, 63-65, 143, 201, 204
Blüher, Hans 81
Blümner, Rudolf 41, 199
Bluth, Karl Theodor 64
Boccioni, Umberto 175f.
Boetticher, Hermann 2
Böhringer, Hannes 14
Boldt, Paul 96
Bölsche, Wilhelm 12
Borchardt, Rudolf 135
Borchert, Wolfgang 201
Borchmeyer, Dieter 154
Bourdieu, Pierre 29
Braque, Georges 4
Brauneck, Manfred 11f., 16, 190
Braungart, Georg 163
Brecht, Bertolt 53, 56, 62, 139, 192, 204
Brenner, Hildegard 198
Breton, André 52, 174
Brinker-Gabler, Gisela 35
Brinkmann, Richard 202f.
Brod, Max 28, 39, 127f., 174
Bronnen, Arnolt 81
Buber, Martin 33, 73f., 143
Bucher, Max 88

Buchholz, Kai 53
Büchner, Georg 89
Bunzel, Wolfgang 30, 189
Bürger, Peter 14f.
Burschell, Friedrich 148

Cassirer, Ernst 164
Chamisso, Adelbert von 17
Conrad, Ulrich 145
Cosentino, Christine 95
Courths-Mahler, Hedwig 9
Craig, Edward Gordon 154, 161

Darwin, Charles 12, 15, 53
Däubler, Theodor 94, 175f., 179f., 182
Dehmel, Richard 191
Deleuze, Gilles 188
Demetz, Peter 119, 124, 167, 198f.
Denkler, Horst 47, 72f., 190f.
Dérain, André 4
Derlien, Hans-Ulrich 125f.
Dilthey, Wilhelm 63, 163
Dimič, Colette 172
Döblin, Alfred 6, 16-20, 22, 31, 43, 70, 84, 96, 104, 106-109, 112, 114, 117, 124, 134, 156, 158, 161, 170, 183-186, 190f.
Dörner, Klaus 84
Dorst, Tankred 201
Dufy, Raoul 4
Durkheim, Émile 205

Edschmid, Kasimir 6f., 105, 158-161, 177, 184
Ehrenstein, Albert 28, 32, 40, 43, 47, 69, 79, 96, 143, 166, 174
Eibl, Karl 117
Eichendorff, Joseph von 132
Eicher, Thomas 152
Einstein, Albert 47, 116
Einstein, Carl 2, 9, 20, 22, 38, 49, 86, 89, 115-118, 158, 171f., 180, 183f., 186, 190
Eisner, Kurt 145f.
Emrich, Wilhelm 95
Engelhardt, Hartmut 187
Eschenbacher, Walter 117
Essig, Hermann 193
Eykman, Christoph 73, 167

Fähnders, Walter 14, 183, 185
Fechter, Paul 5
Federn, Paul 82
Fellmann, Ferdinand 7
Fels, Ludwig 202
Ficker, Ludwig von 28, 90, 114
Fingerhut, Karl-Heinz 94-96
Finkenstein, Kurt 2
Fischer, Jens Malte 19
Flesch-Brunningen, Hans von 58
Ford, Henry 124
Foucault, Michel 84, 126f.
Frank, Bruno 145
Frank, Leonhard 30, 83, 121, 135, 143, 184
Frenssen, Gustav 9
Freud, Sigmund 13, 52, 57f., 82, 112, 116, 173, 177, 204
Freundlich, Otto 2
Friedell, Egon 108
Frühwald, Wolfgang 145f.
Fühmann, Franz 201
Fülleborn, Ulrich 187
Fuß, Peter 172

Ganghofer, Ludwig 9
Gay, Peter 32
Geibel, Emanuel 17
George, Stefan 9, 10, 45, 73, 103, 130, 166
Goebbels, Joseph 198-200
Goering, Reinhard 2, 71f., 79, 160, 166, 184, 186, 191
Goethe, Johann Wolfgang von 72, 102, 163
Goetz, Rainald 202
Goll, Claire 34
Goll, Iwan 32, 62f., 95, 137, 143, 168f.
Graf, Oskar Maria 98, 145
Grafe, Felix 2
Grass, Günter 201
Greve, Ludwig 155
Greve, Lutz 202
Gropius, Walter 145, 151
Gross, Hans 112
Gross, Otto 52, 57f., 64, 82f., 112, 127, 193, 201
Grosz, George 143
Großklaus, Götz 123f.

Grünewald, Alfred 2
Grüttemeier, Ralf 185
Guattari, Félix 188
Gumperz, Julian 147
Gundolf, Friedrich 62

Haas, Willy 28
Habermas, Jürgen 71
Hadwiger, Else 119
Haefs, Wilhelm 27, 42
Hamann, Richard 35, 62, 81, 159
Hardekopf, Ferdinand 38, 143, 171
Hardenberg, Henriette 34
Hart, Heinrich 81
Hart, Julius 81
Hasenclever, Walter 2, 28, 32, 43, 47, 73, 78, 81, 98f., 129, 135, 139f., 143, 158, 160, 191, 193f., 195
Hatvani, Paul 34f.
Haubach, Theodor 2, 77
Hauptmann, Gerhart 9, 12, 24, 95f., 140
Hausenstein, Wilhelm 137, 195
Hausmann, Raoul 52, 58, 78, 82
Heartfield, John 143
Heering, Kurt-Jürgen 30
Heidegger, Martin 47, 64
Heimböckel, Dieter 124
Helbig, Jörg 152
Hentig, Hans 26
Hermand, Jost 62, 81, 159
Hermsdorf, Klaus 122
Herrmann-Neiße, Max 69
Herzfelde, Wieland 88, 147
Herzog, Wilhelm 6, 27, 135, 139, 142, 145, 147
Hesse, Hermann 6, 9, 142
Heuß, Theodor 132
Heym, Georg 5, 26, 49, 51, 56, 59-61, 85, 90, 92-96, 99, 105-107, 113, 116, 127, 135f., 171, 181-183, 188, 192
Heymann, Walther 3f.
Heynicke, Kurt 27
Heyse, Paul 17
Hiller, Kurt 5-7, 15, 25-27, 31, 37, 39f., 42, 46, 51, 61, 63f., 74, 78, 81, 112, 129, 131-133, 143-145, 157, 162, 171, 180-182

Hitler, Adolf 1, 198, 201
Hoddis, Jakob van 2, 5, 26, 28, 32, 90, 98, 107-109, 116, 156, 174f., 178
Hoffmann, E.T.A. 173
Hofmannsthal, Hugo von 9, 13, 71, 114-117, 135, 156f., 193
Hogh, Alexander 53, 63
Hohendahl, Peter Uwe 76, 78, 81, 171
Hölderlin, Friedrich 86, 163
Holz, Arno 12
Holzer, Marie 34, 118f.
Homer 124
Horch, Hans Otto 32-34
Hradil, Stefan 29
Huch, Ricarda 135, 145
Huebner, Friedrich Markus 8
Huelsen, Hans von 30
Huelsenbeck, Richard 14, 22, 111, 143, 178f., 196
Hurwitz, Emanuel 83
Husserl, Edmund 7f., 159, 163f.

Ibsen, Henrik 193

Jähn, Karl-Heinz 30
Jacob, Heinrich Eduard 25, 181
Janco, Marcel 179
Jauß, Hans Robert 169
Jentzsch, Robert 98
Johst, Hanns 80f., 192-194
Jordan, Lothar 165
Jung, Carl Gustav 159
Jung, Christina 83
Jung, Franz 9, 70f., 83, 96, 149
Jünger, Ernst 46, 59

Kaes, Anton 108, 155-157
Kafka, Franz 28, 32, 39, 43, 69, 72, 78f., 81, 83, 95-98, 100, 112f., 116f., 121f., 125-128, 165, 168-170, 173f., 184, 186-180, 206
Kaiser, Georg 48-51, 61, 98, 119-121, 124, 158, 160, 188, 193
Kandinsky, Wassily 5, 21, 37, 41, 62, 66, 88, 108, 111, 120, 150f., 153, 158, 164f., 191
Kanehl, Oskar 63, 130
Kant, Immanuel 116

Kanz, Christine 34, 190
Kayser, Rudolf 81
Kayser, Wolfgang 173
Kellermann, Bernhard 119, 144
Kellermann, Hermann 134, 140
Kemper, Hans-Georg 21, 67, 81, 102, 116, 166, 184, 204
Kerr, Alfred 103, 134, 141, 194
Kersten, Hugo 38, 143
Kersten, Kurt 129
Kessler, Harry Graf 143
Kierkegaard, Sören 47, 204
Kindt, Werner 81
Kirchner, Ernst Ludwig 31, 41
Klabund [Henschke, Alfred] 139
Klages, Ludwig 54, 66
Kleinschmidt, Christoph 151f., 154
Klemm, Wilhelm 141
Kling, Thomas 202
Knobloch, Hans-Jörg 194
Koch, Hans-Gerd 122
Koeppen, Wolfgang 201
Koester, Eckart 143
Kokoschka, Oskar 41, 43, 134, 150, 191
Kolb, Annette 135
Kolbe, Uwe 201f.
Kolinsky, Eva 140f., 143, 145, 148, 203
Kornfeld, Paul 2, 48, 63f., 69f., 79, 150, 160, 194
Korte, Hermann 81
Kraus, Karl 9f., 27f., 36, 135
Kreiler, Kurt 145
Krell, Max 145
Kretschmer, Ernst 159
Kreuzer, Helmut 28-30, 43, 78
Kristeva, Julia 169
Krojanker, Gustav 33
Kronfeld, Arthur 2
Kropotkin, Peter 75, 131
Krull, Wilhelm 184
Krusche, Dietrich 72
Kubin, Alfred 41, 49, 89, 96, 150, 169, 173
Kurz, Gerhard 189f.
Kyora, Sabine 190

Lämmert, Eberhard 45, 120f., 123f.
Landauer, Gustav 33, 49, 63, 65, 74, 78, 145f.

Landsberg, Hans 35
Lang, Lothar 41
Lange-Kirchheim, Astrid 128
Lasker-Schüler, Else 28, 30, 32, 34, 40f., 51, 57, 117, 138f., 143, 183
Le Bon, Gustav 74
Leonhard, Rudolf 32, 74, 78, 134, 139, 143
Lepp, Nicola 45
Lessing, Gotthold Ephraim 163
Lethen, Helmut 76
Lichnowsky, Mechtilde 34
Lichtenstein, Alfred 32, 71, 88, 107, 134, 156, 174, 177, 181, 183f., 186, 188
Liebenthal, Ite 2
Liebknecht, Karl 149
Linse, Ulrich 145f.
Lipps, Theodor 163
Lissauer, Ernst 140
Loerke, Oskar 101, 182
Loewenson, Erwin 26, 51
Lorf, Ira 161
Lothar, Rudolf 35
Lotz, Ernst Wilhelm 134, 183
Löwy, Jizchak 79
Lublinski, Samuel 11
Luhmann, Niklas 205
Luhr, Geret 33
Lukács, Georg 77, 198, 201
Luxemburg, Rosa 149
Lyotard, Jean-François 111

Mach, Ernst 13, 116
Mahr, Johannes 119
Mann, Heinrich 9, 28, 37, 62f., 76, 115, 129, 131, 135, 140, 145
Mann, Klaus 200
Mann, Thomas 9, 10, 76f., 91-93, 132-136, 140
Marc, Franz 15, 22, 37, 66, 134, 153, 165
Marinetti, Filippo Tommaso 6, 14, 40, 52, 119, 121, 124f., 152, 158, 166, 176, 199f.
Marquet, Albert 4
Martens, Gunter 51-54, 56f., 59
Martens, Wolfgang 43
Marx, Karl 204

Matt, Peter von 202
Mauthner, Fritz 117
Mautz, Kurt 95
Mayer, Hans 34
Meidner, Ludwig 41, 104-106
Menninghaus, Winfried 168f.
Meyer, Alfred Richard 42f.
Michel, Wilhelm 78
Mierendorff, Carlo 145, 148
Mix, York-Gothart 43
Morgenstern, Christian 87
Morgenthaler, Walter 89
Mühsam, Erich 2, 27, 30, 38, 63, 66, 74, 78, 81, 112, 141, 145
Müller, Christine 11, 12, 16
Müller, Jürgen E. 152
Müller, Robert 47, 57, 129, 136
Müller-Seidel, Walter 18, 112f., 128f., 193, 207
Munch, Edvard 94
Münchhausen, Borries von 200
Murnau, F.W. 155
Musil, Robert 13, 62, 69-71, 115, 134
Mynona [Friedlaender, Salomo] 171f.

Natonek, Hans 147
Nicolai, Georg Friedrich 75
Nietzsche, Friedrich 13, 19, 26, 37, 51-54, 58, 63, 65, 82, 86f., 116, 127, 132, 136, 163, 204
Nolde, Emil 200
Nordau, Max 19-23, 35
Noske, Gustav 149
Novalis 163
Nündel, Ernst 152

Oehm, Heidemarie 181, 184, 190
Oehring, Richard 2
Öhlschläger, Claudia 168
Otten, Karl 45, 50, 83, 131, 147, 149

Paech, Joachim 155f.
Pechstein, Max 41, 145
Peter, Lothar 129f., 147
Pfemfert, Franz 4, 27, 37, 42, 81, 82, 125, 135, 140-143, 147, 149

Picard, Max 7f., 159f.
Picasso, Pablo 4
Pick, Otto 28
Pinthus, Kurt 32, 39f., 42, 63, 68, 101f., 106, 120, 130f., 143, 156, 162, 166, 185, 202
Plessner, Helmuth 76
Pörtner, Paul 6, 152, 202
Prinzhorn, Hans 89

Raabe, Paul 2, 31, 34, 39, 41f., 47, 141, 166, 181, 189, 193, 195, 202f.
Rajewsky, Irina O. 152
Rathenau, Walther 64, 120
Reif, Wolfgang 57
Reinhardt, Max 155
Reventlow, Franziska zu 34
Rheiner, Walter 190
Rheinhardt, Emil Alphons 2
Richter, Karl 165
Riha, Karl 52, 179
Rilke, Rainer Maria 9, 69, 71, 79, 94-97, 103, 106, 145, 156, 167, 186f.
Rilla, Walther 77
Roland, Hubert 8
Rolland, Romain 140, 143
Rosegger, Peter 9
Rosenberg, Alfred 198-200
Rothe, Wolfgang 7, 49, 68, 84, 96, 101, 129, 132, 156, 202f.
Rowohlt, Ernst 27, 43
Rubiner, Ludwig 32, 34, 40, 48, 66, 73, 75, 130f., 140, 142, 147, 191
Rühmkorf, Peter 201, 203f.
Ruprecht, Erich 13, 16
Rutra, Arthur Ernst 2

Sachs, Hanns 82
Sack, Gustav 79, 115-117, 184
Sauermann, Eberhard 198
Schacherl, Lillian 41
Scheerbart, Paul 156, 172
Scheffler, Karl 14
Scheler, Max 69, 76
Schickele, René 6, 27f., 51, 58f., 69, 95, 142-145, 148
Schiller, Dieter 200

Schiller, Friedrich 162
Schilling, Heinar 148
Schmidt, Arno 201
Schmidt, Julian 88f.
Schmidt-Bergmann, Hansgeorg 124
Schmitt, Hans-Jürgen 200f.
Schneider, Karl Ludwig 98
Schnitzler, Arthur 113, 135
Schönberg, Arnold 154
Schönert, Jörg 13, 18
Schopenhauer, Arthur 8, 53, 116
Schramke, Jürgen 187
Schreyer, Lothar 74, 151, 154, 158
Schücking, Lewin Ludwig 24f.
Schüller, Hermann 75
Schulte, Christoph 19
Schumann, Thomas B. 103
Schütz, Stefan 201
Schwendter, Rolf 28f., 36
Schwitters, Kurt 150-152, 154, 199
Segeberg, Harro 40, 123-125
Serner, Walter 2, 4, 65, 143
Sheppard, Richard 5, 24
Silesius, Angelus 64
Simmel, Georg 18, 21, 52-54, 74, 101f.
Snow, Charles Percy 123
Soergel, Albert 7, 9
Sokel, Walter H. 64, 73, 79, 183, 202
Sombart, Werner 76
Sorge, Giselher 41
Sorge, Reinhard Johannes 48, 80, 119, 134, 155, 160, 191f., 194
Söring, Jürgen 151
Spalek, John M. 145f.
Spörl, Uwe 65
Spranger, Eduard 159, 161
Stadler, Ernst 28, 48, 51, 54f., 64f., 119, 182, 188
Stark, Michael 32, 42, 62, 130, 185, 204
Stern, Martin 190
Sternheim, Carl 6, 9, 147, 157, 161, 188, 191, 193
Stiemer, Felix 28
Stirner, Max 131
Stramm, August 50, 53, 55, 59f., 158, 165f., 182, 188, 201
Strindberg, August 48, 190f., 193

Stücheli, Peter 163
Susmann, Margarete 166
Sydow, Eckart 65
Szondi, Peter 73

Tillich, Paul 63
Toller, Ernst 2, 48, 63, 67f., 74, 123, 134, 139, 145, 191f., 194, 201
Tönnies, Ferdinand 18, 74
Trakl, Georg 28, 69, 88, 90, 95, 107, 114, 138f., 156, 177f., 181, 183, 201
Tramer, Hans 32
Traven, B. [Ret Marut] 145
Tzara, Tristan 52, 178

Unruh, Fritz von 81, 139

Vaihinger, Hans 8
Vasari, Ruggero 199
Vaskovics, Laszlo 29
Viertel, Berthold 28
Vietta, Silvio 18, 21, 67, 81, 102, 116, 131, 166, 184, 204
Vischer, Melchior 176
Vlaminck, Maurice de 4
Vock, Petra Jenny 141
Vogl, Joseph 138, 188
Vollmer, Hartmut 34
Vondung, Klaus 46, 49

Wagenbach, Klaus 122, 203
Wagner, Richard 150
Wagner-Egelhaaf, Martina 65
Walden, Herwarth [Levin, Georg] 3, 27, 30, 41f., 140, 150, 201
Walden, Nell 34
Walser, Robert 188
Walzel, Oskar 152
Warburg, Aby 163
Wassermann, Jakob 33
Wauer, William 154
Weber, Alfred 18, 127f.
Weber, Max 18, 126, 159
Wechsler, Alfred [W. Fred] 43
Wedekind, Frank 51, 57, 134, 193
Wegener, Robert 155
Wehler, Hans-Ulrich 13, 18, 130
Wehling, Peter 18
Weininger, Otto 159

Weiß, Ernst 2, 31, 43, 99
Weisstein, Ulrich 200
Wellershoff, Dieter 201
Welsch, Wolfgang 111
Werfel, Franz 28, 32, 39, 67f., 82f., 86, 110f., 114f., 133, 135, 143, 151, 181, 183, 188, 193
Werner, Renate 207
Wetzel, Heinz 69
Wiene, Robert 155
Wildenhein, Michael 202
Winskell, Kate 141
Wolf, Friedrich 194
Wolfenstein, Alfred 2, 32-34, 49, 79, 95, 119, 129, 132, 143
Wolff, Eugen 11, 16
Wolff, Kurt 9, 27, 42f., 168, 186f., 189
Wolters, Friedrich 62
Worbs, Michael 13, 190
Worringer, Wilhelm 14, 22, 159, 161, 195f.
Wyneken, Gustav 81

Zapf, Wolfgang 18
Zech, Paul 40, 48, 53, 56, 131, 143, 182
Ziegler, Bernhard [Alfred Kurella] 200f.
Žmegač, Viktor 154, 193
Zola, Emile 12, 140
Zuckmayer, Carl 194
Zuelzer, Wolf 75
Zur Mühlen, Hermynia 34
Zweig, Stefan 35, 40, 143, 162, 164

Sammlung Metzler

Einführungen, Methodenlehre
SM   1 Raabe: Einführung in die Bücherkunde zur dt. Literaturwissenschaft
SM 13 Bangen: Die schriftliche Form germanistischer Arbeiten
SM 59 Behrmann: Einführung in die Analyse von Prosatexten
SM 79 Weber-Kellermann/Bimmer/Becker: Einf. in die Volkskunde/ Europ. Ethnologie
SM 148 Grimm u.a.: Einf. in die französische Literaturwissenschaft
SM 188 Asmuth: Einführung in die Dramenanalyse
SM 206 Apel/Kopetzki: Literarische Übersetzung
SM 217 Schutte: Einführung in die Literaturinterpretation
SM 235 Paech: Literatur und Film
SM 246 Eagleton: Einführung in die Literaturtheorie
SM 259 Schönau/Pfeiffer: Einf. i. d. psychoanalytische Literaturwissenschaft
SM 263 Sowinski: Stilistik
SM 270 Heidtmann: Kindermedien
SM 277 Hickethier: Film- und Fernsehanalyse
SM 283 Ottmers: Rhetorik
SM 284 Burdorf: Einführung in die Gedichtanalyse
SM 285 Lindhoff: Feministische Literaturtheorie
SM 287 Eggert/Garbe: Literarische Sozialisation
SM 302 Korte/Müller/Schmid: Einführung in die Anglistik
SM 305 Bauer: Romantheorie
SM 317 Paefgen: Einführung in die Literaturdidaktik
SM 320 Gfrereis (Hrsg.): Grundbegriffe der Literaturwissenschaft
SM 324 Bossinade: Poststrukturalistische Literaturtheorie
SM 335 Stenzel: Einf. in die spanische Literaturwissenschaft
SM 337 Lorenz: Journalismus
SM 338 Albrecht: Literaturkritik
SM 344 Nünning/Nünning (Hrsg.): Erzähltextanalyse und Gender Studies
SM 347 Nünning (Hrsg.): Grundbegriffe der Literaturtheorie

Deutsche Literaturgeschichte
SM 75 Hoefert: Das Drama des Naturalismus
SM 157 Aust: Literatur des Realismus
SM 170 Hoffmeister: Deutsche und europäische Romantik
SM 227 Meid: Barocklyrik
SM 250 Korte: Geschichte der deutschen Lyrik seit 1945
SM 290 Lorenz: Wiener Moderne

SM 298 Kremer: Prosa der Romantik
SM 329 Anz: Literatur des Expressionismus
SM 331 Schärf: Der Roman im 20. Jahrhundert

Gattungen
SM 16 Lüthi: Märchen
SM 116 Guthke: Das deutsche bürgerliche Trauerspiel
SM 155 Mayer/Tismar: Kunstmärchen
SM 191 Nusser: Der Kriminalroman
SM 192 Weißert: Ballade
SM 216 Marx: Die deutsche Kurzgeschichte
SM 232 Barton: Das Dokumentartheater
SM 256 Aust: Novelle
SM 260 Nikisch: Brief
SM 262 Nusser: Trivialliteratur
SM 278 Aust: Der historische Roman
SM 282 Bauer: Der Schelmenroman
SM 323 Wagner-Egelhaaf: Autobiographie

Autorinnen und Autoren
SM 114 Jolles: Theodor Fontane
SM 153 Schneider: Annette von Droste-Hülshoff
SM 159 Knapp: Georg Büchner
SM 173 Petersen: Max Frisch
SM 179 Neuhaus: Günter Grass
SM 185 Paulin: Ludwig Tieck
SM 196 Knapp: Friedrich Dürrenmatt
SM 197 Schulz: Heiner Müller
SM 211 Hansen: Thomas Mann
SM 215 Wackwitz: Friedrich Hölderlin
SM 233 Winter: Jakob Michael Reinhold Lenz
SM 239 Perlmann: Arthur Schnitzler
SM 242 Bartsch: Ingeborg Bachmann
SM 255 Bäumer/Schultz: Bettina von Arnim
SM 261 Sammons: Heinrich Heine
SM 273 Mayer: Hugo von Hofmannsthal
SM 286 Janz: Elfriede Jelinek
SM 288 Jeßing: Johann Wolfgang Goethe
SM 289 Luserke: Robert Musil
SM 291 Mittermayer: Thomas Bernhard
SM 295 Schaefer: Christoph Martin Wieland
SM 297 Albrecht: Gotthold Ephraim Lessing
SM 299 Fetz: Martin Walser
SM 304 Fasold: Theodor Storm
SM 310 Berg/Jeske: Bertolt Brecht
SM 312 Albrecht: Arno Schmidt
SM 318 Prill: Dante

SM 320 Darsow: Friedrich Schiller
SM 325 Kohl: Friedrich Gottlieb Klopstock
SM 326 Bartsch: Ödön von Horváth
SM 327 Strosetzki: Calderón
SM 328 Harzer: Ovid
SM 332 Brockmeier: Samuel Beckett
SM 333 Martus: Ernst Jünger
SM 336 Mahoney: Novalis
SM 340 Stein: Heinrich Mann
SM 350 Steiner: Walter Benjamin

Mediävistik
SM   7 Hoffmann: Nibelungenlied
SM 15 Weber: Gottfried von Strasburg
SM 36 Bumke: Wolfram von Eschenbach
SM 72 Düwel: Einführung in die Runenkunde
SM 244 Schweikle: Minnesang
SM 249 Gottzmann: Artusdichtung
SM 253 Schweikle: Neidhart
SM 293 Tervooren: Sangspruchdichtung
SM 316 Scholz: Walther von der Vogelweide

Sprachwissenschaft
SM 72 Düwel: Einführung in die Runenkunde
SM 252 Glück/Sauer: Gegenwartsdeutsch
SM 280 Rösler: Deutsch als Fremdsprache
SM 307 Stein: Einf. in die französische Sprachwissenschaft
SM 313 Fritz: Historische Semantik
SM 321 Klann-Delius: Spracherwerb
SM 342 Dietrich: Psycholinguistik

Philosophie
SM 265 Pleger: Vorsokratiker
SM 266 Horster: Jürgen Habermas
SM 267 Buchheister/Steuer: Ludwig Wittgenstein
SM 268 Vattimo: Friedrich Nietzsche
SM 271 Scherer: Philosophie des Mittelalters
SM 276 Gil: Ethik
SM 281 Kögler: Michel Foucault
SM 303 Seibert: Existenzphilosophie
SM 308 Retlich: Bücher für das Philosophiestudium
SM 311 Sandkühler (Hrsg): F.W.J. Schelling
SM 314 Wiegerling: Medienethik
SM 322 Münker/Roesler: Poststrukturalismus
SM 334 Arlt: Philosophische Anthropologie
SM 341 Nitschke: Politische Philosophie
SM 345 Prechtl (Hrsg.): Grundbegriffe der analytischen Philosophie

Romanistik und andere Philologien
SM 148 Grimm u.a.: Einf. in die französische Literaturwissenschaft
SM 170 Hoffmeister: Deutsche und europäische Romantik
SM 212 Grimm: Molière
SM 234 Hoffmeister: Deutsche und europäische Barockliteratur
SM 296 Coenen-Mennemeier: Nouveau Roman
SM 306 Dethloff: Französischer Realismus
SM 307 Stein: Einf. in die französische Sprachwissenschaft
SM 315 Lüsebrink: Einführung in die französische Landeskunde
SM 318 Prill: Dante
SM 327 Strosetzki: Calderón
SM 332 Brockmeier: Samuel Beckett
SM 335 Stenzel: Einf. in die spanische Literaturwissenschaft

MIX
Papier aus verantwortungsvollen Quellen
Paper from responsible sources
FSC® C105338

If you have any concerns about our products,
you can contact us on
ProductSafety@springernature.com

In case Publisher is established outside the EU,
the EU authorized representative is:
**Springer Nature Customer Service Center GmbH
Europaplatz 3, 69115 Heidelberg, Germany**

Printed by Libri Plureos GmbH
in Hamburg, Germany